世界广播电视发展概况与管理体制研究

国家广播电视总局研修学院 编著

中国广播影视出版社

图书在版编目（CIP）数据

世界广播电视发展概况与管理体制研究 / 国家广播电视总局研修学院编著. -- 北京 : 中国广播影视出版社, 2019.6（2024.3重印）
ISBN 978-7-5043-8163-7

Ⅰ. ①世… Ⅱ. ①国… Ⅲ. ①广播事业－发展－研究－世界②电视事业－发展－研究－世界③广播事业－管理体制－研究－世界④电视事业－管理体制－研究－世界 Ⅳ. ①G229.1

中国版本图书馆CIP数据核字(2018)第172753号

世界广播电视发展概况与管理体制研究

国家广播电视总局研修学院 编著

责任编辑 毛冬梅 刘 洋
装帧设计 阮全勇
出版发行 中国广播影视出版社
电　　话 010-86093580 010-86093583
社　　址 北京市西城区真武庙二条9号
邮　　编 100045
网　　址 www.crtp.com.cn
电子信箱 crtp8@sina.com

经　　销 全国各地新华书店
印　　刷 三河市华晨印务有限公司

开　　本 710毫米×1000毫米 1/16
字　　数 500（千）字
印　　张 21.5
版　　次 2019年6月第1版 2024年3月第2次印刷

书　　号 ISBN 978-7-5043-8163-7
定　　价 88.00元

《世界广播电视发展概况与管理体制研究》

编辑委员会

主　编　马　黎　门立军

副主编　闫成胜　刘　颖

编　辑　（按姓氏笔画排序）

马　骜　王　华　王　硕　申　旭
冯宇峰　朱家玓　孙宇锋　李　宇
李贤睿　杨　勇　张　祎　陈宗楠
尚秋芬　赵孟捷　姚　远　郭胜阳
董维玮　蒋智行　蔡静莉　燕　妮

序

《世界广播电视发展概况与管理体制研究》编撰出版工作历经3年，凝聚了国家广播电视总局国际合作司和总局研修学院领导与同事们的大量心血。在该书数易其稿、即将付梓之时，辛劳之余，我们倍感欣慰。

综观当前有关世界各国广播电视发展的研究著作，尚存在研究深度不足、覆盖国家分布不均等问题。其中，以发达国家为研究对象的著作多，以发展中国家为研究对象的著作相对较少，特别是针对发展中国家的广播电视管理体制、传播策略、节目传播等所作的研究缺乏系统性，很难为读者系统了解世界广播电视发展情况提供全面、深入、科学的资料。多年来，在总局国际合作司的指导和支持下，研修学院组织实施了数百期国际传媒研修项目，积累了丰富的人脉资源和有价值的研究素材，解决了当前我国发展中国家广播电视研究资料较少的问题。通过对这些基础资料进行甄别、归纳和分析，我们梳理出相关国家和地区广播电视发展基本情况、管理体制和法律法规，也总结出了不同国家广播电视的体制模式、主要特征和运行经验。坦率地讲，各国国情不同，广播电视发展也各有特点，仅仅通过一本书来将之研究透彻，难度较大。但是，作为科研、参考、查阅的资料来源，本书不失为一本值得信任的工具书，具有较强的参考价值。

《世界广播电视发展概况与管理体制研究》涵盖一百个国家，近34万字，内容主要包括国家概况、广播电视监管体制与法律法规、广播电视发展概况、广播电视主要机构、广播电视发展简史等。本书编撰团队采取问卷调查、深度访谈、召开媒体座谈会等方式，多渠道、多层次、多形式收集信息。撰写过程中，我们还注重与国内外相关媒体机构、科研机构的合作，将科研与媒体交流合作深度融合，以增进本书对实际工作的指导意义。

需要说明的是，本书尚未覆盖全部国家，因编撰时间跨度较长也未来得及将涉及到的国家的数据进行及时更新，随着国际研修工作的进一步开展，我们将继续补充完善，扩大覆盖面，增强研究深度。接下来，我们还将选取地域和文化特征鲜明的国家的广播电视和网络视听以及较为典型的媒体管理体制展开研究，以帮助读者对世界广播电视和网络视听行业的发展概况与监管情况形成全面了解和深入把握。

朋友们，我们希望本书能为国内媒体从业者搭建了解世界广播电视发展的平台，为中外媒体交流与合作提供有力支持，为中国国际传播能力建设添砖加瓦。让我们携起手来，未来中国国际传播前景将更加广阔！

《世界广播电视发展概况与管理体制研究》编委会

2019 年 3 月

目　录

第一章　亚洲广播电视发展概况与管理体制

Contents

Chapter 5 General Situation and Administrative Mechanism of Radio and Television in Africa

第一章 亚洲广播电视发展概况与管理体制

General Situation and Management System of Radio and Television of the Countries in Asia

第一节　东亚国家广播电视发展概况与管理体制

日本广播电视发展概况与管理体制

一、国家概况

日本国，位于亚洲东部、太平洋西岸，西隔东海、黄海、朝鲜海峡、日本海与中国、韩国、朝鲜、俄罗斯相望，由北海道、本州、四国、九州 4 个大岛及 6800 多个小岛组成，总面积为 37.8 万平方公里。日本总人口数为 126451398（2017 年 7 月）[①]，人口年龄中位数为 47.3 岁[②]，属于典型老龄化社会。主要民族为大和族，北海道地区有约 2.5 万阿伊努族人，通用日语。全国划分为 47 个都道府县（1 都 1 道 2 府 43 县）。首都东京是国家政治、经济、商业和文化中心。

日本在第二次世界大战中战败。战后初期，美军单独占领日本，对日本实施民主化改造。1947 年颁布实施新宪法，由天皇制变为以天皇为国家象征的议会内阁制国家，实行立法、司法、行政三权分立。国会是最高权力机关，分众、参两院。内阁为最高行政机关，首相（亦称内阁总理大臣）由国会选举产生。日本的司法权属于最高法院及下属各级法院，采用“四级三审制”。检察机构与四级法院相对应。

日本属于高度发达的资本主义国家。20 世纪 50、60 年代实现经济高速增长，60 年代末成为世界第二经济大国。目前经济总量仅次于美国、中国居世界第三位。2017 年国内生产总值（GDP）约 4.872 万亿美元[③]。截至 2016 年底，拥有约 3 万亿美元海外资产，是世界最大债权国。

独特的地理条件和悠久历史，孕育了别具一格的日本文化。日本与中国有两千多年的交流史，中国文化在日本具有广泛影响。神道教和佛教较盛行，儒家思想渗透到社会生活各个方面。近代以后，逐步走上西方资本主义道路，长期实行“脱亚入欧”政策，对外发动侵略战争。战败后实行西方政治经济制度。日本是一个非常重视教育的国家，文化普及程度较高。比较有名的大学有东京大学、京都大学、早稻田大学、庆应大学等。

二、广播电视监管体制与法律法规

总务省（Ministry of Internal Affairs and Communications）是日本广播电视业的主要监管机构。2001 年 1 月由原邮政省、自治省和总务厅合并而成。

总务省下属的信息流通行政局具体负责广播电视业的发展与管理；综合通信基础局主要负责频率分配、使用及电信业务；信息通信国际战略局负责与信息相关的综合管理及国际合作事宜。“电波监理审议会”和“信息通信审议会”是分别根据《电波法》、《放送法》和《总务省组织令》设立的专业咨询机构，由相关领域专家学者组成，就频率管理、事业发展等重大事项进行专题研究、提出政策建议，对总务大臣负责。

1950 年，日本国会根据盟军总部的意见通过了有关无线电管理的三项法案：《电波

---

① 数据来源：www.cia.gov（如无特殊标注以下同类数据来源相同）
② 数据来源：www.cia.gov（如无特殊标注以下同类数据来源相同）
③ 数据来源：www.worldbank.org（如无特殊标注以下同类数据来源相同）

法》《放送法》和《电波监理委员会设置法》，俗称“电波三法”，奠定了战后日本广播电视新体制。《电波法》着重广播频率、技术及电台运营管理，《放送法》对 NHK 及私营广播公司的性质、任务和组织形式等做出规定。《电波监理委员会设置法》规定了该机构的组成及职权等重要事项（1952 年 7 月“电波监理委员会”被取消，相关职权并入邮政省）。为应对通信及广播电视业的发展，日本政府经常对相关法律进行修改。2010 年对相关法律做了大幅调整，整合为《放送法》《电信事业法》《电波法》《有线通信法》等四部法律，打破以往按照电视、电话等不同业态进行纵向管理的模式，突出对内容、传送、设施等不同业务的分层管理。原则上允许各种形式的广播电视节目播出业务与无线电运营业务相分离，以提高效能。

为防止新闻和市场垄断，日本禁止大传媒公司跨行业、跨地区经营。除 NHK 外，各民间广播电视台均为独立法人，其经营活动仅限于本地区。随着信息技术的发展，这一政策逐步放宽。

根据日本法律法规，广播电视台外资比例不能超过 20%，外国人董事比例不能超过 15%。有线电视方面对外资没有限制。

三、广播电视发展概况

日本的广播电视业最初由国营日本广播协会（NHK）垄断。1950 年“电波三法”颁布后，NHK 由国营机构改为公共机构。广播业向民间开放，允许设立商业广播电台，允许播出商业广告，正式确立了公共广播与商业广播并存的双轨制。

NHK 作为公共广播电视机构，“不以盈利为目的，独立于政党和政府，旨在通过发展广播电视增进全体国民的福祉”。1951 年，“日本民间广播联盟”成立，成为商业广播机构的全国性行业组织。目前，该联盟旗下从事广播电视经营的机构有 205 家。日本电视网、富士电视台、TBS 电视台、朝日电视台、东京电视台等五家总部位于东京的电视台被称为“中心台”，通过签署合作协议的方式，组成五大覆盖全国的商业广播电视网。日本民间广播联盟主席由五大商业电视台负责人轮流担任。

日本是通讯及广播电视业高度发达的国家。2003 年 12 月 1 日，日本开始在东京、大阪和名古屋地区率先播出数字地面电视（ISDB）。2012 年 3 月，全国 47 都道府县停止了模拟信号播出，全部转为数字信号。目前日本的地面开路电视及卫星电视已全部实现高清化。

日本的卫星电视包括直播卫星电视（BS）和通讯卫星电视（CS）两种方式。NHK 及各大商业电视台均参与其中。1989 年 6 月 NHK 率先开始卫星电视播出。日本卫星广播公司（JSB，简称“WOWOW”）是最早开播卫星电视的商业公司。为向社会进一步开放卫星电视业务，日本政府引入“委托放送”与“受托放送”的概念，允许节目集成与播出设施相分离。目前 Sky Communications 是日本最大的卫星电视播出平台，多家公司通过该平台开展“委托放送”业务。

作为日本数字电视的先驱，通讯卫星电视（CS）使用着东经 124 度和 128 度轨道上的通信卫星，以频道数量多为一大特色。2014 年 6 月到 2016 年 3 月，通讯卫星电视（CS）开始试播 4K 与 8K 节目。到 2017 年 1 月，已经有 159 个电视频道（其中 4K 频道有 3 个）和 848 个广播（超短波）频道在 CS 上星播出。

总务省在发布的4K和8K电视的发展路线图中明确指出，要以2018年全面上星播送4K和8K节目为目标，加速发展4K和8K电视。NHK电视台自2016年8月1日开始，在BS卫星频道试播超高精细度4K与8K的电视节目。除了独家制作的8K电视节目“Super Hi-Vision”外，2016年8月6日到22日，NHK还尝试对里约奥运会进行4K、8K和普通信号同时进行的实况转播。

大型通信厂商成立的“A-PAB”（播放服务高度化推进协会）也从12月份开始试播4K与8K节目。

有线电视方面，最早是为解决电视收看问题发展起来的，目前分为“转播型”和“自主播出型”两种。全国共有500余家机构从事开展自主播出业务的有线电视运营商，受众人数近3000万户。最有实力的当属“J:COM ”公司，约占一半左右市场份额。通过互联网传送音视频业务也发展迅速。美国Netflix、Amazon两大网络视频服务提供商也进入日本市场。2015年4月开始，运营商不再提供将数字地面电视信号转为模拟电视信号的服务，有线电视全面转向数字化。到2017年3月，有线电视的线路中已经有66.8%的干线被更新为光纤。

广播方面，包括公共广播和商业广播两部分。NHK目前拥有2个AM频率和1个FM频率，并用22种语言开办短波国际广播。商业广播公司有100余家，包括47家AM广播公司（其中34家兼营电视）和52家FM广播，组成JRN和NRN两个广播网。另外还有1家开办短波节目的广播机构。除此之外，还有300余家FM社区广播机构。2017年7月1日，FM和歌山广播电台使用亚马逊出品的AI语音合成技术，开始由AI播音员代为广播新闻或天气相关的稿件。FM和歌山是一家低成本的社区电台，为社区居民提供应急信息和生活服务。

根据日本电通发表的数据，2015年日本的广告市场规模约6.17万亿日元，其中电视广告约1.9万亿日元，广播广告约0.12万亿日元，互联网广告约1.15万亿日元。

近年来，随着智能手机和平板电脑等移动终端的普及，在线视频服务逐渐受到普遍欢迎。为应对奈飞（Netflix）、葫芦（Hulu）等流媒体视频提供商的竞争，2015年10月，TBS电视台、日本电视台（Nippon Television，简称NTV）、朝日电视台（TV Asahi）、东京电视台（TV Tokyo）、富士电视台（Fuji Television，简称Fuji TV）这五大在京核心商业电视台共同设立流媒体视频平台TVer，用户通过平台网站或在移动终端上下载TVer应用手续，即可点播收看上述电视台每周各自提供的十档节目。2016年起，朝日放送（ABC）、每日放送（MBS）、读卖电视台（YTV）也加入了TVer平台，节目数量合计超过100档。2017年7月，TBS电视台联合东京电视台、卫星电视台Wowow、财经类报纸《日本经济新闻》、广告公司电通（Dentsu）及博报堂（Hakuhodo DY）等5家日本传媒公司，共同出资成立日本精选平台股份有限公司（Premium Platform Japan,Inc.），专门针对智能手机用户推出在线视频服务，并陆续推出体育、音乐会、戏剧、综艺及新闻等视频内容。

四、广播电视主要机构

（一）公共电视台

日本广播协会（Japan Broadcasting Corporation，简称NHK）

成立于1926年，是日本唯一覆盖全国、广播电视合一的公共传媒机构。总部位于首都东京，在全国设有54个地方台，包括大阪、名古屋、福冈、札幌等7个总台。日本《放送法》规定，NHK的最高决策机构是由12人组成的“经营委员会”，成员经参众两院同意、首相任名。NHK会长由经营委员会任命，负责日常事务。NHK的财政来源是向拥有电视机的家庭收取的收视费。NHK年度预决算需经国会同意。法律同时规定，NHK需通过地面、卫星等方式开展国内广播电视业务，面向海外日本人及外国人开展国际广播电视业务，开展与广播电视有关的研究调查等。以2016年为例，NHK营业收入为7073亿日元，比2015年度增长205亿日元。其中收视费收入为6769亿日元，比2015年度增长144亿日元。营业支出为6793亿日元，比2015年度增长212亿日元。地面频道的年收视费约为13990日元，卫星频道（包括地面频道）的年收视费约为24770日元。NHK拥有放送技术研究所、放送文化研究所等科研机构和多家子公司，并在美国、欧洲、中国等世界各地设有20多个海外记者站。有员工约10318（2018年度）人，年事业规模约7000亿日元。

目前，日本广播协会播出四个电视频道，分别是综合频道（GTV）、教育频道（ETV）、BS-1和BS精选频道（BS Premium）。其中，综合频道和教育频道是地面频道，BS-1和BS-2是卫星频道。综合频道主要播出新闻、文化、教育和娱乐等类型的节目，每周播出168小时，其中新闻节目约占48.2%。教育频道以教育类节目为主，另外还播出古典文艺、音乐等节目。BS-1主要播出国际新闻、财经新闻和体育节目。BS -2主要播出文化和娱乐节目；其中文化类节目约占43.8%，娱乐类节目约占34.3%。

NHK播出的广播电视节目以全国性节目为主，在一定时段插播地方节目。

NHK广播第一频率是以新闻、资讯为主的综合节目，每天播出24小时。广播第二频率以教育节目为主，每天播出18小时。调频广播24小时播出，主要播出音乐和娱乐节目。

依据《日本广播法》第20条规定，NHK负责实施对外广播电视业务。1935年6月开始播出国际广播节目，1995年4月开始向欧洲和北美地区每日约7小时的对外电视传输。1998年4月开始面向亚太地区播出“NHK环球电视频道”。目前使用18种外语播出国际广播节目，使用日语和英语播出“NHK World Premium”和“NHK World TV”两套电视节目。

除传统广播电视外，NHK还通过互联网播出相关节目。

2000年12月，数字卫星高清频道BShi转播开始，2008年12月，开通流媒体视频点播服务“NHK点播”，2011年4月，卫星第一频道BS1全新改版，卫星第二频道BS2停止播出，数字卫星高清频道BShi更名为BS Premium。

（二）商业电视台

日本电视台（Nippon Television Network Corporation，简称NTV）

全称为“日本电视放送网株式会社”，是日本历史最久的商业电视台。成立于1952年10月，创始人为《读卖新闻》社长正力松太郎。1953年8月28日正式开播。服务区域为东京所在的关东地区。NTV与多家商业电视台签订网络协议和新闻协议，形成覆盖全国的广播网。目前加入该网络（NNN）的电视台有30家。NTV设有编成局、报道局、营业局、技术局、网络局等十几个部门，并在北京、纽约、伦敦等地设有十余个海外记者站，目前有员工约 1400 人。NTV 经营一个地面电视频道，并参与直播（BS）和通讯（CS）电视业务。日本最大的报纸《读卖新闻》与 NTV 关系密切，一直是其最大股东。

富士电视台（Fuji Television，简称 Fuji TV）

成立于 1959 年 3 月 1 日，也是一家以关东地区为服务区域的无线电视台，为日本五大商业电视台之一。富士电视网（FNN）有 28 家成员。富士电视台以娱乐节目见长，不少著名电视剧及综艺节目由富士电视台出品。

富士电视台属于富士产经媒体集团（Fujisankei Communications Group，简称 FCG）。除富士电视台外，该集团还包括日本主要报纸之一《产经新闻》及主要商业电台“日本放送”等。

朝日电视台（TV Asahi）

朝日电视台 1957 年由东映公司、《朝日新闻》、旺文社、小学馆等共同组建，1959 年 2 月 1 日作为教育电视台开播，1977 年 4 月 1 日由教育台改为综合台，正式定名为朝日电视台。朝日电视台的服务范围也是以东京为中心的关东地区，播出一套地面电视节目，功率为 50KW。与《朝日新闻》关系密切。朝日电视网（ANN）有 26 家成员台。

TBS 电视台（Tokyo Broadcasting System，简称 TBS）

1951 年 5 月成立，是日本最悠久的民营广播机构，也是日本最大的商业播出机构之一。最早只播出广播节目，1955 年 4 月 1 日开始电视业务。该频道定位为综合类频道，通过无线传输方式向日本关东地区播出新闻、综艺及电视剧等节目内容。加入该网络（JNN）的有 28 个成员台。TBS 与《每日新闻》关系密切。

东京电视台（TV TOKYO Corporation，简称 TV TOKYO）

成立于 1964 年，是日本五大民营电视台中规模最小的一家，只有 6 家成员台。东京电视台以播出经济类节目为主，《日本经济新闻》是其最大股东。

五、广播电视发展简史

1925 年　广播事业诞生
1926 年　日本广播协会（NHK）成立
1928 年　开始全国直播
1950 年　日本“电波三法”出台
1953 年　NHK 开始电视播出
1960 年　彩色电视正式开播
1963 年　首次利用通信卫星转播美国的电视节目
1972 年　国会通过了《有线电视广播法》
1984 年　NHK 卫星电视节目 BS-1 试播
1990 年　日本卫星广播公司（JSB）WOWOW 台开播
1994 年　NHK 高清晰度电视频道（Hi-vision）开播
2000 年　BS 卫星数字频道开播
2003 年　开始进行地面电视信号数字化
2012 年　日本完成全国范围内的地面电视信号数字化
2014 年　4K 电视节目开始试播

2015 年　J:COM 首次制作原创 4K 节目并开始独播

2016 年　NHK 在 BS 频道开始试播 8K 电视节目“Super Hi-Vision”

2017 年　FM 和歌山广播开始利用亚马逊的 AI 声音合成技术自动播送新闻和天气预报

韩国广播电视发展概况与管理体制

一、国家概况

大韩民国，亚洲大陆东北部朝鲜半岛南半部。东、南、西三面环海，北面隔三八线非军事区与朝鲜接壤，国土面积约 10 万平方公里，占朝鲜半岛总面积的 4/9。韩国总人口数为 51181299（2017 年 7 月），人口年龄中位数为 41.8 岁。官方语言为韩国语。主要民族为朝鲜族，是单一民族国家。50% 左右的人口信奉基督教、佛教等宗教。

韩国实行三权分立制度，总统是国家元首、政府首脑和武装力量总司令，任期 5 年，不得连任。国务总理辅助总统工作。国会是韩国的立法机构。司法机构有大法院、高等法院、地方法院和家庭法院。大法院是最高审判机关，院长由总统任命，须经国会同意。

上世纪 70 年代以来，韩国经济持续高速增长，人均国民生产总值由 1962 年的 87 美元增至 1996 年的 10548 美元，创造了“汉江奇迹”，由此进入世界发达国家行列。2017 年，国内生产总值为 1.531 万亿美元，人均国民收入 2.8 万美元，经济增长率为 3.3%。

朝鲜战争后，朝鲜半岛的南北对峙导致了南北朝鲜现代社会化的差异，但双方传统文化却一脉相承。韩国现代社会文化由朝鲜民族传统文化与现代社会流行文化相结合衍生而来，1948 年朝鲜半岛南北对峙以来，南北韩的现代文化出现不同的发展。韩国现代社会文化是朝鲜民族文化现代化的产物。随着韩国经济和社会的发展，韩国人的衣食住行等生活方式也发生了变化，从而构筑了韩国现代文化。韩国文化在亚洲和世界的流行被称为韩流。

二、广播电视监管体制与法律法规

近年来，韩国广播电视业管理机构及法律法规经过多次调整。韩国广播通信委员会（KCC）作为独立机构，履行通讯及广播电视业监管职能。未来科学创造部（Ministry of Future Creation and Science，简称 MFCS）从发展知识经济、提高创新能力的角度，负责包括广播电视在内的产业政策制订和监督实施。

《2000 年广播电视法》实行以后，独立行政机构韩国广播电视委员会（KBC）设立，全面负责对地面电视、有线电视、卫星电视及电视节目供应商的行业管理。随着广播电视与通信业的融合，2008 年 2 月 KBC 与信息通信部合并，成立韩国广播通信委员会（Korea Communications Commission，简称 KCC）。

2013 年 2 月未来科学创造部成立。该机构整合了原来分散在广播通讯委员会、知识经济部、教育科学技术部等相关部门的业务，负责科技、文化、通信等领域的政策规划。原属于广播通信委员会的广播通讯产业政策制订和融合业务被纳入该部门。未来科学创造部内设企划调整室、广播通讯融合室、未来先导研究室等部门，原来隶属于广播通讯委员会的国力电波研究院、中央电波研究所等机构也划归未来科学创造部。地面广播电视、综合及新闻频道政策制订和监管、保护广播及电信消费者权益等事项仍由韩国广播通信委员会负责。该委员会由一名委员长、一名副委员长和3名委员组成。委员长相当于政府部长。人员配置由总统令规定。

韩国目前管理广播电视的主要法律制度是在原《广播电视法》《综合有线电视法》《韩国广播公司法》《有线电视管理法》基础上形成的《2000年广播电视法》。该法2000年3月实施，2008年2月再次修改。根据2009年7月通过的《媒体关联法》修正案，广播电视法第14条规定被修改。据此，综合频道和新闻频道由原来禁止外资参与改为不超过20%。卫星电视的外资比例从33%调整到49%，但地面电视方面对外资的禁令仍维持不变。

韩国对播出国内广播电视节目的比例作出规定，具体为：地面广播电视台每季度播出国内节目应占总播出时间的60%以上、80%以下。综合有线电视运营商和卫星电视运营商为40%以上、70%以下。其它为20%以上、50%。

根据《2000年广播电视法》，节目事前审查制度被废止，由韩国广播电视通信标准委员会（Korea Communications Standards Commission，简称KCSC）负责事后监督。该委员会根据《关于广播电视通信委员会设置和运营的法律》（第18-29条）于2008年5月14日设立，旨在确保广播内容的公正性和公共性，以及信息通信领域文化事业的健康发展。审议委员会由9名委员组成，均由总统任命，审议内容的90%来自于网络、电话、信件反映的民众意见。下设广播电视、通信等分委员会。

为保护青少年，该机构对电视节目进行了等级划分，分为“各年龄段均可”、“7岁以上观众可”、“12岁以上观众可”、“15岁以上观众可”、“19岁以上观众可”5个等级，在节目播出时会 在画面上部进行提示。

广告管理方面，禁止地面电视在节目中插播广告，广告的播放时间限制在节目时长得十分之一以内。有线电视和卫星电视的广告时间规定为平均每小时10分钟（最多不超过15分钟），在节目中插播广告是允许的。

三、广播电视发展概况

韩国实行公共广播与商业广播并存的双轨制。除传统意义的公共及商业广播外，国会、军队及宗教团体还办有专门的广播电视台。

地面广播电视方面，主要有公共广播机构韩国广播公司（KBS）和教育广播公司（EBS），还有部分履行公共职能的文化广播公司（MBC），三家机构均覆盖全国。此外还有首尔广播公司（SBS）等11家地方商业广播电视台。韩国原计划由KBS等3家电视台于2017年2月正式开播4K电视，但在2016年底，3家电视台以需要解决试播时发现的技术问题为由向韩国广播通信委员会（KCC）提出延期至9月开播。KCC接受提议后同意延期至2017年5月31日，于是3家电视台于此日正式开播4K电视节目。

卫星电视方面，KDB（后来更名为KTLife）于2002年3月正式开始直播电视服务，目前提供200余套电视节目和50套广播节目。三家最具实力的地面电视公司KBS、MBC、SBS也播出多个电视频道。

有线电视方面，最初主要提供转播服务，以解决电视信号覆盖质量不高问题，以后逐步向提供多频道综合服务转变。全国各地的有线电视运营商除自办节目外，有义务转播 KBS、EBS 等公共广播机构的频道。目前加入韩国有线电视协会（KCTA）的综合有线电视运营商（MSO）有 100 多家，覆盖约 1500 万家庭。规模较大的有 CJ Hello Vision Tbroad 等。

韩国广播电视数字化一直走在亚洲乃至世界前列。SBS、KBS、EBS、MBC 自 2001 年开始进行数字信号播出。2012 年全国完成地面电视数字化转换。

2014 年 4 月，韩国的有线电视运营商开辟 4K 专用频道 UMAX，开始 4K 有线电视商业化进程。UMAX 频道全天候播出电视剧、纪录片等多种 4K 电视节目。

四、广播电视主要机构

韩国广播公司（Korea Broadcasting System，简称 KBS）

韩国广播公司是韩国最具影响的公共广播电视机构。1948 年成立，最初为国家广播电台。1961 年开始电视播出。1973 年成为政府全额出资的广播电视公司。主要财政收入是收视费和广告费。最高决策机构是由 KCC 推荐、总统任命的 11 人理事会。KBS 社长负责日常事务，由理事会推荐、总统任命。

KBS 拥有 2 套地面电视节目（KBS1、KBS2）、4 套卫星电视节目（KBS DRAMA、KBS Sports、KBS Prime、KBS JOY）、6 套广播节目。此外 KBS 还开办了国际广播电视节目。

KBS1 是以新闻、教育、时事为中心的主力频道，KBS2 是面向家庭的文化娱乐频道，两个频道均面向全国播出。法律规定全国的卫星和有线电视运营商有义务转播 KBS1。KBS1 有义务每月播出至少 100 分钟公众制作的电视节目。KBS2 主要依靠广告经营。4 套卫星节目为专门频道，面向全国的卫星及有线电视用户。

KBS 的 6 套广播节目具体情况如下：

广播一套：以新闻资讯为主的综合节目。

广播二套：面向家庭的娱乐节目。

广播三套："爱的声音"，面向残疾及高龄人节目。

调频一套：古典及传统音乐节目。

调频二套：流行音乐频道。

短波广播：韩民族广播，面向东北亚地区同胞的广播节目。

KBS 用韩语、英语、汉语、日语等 11 种语言，通过 AM 和短波播出国际广播节目。自 2003 年 7 月起用韩国语播出一套国际电视节目，实时播出 KBS 新闻节目，以及 KBS1、KBS2 的部分节目，覆盖亚洲、欧洲、北美等广大地区，有海外用户约 5000 万户。

1997 年 KBS 国际广播电视节目开始网上传播。

KBS 在全国设有 24 个地方台，并在美国、英国、中国等世界重要国家设有 20 余个海外记者站。员工总数约 5000 人。年收入约 14 亿美元，其中约 40% 来自收视费，60% 来自广告收入。

韩国教育广播公司（Educational Broadcasting System，简称 EBS）

EBS 是一个专门播出教育节目的广播机构。原为 KBS 教育节目部，1990 年独立出来。2000 年 3 月随着《韩国教育广播公司法》实施成为公共广播公司。财政来源包括广播发展基金和广告收入，以及 KBS3% 的收视费。

EBS 播出一套地面电视节目，全国的卫星及有线电视运营商有义务转播该节目。此外，还有一套调频广播节目。

韩国文化广播公司（Munhwa Broadcasting Corporation，简称 MBC）

1961 年设立，最初只播出 AM 广播节目，1969 年 8 月开始电视播出。MBC 是一家股份公司，但其 70% 的股份由政府全额出资的财团法人——广播文化振兴会持有，因此也称为公共广播机构。最高决策机构是由 9 个人组成的广播文化振兴会理事会，成员由 KCC 任命。

MBC 播出一套地面电视节目、一套 AM 广播节目和两套 FM 广播节目。此外，向全国的卫星和有线电视用户提供 5 套付费电视节目。

MBC 的主要财务来源是广告收入，不享受政府补助金和收视费分配。总部在首尔，有 19 家地方台。

首尔广播公司（Seoul Broadcasting System，简称 SBS）

1991 年设立。SBS 主要为首尔及京畿道部分地区提供商业广播电视服务。1991 年推出电视和 AM 调频广播服务，1996 年推出 FM 广播服务。与全国各地的广播电视台合作，构成覆盖全国的广播电视网。

韩国电信 SkyLife（Korea Digital Satellite Broadcasting Co.Ltd，简称 KT SkyLife）

成立于 2001 年 1 月，是韩国唯一的数字卫星电视平台，集合了广播电视、通信，报纸等领域 100 多家公司的力量，主要股东为通信巨头 KT，地面电视公司 KBS、MBC 及各大报社。同年 11 月开始试验播出，于 2002 年 3 月正式播出。使用的卫星是 Koreasat 3，播送方式为 DVB（欧式）。2011 年 3 月公司名称由韩国数码卫星广播股份公司更名为 KT SkyLife。2014 年 6 月，KT SkyLife 开始试播其首个 4K 频道 Sky UHD（现 Sky UHD2）。2015 年 6 月，又新增两个 4K 频道 Sky UHD1 和 UXN，合计共有 3 个频道播出 4K 电视节目，正式全面实现 4K 电视商业化。

阿里郎国际电视公司

1997 年 2 月成立。由韩国国际放送交流财团运营。财政来源为广播电视发展基金和广告收入。开办时主要是向有线电视运营商提供外语节目，1999 年 8 月开始向海外播出卫星节目。拥有面向全球、以英语为主的的 Arirang World，面向中东、亚洲、大洋洲的 Arirang Arab 频道，面向联合国的 Arirang UN 等 3 个电视频道。覆盖 188 个国家的 8000 万用户。

五、广播电视发展简史

1927 年　开始广播服务

1948 年　国营广播电台 KBS 开播

1961 年　MBC 成立
　　　　KBS 开始播出电视

1963 年　KBS 开始实施收视费制度

1973 年　KBS 由国营广播电视机构转变为公共广播电视公司

1980 年　开始播出彩色电视

1987 年　《广播法》实施

1990 年　EBS 从 KBS 中独立出来

1991 年　SBS 成立
1996 年　KBS 开始试验播出卫星电视
2000 年　韩国广播委员会（KBC）成立，新《广播电视法》实施
2001 年　韩国数字卫星电视公司（KDB）成立
数字地面电视开播
2003 年　KBS World TV 开始播出
2005 年　地面 DMB 开播
2008 年　韩国广播通信委员会（KCC）成立
2012 年　全国范围内模拟信号停播
2013 年　未来科学创造部成立
2014 年　4K 信号有线电视正式开播
2015 年　4K 信号卫星电视正式开播
2017 年　4K 信号地面电视正式开播
未来科学创造部改名为 MSIT

朝鲜广播电视发展概况与管理体制

一、国家概况

朝鲜民主主义人民共和国位于亚洲东部朝鲜半岛北半部。北与中国为邻，东北与俄罗斯接壤，国土面积为 12.3 万平方公里。朝鲜总人口数为 25248140（2017 年 7 月），人口年龄中位数为 34 岁，通用语言为朝鲜语，单一民族为朝鲜族。内阁为朝鲜国家最高行政执行机关，每届任期 5 年。议会是韩国国家最高权力机关，议员由选举产生，每届任期 5 年，闭会期间的常设机构为最高人民会议常任委员会，常任委员会委员长代表国家，与外国元首互换贺电、贺信，接受外国使节递交的国书。审判机关有最高裁判所、道（直辖市）裁判所、人民裁判所（基层法院）和特别裁判所。最高裁判所是国家最高审判机关，所长由最高人民会议选举产生，任期 5 年。朝鲜主要政党有劳动党、社会民主党、天道教青友党，此外，朝鲜还有祖国统一民主主义战线、祖国和平统一委员会等社会团体和组织。2015 年，国内生产总值（GDP）为 400 亿美元。①

二、广播电视监管体制与法律法规

广播电视在朝鲜发挥着重要的宣传作用，是朝鲜劳动党对内对外宣传的喉舌。同时，由于朝鲜经济的落后，广播电视也肩负着刺激朝鲜经济发展的重任。在朝鲜，几乎所有的广播电视机构都是在朝鲜中央广播电视委员会的指导下运营。但是，朝鲜中央电视台和万寿台电视台以及朝鲜中央广播电台则是由朝鲜劳动党下达直接指示，处于党的统一控制之下。另外，朝鲜各地区还设置了地区级广播电视委员会，这些地区级广播电视委员会在朝鲜中央电视台和被称为朝鲜中央第三有线广播局的监管下，对地方电台电视台播出内容进行实时监控。广播电视播出设施和器材的管理工作则由朝鲜通信社全权负责。

① 数据来源：www.cia.gov

三、广播电视发展概况

朝鲜电视台全部由国家经营并播出，其中只有朝鲜中央电视台的一个频道面向全国播出，朝鲜教育文化电视台面向平壤和开城周边地区播出节目，万寿台电视台则面向平壤市内播出节目。朝鲜目前还没有面向国内的卫星电视和有线电视。广播电台也全部由国家经营并播出，现有朝鲜中央广播电台及平壤FM广播电台，以及面向韩国等近邻诸国的平壤广播电台等。2003年4月，朝鲜中央电视台随着国际广播电视的频率变更，开始使用亚音频信道播出国际广播。2010年11月朝鲜中央电视台由泰星3号换为泰星5号，改变了原有频率。2012年，金正恩就任朝鲜第一书记后，龙南山电视台开播。朝鲜中央电视台开始起用年轻的女性主播，演播室的陈设也进行了更新，出现了众多新的趋势。

四、广播电视主要机构

（一）广播

朝鲜中央广播电台（Korean Central Broadcasting Station）

朝鲜民主主义人民共和国的广播电台直接受朝鲜中央广播电视委员会领导，主要对朝鲜国内和韩国广播，通过调频广播（FM）、中波和短波的方式进行播音。电台呼号为"朝鲜中央广播电台"。朝鲜中央人民电台同旗下的地方局一起，以调幅（AM）及短波的形式面向全国播出。每天播出22小时。地方局播出的节目以新闻为主。此外还使用"朝鲜中央第三广播"的呼号，利用有线广播网面向全国播出。听众通过家庭中设置的收音机可以收听到朝鲜中央人民电台播出的节目。主要节目包括新闻、革命歌曲和劳动新闻评论等。电台开始播音前，会首先播放爱国歌，之后播放《金日成将军之歌》和《金正日将军之歌》。与KBS、NHK等广播机构相似，朝鲜中央广播电台也是由各地广电局向朝鲜全境转播，部分广电局还会播出自办节目，自办节目播出时间为平壤时间每周三14:00~15:00。

平壤调频广播电台（Pyongyang FM Broadcasting Station）

朝鲜境内的一家调频广播电台，由朝鲜中央广播电视委员会设立，1989年1月1日正式开播。主要播放音乐类节目，大多为"革命歌曲"，有时播外国经典音乐。总部位于平壤市牡丹峰区战胜洞广电大楼（同时也是朝鲜中央广播电视委员会的总部所在地）。同朝鲜其他国营电台以《金日成将军之歌》为广播开始曲不同，该台以《金正日将军之歌》为广播开始曲。每天播出16小时（节日播出23.5小时），面向全国进行立体声播放，播出时间为06:00至12:00，16:00至次日凌晨5:00。覆盖范围包括平壤市105.2MHz（20kw），90.1MHz（2kw），咸兴市106.1MHz（20kw），清津市105.5MHz（10kw），海州市103.7KHz（10kw），江界市93.3MHz（5kw），元山市95.1MHz（5kw），新义州市101.3MHz（5kw），开城市92.5MHz（2kw），惠山市93.8MHz（2kw），沙里院市103.0MHz（2kw），南浦市107.2MHz（2kw），金策市102.1MHz（1kw）。

平壤广播电台（Pyongyang Broadcasting Station，简称Radio Pyongyang）

直接受朝鲜中央广播电视委员会领导，主要对朝鲜国内和韩国广播，通过中波和短波的方式进行播音。节目内容主要包括新闻、革命歌曲、小说朗读和劳动新闻评论等。电台开始播音前，先播放《金日成将军之歌》，然后播放爱国歌，之后播音员会喊"我们光荣的祖国朝鲜民主主义人民共和国万岁！"和"朝鲜人民一切胜利的领导者和向导者朝鲜劳动党万岁！”的口号，之后播放《金日成将军之歌》和《金正日将军之歌》。每天播出23.5小时，以调幅（AM）及短波的形式播出，平壤市内及开城市内使用调频广播（FM）播出。

自由朝鲜之声（Radio Free Chosun）

一家位于朝鲜民主主义人民共和国平壤市的国际广播电台，隶属于朝鲜中央广播电视委员会，1945年10月14日成立，1947年3月14日正式对外广播。它的前身是平壤广播电台，1959年6月开始和北京广播电台（现为中国国际广播电台）交换节目。2001年2月16日改名“朝鲜之声”（Voice of Korea）。“朝鲜之声”共使用9种语言、2种波段对全世界广播。其总部位于朝鲜平壤市牡丹峰区战胜洞广播电视中心（同时也是朝鲜中央广播电视委员会的总部所在地）。“朝鲜之声”广播电台是朝鲜对外宣传的主要渠道之一，该台通过短波和中波的方式进行对外播音。与大多国际广播电台不同，“朝鲜之声”在开始播放节目之前的几分钟并没有台呼，而是在每个整点播放《金日成将军之歌》的开头部分的电子音版本（调谐信号），并播出台呼，之后播放朝鲜国歌，之后男主播会开场问候，接着播放《金日成将军之歌》和《金正日将军之歌》。随后，该台开始播放来自朝鲜中央通讯社的新闻及《劳动新闻》社论，如果是有关最高领导人的新闻往往会作为头条来报道，然后会播出韩国的新闻，之后播放音乐节目并穿插评论，最后播出广播时间和频率。

（二）电视

朝鲜中央电视台（Korean Central Television，简称KCTV）

朝鲜民主主义人民共和国的国营电视台，开播于1963年3月3日，总部位于平壤。朝鲜中央电视台直接受朝鲜中央广播电视委员会领导和控制，宣传朝鲜劳动党、朝鲜政府、朝鲜人民军的观点、立场和政策，是朝鲜的党政军喉舌。对于绝大多数朝鲜民众来说，朝鲜中央电视台是唯一的电视新闻资源，该电视台也使用人造卫星及互联网播出节目。节目内容包括：新闻、当天报纸摘要与评论、少儿节目、动画片、纪录片、社教类影片、影视剧等。朝鲜党政军最高领导人的活动动向是该台节目的重心，不仅在新闻报道中有大幅报道，每天都有专门的节目介绍他的活动，一天内会重播数次，通常“特别节目”时长15钟到20分钟左右，以照片配解说为主；偶尔也有活动画面，即录像。这些电视台播出的主要是宣传类型的节目，主要是朝鲜劳动党、朝鲜人民军、金正日和金日成的历史和成就，主题涵盖范围从新增的建设项目到历史经验教训的成果，还有金日成、金正日和主体思想，也有一定的国际新闻。2012年9月以来，朝鲜中央电视台对新闻播音室进行了调整，并改版开场音乐与动画，调整后的播音室看上去和韩国没什么两样。播音员坐在宽大的台子旁边进行播报，身后是由6个大型电视屏幕组成的“多银幕背景”，原本在播报过程中播音员占据整个电视画面中心的结构，现在变成了将插图和照片放在画面中心，播音员坐在旁边的画面布局。2014年，朝鲜中央电视台首次采用了虚拟演播室技术制作节目，新闻节目片头更是取消了“主体思想塔”元素。

朝鲜教育文化电视台（Korea Education and Culture television）

前身为1971年4月15日启开播的开城电视台，原为对韩国播出的电视台，后经改组并于1997年2月16日改为现名。该台成立的目的主要是普及科技文化和进行电视教学，电视节目只在周一、周三、周五播出，并同时使用 PAL（平壤、开城）和 NTSC 制式（韩国方向）播出。目前，其电视信号在韩国一侧受到干扰。2012 年 9 月 5 日，该台更名为“龙南山电视台”，节目类型与原教育文化电视台相同。

万寿电视台（Mansudae TV）

1983 年开播，只在星期六和星期天播出节目。信号覆盖范围仅为平壤市及其周边县市。节目内容以娱乐节目为主。和朝鲜中央电视台不同，万寿电视台会播出国外（甚至包括欧美）的电影、卡通片，也会播出国外的时事新闻，而像中央台那样播音员情绪激昂地播报新闻的画面在万寿台很少看到。在平壤，该台的人气很高，很受观众欢迎。开播时因为担心面向全国播出会使国民思想控制难度加大，因而政府决定该台的收视范围仅为平壤及其附近地区。

龙南山电视台（Ryongnamsan TV）

主要播放原版引进的欧美剧集，电影和新闻。主要针对大学生播放。播出时间为每周一、三、四，播放时长为 3 小时。

五、广播电视发展简史

1945 年　朝鲜首次创立属于自己的广播电视产业，开始解放后最初的国内广播

1947 年　朝鲜开始进行汉语广播，标志着对外广播的开始（3 月）

1950 年　开始向日本播出日语广播

1955 年　朝鲜中央广播电台开始有线广播

1967 年　朝鲜中央广播电台开始分为朝鲜中央广播电台 1 套和朝鲜中央广播电台 2 套两个频道，开始向韩国及海外播出（12 月）

1969 年　朝鲜中央电视台正式成立

1970 年　朝鲜全境完成有线电视网工程

1971 年　朝鲜开城电视台正式成立

1972 年　朝鲜中央广播电台改组，朝鲜中央广播电台 1 套为朝鲜中央广播电台，朝鲜中央广播电台 2 套改称平壤广播电台，并且把平壤广播电台从朝鲜中央广播电台中分离出来（10 月）

1974 年　彩色电视广播开播（4 月）

1976 年　朝鲜全国广播电视网完成

1983 年　万寿台电视台开播

1989 年　平壤 FM 广播正式开播

1997 年　朝鲜开城电视台正式成立，朝鲜教育文化电视台正式成立

1999 年　朝鲜开始对外播出电视节目

2001 年　朝鲜国际广播电台外语广播更名为“Voice of Korea”（朝鲜之声）

2003 年　朝鲜国际广播通过卫星开始播出节目（4 月），对韩国广播以“韩国民族民主战线平壤支部”名义重播朝鲜中央电视台的节目

2005 年　“韩国民族民主战线平壤支部”改为“反帝民族民主战线平壤支部”

2010 年　更换用于国际电视信号传输的卫星

2011 年　“朝鲜之声”正式设立官方网站（4 月）

蒙古国广播电视发展概况与管理体制

一、国家概况

蒙古国是位于亚洲中部的内陆国，总面积为156.65万平方公里，东、南、西与中国接壤，北与俄罗斯相邻。蒙古总人口数为3068243（2017年7月），人口年龄中位数为28.3岁，主要语言为喀尔喀蒙古语，喀尔喀蒙古族约占全国人口的80%，此外还有哈萨克等少数民族，居民主要信奉喇嘛教。蒙古宪法规定，国家承认公有制和私有制的一切形式。国家尊重宗教，宗教崇尚国家，公民享有宗教信仰自由。根据该宪法，改国名为"蒙古国"，实行议会制。国家大呼拉尔是国家最高权力机关，行使立法权。政府系国家权力最高执行机关，政府成员由国家大呼拉尔任命。现政府由人民党组成。国家大呼拉尔为一院制议会，其成员由蒙古国公民以无记名投票的方式直接或间接选出，任期四年。蒙古实行多党制，共有22个政党，主要有蒙古人民党、民主党。法院行使司法权，由最高法院和各级地方法院构成。蒙古主要产业包括矿业、农牧业、交通运输业、服务业等，国民经济对外依存度较高，曾长期实行计划经济。2017年的国内生产总值（GDP）约为114.34亿美元。

二、广播电视监管体制与法律法规

在媒体管理体制和传媒监管方面，蒙古目前采取较为西方化的媒体管理体制。1998年，蒙古国通过了《蒙古国新闻自由法》（*The Law on Press Freedom*，1998），禁止政府对大众媒介进行监督，禁止制定有关限制新闻自由的法律法规，禁止政府机构拥有新闻媒介等，以保障新闻的自由。在此背景下，蒙古国媒体数量猛增，但大多数是规模和影响都不大的媒体。2006年，蒙古国颁布了《蒙古国公共广播电视法》（*The Law on Public Radio and Television*，2006），把唯一国有的广播电视台改为公共广播电视台，确保媒体不受任何政府或政治力量的影响，使蒙古国媒体完全实现私有化。由蒙古通信规范委员会（Communications Regulatory Commission of Mongolia，简称CRCM）监督媒体相关法律的执行情况。目前，蒙古基本放开媒体监管，普遍实施私有化。但蒙古国学习西方媒体制度并没有取得预期效果，媒体领域存在较为严重的唯利是图、无序发展等问题。①

三、广播电视发展概况

蒙古国在1934年首次播放广播节目，1967年首次开播电视节目，1976年开始实验播出彩色电视节目，1995年开启有线电视服务。蒙古国的彩色电视制式是SECAM制。媒体发展与国家政治、经济发展密切相关。蒙古一直实行计划经济体制。经济体制改革后，私营企业逐渐发展起来。从20世纪末开始，蒙古私营电视台开始出现，目前最大的私营电视台之一"乌兰巴托广播电视台"（UBS）就成立于1992年。此后，蒙古电视领域的私营电视台如雨后春笋般发展起来，其他类型的私营媒体也进入高速发展阶段。

近年来，蒙古不断设立新的电视台，并根据已有的电视台持续进行频道的扩充。2016年蒙古国有传统媒体437家，其中电视台149家，广播电台72家，杂志社102家，报纸114家。目前，蒙古电视台包括公共电视台和私营电视台。公共电视台主要是"国家公共广播电视台"（MNB），较有影响的私营电视台包括"乌兰巴托广播电视台"

① 李宇：《蒙古国电视业发展概况》，载于《现代视听》，2016年第10期。

（UBS）、电视五台（TV5）、教育电视台（ETV）等。1995年起，蒙古开始播出有线电视台，但主要集中在首都乌兰巴托。目前，蒙古首都有“桑斯尔”“黑目”等有线电视平台。值得一提的是，蒙古在数字化和高清化方面超出世界平均水平，目前乌兰巴托播出的大多数蒙古电视频道都实现了高清化。

蒙古在对外传播方面主要依托广播，电视的对外传播尚不具备实力和影响力。蒙古国对外广播始于1934年，长期使用汉俄两种语言广播，后曾增设哈萨克语广播。目前“蒙古之声广播电台”使用汉、蒙、俄、英、日五种语言进行对外广播，每节广播半小时，每天播出时间共约10小时。各语言组对外广播节目内容大致雷同，由国内外新闻、专题节目、文艺节目、听众信箱等组成。

2010年9月3日，蒙古国立广播电视大学成立。作为蒙古国内唯一培养电视相关人才的高等教育机构，该校的建立不仅改善了学生的学习环境，而且促进媒体领域优秀的人才培养。

四、广播电视主要机构

在电视媒体中，蒙古国国家公共广播电视台、乌兰巴托广播电视台、电视五台等影响较大。另外，较有影响的频道还包括：C1. 教育电视台（ETV）、NTV、Eagle NEWS、SBN、NBS、TV8.TM、MASS TV、OTV、Global TV、Fashion、9TV、Movie Box、Dream Box、Seven TV、VTV、Royal、Like、HTV等。

1. 开路电视

蒙古国家公共广播电视台（MNB）

蒙古国唯一官方的、国家注资的国有电视台。蒙古国家公共广播电视台成立于1967年，最初设有两个频道，即二频道和四频道。1981年起播放彩色电视节目。随着无线电技术的更新及1991年广播卫星的使用，目前蒙古国家公共广播电视台已经覆盖了蒙古全境，包括一些偏远牧区。

蒙古电视五台（TV5）

成立于2003年，是私营电视台，播出一个地面频道和两个有线频道。截至2016年，电视五台每天播出1320分钟电视节目。TV5电视台的全职员工约100名，另有70多名兼职员工。该台曾3次获得蒙古“年度最佳电视”奖，在观众规模、影响力等方面均在蒙古居于前列。电视五台注重新兴媒体发展和应用，在蒙古率先进入互联网和云电视领域。蒙古电视五台非常注重与中国媒体的合作，已经播出了多部中国优秀影视剧。2016年10月1日“中蒙人文合作暨《电视中国剧场》启动仪式”就是中国中央电视台、内蒙古广播电视台与蒙古电视五台联合举办的。

蒙古乌兰巴托广播电视台（UBS）

成立于1992年，是私营媒体，也是蒙古实力最强的广播电视媒体之一。该台是一个综合型媒体，播出三个电视频道和一个调频广播频率，发行名为《一周》的杂志。乌兰巴托广播电视台第一频道是综合频道（UBS），第二频道是牧业频道，第三频道是环球频道（Global TV）。2016年该台播出的节目中，60%为自制节目，40%为引进和合拍节目。

2. 有线电视

有线电视方面，蒙古共有 31 家广电企业提供服务。其中，覆盖首都乌兰巴托的有 Sansar CaTV、Super Vision CaTV、MNBC CaTV 等 14 家。

3. 卫星电视

从 2010 年开始，以往只面向乌兰巴托的无线电视台 NTC、Eagle NEWS、C1.SBN 等 8 家电视台开始面向全国播出卫星电视节目。另外，乌兰巴托市还有 26 个地方专属的电视频道。

CNN、STAR TV 等公司提供了国外卫星电视接收服务。除此之外，原则上蒙古国允许自由接收国外卫星电视。

4.IPTV

IPTV 快速发展，以节目覆盖全国的电视台为中心，整合 11 家电视台提供媒体播放业务，根据 VOD 提供免费播放服务。

五、广播电视发展简史

1934 年　广播开播

1967 年　电视开播

1976 年　彩色电视开始试播

1981 年　彩色电视开始正式播出

1995 年　有线电视开播

2005 年　MNB 在法律上成为公共电视台

2010 年　地域化的电视台开始卫星播出

2014 年　开始实行有线数字化播出

第二节 东南亚国家广播电视发展概况与管理体制

菲律宾广播电视发展概况与管理体制

一、国家概况

菲律宾共和国位于亚洲东南部西太平洋赤道与北回归线之间。北隔巴士海峡与中国台湾省遥遥相望，南面、西南面隔苏拉威西海、苏禄海和巴拉巴克海峡与印度尼西亚、马来西亚相望，西濒南中国海，东临太平洋，扼亚洲、澳洲大陆及东亚、南亚国家之间的交通要道，地理位置十分重要。国土面积为29.97万平方公里。总人口数为104256076（2017年7月），人口年龄中位数为23.5岁，官方语言为英语，国民约85%信奉天主教，4.9%信奉伊斯兰教，少数人信奉独立教和基督教新教，华人多信奉佛教，原住民多信奉原始宗教。菲律宾是共和制国家，国家元首和国家权力机关定期由选举产生。从1935年自治政府时期到独立以来，菲律宾实行的是美国式的立法、司法、行政三权分立的总统共和制。总统既是国家元首也是政府首脑。国会是菲律宾的最高立法机构，由参议院和众议院组成。司法机构包括最高法院和各级地方法院。司法权属最高法院和各级法院。菲律宾地理环境优越，拥有丰富的自然、物力和人力资源，发展经济条件良好。制造业和农业是菲律宾国民经济的两大支柱，服务业在国民经济中占重要地位。2017年，国内生产总值（GDP）为3135.95亿美元。

二、广播电视发展概况

菲律宾广播电台、电视台数量较多，广播电视业在东南亚地区处于较发达水平。截至2014年，有1000多家广播电台，137家电视台，其中菲律宾国家广播电台（Philippine Broadcasting Service）和人民电视网（People's Television Network，Inc，简称PTNI）属官方性质，其余均为私人所有。使用的语言主要是英语、他加禄语和华语。

菲律宾在二战后实行的是美国式的民主制。受美国扶植的哈罗斯政府在政治上实行两党制、两院制和自由竞争的媒体制度。这使得菲律宾传媒业的发展具有一个显著特点，即经济势力对媒体的控制，菲律宾媒体完全被控制在一大批经济显贵们的手中。[①] 同时，特别是在战后，广播电视的迅速发展，要求在技术设备上投入大量资金，中小企业无法参与其中。媒体的生存完全依靠广告收入，因此掌握着广告权的显赫家族们不仅控制国家的政治经济，也掌握着文化和传播事业。例如拥有电力公司和银行的洛佩斯家族创办了《纪事报》后，又夺得了菲律宾第一、二家电视台的创办权，目前该家族至少拥有30家广播电台和5个电视台。

直到实行军管以前，菲律宾一直实行的是1931年通过的《广播控制法》。1972年，菲律宾总统马科斯颁布戒严令，将广播电视归于政府的统治下，严格控制广播电视的传播。1986年马科斯去世后，政府对广播电视的控制也随之解除。

菲律宾于1923年在马尼拉开始无线电广播，最初开播的是商业广播电台。对山地

① 李异平：《东盟国家媒介透视》，昆明：云南人民出版社2004年版，第66页

较多并拥有大小1700多个岛屿的菲律宾来说，广播仍是影响力最大的媒体，收听率达81.22%。菲律宾国际广播电台“菲律宾之声”（Radio Philipinas）每天14：00~15：30用菲律宾语播出一个半小时的节目，每天17：00~19：30用英语播出两个半小时的节目。

菲律宾在全国范围播出的电视台主要有：ABS-CBN广播公司、GMA电视网、菲律宾广播网络公司、联合广播公司（ABC）、岛际广播公司（Intercontinental Broadcasting Corporation，简称IBC）、人民电视网络公司（PTNI）。电视节目主要播放美国电视节目、本地电视综艺节目、脱口秀、新闻报道和特别事件的现场直播报道。此外还有有线电视频道，主要播出来自美国有线电视新闻网（CNN）、日本放送协会（NHK）、澳大利亚广播公司（ABC）和哥伦比亚广播公司（CBS）等电视台的节目。

三、广播电视主要机构

（一）广播

ABS-CBN广播公司

ABS-CBN广播公司（奥托广播系统公司—历史广播网络公司，Alto Broadcasting System-Chronicle Broadcasting Network，简称ABS-CBN）是菲律宾最大的多媒体集团公司，2007年资产为280亿菲律宾比索（PHP）（约合6.13亿美元）。该公司成立于1946年6月13日，是亚洲第一家商业电视公司，隶属于菲律宾洛佩兹企业集团（Lopez Group of Companies）。

ABS-CBN前身是成立于1946年的博利瑙电子公司（Bolinao Electronics Corporation, BEC）。BEC由詹姆斯·林登贝格（James Lindenberg）创建。1951年，林登贝格与当时的总统季里诺的兄弟安东尼奥·季里诺（Antonio Quirino）合作，共同涉足电视广播领域。1952年，BEC更名为奥托广播系统公司（Alto Broadcasting System，简称ABS）。1953年10月23日首次正式开播，当时的频道称DZAQ-TV 3频道。1956年9月24日，历史广播网络公司（Chronicle Broadcasting Network）成立。该公司属于唐·尤尼奥尔·洛佩兹（Don Eugenio Lopez Sr.）。1957年，唐·尤尼奥尔收购了ABS公司，随后于1967年2月1日该公司正式更名为ABS-CBN广播公司。

1968年12月18日，ABS-CBN启用了其位于计顺市薄荷大道（Bohol Avenue, Quezon City）的新演播中心，直到今天仍在使用。该电视台通过卫星信号进行了首次现场直播，内容是1969年的人类首次登月。直到70年代中期前，ABS-CBN是菲律宾唯一一家播出彩色信号的电视台。

在菲律宾实行军管时期，ABS-CBN因为军事管制而受到了挫折。ABS-CBN电视台于1986年2月重新开播。1987年，ABS-CBN推出了著名的新闻节目“电视之门”（TV Portal），由诺利·德·卡斯特罗（Noli De Castro）主持（后来曾任菲律宾副总统）。

1988年，ABS-CBN转为卫星播出，覆盖全国除面向国内的电视网络，ABS-CBN还通过其国际频道“菲律宾频道”（the Filipino Channel，简称TFC）向中东、美国、欧洲、澳大利亚等国家和地区的菲律宾人播出电视节目。ABS-CBN旗下还有电影公司（星空影院-ABS-CBN电影制片公司Star Cinema - ABS-CBN Film Productions, Inc.）、音乐录制公司（星空唱片公司Star Records）、出版社（ABS-CBN出版社）和互动媒体公司（ABS-CBN互动媒体公司ABS-CBN Interactive）。

（二）电视

GMA 电视网

GMA 电视网是菲律宾最大的开路（free-to-air）电视网。这家公司的前身是由美国特派记者罗伯特·斯图尔特（Robert Stewart）于 1950 年创建的 DZBB 电台，他一般被人们称为“鲍勃大叔”（Uncle Bob）。1961 年 10 月 29 日，罗伯特·斯图尔特投资了电视行业并开播运营电视 7 频道。1996 年，这家公司更名为 GMA 电视网（GMANetwork, Inc.），拓展了电影制作、场景和相关设备搭建、音乐与影像录制、新媒体、后期制作服务和市场营销等业务。

GMA 广播电视节目覆盖全国。GMA-7 广播节目通过大马尼拉的 dzBB 调幅（AM）和 dwLS 调频（FM）电台，以及国内 22 个其他广播电台进行传播。GMA- 还有一个国际频道“GMA 菲律宾人电视频道”（GMA Pinoy TV）面向海外菲律宾观众播出，可在美国、日本、巴布亚新几内亚、迪戈加西亚岛、中东地区和北非地区收看。GMA 还运营制作、网络电影、新媒体等子公司。

人民电视网（PTNI）

菲律宾唯一的政府电视台 GTV-4 于 1974 年开播。该台于 1980 年改名为马哈利卡广播电视系统（Maharlika Broadcasting System），又于 1986 年改为人民电视 4 台（People's Television 4）。1992 年 3 月 26 日，人民电视网（PTV Network）变为一家国有公司，正式命名为人民电视网（PTNI），并在 6 月确立了第一届董事会。

人民电视网通过 PALAPA C2 卫星进行全国范围的全卫星信号传播（full-satellite transmission）。其旗舰电视台 PTV-4 位于奎松市（Quezon），运行一台 40 千瓦新式发射机和一座 500 英尺的发射塔。通过其 18 个省级电视台，人民电视网的信号可以覆盖菲律宾约 85% 的人口。人民电视网提供新闻、时事、教育、文化和体育等各类节目。其主打教育节目是“电视继续教育”（Continuing Education via Television, 简称 CONSTEL），这是由菲律宾教育、文化和体育部（Department of Education Culture and Sport）设立的，面向小学和初中教师播出科学和英语培训节目。

四、广播电视发展简史

1923 年　首家无线广播电台（商业 3 台）在马尼拉开播

1953 年　首家广播电台（商业 3 台）在马尼拉开播

1961 年　商业电视台 GMA 开播

1972 年　政府开始严控广播电视事业

1986 年　公共电视台 PTV4 建立

1987 年　新宪法中明确对言论自由进行规定，建立 NTC 许可制

2001 年　国内首个卫星电视台 PMSI 开播

2005 年　总统改革咨询委员会宣布取消对外资经营大众媒体的限制

2006 年　Skycable 开设国内首个数字有线频道

2009 年　Mediacable 卫星频道 Cignal Digital TV 开播

2013 年　总统府宣布该国电视数字化使用 ISDB-T 标准

2014 年　NTC 公布数字电视数字化规定草案

柬埔寨广播电视发展概况与管理体制

一、国家概况

柬埔寨王国位于泰国、老挝和越南之间，与泰国湾相邻。国土面积为18万平方公里。总人口数为16204486（2017年7月），人口年龄中位数为25.3岁，通用语言为高棉族语，佛教是国教。高棉族人绝大部分信奉佛教。占族人大多数信奉伊斯兰教。柬埔寨是君主立宪制国家。实行民主多党制。立法、行政、司法三权分立。国王是终身国家元首、武装力量最高统帅、国家统一和延续的象征。政府设有首相府、农林渔业部、农村发展部、商业部等部门。首都金边市是全国政治、经济、文化中心。法院分初级法院、上诉法院和最高法院三级。柬埔寨是传统农业国，工业基础薄弱。属世界上最不发达国家之一，贫困人口占总人口26%。2017年，国内生产总值（GDP）为221.58亿美元。

二、广播电视监管体制与法律法规

1996年1月，柬埔寨依据新宪法成立了新闻部。作为柬埔寨新闻宣传政府主管部门，新闻部主要职能包括：频道频率审批，报纸、杂志、印刷品管理，相关法律法规起草拟定和执行，新闻记者证颁发和培训，开展新闻领域国际交流合作等。新闻部由部长直接领导负责，下设秘书处和国务秘书处，有秘书长1人，国务秘书和副国务秘书各7人，还包括行政财务司、新闻和视听司等机构，并直接领导和管理柬埔寨国家电视台（TVK）、柬埔寨国家广播电视台（INK）和柬埔寨新闻社（AKP）。

柬埔寨电视产业中柬埔寨国家电视台的资金主要来源于国家预算拨款、私营电视台上交的电视产业税、其自身广告等利润收入以及其他合法经营。私营电视台的资金来源主要是商业广告、商业利润活动及其他合法经营。

目前柬埔寨还没有颁布广播电视法，但已经出台了许多广播电视方面的规定、规章，以加强对广播电视机构的管理。

三、广播电视发展概况

根据1950年法柬之间的协定，柬埔寨国家广播电台于1954年移交给柬埔寨政府。该电台分为国内广播和国际广播。西哈努克领导的柬埔寨王国民族团结政府建立后，建立了“柬埔寨民族统一阵线之声”电台。1970年8月1日开播。民主柬埔寨建立后，柬国家电台改名为“民主柬埔寨广播电台”。越南1978年底侵入柬埔寨后，柬埔寨全国出现了多座广播电台。其中“柬埔寨人民之声广播电台”是原金边政权的国家广播电台，成立于1978年，每天用6种语言共播送45小时节目，对国内广播用高棉语，国际广播用英语、法语、越南语和泰语。1979年至90年代中期，由红色高棉控制的“民主柬埔寨之声”广播电台也一直使用柬语和越语广播。“高棉之声”广播电台是由西哈努克派与宋双领导的高棉人民民族解放阵线共同创建于1984年，每天用高棉语向西部地区广播3次。

（一）广播发展概况

据统计，柬埔寨有11家调频电台，其中“FM103”是国家台，每天播音18个小时。1951年柬埔寨国家广播电台（NRK）正式开播；在红色高棉领导人波尔布特统治期间，柬埔寨国家广播电台被完全破坏。1979年，柬埔寨国家广播电台重建。1990年，柬埔寨国家广播电台将播出时间从每天 9 小时增加到 12 小时，并采用了 150 千瓦的发射机。

（二）电视发展概况

柬埔寨的电视事业开始于 20 世纪 60 年代。1966 年，柬埔寨国家电视台（TVK）建立，每天正式播出 4 小时节目。1970 年，柬埔寨因内战动乱不安，柬埔寨国家电视台的发展受到很大影响。1975 年至 1979 年期间，柬埔寨国家电视台被完全破坏。

直到 1983 年，金边政权在越南的帮助下建立"柬埔寨电视台"，于 1984 年 12 月正式开播，每周播出 3 天，每天播出 4 小时节目。1986 年 3 月起，金边地区每天晚上可以收看 2 小时的电视节目。后来在苏联的援助下，柬埔寨建立了卫星地面接收站，从 1987 年 3 月起可以收看苏联的卫星电视节目。

20 世纪 80 年代末期，金边政权在磅湛建立了一个地方电视台，从 1990 年起每天可以播送 2 小时的电视节目。

1986 年，柬埔寨国家电视台将播出时间从每天 4 小时增加到 5 小时。1994 年，又安装了功率更大的 10 千万发射机。1999 年，柬埔寨国家电视台的节目开始通过卫星信号传输，信号可以覆盖五大洲。同时，它在国内还拥有了 7 个省级电视台。1991 年，柬埔寨开始建立商业电视频道。1991 年至 2002 年，6 个商业电视频道相继建立。

目前，柬埔寨共有 7 家电视台，主要有柬埔寨国家电视台（以柬语播音为主）、第 9 台（私人台）、第 5 台（军队台）、首都第三台（官方）、巴戎台（私营台，每日有中文新闻报道）、CTN 电视台（私营）。此外，有线电视运营机构有柬埔寨有线电视公司和金边有线电视公司。政府所有的国家电视台（TVK）拥有全国性的电视网络。

为实现东盟经济共同体 2020 数字转换整体目标，柬埔寨政府正在大力推进数字化转换，2014 年柬埔寨国家电视台与云南广电传媒集团下属云南无线数字电视文化传媒公司合资成立柬埔寨数字电视公司，使用 DTMB 标准发展地面数字电视，计划在首都金边市等地区建立 DTMB 网络。

四、广播电视主要机构

（一）广播

柬埔寨国家广播电台（National Radio Kampuchea, 简称 NRK）

柬埔寨国家广播电台建立于 1951 年，1958 年每天开始播出 12 个小时，在当时是柬埔寨国内唯一的广播服务。1979 年，柬埔寨政府重建了广播电台，每天播出 9 小时的国内节目（高棉语），和 2 小时 20 分钟的国际节目。

柬埔寨国家广播电台是柬埔寨国家信息部下属的 5 个常设机构中的一个，有 5 个部门，336 名员工。现在，柬埔寨国家广播电台大约 70% 的节目是现场直播。这些日常节目包括新闻、教育、农业、文化、健康和经济等内容。由于资金方面的限制，功率仅 200 千瓦的发射机，仅能覆盖约 70% 的国土面积。柬埔寨国家广播电台正计划安装新型的功率更强大的发射机，全面系统更新，以扩大覆盖范围，提高收听质量。

（二）电视

柬埔寨国家电视台（National Television of Kampuchea，简称 TVK）

柬埔寨国家电视台（TVK）是唯一的国有电视台，建立于 1966 年。柬埔寨国家电视台节目的全国人口覆盖率约 60%，其信号通过泰星 5 号（Thaicom5）卫星覆盖了亚洲、非洲、欧洲和大洋洲的126个国家。

柬埔寨国家电视台随着柬埔寨1953年的独立而成为该国唯一的国家电视台。它的大部分资金来源于政府拨款，其他来自于商业广告和节目销售所得的利润。柬埔寨国家电视台拥有258名员工，大部分在金边的总部工作。它提供国内新闻、国会会议和国际体育赛事的电视直播报道，并且在柬埔寨各民族的相互理解中扮演着重要角色。

柬埔寨国家电视台在1998年从日本政府得到了1.3千万美元的资助，用于更新和拓展其演播中心。此外，它每年都向日本派遣员工，参加日本国际合作机构（Japan International Cooperation Agency，简称JICA）主办的培训课程。

1966年，柬埔寨国家电视台刚刚成立时，每天播出仅4个小时。当时，柬埔寨国家电视台是国家唯一的电视服务机构。从1970年起，柬埔寨因内战而动荡不安。1975年到1979年，柬埔寨国家电视台的电视设施被完全摧毁，损失了大批员工。1983年，政府重建了电视台。当时电视台每周播出3天，每天播出4小时节目。然而，新电视台极为有限的发射功率意味着只有金边的市民能够收到电视信号。从1986年起，柬埔寨国家电视台将其播出时间从每天4小时提高到5小时，发射机传输信号达到1千瓦。1994年，随着更高功率的10千瓦发射机的使用，柬埔寨国家电视台将其播出时间增加到每天8到10小时。此外，还通过卫星转播其节目，使亚洲、非洲、欧洲、美洲和大洋洲的许多国家能够收到其电视信号。到目前为止，柬埔寨国家电视台在全国拥有7个省级电视台。一些私营电视台也在人口高度密集的城市商业区建立了分台（substation）。目前有3个国际转播台在柬埔寨运行。

柬埔寨国家电视台（TVK）各分台

（1）金边总台：NEC 10千瓦，发射塔高120米

（2）菩萨省分台：Harris1千瓦，Tower高80米

（3）Substation in Battambang province 马德望省分台：NEC1千瓦，发射塔高120米

（4）西哈努克市分台：NEC300瓦，发射塔高30米

（5）蒙多基里省分台：Electronika10瓦，发射塔高30米

（6）腊塔纳基里省分台：100瓦，发射塔高80米

（7）暹粒省分台：（未运行）10瓦

（8）戈公省分台：（未运行）100瓦。

目前，柬埔寨国家电视台拥有270名员工，总台分成以下5个部门：技术部、节目制作部、海外播出（部）、地区部和新闻部。它与4个国家的电视台进行新闻合作，分别为中国中央电视台9频道、法国国际频道、日本的NHK电视台以及俄国电视台。

柬埔寨国家电视台的新闻节目包括国家新闻，社区地方新闻和国际新闻，分别使用法语和英语两种语言播出。所有的播出节目中有40%是新闻，30%是教育类，还有20%是娱乐节目。柬埔寨国家电视台还与许多非政府组织合作，在柬埔寨大选期间与联合国开发计划署（UNDP）合作了一个电视节目叫做“平等新闻节目”，所有参选党派可以在这个节目上展示他们的施政纲领以吸引选民。

柬埔寨国家电视台还与美国之音（VOA）合作，推出了学习英语的节目。与英国广播公司（British Broadcasting Corporation，简称BBC）公司合作，推出系列故事节目，

传授有关艾滋病和社会问题的知识；与联合国儿童基金会（UNICEF）和联合国教科文组织（UNESCO）合作制作教育和文化节目。柬埔寨国家电视台70%的播出节目是自制节目。

五、广播电视发展简史

1951年　RNK开始广播播出
1966年　TVK开始电视播出
1983年　TVK复播
1986年　彩色电视开播
1993年　首家商业电视台开播
1999年　TVK开始借用通讯卫星Thaicom3向全国播出
2002年　TVK开始国际播出

老挝广播电视发展概况与管理体制

一、国家概况

老挝人民民主共和国位于中南半岛北部的内陆国家，北邻中国，南接柬埔寨，东临越南，西北达缅甸，西南毗连泰国，国土面积为23.68万平方公里。老挝人民民主共和国总人口数为7126706（2017年7月），人口年龄中位数为23岁，通用语言为老挝语，居民多信奉佛教。国会是国家最高权力机构和立法机构，负责制定宪法和法律。政府为国家最高行政机关。老挝最高人民法院为最高司法权力机关。老挝经济以农业为主，工业基础薄弱。1986年起推行革新开放，调整经济结构，即农林业、工业和服务业相结合，优先发展农林业。2017年，国内生产总值（GDP）为168.53亿美元。

二、广播电视监管体制与法律法规

老挝新闻文化旅游部是老挝广播电视政府主管部门，老挝广播电视的支出来自政府财政补贴。1988年，老挝政府实行“改革开放”，开始尝试各种所有制形式，同时加强了与国外的文化交流。1993年6月19日，老挝人民革命党政治局通过第36号决议，为老挝报纸、广播电视等传媒业的发展开启了“改革之门”。决议首次决定，媒介可以刊登私营企业的广告。广播电台也获许在娱乐节目中为私营企业产品做广告，时间不能超过总节目时间的1/10。这大大促进了广播电视的经营与发展。

三、广播电视发展概况

老挝第一家广播电台于1960年8月13日在解放区华潘省北部Viengsay地区的SiengSua村使用一台500瓦的发射机开播。在建立初期，电台仅拥有一台磁带录音机，一台电力发射机和仅仅6名员工，三名记者和三名技师。在60年代，在中国和越南的援助下，电台将其发射功率从500瓦提升到15千瓦，使得其信号能够到达国家的大部分地区。老挝第二家广播电台于1968年在解放区川圹省（Xieng Khuang）康开（Khangkhay）建立。

为了给老挝广播电台、老挝爱国阵线报和革命运动的各宣传机构收集、处理和提供新闻，在中央老挝爱国阵线主席Neo Lao Haksat的命令下，老挝通讯社（Khaosane Pathet Lao, 简称KPL,the Lao News Agency）于1968年1月6日在华潘省北部的

Viengsay 建立。首任社长是希萨娜・希萨尼。该社在当时是一家小型通讯社，仅拥有约 12 名记者和技师。KPL 还使用英语，通过短波电台向境外广播新闻。

1975 年，随着国家的解放和老挝人民民主共和国的建立，老挝媒体快速发展。1976 年，仅有四种报纸，分别是 KPL 的《新闻快报》、《人民日报》(daily Siang Pasason)、《新万象报》(Vientiane Mai）和《军队报》(Kongthap Newspapers)，这些报纸全年发行总量为 166.5 万份（老挝国家统计中心，2000 年）。当时老挝有 8 家广播电台，1 家位于首都万象的国家广播电台，以及 7 家地方电台，分别位于占巴塞省（Champasack)、沙湾拿吉省（Savannakhet)、琅勃拉邦省（Luangprabang)、川圹省（XiengKhuang)、华潘省（Houaphanh)、乌多姆赛省（Oudomxay）和万象市（Vientiane Municipality)。

1986 年引入的新经济机制（New Economic Mechanism, 简称 NEM）迅速加快了出版物和纸面媒体的增长。随着对报纸和杂志需求的增长，这些出版物的发行量也逐渐增加。许多省级城市和农村乡镇的交通设施的建立，使得更多读者能够买到在首都出版的报纸。报纸、杂志和新闻快报从 1985 年的 13 种上升到 2000 年的 53 种。2000 年，老挝人民民主共和国（the Lao PDR）有 53 种平面媒体出版物，包括 2 种日报和 6 种周报。报纸的总发行量从 1985 年的 985.5 万份上升到 2000 年的 1340 万，平均每人 3 份报纸（《人民日报》Pasason，2000 年 10 月 11 日，第 1 页）。杂志的总发行量从 1980 年的 2.8 万份上升到 2000 年的 15.4 万份。印刷厂的数量从 1990 年的 27 家上升到 2000 年的 34 家；进口纸张的总量，包括新闻用纸，从 1985 年的 1077 吨上升到 1998 年的 1245 吨。(资料来源：老挝国家统计中心，2000 年，第 121 页）

广播电视的发展，收音机和电视机的数量飞速增加。广播电台的数量从 1985 年的 9 家上升到 2002 年的 20 家，广播站（announcement system）的数量从 1982 年的 152 个上升到 1990 年的 280 个。在 1983 年，老挝仅拥有一家电视台，但在 19 年之内，这个数字飞跃到 29 家。(资料来源：老挝大众媒体局，2002）

目前，万象市民可以通过有线电视观看 30 多个外国电视频道，包括英国广播公司（BBC)、美国有线电视新闻网（CNN)、美国国家广播公司（CNBC)、世界联播（World Net)、美国广播公司亚太频道（ABC Asia Pacific)、法国 5 频道（TV5，France)、德国之声广播电视台（DW)、意大利广播电视台（RAI)、音乐电视网络（MTV，总部在美国纽约)、星空卫视体育频道（Star Sport）以及中国、越南、泰国、柬埔寨和韩国等国的电视频道。

四、广播电视主要机构

(一) 电台

老挝国家广播电台（Lao National Radio，简称 LNR）

老挝国家广播电台于 1960 年在桑怒建立，1975 年迁至万象，除了播出面向首都的 AM 和 FM 广播以外，还用短波和卫星定时向各县市的地方台发送新闻。老挝国家广播电台的运营经费主要来源于国会预算和国际机构 NGO 的赞助，另外还有一少部分广告收入。同时老挝国家广播电台在一些地方广播中使用少数民族语言播出。1998 年，老挝国家广播电台在首都地区开始 FM 广播。2001 年又用 FM 开始了以在老挝的外国人为对象的广播，用英语、柬埔寨语、法语、泰语、越南语 5 种语言播出。此外，老挝国家广播电台用 5 种语言进行国际广播。

老挝国家广播电台最初于 1960 年创建于老挝东北部，后于 1975 年接手了老挝皇家广播电台在万象的播音室，并取而代之成为国家级广播电台。从 1983 年到 1993 年，老挝国家广播电台曾与老挝国家电视台（LNTV）一起接受政府管理，但从 1993 年起 LNR 分离出来成为一个单独的机构。老挝国家广播电台开设了一个中波调幅 AM 广播频道（567KHz），两个短波 SW 广播频道（6.130KHz 和 7.145KHz）和两个调频 FM 频道——FM1（103.7MkHz）和 FM2（97.25MkHz）。

在中波调幅 AM 广播频道和短波 SW 广播频道播出的节目主要是新闻类和针对农民、青年、妇女等制作的节目；调频 FM1 播出新闻类、娱乐类和针对类节目；而调频 FM2 完全是娱乐类节目。两个 FM 电台都有广告收益，而 FM2 的广告收益最高。中波调幅 AM 广播和调频 FM 频道分别于 1999 年 8 月 3 日和 2000 年 4 月 3 日通过卫星向全国播出节目。

老挝国家广播电台每天共播出 49 个小时，合计 78 套节目。电台从 2000 年起逐渐从一个模拟信号平台转变成数字信号平台。目前，电台每天在互联网上以老挝语、英语和苗语播出一套 15 分钟的新闻摘要节目。

老挝国家广播电台拥有管理部、音频部、娱乐部、少数民族语言部、发射机部、外语广播部、网络收音机部、新闻与时事部、节目制作部和技术研究部。

目前，老挝省级广播电台包括：

阿速坡（Attapeu）省级广播电视台

博胶（Bokeo）省级广播电视台

波里坎塞（Borikhamxai）省级广播电视台

占巴塞（Champassak）省级广播电台

华潘（Houaphanh）省级广播电视台

甘蒙（Khammouane）省级广播电台

琅南塔（Luang Namtha）省级广播电视台

琅勃拉邦（Luang Prabang）省级广播电台

乌多姆赛（Oudomxai）省级广播电视台

丰沙里（Phongsali）省级广播电视台

沙拉湾（Saravane）省级广播电视台

沙湾拿吉（Savannakhet）省级广播电台

沙耶武里（Sayaburi）省级广播电视台

赛宋本（Saysomboun）行政特区广播电台

塞公（Sekong）省级广播电视台

万象首都（Vientiane Capital）广播电视台

川圹（Xieng Khuang）省级广播电视台

各省级电台隶属于国家广播电台管辖，节目表中的大部分转播老挝国家广播电台节目。一般说来，较大较富裕的省份，例如琅勃拉邦（Luang Prabang）和沙湾拿吉（Savannakhet），播出较多自行制作的节目；而较贫穷的省份播出较多老挝国家广播电台的节目和少量当地新闻。

（二）电视台

老挝国家电视台（Lao National Television Station，简称 LNTV）

老挝国家电视台（LNTV）是老挝人民民主共和国的政府电视台，建立于 1983 年，最初是在 8 频道每天播出 3 小时电视节目，当时仅有一台发射机，只能覆盖首都部分地区。电视台在开始时与广播服务同在一个机构，当时称老挝国家广播电视台。1993 年老挝国家电视台成为一个独立机构。在同一年，依据一个与泰国签署的协议，老挝国家电视台转到 9 频道播出。从 1993 年起一些外国援助，特别是来自日本和越南政府的援助，帮助老挝国家电视台建立起了一个新的演播中心，购买了新的设备，升级了发射机的功率。

目前，老挝国家电视台拥有两个频道，每天通过 2 千瓦和 10 千瓦的发射机在 9 频道上播出 13 个半小时的节目，主要是新闻实事类节目。第二个频道是 TV3，通过 5 千瓦和 10 千瓦的发射机，在周一到周五每天播出 8 小时，在周六周日每天播出 10 小时。TV3 是在 1994 年与泰国共同投资建立的，后因其每日的泰语智力问答节目，肥皂剧和电影等，很快就受到观众的喜爱。2002 年，TV3 在成为老挝国家电视台电视网络的重要组成部分之后，仍然保持着娱乐节目丰富这个特点。第三个频道 TV5 是在 2002 年与法国 TV5 国际频道共同投资建立的，每天转播 14 个小时法国 TV5 国际频道的法语节目。但由于协议期限没有继续延长，TV5 于 2004 年停播。

老挝国家电视台拥有管理部、国内新闻部、娱乐部、外语新闻部、国外新闻部、LNTV1 节目制作部、LNTV3 节目制作部、技术维修与研究部和技术服务部。

老挝省级电视台包括：

阿速坡（Attapeu）省级广播电视台
博胶（Bokeo）省级广播电视台
波里坎塞（Borikhamxai）省级广播电视台
占巴塞（Champassak）省级电视台
华潘（Houaphanh）省级广播电视台
甘蒙（Khammouane）省级电视台
琅南塔（Luang Namtha）省级广播电视台
琅勃拉邦（Luang Prabang）省级电视台
乌多姆赛（Oudomxai）省级广播电视台
丰沙里（Phongsali）省级广播电视台
沙拉湾（Saravane）省级广播电视台
沙湾拿吉（Savannakhet）省级电视台
沙耶武里（Sayaburi）省级广播电视台
赛宋本（Saysomboun）行政特区广播电视台
塞公（Sekong）省级广播电视台
万象首都（Vientiane Capital）广播电视台
川圹（Xieng Khuang）省级广播电视台

最近几年，老挝国家电视台的节目通过亚洲卫星（Asiasat）覆盖了老挝的全部地区，同时也被省级电视台节所转播。只有万象市（Vientiane Municipality）和较大的省份，例如琅勃拉邦（Luang Prabang）和沙湾拿吉（Savannakhet），拥有足够的资源自行制作电视节目。其中琅勃拉邦省最为活跃，但每天也仅播出一个小时自行制作的电视节目。

马来西亚广播电视发展概况与管理体制

一、国家概况

马来西亚位于东南亚，国土被南中国海分隔成东、西两部分。西马位于马来半岛南部，北与泰国接壤，南与新加坡隔柔佛海峡相望，东临中国南海，西濒马六甲海峡。东马位于加里曼丹岛北部，与印尼、菲律宾、文莱相邻。国土面积约 33 万平方公里。马来西亚总人口数为 31381992（2017 年 7 月），人口年龄中位数为 28.5 岁，马来语为国语，通用英语，华语使用较广泛，伊斯兰教为国教，其他宗教有佛教、印度教和基督教等。马来西亚实行君主立宪联邦制。马来亚宪法规定：最高元首为国家首脑、伊斯兰教领袖兼武装部队统帅，由统治者会议选举产生，任期 5 年。马来西亚国会是最高立法机构，由上议院和下议院组成。马来西亚最高法院于 1985 年 1 月 1 日成立。马来西亚 70 年代以来不断调整产业结构，大力推行出口导向型经济，电子业、制造业、建筑业和服务业发展迅速。自 1987 年起，经济连续 10 年保持 8%以上的高速增长。2017 年，国内生产总值（GDP）为 3147.1 亿美元。

二、广播电视监管体制与法律法规

马来西亚通讯与多媒体委员会（Malaysian Communications and Multimedia Commission，简称 MCMC）负责广播电视和通讯行业政策制订、频率分配和内容监管。1999 年，马来西亚《1998 年通信大众传媒法》正式实施，废除《1988 年广播法》和《1950 年通信法》。

三、广播电视发展概况

（一）广播发展概况

马来西亚国家广播电台，建于 1946 年，拥有 6 个广播网，用马来语、英语、华语和泰米尔语广播。负责对外广播的“马来西亚之声（Voice of Malaysia）”建于 1963 年，用马来语、阿拉伯语、英语、印尼语、缅甸语、他加禄语和泰语等 8 种语言对外广播。

（二）电视发展概况

马来西亚的电视事业始于 20 世纪 60 年代。1963 年，马来西亚政府开办了马来西亚国家电视台（RTM）。马来西亚国家电视台共开办了两个频道，即第一电视台（RTM1）和第二电视台（RTM2），用马来语、英语、华语和泰米尔语播出。20 世纪 80 年代以来，随着电视业的发展，私营电视台纷纷出现，并逐渐在整个电视版图中占据重要位置，其中以首要传媒集团（Media Prima）发展最为迅速，该集团旗下的四个频道拥有马来西亚近一半的收视份额。在电视运营方面，全亚卫星电视和广播公司（Astro）举足轻重，垄断了该国的付费电视业。

四、广播电视主要机构

（一）广播

马来西亚广播电台

马来西亚广播电台总部位于吉隆坡。马来西亚广播电台的服务不仅专注于国家级别的广播服务，而且还重视建立地区和州级的广播频率，包括沙巴（Sabah）和沙捞越（Sarawak）（1954）、吉兰丹（Kelantan）（1963）、马六甲（Melaka）和槟城（Pinang）（1965）、柔佛（Johor）（1966）、霹雳（Perak）（1967）、林梦（Limbang）（1969）、彭亨（Pahang）（1974）、登嘉楼（Terengganu）（1975）、吉打（Kedah）（1980）、中区市（KawasanTengah，属于槟榔屿州，斯里阿曼省（SriAman，属于砂捞越州）（1982）、玻璃市（Perlis）（1991）、纳闽（Labuan）（1986）、雪兰莪（Selangor）和森美兰（NegeriSembilan）（1990）以及浮罗交怡市（Langkawi，属于吉打州）（1993）。

这些频率在刚刚建成时，由其所在州或地区的名称命名，不过在 1990 年这些频率以数字重新命名，最先起始于国家级广播频率，依次为广播 1 频率（Radio1，马来语）、广播 2 频率（Radio2，广播音乐频率 RadioMusic）和广播 3 频率（Radio3）。其中，广播 3 频率包括参照各个地区广播电台所在城市而命名的多个频率，例如广播 3 首都频率（Radio 3 Ibu Kota）、广播 3 莎亚南频率（Radio 3 Shah Alam，雪兰莪州首府）、广播 3 芙蓉频率（Radio 3 Seremban，森美兰州首府）、广播 3 怡保频率（Radio 3 Ipoh，霹雳州首府）等。1995 年，上述这些州级广播电台（再次）改为由其州的名称命名，例如马来西亚广播电台吉隆坡分台（Radio Malaysia Kuala Lumpur）、马来西亚广播电台雪兰莪分台（Radio Malaysia Selangor）、马来西亚广播电台森美兰分台（Radio Malaysia Negeri Sembilan）和马来西亚广播电台霹雳分台（Radio Malaysia Perak）。

（二）电视

1. 公共电视台

马来西亚广播电视台（Radio Television Malaysia，简称 RTM）

马来西亚广播电视台作为政府的广播电视机构，承担着维护国家和地区和平与融洽这一非常重要、独特的社会责任。因此，马来西亚广播电视台肩负着推动实施国家发展政策的任务。

作为一个高效的广播电视实体，马来西亚广播电视台精心安排播出了许多有利于实现国家政策的节目。目前，马来西亚广播电视台经营着两个电视频道，分别是马来西亚广播电视台的电视 1 台和电视 2 台（TV1 和 TV2），市场占有率达到 25%，观众数量有 1700 万人之多，另外还有通过在寰宇（Astro）卫星有线电视频道播出的 TVi；同时还有 34 个广播电台，市场占有率为 24%，听众数量达到 1600 万。

马来西亚各民族人民以及本地区的人民都可以接收到马来西亚广播电视台的新闻和专题节目。马来西亚的受众都能通过通用的马来语，也是马来西亚的官方语言，来了解马来西亚的节目。马来西亚广播电视台使用这个共同的交流工具，并把它作为与 5 个周边邻国加深历史和文化交流的纽带。这个共有的特征很自然地丰富了促进繁荣的内涵。

作为广播电视媒体，马来西亚广播电视台的角色对于国家来说意义重大。无论是在马来西亚国内，还是在一个更大的区域，马来西亚广播电视台都需要为促进不同信仰、不同文化人民之间的相互理解提供各种服务。而且马来西亚广播电视台还需要提供那些能够体现出国家政策精髓的节目。为了使这些节目和服务照顾到国家民族、语言和文化的多样性，马来西亚广播电视台还使用国家官方语言——马来语和其他国家的语言包括汉语普通话和泰米尔语、沙巴和砂拉越地区人民使用的地区方言以及英语搭建了文化展示平台。

马来西亚广播电视台致力于传递那些关注当今社会发展的高质量的本地节目，并注重那些与为应对当今广播电视竞争而进行的地区联动与协作相关联的重要信息的交流。马来西亚广播电视台作为一个政府广播电视机构，同时具有公共广播电视台的特征，因此马来西亚广播电视台的责任是既要保护当地利益攸关者（政府和公众）的权益，也要保护马来西亚海外受众的权益不受损害。马来西亚国家广播电视政策的目标，即“促进并培育那些推动民族特性和世界多元化的地方信息源和文化表现”，这也与马来西亚广播电视台自己的政策和目标相关联。为此马来西亚广播电视台立志要成为一个高效的、负责任的广播电视机构，能够为社会和地区的社会经济平衡发展提供并发布信息。在促进社会发展中，马来西亚广播电视台也承担着重要的责任和义务。过去 50 年来，它在不同背景、种族和宗教信仰的人群中赢得了广大受众的尊敬。根据 AC 尼尔森公司 2007 年的媒体指数调查，马来西亚广播电视台所属的电视 1 台的观众达到 700 万人，而其电视 2 台的观众更是达到 1000 万人，占马来西亚全体电视观众人数的 83%。根据不同种族的收视统计，在马来西亚华人中有 86%观看马来西亚广播电视台所属的电视 2 台，73%观看其电视 1 台。而在印度裔观众中，电视 1 台的观众占 80%，电视 2 台的观众占 71%。这样的调查数据说明，马来西亚广播电视台在以马来人、华人和印度裔为主的国家人口中，有着非常大的号召力。

为了吸引更宽泛层次的观众，马来西亚广播电视台在电视 1 台和电视 2 台都播放组合型的（辛迪加）节目。以 2008 年为例，以马来语为基础的电视 1 台要播出 9%的英语节目、3%的印尼语节目。同时，本身就是一个多语种频道的电视 2 台要播出 20% ~30%的英语节目、25%的马来语节目、23%的汉语节目、9%的泰米尔语节目、3%的印地语节目，其他时段播出印尼语、泰语、塔加路语以及阿拉伯语节目。

马来西亚广播电视台采取文化多样性的政策以满足该地区各式各样受众的需求。这个政策非常有效地应对了其他广播电视竞争对手提出的在马来西亚实现传播全球化的问题，以及开放天空的政策导致众多的卫星频道拥挤在马来西亚的上空的局面。

文化表达和社会发展在马来西亚广播电视台不同类型的节目中都得到表现，特别是在娱乐、宗教、情景喜剧、电视杂志、脱口秀和专题片上更是如此。马来西亚广播电视台的电视 1 台用英语和马来语双语，以纪录片、脱口秀和电视杂志的形式制作过 12 个反映农业发展的节目。

马来西亚广播电视台下属的国家、地区和当地广播电台都承担着社会变化代言人的角色，在国家建设甚至政治进程中也是如此。电台广播参与社会变化最持久的一个例子是在从 20 世纪 70 年代开始倡导“绿皮书计划”。这个项目倡导不仅在农村，而且在城市实现农产品自给自足。把马来西亚语言作为传播语言是考虑到信息分发过程中的融合统一的因素。但广播电台也使用其他语言，以便边远地区的当地部落居民能更好地接收信息。由于在马来西亚有众多的民族人口，所以使用多种语言就显得尤其必要。首先要把信息传递到马来西亚最大的三大民族群，即马来人、华人和印度裔。马来西亚广播电视台还正在有计划、有目的地努力让民众能用母语接收信息。例如，在婆罗岛上的沙巴州和砂拉越邦，卡达山和伊班是两个主要的土著民族。由于他们在当地的社区中有着很大的代表性，因此他们两个民族都有完全用自己的语言播出的广播频率。这是马来西亚政府政策的体现，即鼓励文化认同，并把它培育成为在差异中求得民族团结的一种手段。

由于有着分散的、复杂的受众群体，马来西亚广播电视台在履行社会义务方面必须要更加具有创造性，以便保持受众的忠诚度和传播的有效性。今天的新技术已经大大提高了节目效力。为了适应信号质量和技术的发展，马来西亚广播电视台广播电视目前正在从模拟转为数字。由于传统电子媒体引入了数字化，在偏远地区的传播阻隔也将会减少。这个国家通信与多媒体的政策将于 2015 年前在全国范围内全面实现。

马来西亚广播电视台通过“马来西亚之声”这个对外广播机构为世界听众提供服务。它使用 10 种语言播出，包括印尼语、菲律宾语、泰语、汉语普通话、阿拉伯语、缅甸语和英语等。

在过去二十年中，马来西亚已经越来越意识到马来西亚需要增进民族和国家之间的相互了解。因此，马来西亚已经开始了构建东盟与中国之间新的文化关系的努力。马来西亚认为，电影、电视和广播是进行跨文化交流的最普遍的媒体。

马来西亚广播电视台的国际协作是在两个平台上进行的，一个是地区合作，一个是双边合作。马来西亚广播电视台通过互利的谅解备忘录与地区广播电视台建立了战略联盟。目前与印尼、文莱和新加坡国家广播电视机构签署的广播电视合作双边谅解备忘录已经开始实施。这些谅解备忘录包括一些活动，例如共同制作音乐节目、脱口秀节目、电视剧、纪录片以及节目交换。

马来西亚广播电视台目前是亚太地区广播电视联盟（The Asia-Pacific Broadcasting Union，简称 ABU）主持的亚洲新视野每日新闻交换的成员。通过亚洲新视野，马来西亚可以透过当地广播电视机构的观点，而不是从第三方，更好地了解当地发生的事件。在东盟的层面上，马来西亚早在 1998 年就加入了东盟电视新闻（ATN）交换计划。现在马来西亚可以与这个组织的成员在每日新闻交换方面进行合作，并在需要的时候，通过联合报道来推进彼此之间的合作。

马来西亚广播电视台还积极推动并促成马来西亚私营制作公司与中国中央电视台、新加坡新传媒集团（Media Corp）、文莱国家电视台等媒体建立合资企业，其制作的节目已经在双方的电视台上播出。目前，VL 电影制作公司（一家马来西亚制作公司）和中国中央电视台联合拍摄的第一部名叫《双城记》的电视剧正在制作中，很快将在两国正式播出。这只是已经实现的众多合作之中的一个。目前，马来西亚广播电视台已经成功地在电视剧合作方面与新加坡、菲律宾和文莱实现了合作。

合作制作协议或联合制作方式为广播电视制作商开辟了新的途径和市场，同时也为马来西亚国家有创造力的人才创造财富提供机会。此外，参与谅解备忘录约定的各种节目制作，使当地人才的能力得到展示。马来西亚广播电视台还在广播电视专业人才、电影制片人、制作人和其他方面加强国际合作。此外，还在培训项目、研究和信息等方面开展交流，以共享广播电视传播发展成就和经验。

随着对广播电视节目全球化和国际化的需求不断增加，马来西亚广播电视台正在重新审视、检查马来西亚为加强广播电视合作所制定的现行政策。作为信息部下属的马来西亚广播电视台有一个与政府政策相一致的目标，即：

●要将马来西亚广播电视台打造成为一个通信与多媒体信息的全球中心和全球网络中心；

●要将马来西亚广播电视台打造成为广播电视产品和素材的内容提供商；

●要将马来西亚广播电视台打造成为一个文化展现和交流的渠道。

作为一个国家广播电视机构，马来西亚广播电视台积极地在当地、地区和全球范围内提升自己的声誉。同时非常希望加强国内和地区间的协作，进行相互转播业务的合作、提供相互促进人力资源发展的机会。

2008 年，马来西亚广播电视台的广播与电视受众总人数为：1700 万电视观众，1600 万广播听众。马来西亚广播电视台的广播电视节目播出内容丰富多彩，可以满足听众和观众的各类不同需求。其主要节目内容包括：

新闻：马来西亚广播电视台每个小时都广播最新的本地和国际新闻。

电视剧：不断创新的马来西亚广播电视台的电视剧，拥有几百万忠实的观众。

娱乐资讯节目：早间和谈话节目内容充实而丰富，始终保持着很高的收视率。从当今时事和社会问题，到观众所喜爱的内容，这些节目包含的话题非常广泛。并对许多体育大事和国内大型体育活动拥有独家报道的权力。

影视节目：为观众提供众多优秀电影、电视剧和音乐。

国际节目：通过卫星电视转播，马来西亚观众可以很容易地接收到国际节目。

作为数字技术革命的先锋，马来西亚政府给予马来西亚广播电视台试播数字电视服务（DTV）的计划。6 个数字频道正在试播中，其中包括 2 个现有的模拟转数字频道、1 个体育频道、1 个新闻频道、1 个文本和信息频道以及 1 个音乐频道。2 个转播站覆盖了吉隆坡（Kuala Lumpur，简称 KL）市中心和近郊区域。2005 年，马来西亚广播电视台的全国播出覆盖率为：电视 90%，广播 95%。

马来西亚广播电视台的节目还通过东亚卫星 3 号（Measat3）覆盖了世界上 70% 的国家，相当于 110 个国家。①

2. 商业电视台

首要传媒集团

首要传媒集团有四家全国性私营无线电视台，即使用华语和英语播出的八度空间电视台（8TV）、国民电视（NTV7）以及使用马来语的三台（TV3）与电视九台（TV9）。这四个电视频道的收视份额之和为 47%。该集团同时还经营三家私人电台，即 Hot FM、Fly FM 及 One FM。该公司也拥有 BigTree 和 UPD 这两家户外广告巨人。首要传媒集团还掌控了新海峡时报集团 43.29% 的股份。

八度空间电视台（8TV）

该电视台的目标受众是年轻的城市居民，其中一个重要目标群体是华人。该频道在华人受众中的收视份额达到 23%。

① 唐世鼎、黎斌主编：《世界电视台与传媒机构》，北京：中国传媒大学出版社 2005 年版，第 215 页。

国民电视（NTV7）

该电视台以娱乐节目为主，很多节目都是从香港无线电视台引进的，其目标受众是城市居民、儿童和华人。

电视三台（TV3）

该电视台开播于1984年，在马来西亚电视市场占据领先位置，拥有28%的收视份额，其营业收入占集团总收入的65%。该频道主要播出家庭类节目。

电视九台（TV9）

该电视台的目标受众是倾向于传统内容的马来语观众，节目内容包括戏剧、真实秀和时事节目，收视份额为9%左右。

五、广播电视发展简史

1921年，第一套广播电台设备被来自柔佛政府（the Johor State Government）的一名电子工程师伯奇（A.L.Birch）带到马来亚，马来亚电台广播的历史由此开始。在此之后则是柔佛无线电协会（Johor Wireless Association）的建立，该电台用300米波段的发射机进行商业广播。接下来类似的协会在槟城（Penang）吉隆坡建立。

1930年，来自新加坡港管理局（Singapore Port Authority）的厄尔爵士（Sir Earl）开始了一周两次的短波广播；马来亚无线电协会进行了同样的努力，他们通过325米波段的发射机从吉隆坡的八打灵山（Bukit Petaling）上广播，每周三次。

1934年，马来亚的槟榔屿州成立了槟榔屿无线电协会（the Wireless Association of Pulau Pinang），该协会的ZHJ电台通过49.3米波段的发射机开始以马来语、汉语、英语和泰米尔广播。

1937年，珊顿•托马斯爵士（Sir Shenton Thomas）创建了不列颠马来亚广播公司演播室（the Studios of Broadcasting Corporation of British Malaya），于1937年3月11日在新加坡加利谷山（Caldecott Hill）开播。

1940年，马来亚不列颠广播公司（the British Broadcasting Corporation of Malaya）后被海峡殖民地政府（the Straits Settlement）接管，并成为不列颠信息部（the BritishInformation Ministry）的一部分，更多地被人们称为马来亚广播公司（Malayan Broadcasting Corporation）。

1942年，英国人在新加坡向日本人投降。日本人接管并使用了位于槟城、马六甲、吉隆坡、芙蓉和新加坡的现有的广播电台。

1945年，英国人恢复了其在马来亚的统治并再次接管了这些广播电台。

1946年4月1日，电台广播服务在新加坡建立起来，随后成立了广播局（the Department of Broadcasting）。1945年八九月间，英国重占马来亚，并于1948年6月20日颁布了《特别紧急条例》，其核心是镇压马来亚共产党前抗日人员及其他涉及人士，而这却进一步推动了广播服务功能的增强。

20世纪50年代早期，马来亚广播公司在马来亚的广播活动在吉隆坡青年路，现在叫贞德拉沙里路的临时演播室播出。1956年，该公司迁往吉隆坡联邦大楼（Federal House）。从这时起，广播业随着一些地区电台的建立而飞速发展。

1963年9月16日，随着马来西亚联邦的诞生，马来亚广播公司更名为马来西亚广播电台（Radio Malaysia）。

1963 年 12 月 28 日，马来西亚的电视服务从其位于吉隆坡安邦大道东姑阿都拉曼礼堂的演播室开播。

1969 年 10 月 1 日，马来西亚广播电台和电视台共同转移到现在的吉隆坡班台达南路）的广播大厦。

1969 年 11 月 17 日，马来西亚广播电台和电视台合并在信息部（Ministry of Information）之下，成立广播电视局。1969 年 11 月 7 日，第二个电视频道建立。马来西亚广播电视局有齐全的设备，用于马来语、英语、汉语普通话和泰米尔语（Tamil）包括为马来西亚的土著族群的广播，以及“马来西亚之声”对海外的几种外语广播。

1971 年 1 月 19 日，马来西亚国家广播频道（National Radio Channel）用马来西亚语广播开始全日播出。

1973 年 11 月 5 日，马来西亚首都广播频道（Radio Malaysia Ibu Kota）开播，并于 1974 年 2 月 1 日广播宣布吉隆坡为联邦直辖区（Federal Territory）。这个频道是为了满足迅速发展的大城市的社会大众对除了娱乐以外的最新信息传播的需求。

1975 年 6 月 20 日，调频立体声广播频率建立。

缅甸广播电视发展概况与管理体制

一、国家概况

缅甸联邦共和国位于中南半岛西部。东北与中国毗邻，西北与印度、孟加拉国相接，东南与老挝、泰国交界，西南濒临孟加拉湾和安达曼海。国土面积为 676578 平方公里。缅甸联邦共和国总人口数为 55123814（2017 年 7 月），人口年龄中位数为 28.2 岁，通用语言为缅甸语，全国 85% 以上的人信奉佛教，约 8% 的人信奉伊斯兰教。1974 年缅甸制定了《缅甸社会主义联邦宪法》。1988 年军政府接管政权后，宣布废除宪法，并于 1993 年起召开国民大会制定新宪法。2008 年 5 月，新宪法草案经全民公决通过，并于 2011 年 1 月 31 日正式生效。最高法院为国家最高司法机关。最高检察院为国家最高检察机关。缅甸自然条件优越，资源丰富。2011 年，缅新政府上台后，大力开展经济领域改革，积极引进外资，确立了包括加强农业发展、工业发展、省邦平衡发展、提高人民生活水平等四项经济发展援助。2017 年，国内生产总值（GDP）为 670.69 亿美元。

二、广播电视监管体制与法律法规

缅甸宣传部是缅甸新闻媒体主管部门，下设国家广播电视台（Myanmar Radio and Television，简称 MRTV）、新闻期刊局（News and Periodicals Enterprise）、公共关系司（Information and Public Relations Department）、电影管理局（Myanmar Motion Picture Enterprise）和国家出版公司（Printing and Publishing Enterprise）。

缅甸媒体有严格的审查制度。在 1989 年军方建立国家法律与秩序委员会（State Law and Order Restoration Council，简称 SLORC）之后，缅甸（Burma）改称缅甸联邦（the Union of Myanmar），实行社会主义制度。缅甸媒体只能报道经政府批准报道的新闻，缅甸媒体上也只有极少数的国际新闻报道。

三、广播电视发展概况

缅甸的电力服务只覆盖了约 10% 的国土，所以缅甸民众对收音机和电视的使用量很有限。短波收音机是缅甸居民收听外国新闻报道的唯一途径。少数缅甸人能收听到美国之音和英国广播公司的节目。

由于经济发展所限，缅甸广播电视事业还处于初步发展阶段。但是，缅甸政府已经意识到信息发展对本国的重要性，在不断提高广播电视技术、更新设备的同时，缅甸广播电视积极地开展国际合作，依靠现代信息技术，扩大自己的广播电视节目影响力，提升本国在国际社会中的形象宣传。

近两年缅甸还推出了付费电视频道，播放体育、电视剧、电影等节目，收看费可以年付或一次性买断。但是由于费用较高，普通工薪阶层较难承受，目前普及程度较低。

2008 年 1 月，缅甸军政府大幅上调卫星电视费用。在此次上调费用之后，不少人因无法支付高额费用而不能接触外来信息资源。据官方数据，缅甸 2002 年大约有 6 万卫星电视注册用户。但从仰光居民区屋顶林立的卫星天线来看，实际数字远高于此。缅甸居民通过卫星电视除了观看全球新闻，许多用户也收看欧洲足球比赛和中国拍摄的电视剧。

有线数字电视方面，除了国营的 MRTV 下属 12 个频道外，还有通信局与民间共同运营的 MRTV-4 下属的 4 个频道，以及 MWD（Myawaddy TV）、MMU 等。有线电视由 MRTV、MWD、MITV（Myanmar International Television）、MRTV 四家共同运营。卫星电视方面，MRTV 旗下的缅甸国际电视台向国内外进行英语广播。另外，2010 年付费卫星频道 SKYNET 开播。

四、广播电视主要机构

（一）广播

缅甸之声广播电台

官方创办的“缅甸之声”是缅甸唯一的广播电台，建于 1937 年。目前，使用缅甸语、英语及 8 种少数民族语言广播。早在 1937 年英国政府统治下，缅甸就开始了广播的历史。1942 年至 1945 年，缅甸被日本占领期间，以“缅甸广播电台”的呼号播出广播节目。1945 年以后改名为“阳光广播电台”。1946 年以后又称“缅甸广播服务机构”。1954 年以后，缅甸广播电台成为缅甸广播电视台的广播部门，开始了缅甸现代广播的历史。

21 世纪初，广播部改组，由节目部、新闻部和音乐部组成，工作人员 158 名。所播出的内容，新闻节目占 26%，包括国内国际新闻；教育节目占 31%，包括政治、经济、社会和宗教方面；娱乐节目占 43%，包括歌曲、广播剧及其他娱乐节目。周一至周五播出 10 小时缅甸语节目，3 小时 45 分英语节目，4 小时少数民族语言节目。周末播出 10 小时 30 分钟缅甸语节目，4 小时英语节目，4 小时少数民族语节目。

（二）电视

1. 公共电视台

缅甸广播电视台（Myanmar Radioand Television，简称 MRTV）

缅甸广播电视台是缅甸信息部所属的广播电视机构，建于 1980 年。21 世纪初，缅甸广播电视台由广播部、电视部、技术部和管理部 4 个部门组成，它的职责包括传播政府和各州、地区的政策以及正在实施中的计划，本国本地区新闻和国际新闻；教育全国人民，丰富大众知识；为大众提供娱乐。

1972 年 3 月 26 日，缅甸政府合并了广播部门和信息部门，成立了缅甸信息广播处。1991 年 7 月 24 日改名为缅甸广播电视处。1997 年改名为缅甸广播电视台（MRTV）。1980 年电视节目只在仰光播出。此后缅甸建立了 15 家转播台，至 1988 年覆盖全国 53.95% 的人口。1988 年以后又增加了 119 座转播台，节目覆盖人口达到了 82.45%。目前，它通过中波、调频和短波、电视微波以及能够覆盖 127 个国家的泰星 3 号（Thaicom3）卫星传送广播电视节目。缅甸广播电视台的口号是“甜美怡人的声音，清晰愉悦的图像，真实、准确，MRTV 永远呈现精彩”。

缅甸广播电视台电视部最初是于 1979 年由日本政府捐赠设备建立，1980 年 1 月 11 日开始播出电视节目，采用 NTSC 播出制式。1982 年电视部仍由日本政府提供资金扩建。

1988 年 12 月，缅甸广播电视台开始播出广告，依靠商业投资发展广播电视事业。缅甸广播电视台电视部由一名主任负责，分为节目制作部门、新闻和外拍电影部门、英语部门和节目播出部门。电视部周一至周五播出 10 小时节目。其中，早间节目 2 小时，晚间节目 8 小时。周六周日分别播出 14 小时节目，其中早间节目 2 小时，午间节目 4 小时，晚间节目 8 小时。其节目制作包括新闻节目制作、演播室节目制作、外拍节目和其他节目制作。其国内新闻节目包括早间新闻、晚间新闻、国内新闻和周六日间新闻。国际新闻则包括美国 CNN 新闻节目、日本 NHK 新闻节目、中国中央电视台的新闻节目和每周国际新闻等。其中，中国中央电视台第 4 套节目被翻译成缅甸语播出。其节目审查由电视部主管、各部门主任、总工程师、副主任和相关节目制片人层层把关。

技术部负责广播节目和电视节目的制作播出，由一名总工程师负责，下属播出、制作、转播、卫星传送、技术保障、广播技术、技术管理、发射台等 8 个部门。目前，其采编系统采用 BETACAM-SP 和 SVHS 格式，并逐步引进电脑动画系统和非线性编辑系统。MRTV 从 1990 年 5 月 26 日至 1998 年 5 月 26 日租用亚洲一号卫星传送缅甸电视节目。1998 年 5 月 26 日至今采用 Shinawatra 卫星有限公司的泰兴三号卫星传送电视节目，节目覆盖 127 个国家。如今为了更有效地传播缅甸电视节目，跟进当代信息传播技术的发展，缅甸广播电视台计划开辟以英语播出的第三套节目（MRTV 国际频道）。

妙瓦底电视台（Myawady Television，简称 MWDTV）

妙瓦底电视台是缅甸军方所属的广播电视机构，开播于 1993 年 6 月。它是中国政府和缅甸政府合作建立的。1989 年 11 月 18 日缅甸和平发展理事会主席丹瑞大将对中国进行友好访问。访问期间，中缅双方签订了国家发展互惠互助双边协定，其中，建立妙瓦底电视台即是双边协定的重要内容之一。该电视台是由北京建筑设计研究院、北京广播器材设备厂、缅甸工业部联合修建的，整个项目耗资 1150 万美元。1993 年，第一批员工进驻电视台，6 月妙瓦底电视台正式开播。1995 年该电视台使用亚洲一号卫星于早间 7:00 至 11:00 传送节目。1997 年，妙瓦底电视台开播晚间节目，并租用亚洲 2 号卫星传送节目。1999 年 1 月 4 日缅甸独立节时，妙瓦底电视台已经分别建立较为广泛的传播网，能够覆盖整个缅甸，覆盖人口达到了 70%。目前，该电视台分早间、晚间两次播送节目。早间节目从 7:00 到 8:30，节目包括歌曲舞蹈、音乐和国内新闻。晚间节目从下午 4:00 开始，播送古典、民族和流行歌曲以及时事节目和纪录片。从晚间 6:00 至晚间 8:00，播送新闻节目和天气预报以及教育、健康节目。目前，妙瓦底电视台已经成为缅甸受众最喜欢的电视台之一。

2. 商业电视台

永远集团有限公司

永远集团有限公司是缅甸一家多媒体广播电视服务商。建立于 1995 年的永远集团（Forever Group）与文化大学（University of Culture）联合创建了颁发证书的多媒体学术培训课程。此外，永远集团还为缅甸教育部成功地制定了一套电子教育系统。

该公司于 2001 年为缅甸广播电视台创建了 MRTV-3 流视频（Streaming Video）视频网站 www.mrtv3.net.mm。

2004 年，该公司与缅甸广播电视台（MR TV）合作，开创了一个新的 MPEG-4 标准的基于 IP 的流视频（Streaming TV）MRTV-4 频道，并且与“缅甸永远的六月”公司（Myanmar Forever June）共同打造了缅甸媒体机顶盒（Myanmar Media Box）。

2005 年 5 月，该公司在仰光地区建立了第一套缅甸数字广播系统（Myanmar Digital Broadcasting System）DVB-T，用来以 MPEG-2 标准播出 MRTV-4 频道。该公司开发了 DVB-T 接收机系列产品（family）。2006 年，DVB-T 的信号覆盖拓展到曼德勒市和其他大城市。

五、广播电视发展简史

1946 年　国营的 BBS 广播公司成立，开始广播定时播放
1958 年　BBS 广播公司改称缅甸之声
1980 年　缅甸之声改称 MTRD，开始电视播出
1995 年　国防部运营的 MWD 开播
1997 年　MTRD 改称 NRTV
1998 年　MRTV 开始使用 Thaicom3 卫星向国内和周边各国播放节目
2001 年　MRTV 开始通过国际广播 MRTV3 进行英语广播
2004 年　MRTV4 开播
2005 年　5Movie 开播
2010 年　卫星频道 MRTV3 改称缅甸国际电视台，SKYNET 开始进行付费电视播放，4TV 开播
2012 年　Channel7 开播
2013 年　MRTV 开始在国内 3 城市实现数字有线电视播出，MWD 有线数字电视开播

泰国广播电视发展概况与管理体制

一、国家概况

泰国位于中南半岛中南部，西和西北与缅甸接壤，东与柬埔寨接壤，东北与老挝相连，南与马来西亚为邻。国土面积为 51.3 万平方公里。泰国总人口数为 68414135（2017 年 7 月），人口年龄中位数为 37.7 岁，通用语言为泰语，90%以上的民众信仰佛教，马

来族信奉伊斯兰教，还有少数民众信仰基督教、天主教、印度教和锡克教。泰国现行政治制度为君主立宪制。国会是泰国的最高立法机构，实行两院制。国会的主要职责是修改宪法、制定法律和法令；审议政府预算；监督内阁成员乃至政府的行政工作；批准与外国签订的条约；通过摄政王人选和修改宫廷法中有关王位继承条款。内阁是泰国的中央政府，内阁行使行政权力，并向议会负责。泰国经济实行自由经济政策。属外向型经济，依赖美、日、中等外部市场。农产品是外汇收入的主要来源之一，是世界天然橡胶最大出口国。2017 年，国内生产总值（GDP）为 4553.03 亿美元。

二、广播电视监管体制与法律法规

泰国的媒体产业在东南亚国家中较为发达。尽管泰国政府和军方对广电领域存在直接控制，但媒体环境整体相对宽松。

泰国的广播电视以往分别由政府民众联络厅、大众传播机构、武装部队最高司令部新闻办公厅掌管。2007 年底泰国通过《2008 广播电视法》，该法案于 2008 年 3 月生效，打破了政府和国家机构对媒体的垄断，将广播电视牌照分为三类：商业、非商业 / 公共、社区。其中商业牌照又分为全国、地区和本地三类。2010 年 12 月，泰国议会通过法案，决定成立泰国广播电视和电讯委员会（NBTC），其主要任务是根据《2008 年广播电视法》重新分配频道频率，实现私有化。NBTC将由 11 位成员组成，其中 5 位代表广播电视领域，5 位代表电讯领域，主席保持中立。2011 年 10 月，NBTC 正式成立。

泰国政府民众联络厅（Public Relations Department of Thai Government）隶属于泰总理府，通过广播电视、出版和多媒体等方式宣传政府政策，增进外国对泰国的了解，还负责颁发国内外记者的新闻证。此外，民众联络厅还直接运营全国性广播和电视网络——泰国广播电台和泰国 11 频道电视台，合称泰国国家广播电视公司（NBT）。民众联络厅外事局是其开展国际联络的窗口单位，协助驻泰外国新闻机构，并与世界其他国家的媒体机构进行合作。民众联络厅是亚太广播联盟、亚洲媒体信息和通讯中心、东南亚太音像资料协会等的成员。

泰国一直致力于建设一个以人为本、以发展为宗旨的信息社会。

1950 年，泰国颁布实施《广播宣传条例》，放宽了对广播发射和接收方面的限制，民众可以自由购买收音机，允许军方及部分政府机构设立广播电台。自 1957 年开始，泰国许多政府机构将开办的广播电台交给私营企业经营，使大部分政府机构开设的电台变成商业电台。

1975 年，泰国新当选的总理克立·巴莫颁布实施《泰国广播电视管理条例》。根据该条例，泰国成立了由 17 人组成的广播电视管理委员会，其中 7 人由泰国安全部门官员出任，2 人由邮政部门官员出任，2 人由民联厅出任，其他人员由总理府、外交部、教育部等政府部门官员出任。该条例的主要内容是加强对广播电台和电视台在技术、节目内容和广告等方面内容管理。

1997 年开始起草的泰国新宪法中第 40 条对广播电视改革做出了规定：所有用于广播、电视和无线通讯的广播频率都是为公共利益服务的国家通讯资源；成立一个独立的政府机构，负责分配频率资源并管理广播、电视和通讯事业；频率资源的分配要充分考虑到全国性和地区性的人民的利益，并保证公正自由地竞争。

新宪法在改革广播电视频率的分配体制方面做出了历史性决定。据此，泰国对广播电视频率在政府机构、私营部门和大众进行公正的分配，目的是让广播电视频率不仅仅成为政府向人民传送信息的工具，而且也让民众有机会通过频率向政府传送信息，或者民众之间相互传送信息。这次改革彻底打破了数千十年来政府机构垄断广播电视频率的局面。

根据新宪法，泰国于2000年出台了《泰国频率分配和广播电视及通讯业管理条例》，成立了泰国国家通讯管理委员会和泰国国家广播电视委员会来履行宪法规定的职责。条例规定，泰国国家广播电视委员会为泰国广播电视的最高管理机构，负责制定有关广播电视政策和发展规划以及频率分配计划等。条例规定，泰国广播电视频率重新分配的大致比例是：政府机构40%，私营部门40%，民众20%。

根据新宪法，泰国还起草了《广播电视业经营条例》，将广播电台、电视台明确分为3类：公益性广播电台和电视台（或称政府广播电台、电视台）、商业性广播电台和电视台、社区广播电台。广播执照有效期不得超过7年，电视执照有效期不得超过15年。执照到期90天前必须申请更新。考虑到保护儿童和青少年的需要，一些节目的播出时段必须明确限定。

三、广播电视发展概况

泰国的广播电视事业发展很快，广播电台和电视台的数量也很多。除了政府和军队主办的广播电台和电视台外，还有民办的广播电台和电视台。

（一）广播发展概况

截至2007年年底，泰国广播电台已拥有524家广播电台，全部为国有电台。其中几乎半数为国防部控制，余下的隶属于泰国民联厅、泰国大众传媒机构（Mass Communication Organizationof Thailand Public Company Limited，简称MCOT）和其他国家机构。广播传输使用两种方式——调幅（AM）和调频（FM）。泰国拥有313个调频台，211个调幅中波电台和4091个社区电台。[①]泰国的广播电台主要用泰语广播，不懂泰语而懂英语的人可以收听泰国广播电台的英语节目。主要内容是泰国国内外新闻、体育消息、商业信息、新闻特写、音乐节目等。广播的播出时间、内容、节目、广告和技术标准都由总理办公室下属的广播指导委员会决定，并由副总理领导。泰国约有300个国家和地方无线电发送站。

（二）电视发展概况

泰国电视开播于1955年6月24日，泰国政府建立了泰国电视有限公司，政府是股东之一。当时使用525线系统在第四频道（Channel4）播出，1970年已经全部转换成625线格式。1977年，泰国政府解散了泰国电视有限公司，并组建了泰国大众传播机构。为了统筹国家广播电视的新闻业务，该机构还成立了泰国通讯社。

到了20世纪80年代，电视已经成为泰国人民最重要的传播媒体。家庭电视机的拥有量大大增加。目前，泰国拥有16个电视台，如电视十一台、电视三台、电视五台、电视七台、电视九台以及泰国公共电视台（Thai Public Broadcasting Service，简称Thai

① 《中国—东盟广播电视高峰论坛演讲稿汇编》，第36页。

PBS）。其中，泰国民联厅主管电视十一台（Channel11），泰国大众传播机构主管电视九台。电视节目内容除国内外新闻外，还播出音乐、舞蹈、体育等节目和电视片及影片。广告在泰国电视中占有很大的比重。作为官方信息渠道，所有电视台都避免在节目中发布有争议的观点和政治评论。

除国家免费电视频道外，政府于1988年发放了付费电视和有线电视运营执照。目前，全国共拥有77家合法的有线电视台。

泰国的广播电视机构分为政府运营的国家电视机构、商业电视台以及2008年新设的公共电视台三种。

泰国正在加速推进广播电视数字化的进程。2013年12月，经泰国政府许可，24个商业频道和4个公共频道开始以首都曼谷为中心逐步推广。按照泰国广播电视通信委员会的计划，该国将在2017年完成国土95%范围内的数字化覆盖。另一方面，6个模拟信号频道还将继续播出。

四、广播电视主要机构

泰国电视开始于1955年6月，1969年开始彩色电视播出。目前电视仍是泰国最为普及的大众媒介，有数据表明，约80%的泰国人将电视作为首要的新闻来源。主要的电视台由泰国政府或泰国皇家武装所有。

目前，泰国有6个开路模拟地面数字电视频道（2020年关闭）、48个开路地面数字电视频道，此外正大集团旗下True Visions等有线电视/卫星公司运营的各类频道总数达到200多个。

（一）公共电视台

泰国国家广播电视公司（National Broadcasting Services of Thailand，简称NBT）

NBT成立于1933年5月3日，隶属于泰国政府民联厅。NBT开展综合性媒体业务，包括广播、电视（地面电视、卫星电视）、网络服务和社交媒体。其电视服务开播于1988年7月11日，通过曼谷总部向全国11个分站传输节目。2013年，新增NBT World国际卫星频道，全天24小时英语播出。

NBT广播业务目前共运营约150个频率（含中波、调频、短波）。自1938年起开始外语广播服务，目前以英语、德育、日语、中文等10种语言播出对外节目。

泰国公共广播电视公司（Thai Public Broadcasting Service，简称Thai PBS）：Thai PBS于2008年1月15日正式开播，是泰国第一家独立的公共广播电视服务商。其经费来源为泰国烟草、酒类税收，每年约为五千四百万美元。

根据《泰国公共广播电视服务法案》，Thai PBS为独立广播电视机构，由9人管理委员会管理。目前播出18小时的新闻、时事、教育和娱乐类节目。

（二）商业电视台

泰国大众传播机构（Mass Communication Organization of Thailand，简称MCOT）

MCOT是泰国国有控股的媒体集团[①]，成立于1952年11月。1977年4月，泰政府接手泰国电视公司后创立泰国大众传播机构。截至2014年11月，该机构共运营7个全

---

① 《湄公河两岸五国国家电视台印象》，载于《视听杂志》2006年第3期

国电台、52个省级电台、1个地区电台、1个国际电台和2个电视台（TV3.TV9），在泰国乃至东南亚具有重要影响力。

True Vision 电视台

泰国正大集团旗下的True Vision电视台建台至今25年，是泰国最大的有线电视运营商，覆盖泰国70%地区，拥有2000万用户，占全泰国人口的三分之一。目前播出超过200个频道，其中70个为高清频道。True Vision从2010年开始使用HD高清数字机顶盒，是泰国第一家获得3G和4G牌照的运营商。

正大集团旗下还有TRUE电信，在泰国排名第二；TRUE网站，在泰国排名第一。正大集团目前在泰国拥有最大的网络多媒体、手机多媒体业务，其电讯多媒体业务涵盖了整个产业链的上下游，内容和渠道高效融合，渠道和渠道高度整合。

五、广播电视发展简史

1931年　广播节目开始播出
1938年　国际广播开始播出
1955年　制定《1955年播出法》，电视节目开播
1958年　陆军频道5的播出开始
1967年　电视的彩色播出开始，从陆军获得播出权的Bangkok Broadcasting & TV Co.Ltd开始播出彩色电视节目，7频道的播出开始
1970年　3频道播出开始
1977年　设立MCOT9频道播出开始
1985年　首相府广报局所运行的11频道开始播出
1988年　11频道开始全国播出
1989年　IBC通过MMDS方式开始广播电视服务
1992年　制定《1992年播出相关规则》
1995年　UTV通过光纤维进行有线广播电视服务
1996年　ITV开始播出
1997年　Thaicom发射卫星
1998年　UTV和IBC合并，UBC成立
2000年　制定《2000电波法》
2003年　实施酒类等的广告播出限制
2004年　MCOT在泰国上市
国家通信委员会（NTC）成立
2006年　中央行政裁判所承认首相府的诉求，判断降低ITV的播出事业权的费用（2004年）无效（5月）
最高裁判所于同年5月支持中央裁判所的决定（12月）
2007年　ITV的播出事业权被取消，由首相府接收，改组为TITV
2008年　《公共播出机构法》施行（1月），首相府管辖的TITV（旧ITV）关闭，Thai PBS开始播出（2月）
制定《2008年广播电视播出法》（3月）

2009 年　卫星播出的 D-Station 开播（1 月），NBT 的名称变更为泰国国营播出局（简称为 So.Tho.Tho）（4 月）

2010 年　People Channel 的播出被停止（4 月）
People Channel 利用网络在 UDD Thailand.com 的播出被泰国政府停止（5 月）
Asia Update 取代 People Channel 开始播出（7 月）
《2010 年电波法》制定（12 月）

2011 年　5 频道通过 DVB-T2 方式实施数字地面电视试验播出（4 月），国家播出通信委员会（NBTC）正式成立（9 月）

2012 年　数字地面电视实验频道开播

2013 年　NBTC 向 24 家广播电视企业数字地面信号竞拍

2013 年　数字地面电视开播

文莱广播电视发展概况与管理体制

一、国家概况

文莱达鲁萨兰国位于加里曼丹岛西北部，北濒南中国海，国土面积为 5765 平方公里。文莱达鲁萨兰国总人口数为 443593（2017 年 7 月），人口年龄中位数为 30.2 岁，通用语言为英语，伊斯兰教为国教，其他还有佛教、基督教、道教等。文莱达鲁萨兰国是伊斯兰教君主制国家。文莱宪法规定，苏丹为国家元首和宗教领袖，拥有全部最高行政权力和颁布法律的权力。议会称立法委员会，由议长和 33 名议员组成，均由苏丹任命。司法体制以英国习惯法为基础。审判机关实行审判独立原则，由最高法院、高等法院、上诉法院及地方法院组成。文莱是东南亚主要产油国和世界主要液化天然气生产国。石油和天然气的生产和出口是国民经济的支柱，约占国内生产总值的 67% 和出口总收入的 96%。国家财政收入主要依赖石油和天然气出口。2017 年，国内生产总值（GDP）为 121.28 亿美元。

二、广播电视监管体制与法律法规

文莱广播电视实行“政治宗教”管理模式，即将政治体系与宗教系统糅合成一种理念，使其在社会的运行中达到完全的协调。

文莱文化青年体育部（Ministry of Culture Youth and Sports）主管广播电视，由苏丹直接领导。该部下设广电信息厅，对各媒体进行监察。文莱的《新闻法》从维护伊斯兰教国教地位和王室权威的角度出发，要求媒介在日常管理和工作中严格遵循王室和伊斯兰教的各种规则。

政府的强力控制导致新闻事业发展相对较慢，大众的信息和娱乐渠道相对较少，按照文莱的人均国民收入水平来看，只有一家日报和一家电视台还远远不能满足受众的需要，因此，文莱人常常收听邻国的广播。为此，文莱广电信息部开始尝试与其他机构合作，开放文莱的媒介市场，并引进国际媒介，建立起有效的信息流通渠道，因而广电业在媒介的发展中得到比较优惠的政策。

三、广播电视发展概况

（一）广播发展概况

1950 年以前，文莱人只能收听邻国沙捞越和沙巴州的广播或者通过短波收听海外电台。第二次世界大战是个分水岭，日军侵占文莱，造成人民极度贫困和社会混乱。日军对文莱人民的压迫刺激了文莱权力阶层富国强民的欲望。战后，文莱第 28 世苏丹，被称为现代文莱之父的凯瑞瓦罩决意将文莱建设成现代化的国家。

广播被作为国家现代化战略的一个部分，被批准立即投入建设。政府请来了新加坡广播电台和英国马科尼公司的两个专业人员创办了文莱唯一的广播电台——文莱广播电台。它的发射机只有 2 千瓦，用中波发射。

文莱的三面被马来西亚所包围。从 70 年代开始，缺少新闻和娱乐的文莱人民逐渐向马来西亚电视靠拢，成为邻国电视台的观众。据统计，文莱国内当时大约有 3000 台电视机，到 1974 年电视机的拥有量迅速增长到 1 万台。这种情况显然对文莱政府不利，国家的尊严受到挑战。为此，政府以飞快的速度批准建立了本国电视台（1975 年），并同样从英国和新加坡请来了电视工作人员，BBC 为文莱电视台提供了节目部、制作部、摄影部以及音响和监管方面的人才。电视是宣传国教、培养人民忠君爱国精神的最佳渠道。在当年的国家计划中政府给广播电视拨出了 5000 万文莱元（约合 3030 万美元）的财政预算，占整个国家预算的 10%。有了雄厚的经济实力支撑，文莱电视台得到长足的发展，当年就增加了一台电视发射机，使覆盖范围扩及整个国家。1990 年广播电视的财政预算仍有 3400 万文莱元（约合 2060 万美元），广告收入达 250 万文莱元（约合 151 万美元）。文莱电视台因而拥有世界最先进技术设备，它在东南亚地区第一个使用彩电技术，也是较早采用卫星技术的电视台。

文莱广播电台创建于 1957 年 5 月，归属于首相署，系文莱唯一的广播电台。广播电台创立之初设备简陋，每天只播音 2 小时 15 分钟，现已扩展到相当规模。目前，广播电台的播音工作已在斯里巴加湾市内的广播电视大厦内进行。广播电台配有流动录音与转播设施，还有室外广播和制作各类唱片的设备。

文莱的广播在 1982 年也已初具规模，有两个频道，一个是马来语，每天播音 16.5 个小时，另一个是其他语种的广播：英语每天 9 小时，华语 5.5 个小时。广播创立之初，以播送唱片为主，偶尔也会播放一些音乐会的录音，宗教节目时间比较少，每周只有半个小时，内容或者是布道或者是朗诵《古兰经》；大多数节目都是进口的，不仅包括所有的录音带和唱片，而且还有新加坡的广播连续剧、BBC 的科技节目以及 VOA 的音乐节目。广播的发展初具规模之后，为了配合伊斯兰教和传统文化的宣传，广播电台开始了自创节目的阶段，以增加节目的本地色彩。它首先与宗教事务局联合制作了《古兰经的启示》《宗教杂志》等宣传伊斯兰教的系列节目；然后又制作了马来语的广播连续剧、教育节目、谈话节目、体育节目和农业节目。为了增加本地音乐，鼓励本地作曲家进行更多的创作，文莱广播电台还组织歌曲比赛，以增加听众的参与度。文莱人大约每 1000 人中有 402 部收音机，其汽车拥有量是亚洲最多的，汽车上的收音机与家庭收音机的数量一样多。另外文莱的商店、公共汽车等公共场所都装有广播。①

广播电台分两套节目进行广播，其中一台用马来语广播，全天播音，另一台用英语、华语和尼泊尔语播音，英语和华语播音每天分别为 7 小时和 5.5 小时。在都东地区，还设有无线电台转播站，以便于偏远地区居民收听节目。此外，在马来奕区还设有一个专门为英国廓尔喀部队广播的英国军队广播服务台。

自 2001 年 7 月起，文莱广播电台正式推出网上广播，全球各地可通过网络收听文莱广播电台的节目，以了解文莱政府、人民、社会及经济发展情况。

（二）电视发展概况

文莱电视台从 1975 年 7 月开始彩色电视播放业务，以英语和马来语进行播放。新的电视中心于 1984 年启用，位于首都市中心的文莱电视台设备齐全，拥有 3 个电视制作室，1 个配备全套录音设备的剧场，备有流动摄影器材，设有电影与录像的剪辑室、配音室、1 个彩色电影研究室和 3 间播音室。此外，广播电视大厦内还设有控制室、零件修配间、图书资料室和节目管理办公室等。文莱电视节目的发射范围覆盖全国及邻近国家。电视台采用 3 波段、高频率、彩色画面，通过第 5 频道和第 8 频道传送。此外，还建有两个电视转播站，使全国各地的电视收视效果良好，并使邻近的马来西亚沙捞越和沙巴地区居民也能收视文莱电视台的节目。除一些娱乐性节目外，文莱电视台的节目大多为新闻、歌曲和讲经等，较为单调枯燥。国际新闻主要转播由卫星收录的英国广播公司制作的节目。音乐节目多数来自欧洲、美国和东南亚一些国家的音像公司制作的作品。目前文莱有两家电视台，一家是政府广播电视台，另一家是转播外国电视节目的私营“水晶”电视台（Kristal）。文莱的电视台还与政府教育部合作，开设电视教学节目，为初级中学的学生提供学习英语和科学常识的机会。每天上午，为 5 岁以下的学龄前儿童开设特别节目。

为了扩大影响，文莱电视台从 1994 年 1 月开始通过印尼的卫星向周围地区播放每天 1 个小时的英语、马来语节目。目前，通过卫星向周围地区转播的节目已有 10 个小时，电视播放的节目 60% 为本国制作。现在，电视台正准备采用数字电视播放技术。

1994 年以后，文莱放松了对外国电视节目的控制，目前只要安装必要的译码器便可收看马来西亚电视台和香港地区近 10 个频道的电视节目，很受当地民众的欢迎。晚上收看电视节目，已成为文莱居民主要的娱乐方式。

四、广播电视主要机构

文莱广播电视台（Radio Television Brunei，简称 RTB）

文莱广播电视台成立 1957 年 5 月 2 日，开始以电台节目的形式进行广播。在 1975 年 3 月电视的传送测试之后，于 1975 年 7 月 9 日启动了该区域的第一个彩色电视服务。文莱广播电视台电视台目前设有两个地面电视频道（RTB1 和 RTB2），一个卫星电视频道（RTB 国际）和五个广播网，除此之外还通过其网站 www.rtb.gov.bn 提供网上服务。目前文莱电视台拥有超过 1000 名员工，广播和电视在国家的覆盖率也达到了 100%。由

① 国家新闻出版广电总局研修学院编著：《发展中国家广播电视概况暨管理体制研究》，北京：中国广播电视出版社，2014 年版，第 50 页

于媒体技术的发展，文莱观众现在有多种选择，例如付费电视、卫星电视、邻国的免费收视（Free-to-Air）电视；除此之外，iPod、MP3 播放器、互联网、3G 手机，现在也越来越普及。

目前，文莱广播电视台计划引进数字电视播出设备来为观众提供更好的广播电视电视服务。地面数字电视广播（DTTB）于 2006 年第一季度进行了第一次试播。

新加坡广播电视发展概况与管理体制

一、国家概况

新加坡共和国位于马来半岛南端、马六甲海峡出入口，北隔柔佛海峡与马来西亚相邻，南隔新加坡海峡与印度尼西亚相望。国土面积为 719.1 平方公里。新加坡共和国总人口数为 5888926（2017 年 7 月），人口年龄中位数为 34.6 岁，马来语为国语，英语、华语、马来语、泰米尔语为官方语言，英语为行政用语，主要宗教为佛教、道教、伊斯兰教、基督教和印度教。新加坡国会实行一院制，任期五年。宪法规定：实行议会共和制。总统为国家元首。总统有权否决政府财政预算和公共部门职位的任命；可审查政府执行内部安全法令和宗教和谐法令的情况；有权调查贪污案件。新加坡司法机构设最高法院和总检察署。最高法院由高庭和上诉庭组成。新加坡经济属外贸驱动型经济，以电子、石油化工、金融、航运、服务业为主，高度依赖美、日、欧和周边市场，外贸总额是 GDP 的四倍。2017 年，国内生产总值（GDP）为 3239.07 亿美元。

二、广播电视监管体制与法律法规

新加坡新闻通信及艺术部（Ministry of Information Communications and Arts，简称 MICA）是新加坡最高的媒体监管机构，管辖全部媒体播出行政部门。MICA 下设媒体发展局（Media Dcvclopment Authority，简称 MDA），负责广播电视监管、发放许可证、分配频率、指导节目内容制作。除主席外，由 MICA 部长任命 3 人以上 10 人以下的委员构成。

MDA 规定电视和广播节目制作守则作为行业基准。同时，还对包括恐怖、犯罪、暴力、反社会行为或价值观、公共道德、儿童、音乐等节目作了明确的规定，禁止播出可能妨碍国家安全、种族融合、宗教共存的节目内容。实行播后监管制度，由各电视台自主审查。

广播电视基本法规是《1994 年广播电视法》。新加坡对外资进入传媒领域有严格限制，法律规定外资在新加坡播出机构最多可持不超过 49% 的股份。

三、广播电视主要机构

新加坡新传媒公司（Media Corporation of Singapore Pte Ltd.） 新加坡新传媒公司是新加坡最大的广播电视公司，业务包括电视、广播、出版发行、新媒体、节目制作等，旗下拥有 8 个免费电视频道（含 1 个国际频道）、12 套广播频率、10 种报纸期刊等诸多媒体资产。

1980 年 2 月，成立于 1965 年的新加坡广播电视台改组为政府机构——新加坡广播局，受新加坡文化部管辖。1994 年 10 月，新加坡广播局实现公司化经营，并更名为“新加坡国际传媒机构”，1999 年 3 月，再次更名为“新加坡传媒机构”；亚洲新闻台正式开播。

2001 年 2 月，新加坡传媒机构最终更名为“新传媒”。新加坡电视频道，其中本土频道有 5 频道（Channel 5）、8 频道（Channel 8）、U 频道（Channel U）、亚洲新闻台（Channel News Asia）、朝阳频道（Suria）、春天频道（Vasantham）和奥多频道（Okto），国际频道有亚洲新闻台国际频道（Channel News Asia International）。

新加坡星和电视（Star Hub TV）

1992 年政府独资企业新加坡有限电视公司（Singapore Cable Vision）开始运营。2002 年 6 月，随着付费电视市场自由化，Singapore Cable Vision 和 Star Hub 合并，成立星和有线电视公司（Star Hub Cable Vision）,2008 年 9 月更名为星和电视（Star Hub TV）。2004 年，该公司推出有线数字电视服务，还提供互联网、移动通信和固话业务。2007 年，推出新加坡第一个高清电视频道。2013 年，该公司有线电视用户为 53.6 万。

MioTV

2007 年 7 月新加坡电信公司（Sing Tel）开始提供 IPTV 服务。除了播出 70 多个频道服务，还提供视频点播（VOD）服务。2008 年 5 月 20 日 SingTel 开始向支持 VOD 功能的手机提供电视服务。[①]

新传媒网络电视（Media Corp Online Broadband TV）

2006 年 2 月，新传媒开始提供在线的付费视频点播节目。

四、广播电视发展简史

1935 年　新加坡第一家电视台成立

1960 年　广播播出

1963 年　电视播出

1965 年　RTS 作为文化部的一个部门成立

1974 年　开始彩色电视播出

1979 年　《广播电视法》制定

1980 年　RTS 改组为公共广播电视 SBC

1992 年　有线电视 SCV 开始实施 MMDS 服务

1993 年　SBCI 开始实施国际电视广播

1994 年　《1994 年广播电视法》施行，SBA 成立。根据该法，SBC 分为 4 个企业

1995 年　TCS 开始实施国际电影服务

1999 年　CAN 开始国内地面电视服务，地面数字电视决定采用欧洲制式

2000 年　媒体经营自由化，新闻资本 SPH 设立 Media Works，TCS 和 STV12 合并，公司更名为 Media Corp TV，9 月 CAN 开始卫星电视服务

2001 年　TV Mobile 开始面向移动设备提供地面数字电视服务。SPH Media Works 开播 Channe lU 和 Channel I 频道，SPH Media Works10 月开始广播播出服务

2002 年　有线电视 SCV 和 Star Hub 合并，6 月付费电视自由化开始

2003 年　MDA 成立

① NHK 放松文化研究所编：《世界广播电视蓝皮书 2015》，日本：NHK 出版社，2015 年版，第 46 页

2004 年　SCV 开始数字电视服务
2006 年　Media Corp 开播 Media Corp Online Broadb and TV，提供付费 VOD 服务
Media CorpTV 和 SCV 开始 HDTV 试运营，M2Btv 开始实施 IPTV 服务
2007 年　SCV 的 HDTV 服务商业化运营，SingTel 开始 IPTV 服务，名为 mioTV
2008 年　Media Corp TV 的子公司 MDigital 正式开始数字地面电视务
Sing Tel 开始面向 VOD 移动终端设备提供电视播出服务
Media Corp、Sing Tel、Star Hub、M1 共同开始实施移动终端电视的试运营
SCV 改名为 Star HubTV
2009 年　Media Corp TV、Media Corp TV12 Media Corp News 统一改为 Media Corp TV
2010 年　TV Mobile 服务终止
2011 年　政府宣布取消收视（听）费政策
2013 年　数字地面电视频道开播在线新闻网站开始实行牌照许可制度

印度尼西亚广播电视发展概况与管理体制

一、国家概况

印度尼西亚共和国位于亚洲东南部，地跨赤道，与巴布亚新几内亚、东帝汶、马来西亚接壤，地处亚洲和澳洲两大陆之间，是连接太平洋和印度洋的重要通道。印尼是世界上最大的群岛国家，国土面积 1904443 平方公里。印度尼西亚共和国总人口数为 260580739（2017 年 7 月），人口年龄中位数为 30.2 岁。通用语言为印尼语。约 87% 的人口信奉伊斯兰教，是世界上穆斯林人口最多的国家。6.1% 的人口信奉基督教，3.6% 信奉天主教，其余信奉印度教、佛教和原始拜物教等。印尼共和国 1945 年独立。宪法规定，印尼国家政治机构包括立法、行政、司法三部分，实行三权分立。人民协商会议是国家最高权力机关。国会是国家立法机构，拥有立法权、提出预算权、监督权、法律修正权，并拥有法律执行中的质询权、调查权和咨询权。政府实行总统内阁制。最高法院和最高检察院独立于立法和行政机构。印尼是东盟最大的经济体。农业、工业和服务业均在国民经济中发挥重要作用。2017 年，国内生产总值（GDP）为 1.016 万亿美元。

二、广播电视监管体制与法律法规

2002 年，印度尼西亚成立了国家广播电视委员会，主要职责是制订广播电视管理政策，规定、监管广播电视节目内容。2005 年 1 月，印度尼西亚通讯事务办公室升格为信息通讯部（Ministry of Indonesia Communication and Information），负责广播电视和电信行业管理，包括频率分配、执照发放等。1966 年通过了《新闻法》（1982 年修订），要求媒体发挥“有建设意义”的社会控制作用，所有重大新闻的报道都应与政府保持一致。1999 年 10 月，瓦希德当选为印度尼西亚第四任总统，废除了过去军政府钳制媒体的《新闻法》，于 1999 年通过了新的《新闻法》。该法第四款第二条规定：“要营造一个没有新闻审查的新闻环境，对出版业和广电业不设任何禁令。”第四款第三条规定：“保护新闻自由，本国报纸有权采访、获取、传播思想与信息。”以外，还规定任何

人阻碍新闻采访或妨碍新闻机构传播信息及其观点都可能面临两年的监禁或高达 6.7 万美元的罚款。

2001 年 7 月，梅加瓦蒂接任印尼第五任总统。2002 年 11 月，印尼议会颁布了《广播电视法》。《广播电视法》规定，印度尼西亚广播电视播出的目的在于“加强民族融合，培养公民素质，促进宗教信仰，在发展广播电视产业的同时，成为建设民主公正社会的途径。”同时还规定，印尼的广播电视节目要维护国家意识形态基本原则，遵守 1945 年颁布的印度尼西亚国家宪法；维护、提高道德和宗教观念，维护、提高国家的认同感；提升公民素质；维护并加强民族团结和融合；帮助公民知法守法；防止广播电视所有权的垄断并支持在广播电视领域进行公平竞争；促进经济发展，加强在全球化时代的民族竞争力；发布真实、平等和负责任的信息，弘扬民族文化。

三、广播电视发展概况

印度尼西亚于 20 世纪末实现政治体制转型，媒体走上商业化发展道路。除安塔拉通讯社、印尼国家电台、印尼国家电视台以外，其他均为商业媒体。目前，印尼各大党派积极抢抓媒体控制权，老牌政党专业集团和新兴政党民族民主党分别掌控大量媒体机构，力图在政治生活中控制舆论导向。近年来，印尼政府开始反思“过度的新闻自由”，着手完善有关新闻媒体、网络言论的法律法规，以有效约束和规范媒体言论。

四、广播电视主要机构

印尼共有 1800 多家电台、11 家覆盖全国的电视台，300 多家地方电视台。

（一）广播

印度尼西亚共和国广播电台（Radio Station of the Republicof Indonesia，简称 RRI）

该机构成立于 1945 年 9 月 11 日，是国家公共广播电台，有 8000 多名员工。开办有国际广播印尼之声（Voice of Indonesia，简称 VOI）和全国 57 个地区和地方广播电台。RRI 有四个频道：1 频道（大都市服务）、2 频道（经济信息和青年）、3 频道（新闻时事）和 4 频道（文化和外语）。VOI 节目主要包括新闻、信息、文化和娱乐节目，用 11 种语言对外广播，信号覆盖亚太、欧洲、中东、北非、拉丁美洲。

（二）电视

1. 公共电视台

印度尼西亚共和国电视台（TV Station of the Republic of Indonesia，简称 TVRI） 该机构创建于 1962 年 8 月 24 日，是印尼国家电视台，也是印尼第一家电视台，是印度尼西亚拥有最大网络覆盖的公共电视台，在全国有 27 个地方电视台，开设两个频道。2003 年，依据 2002 年出台的《广播电视法》，TVRI 转变为国家持股的有限责任公司，3 年后，再次转为可以播送广告的公共电视台。但是，经营的实态却与国营无异，超过 6000 员工中 95% 以上都是公务员。

印尼共和国电视台在全国拥有 24 个电视台和 84 个发射机台。

印尼共和国电视台目前的总部位于南雅加达。除了其总部以外，它还拥有以下几个地区分台：

（1）TVRI 亚齐特区分台（Nanggroe Aceh Darussalam，简称 NAD 亚齐达鲁萨兰地方特区）

（2）TVRI 北苏门答腊分台（North Sumatra）
（3）TVRI 日惹分台（Yogyakarta）
（4）TVRI 东爪哇分台（East Java）
（5）TVRI 巴厘岛分台（Bali）
（6）TVRI 南苏拉维西分台（South Sulawesi）
（7）TVRI 巴布亚分台（Papua）

2. 商业电视台

印度尼西亚美都电视台（Metro TV）

该机构成立于 2000 年 8 月，是印尼最大的私营电视台。该电视台开播时每天只运营 12 个小时，从 2001 年 4 月 1 日起，每天播出 24 个小时。

从周一到周六，美都电视台播放的节目 60% 为新闻，40% 为娱乐节目，周末 60% 为娱乐节目，40% 为新闻。美都电视台使用印尼文、英文以及中文三种语言播出新闻。①

除新闻报道外，美都电视台还制作播出时事访谈、医疗保健、人物专访、华人故事等节目。

雄鹰电视台（Rajawali Citra Television Indonesia，简称 RCTI）

RCTI 是 1989 年开播的国内第一家商业电视台。通过国内最大媒体企业 MNC（Media Nusantara Citrea）的协助，苏哈托家族的 Global Mediacom 公司对 RCTI 掌握全部所有权。

印视公司（Indovision）

Indovision 是由 Global Mediacom 旗下的 Skyvision 运营的国内首家收费电视。1994 年，Palapa2 号卫星开始播出模拟信号，1997 年随着 Indostar1 卫星的发射，转变为数字信号。2009 年 5 月 Indostar2 号卫星发射，到 2010 年年末用户超过 80 万。

五、广播电视发展简史

1945 年　国营广播 RRI 开播
1962 年　国营电视台 TVRI 开播
1976 年　国内通信卫星 Palapa1 号发射
1979 年　TVRI 电视台开播彩色电视节目
1989 年　商业电视台 RCTISCTVTPI 开播
1997 年　印度尼西亚第一部《广播电视法》颁布，通信卫星 Indosat 发射
2001 年　新设立通信新闻部
2002 年　新《广播电视法》颁布
2003 年　KPI 成立
2006 年　通信新闻部颁布《2002 年广播电视法实施细则》
　　　　TVRI 改为公共广播机构
　　　　TVRI 和 RCTI 以 DVB-T 的方式试行提供数字地面电视服务
2007 年　有线电视台 Kablevision 和 Digital-1 合并，改名为 Homecable
2008 年　卫星电视 Astro Nusantara 停止服务，卫星电视 Aora TV 开播

① 引自印尼美都电视台网站 www.metrotvnews.com

2011 年　全面数字化期限定为 2017 年 12 月

越南广播电视发展概况与管理体制

一、国家概况

越南社会主义共和国位于中南半岛东部，北与中国接壤，西与老挝、柬埔寨交界，东面和南面临南海。国土面积为 329556 平方公里，越南社会主义共和国总人口数为 96160163（2017 年 7 月），人口年龄中位数为 30.5 岁，通用语言为越南语，主要宗教有佛教、天主教、和好教与高台教。越南实行的是共产党领导的社会主义制度。现行宪法规定：越南社会主义共和国国家政权属于人民，越南共产党以马克思列宁主义和胡志明思想为指导思想。议会又称国会，是越南国家最高权力机关。越南司法机构由最高人民法院、最高人民检察院及地方法院、地方检察院和军事法院组成。越南共产党是唯一政党。越南系发展中国家。2001 年越共九大确定建立社会主义定向的市场经济体制，并确定了三大经济战略重点，即以工业化和现代化为中心，发展多种经济成分、发挥国有经济主导地位，建立市场经济的配套管理体制。2017 年，国内生产总值（GDP）为 2237.8 亿美元。

二、广播电视监管体制与法律法规

越南广播电视政府主管部门是越南通信传媒部（MIC）。根据越南《新闻出版法》规定，媒体由国家控制和监管。1996 年 11 月，越南政府出台规定禁止个人接收国外卫星电视。

三、广播电视发展概况

20 世纪 80 年代前，由于长期缺乏稳定的发展环境，越南广播电视一直处于较落后的状况。1986 年 12 月，越南共产党召开了第六次全国代表大会，制定了全面改革和开放的基本路线，越南媒体迎来了改革发展的时代。

在越南共产党第六次党代会上，越南共产党明确“大众传媒的任务是宣传党的路线和政策，紧密联系实际，提供及时的信息报道和详细、深刻的新闻分析，树立好的典型，鼓励和倡导新事物，以正确方式处理社会上出现的重大问题”。

改革后，越南广播电视得到繁荣发展。1990 年越南政府增加投资并引进外资改善了广播电视的状况，使电视差转台增加到 77 个；37 个省份中，共 250 万人可收看电视。广播在 1991 年也达到较高的覆盖率，全国 70%~80% 的人可收听到广播。国家台“越南之声”每天播出 18 个小时，同时用 15 种语言对外广播。

越南的地面电视主要是越南国家电视台（Vietnam Television，简称 VTV），覆盖全国。除 VTV，还有由各省、直辖市的人民委员会管辖的地方电视台。

2001 年越南邮电集团公司（Vietnamese Posts & Telecommunications Group，简称 VNPT），越南电视公司（Vietnam Television Corporation，简称 VTC）进行试运营，2003 年 7 月正式开播。目前 VTC 正在推进地面数字电视。

2013 年 9 月，越南在中部城市进行了高清信号的试播。

四、广播电视主要机构

（一）广播

“越南之声”广播电台（the Voice of Vietnam，简称 VOV）

VOV 是越南国家广播电台。现开办有广播、电视、网络和报纸向受众提供信息、教育和娱乐服务。VOV 建立于 1945 年 9 月 7 日，拥有 2000 名员工，日播出时间为 218 小时 15 分钟，年播出时间近 40 万小时。它在国内拥有 5 个分台，国外拥有 7 个驻外机构。目前，广播信号人口覆盖率为 99%。

目前，VOV 拥有以下国内和国际广播频率：

● VOV1 新闻时事频道

广播时间每天从 4 点 45 分到 24 点，为国内外听众提供时政、外交、经济和文艺报道。VOV1 最主要的 4 个时事节目，长度为 30 分钟到 45 分钟，分别在 6 点、12 点、18 点和 21 点 30 分播出。新闻快报和报道的更新非常及时。

● VOV 2 文化与社会生活教育频率

该频率针对不同人群，节目包括文化、文艺、精神和远程教学等内容，此外还播出一些外语学习节目，例如为本国人服务的英语、法语、汉语、日语和德语节目，以及为外国人服务的越南语节目，每天播出时间超过 19 个小时。

● VOV 3 音乐、信息和娱乐频率

该频率是“越南之声”第一个全天播出的高音频质量的调频频率。从 2006 年 9 月 20 日起，频率推出了一个创新性的节目，Xone FM VOV，针对 16 到 30 岁的青年听众每天播出 10 个小时。这个新的娱乐节目为青年听众们带来了许多来自越南和世界各地的最热门的流行歌曲。

● VOV 4 少数民族语言频率

该频率主要服务于越南的少数民族群体。每天共播出 40 个小时节目，以 11 种少数民族语言播出：苗语、高棉语、埃地语（Ede）、嘉莱语（Giarai）、巴 拿语（Banar）、占语（Cham）、色当语（Xedang）、格贺语（K’Ho）、泰 语、墨侬语（M’Nong）和瑶语（Dao）。VOV4 的节目致力于保护越南少数民族的文化，特别是保护各种方言。

● VOV 5 国际频率

该频率包括英语、法语、俄语、西班牙语、德语、日语、汉语普通话、高棉语、泰语、老挝语、印尼语和越南语在内的 12 种语言广播，每天共播出 52 个小时的节目，服务于国内的外国听众和国外的越南听众。在河内、广宁省、胡志明市及附近省份，外国人群体常收听 VOV5 调频频率（FM105.5MHz）的英语、法 语、俄语、日语和汉语普通话节目。

● VOV News 网站

该网站于 1999 年 2 月 3 日创办，提供英语和越南语的文本、音频和视频信息服务。VOV News 的新闻报道包括越南的时政、经济、社会、体育、文化等各方面内容。VOV News 还在互联网上实时播出 VOV1、VOV2、VOV3 和 VOV5 四个频率的广播。网址为 www.vov.org.vn。

●定期报纸《越南之声》（Tieng Noi Viet Nam）

创刊于 1998 年，每两周出版两期，在全国发行。报纸主要报道社会上的新闻时事。

● “越南之声”电视频道

2008 年 9 月 7 日，“越南之声”电视频道正式开播，标志着“越南之声”成为拥有广播、报纸、网络电视的综合媒体。

截至 2007 年底，“越南之声”广播电台共拥有 5 个国内分台，分别为西北分台（位于山罗省山罗镇）、中部分台（位于岘港市）、中部高地分台（位于多乐省邦美蜀市）、湄公河三角洲分台（位于芹苴省）和胡志明市分台。

此外，“越南之声”广播电台还拥有 7 个国外常驻机构，分别为泰国曼谷站（成立于 1998 年）、法国巴黎站（成立于 1998 年）、俄罗斯莫斯科站（成立于 1999 年）、中国北京站（成立于 1999 年）、埃及开罗站（成立于 2002 年）、日本东京站（成立于 2003 年）和美国华盛顿站（成立于 2008 年）。

（二）电视

●越南电视台（Vietnam Television，简称 VTV）

VTV 是越南国家电视台，成立于 1970 年 9 月 7 日。它的前身是“越南之声”广播电台的一个编辑部。1976 年，它从“越南之声”广播电台分离出来，成立“越南电视台”。1987 年 4 月 30 日，“越南电视台”定为官方的正式名称，成为国家级电视台。VTV 的运营依靠政府财政拨款和广告收入，由越南政府直接管理。

VTV 节目比例为：新闻节目占 45.63 %，教育类节目占 17.18 %，文体访谈节目占 20.82 %，影视剧节目占 15.13 %，广告占 1.23 %（如下图所示）。

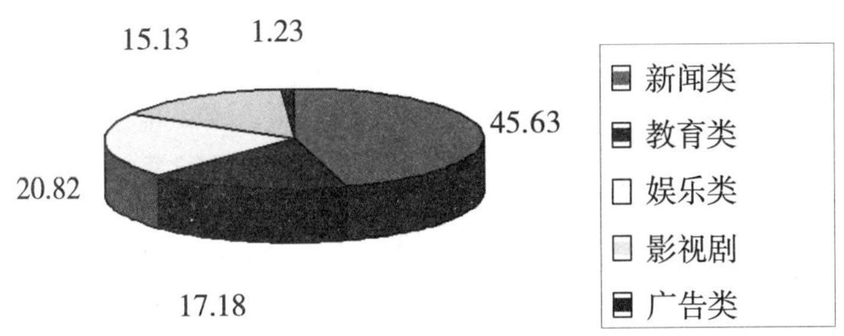

图 越南电视台各类节目比例

VTV 有下列频道：

● VTV1 综合信息频道

内容涉及经济、文化和社会等综合信息。正式开播时间为 1970 年 9 月 7 日，播出时间为每天 18.5 小时。

● VTV2 科学教育频道

针对中小学生，旨在提高社会的教育水平，节目内容关注自然、社会科技、创新等内容。VTV2 正计划为大学水平的人和特定的部门开发远程教育节目。正式开播时间为 1990 年 1 月 1 日，每天播出时间为 18 小时。

● VTV3 文体经济频道

该频道深受越南观众的欢迎，它以各种类型高品质的节目满足不同年龄观众的娱乐需求，有深受足球迷喜爱的国际足球赛事转播，有针对学生的知识竞 赛节目和适合家庭主妇的家庭事务技巧等节目，这个频道在增加越南电视台的商业收入方面发挥了重要作用。正式开播时间为 1996 年 3 月 31 日，每天播出时间为 18 小时。

● VTV4 对外频道

该频道主要针对国外的越南人，内容涉及国内新闻、儿童节目、越南风土人情、文化旅游等专题节目，用越南语、英语或者英语字幕播出。正式开播时间为 2000 年 4 月 27 日，全天播出时间为 24 小时。

● VTV5 少数民族频道

该频道主要针对少数民族，用少数民族方言播出，因为越南有 50 多个少数民族，主要生活在山区和偏远地区，这个频道就成为与他们沟通的纽带。通过电视传播，把政府制定的新政策和发生在越南的重大事件告诉他们，以缩小民族区域间发展的距离。正式开播时间为 2002 年 2 月 10 日，每天播出时间为 12 小时。

目前，随着越南电视台节目制作能力的不断增强，日播出节目的总时长也保持较快增长。（如下图所示）

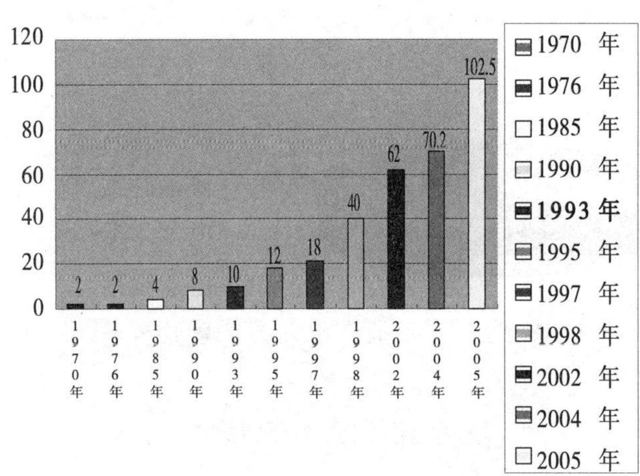

图　越南电视台日播节目总时长

五、广播电视发展简史

1945 年　广播服务开始

1976 年　电视服务开始

1997 年　VTV1 开始卫星电视服务

2001 年　河内数字地面电视试运营

2003 年　VTC 数字地面电视正式运营

2004 年　VTV 开始面向国内的卫星电视服务
2007 年　VTV 地面电视 VTV6 和 VTV9 开播
2008 年　越南最早的通信卫星 Vinasat1 成功发射
2009 年　VTV 通过 Vinasat 播放 HD 电视
2010 年　VTV 和 Canal+（法国）的合并企业 VSTV 开始付费卫星电视服务
2012 年　Vinasat2 发射成功

第三节　南亚国家广播电视发展概况与管理体制

巴基斯坦广播电视发展概况与管理体制

一、国家概况

巴基斯坦伊斯兰共和国位于南亚次大陆西北部，东接印度，东北与中国毗邻，西北与阿富汗交界，西邻伊朗，南濒阿拉伯海，国土面积为 796095 平方公里。巴基斯坦总人口数为 204924861（2017 年 7 月），人口年龄中位数为 23.8 岁，国语为乌尔都语，官方语言为英语，主要民族语言有旁遮普语、信德语、普什图语和俾路支语等。95%以上的居民信奉伊斯兰教（国教），少数信奉基督教、印度教和锡克教等。巴建国后于 1956 年、1962 年和 1973 年颁布三部宪法。巴基斯坦议会为联邦立法机构。1947 年建国后长期为一院制，1973 年宪法颁布后实行两院制，由国民议会（下院）和参议院（上院）组成。最高法院为最高司法机关。巴基斯坦经济以农业为主，农业产值占国内生产总值 21%。受国内政局不稳、国际金融危机冲击、国际大宗商品价格上扬等因素影响，2008 年巴经济形势持续恶化，2009 年以来，在巴基斯坦自身调整努力和国际社会帮助下，巴基斯坦经济运行中的积极因素增多，重要经济指数较前有所好转，2010 年，巴发生历史罕见特大洪灾，经济损失达 460 亿美元。2017 年，国内生产总值（GDP）约为 3049.52 亿美元。

二、广播电视监管体制与法律法规

（一）监管体制

巴基斯坦广播新闻部（Ministry of Information and Broadcasting）是广播电视的管理机关，负责管理巴基斯坦广播电视事务。巴基斯坦广播公司（Pakistan Broadcasting Corporation，简称 PBC）和巴基斯坦电视公司（Pakistan Television Corporation，简称 PTV）隶属于巴基斯坦政府广播新闻部，属于官方媒体。

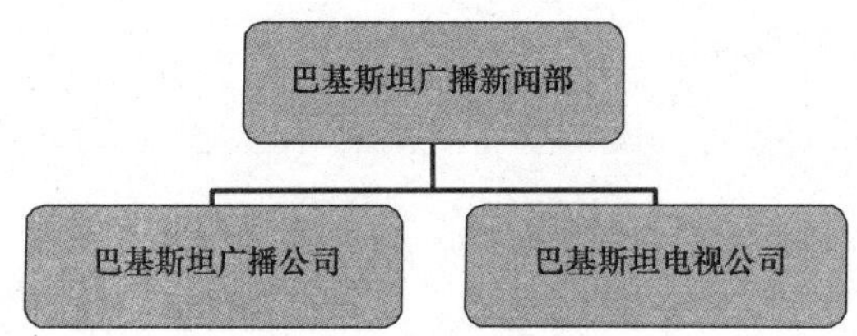

其他私人电视台和广播电台隶属于相应的私营团体和个人。但是无论官方和私人广播电台、电视台都受到巴基斯坦电子媒体管理委员会的监管。在 2002 年巴基斯坦电子媒体管理委员会成立之前，巴基斯坦通讯委员会（Pakistan Telecomunication Authority）负责私人广播电台和卫星、有线电视的资格审批。

巴基斯坦电子媒体管理委员会（Pakistan Electronic Media Regulatory Authority，简称 PEMRA）是一个管理机构，是 2002 年 3 月 1 日根据 2002 年巴基斯坦电子媒体管理委员会法令成立的。其主要功能是促进和调节巴基斯坦国内所有广播电视媒体的发展，推动并规范私营电子媒体。主要目的是提高和改善新闻、教育和娱乐标准，改善人民接触大众媒体的途径，加大巴基斯坦人民对新闻、时事、宗教、艺术、文化、科技、经济、社会、音乐、体育、戏剧、公共事务和国家利益等各个领域知识的可选择性。同时，通过优化信息的自由流通，确保有责任、透明和有序的管理。

自 2002 年以来，巴基斯坦政府对 2002 年巴基斯坦电子媒体管理委员会法令进行了多次修改。2005 年 5 月 17 日巴基斯坦国民议会通过一项法案（the Pemra Amendment Bill），对 2002 年的法令进行了一些修订，允许报业集团开设电视频道和节目。2007 年 7 月 4 日，总统穆沙拉夫颁布了修订过的《2007 巴基斯坦电子媒体管理委员会法令》，法令授权巴基斯坦电子媒体管理委员查封任何一个进行非法播出的机构，可自行对违法的电视台进行处置，没收相关播出机构的设备，并可在未与投诉委员会协商的情况下查封建筑物。同时，对非法运营者的罚金也从 100 万卢比增加到 1000 万卢比。

巴基斯坦电子媒体管理委员会负责审查境内广播、电视、有线电视、IP 电视的资格，审查境外电视频道在巴基斯坦有线电视网络落地的资格、分配的广播频率、运营许可证的颁发，并负责监督审查播出节目的内容。2009 年 7 月 10 日，巴基斯坦电子媒体管理委员会下令停播“黎明报”报业集团下属电视台播出的军事题材节目《我们是军人》。这是与海军有关的节目，由于节目内容未经有关部门同意，被中断播出。

（二）法律法规

1. 广播相关法规及行业政策

1972 年，巴基斯坦广播公司通过法令，规定在讨论节目、广播剧、特写、通讯、观众参与的谈话节目以及以社会为主题的谈话节目、音乐节目和新闻节目等形式对经济、农业、社会、政治、宗教和文化领域进行报道时要实现以下目标：

●通过主题、质量和道德标准高度平衡的节目提供信息、教育和娱乐方面的服务；

●节目要致力于促进伊斯兰教意识形态、国家统一和伊斯兰教倡导的民主、自由、平等、宽容和社会公正的原则；

●新闻要客观、准确和大众化，并贯彻执行联邦政府有关节目方面总的方针政策的指示；

●在对外广播中，要注重增进友谊和阐述巴基斯坦对国际问题的理解和立场。

巴基斯坦广播从业人员在选择国内外新闻和其他广播业务中必须遵循以下基本政策：广播稿件要客观；有明确的信息来源；不要引发争论和相互指责；符合新闻记者的道德标准；避免广播机构卷入不必要的诽谤纠纷之中。

巴基斯坦广播电台（Radio Pakistan, 后改为巴基斯坦广播公司）在巴基斯坦独立后便开始了自身的发展。巴基斯坦广播公司使用乌尔都语和其他 20 种方言，通过现代传播技术，传播多种多样的信息，弘扬巴基斯坦的国家观念、价值体系和文化。其中商业性的节目也必须遵循巴基斯坦社会所奉行的大众道德标准。

鉴于巴基斯坦仍然是一个发展中国家，相当数量的农村人口生活在缺乏电和其他基础设施的环境中，因此广播在大众媒体信息传播中具备重要的作用。巴基斯坦的广播节目和这个国家一样广泛和多样化。作为全国最大和最快速的大众媒体，巴基斯坦广播电台承担着以下任务：对公众进行政府政策方面的教育；提供国内外新闻；倡导团结，齐心协力清除国家发展道路上的障碍；唤起国民对作为穆斯林和巴基斯坦人的身份的认知；分享国家发展各个方面的喜悦，包括经济增长、农业、体育运动、艺术和文学；培养国民对于国家光荣意识的自豪感，包括穆斯林学者、哲学家和科学家在国家独立运动和东巴分裂的历史中对人类思想和文明所作出的巨大贡献。

2. 电视相关法规及行业政策

在巴基斯坦国内发展电视等电子媒体的目的是通过健康的娱乐节目向公众提供信息和教育，使公众充分了解自己国家的历史、遗产、当前存在的问题和发展状况以及有关世界的知识。巴基斯坦国家电视台（PTV）通过宗教、娱乐、教育和文化节目在观众中倡导在建设团结、完整和有序的社会的过程中发挥着重要作用的主旋律价值观。

巴基斯坦国家电视台所奉行政策的突出特点如下：巴基斯坦国家电视台的所有频道是一个大家族，他们通过播出东方大家庭节目来满足当地观众的需求；巴基斯坦国家电视台也遵循媒体的社会发展理论，播出有关健康和社会问题的节目；与其他电视台相比，巴基斯坦国家电视台还对商业节目进行审查，并奉行保守的标准；在国内和国际问题上支持政府的政策。电视在巴基斯坦被认为是一个强力的媒体，政府政策发生变化时，电视的政策也会随之改变。在巴基斯坦电视发展的早期，政府对于电视的控制更多的体现在新闻和时事节目方面。第一位民选总理阿里•布托和他的女儿贝娜齐尔•布托都没有限制和控制电视的娱乐节目。1977 年齐亚•哈克将军掌权后，政府开始对电视台的娱乐节目进行控制，把伊斯兰教节目列入播出内容，并在节目中禁止播出跳舞或其他有男女接触的节目。随后的政府虽然没有取消对舞蹈节目的限制，但都对娱乐节目赋予了更多的自由色彩。

巴基斯坦现行的广电管理法规主要有《2002 年有线电视运营法规》《2002 年电视 / 广播运营法规》《2002 年媒体所有支配法规》《2003 年外国电视频道注册法规》等。2007 年 4 月公布的《PEMRA 修正法》解除了跨媒体所有的禁令。公营广播 PBC 方面有《1973 年巴基斯坦广播协会法》。电视台中外资上限 49%，此比例将呈逐步缓和的趋势。

三、广播电视发展概况

自 1947 年独立起，巴基斯坦政府一直都对广播电视实行严格控制和管理。在近 50 年的时间里，巴基斯坦国内只有一家国有广播电台和一家国有电视台，即巴基斯坦广播电台和巴基斯坦电视台。20 世纪 90 年代开始，巴基斯坦政府逐渐放宽了在广播电视领域的限制，允许私人建立和经营调频广播电台和卫星电视频道。一时间巴基斯坦国内涌现出一大批私人广播电台和电视台，呈现出蓬勃发展的趋势。受众对于广播电视节目的选择范围扩大了，与此同时，也打破了国有广播电台和电视台的垄断地位，广播电视领域的竞争日趋激烈。

（一）广播发展概况

巴基斯坦的广播发展可分为 4 个时期，即独立前（1947 年 8 月 14 日之前）、从独立起至东巴分裂（1947 年 8 月 14 日 ~1971 年）、东巴分裂后（1972 年 ~20 世纪 90 年代初）、多元发展时期（20 世纪 90 年代至今）。在 20 世纪 90 年代之前，巴基斯坦国内只有一家国有的巴基斯坦广播电台，巴基斯坦广播电台的发展即代表巴基斯坦广播的发展。二十世纪 90 年代后政府取消了禁止私人进入广播领域的禁令，一批私人调频电台如雨后春笋般涌现出来。

独立前：独立之前巴基斯坦是英属印度的一部分，广播电台的发展根据英属印度政府的计划进行，当时在拉合尔、白沙瓦和达卡建有“全印广播电台”下属的广播电台。

从独立之日起至东巴分裂：印、巴分治时，除了在巴境内的原全印广播电台的 3 个低功率中波电台（拉合尔 5KW、白沙瓦 10KW、达卡 5KW）以外，巴基斯坦分到的广播、发射等设备和资源非常有限，连一台短波发射机都没有获得。在资源、设备和人员紧缺的情况下，政府将这三个中波电台组建成巴基斯坦广播部（Pakistan Broadcasting Service，后改名为巴基斯坦广播电台），并从 1947 年 8 月 14 日的午夜开始播音，宣告巴基斯坦独立。独立后，巴基斯坦制定了优先发展广播的计划，多次派人到美国和英国采购发射机和其他广播器材。1948 年，巴基斯坦政府在当时的首都卡拉奇安装了一台中波发射机，并在卡拉奇和达卡各建了一个短波发射机，以便在被印度领土隔开的两个部分建立起联系，同时也用短波发射机进行对外广播，传播这个新生国家的理念和政策。1949 年 8 月 14 日，巴基斯坦开始通过设在卡拉奇的电台用达里语、阿拉伯语、波斯语和缅甸语等 4 种语言播出对外节目，每次时间为 45 分钟。在随后的 20 年里，又开设了古吉拉特语、印地语、土耳其语、突厥语、印尼语、泰米尔语、斯瓦希里语、尼泊尔语、孟加拉语和法语的对外广播节目。与此同时，为了加强对国内的广播，巴基斯坦广播电台在东、西巴分别建立了多个广播电台。截至 1971 年东巴独立前，巴基斯坦境内共建了 15 座广播电台，其中 9 座在西巴，分别是卡拉奇、海德拉巴、拉合尔、拉瓦尔品一台、拉瓦尔品二台、拉瓦尔品三台、白沙瓦、木尔坦；6 座在东巴，分别是达卡、加大港（Chittagong）、拉吉沙希（Rajshahi）、希莱特（Sylhet ）、朗普尔（Rangpur）和库尔纳（Khulna）。拥有 17 台中波发射机和 14 台短波发射机，发射功率达到 1120.5 千瓦（中波 543 千万、短波 577.5 千瓦）。

东巴独立后：1971 年 3 月东巴宣布独立，1972 年 1 月孟加拉国正式成立。巴基斯坦境内只剩下 9 个广播电台和 21 台发射机。与此同时，为了更有效地管理并促使巴基斯坦广播公司的发展，巴基斯坦议会通过了一项广播法令根据这一法令，1972 年 12 月 20 日，巴基斯坦广播电台改制成一家公司，更名为巴基斯坦广播公司。为了满足海外巴基斯坦人了解巴基斯坦国内的情况，巴基斯坦广播电台从 1973 年 4 月 2 日开始世界广播（World Service）。从东巴独立到 90 年代初，巴基斯坦广播电台又先后在全国各地建立了 8 个下属广播电台。截至 1991 年，巴基斯坦全国的广播发射机总数达到 39 台，每天使用 20 种语言播出 270 小时的对内节目，覆盖全国 75% 的面积和 95% 的人口，同时使用 15 种外语播出 20 小时的对外广播节目，使用乌尔都语和英语播出 10 个小时的世界广播节目。

多元发展时期：20 世纪 90 年代中期开始，随着社会的发展，巴基斯坦放宽了对广播领域的限制，允许建立私人调频电台。截至 2004 年，巴基斯坦电子媒体管理委员会已经发放了 50 多张建立私人调频电台的许可证，而到 2008 年，颁发的许可证的数量已经达到 80 多张。这些私人调频电台分布在全国各地，有的是校园调频广播，有的是医院调频广播，有的是城市音乐调频。但是这些私人调频电台只允许播出音乐和娱乐性节目，不能播出新闻节目。随着广播系统的开放，国有的巴基斯坦广播公司也加强了自己的建设，继续在广播各地布点建立电台，同时在大中城市开设了调频节目，以满足不同年龄、层次受众的需求，增强竞争力。到 2005 年，巴基斯坦广播公司在全国共建立了 31 个电台，每天使用 21 种语言向全国各地播出 300 多个小时的广播节目。

（二）电视发展概况

电视在巴基斯坦有 45 年的历史。1963 年 10 月巴基斯坦国民议会通过一项法案，决定建立一个在政府领导下的、有私人资金参与的公共电视服务系统，主要目的是提供教育、信息和娱乐。随后，巴基斯坦政府与日本电力公司签订合同，允许其在巴基斯坦开始两个试点台。第一个试点台于 1964 年 11 月 26 日在拉合尔开始播出。试点阶段结束后，1965 年成立了名为电视促进有限公司（Televsion Promoters Limited）的私人公司成立，1967 年公司转变成一家有限公司，更名为巴基斯坦电视有限公司（Pakistan Television Corporation，简称 PTV 即巴基斯坦电视台），所有股份由巴基斯坦政府持有。1967 年卡拉奇和拉瓦尔品第 / 伊斯兰堡电视中心建成，1974 年白沙瓦和奎达的电视中心建成，1976 年，形成一个全国微波彩色电视网络。1989 年巴基斯坦政府批准成立另外一家国有公司“夏利玛录音公司”，利用夏利玛电视网信号播出电视节目。夏利玛电视网将晚间黄金时间的节目交给一家私人节目和市场代理——网络电视市场代理公司（Network Marketing Agency）来操作。到 1991 年，巴基斯坦电视台的节目已经覆盖巴基斯坦全国 47% 的国土和 87% 的人口。截至 2009 年巴基斯坦电视台已经开设了 6 套节目。

1999 年穆沙拉夫上台执政后，放宽了对广播电视领域的管制。2000 年至 2001 年期间卫星电视和有线电视开始出现，印度河电视网（Indus TV Network）是巴基斯坦首家独立的卫星电视频道，2002 年 10 月 1 日南亚地区首家综合性的私营电视台乌尔都语电视台（GEO）开始正式播出节目。在随后的几年时间里，巴基斯坦私营电视台快速发展，到目前为止已经有 50 多家私营电视台活跃在巴基斯坦。

四、广播电视主要机构

（一）广播

2002 年 10 月，公营广播电台 PBC 垄断的时代结束，进入了商业 FM 广播电台和公营广播电台共存的时代。但是商业广播电台仍然不准许报道新闻。PEMRA 最新的年度报告（2010 年）显示，全国有 138 家电台获得许可。在阿富汗和国境交接地区也存在不少无许可证的 FM 电台。

巴基斯坦广播公司（Pakistan Broadcasting Corporation，简称 PBC）

将全国分为 5 个区域分别提供 AM 广播服务，面向全国提供短波服务和 FM 广播。AM 的普及率达总人口 97%，用乌尔都语，英语以及 19 种方言进行广播。FM 广播（FM－101）从 1998 年 10 月开始在伊斯兰堡开播，到 2014 年 8 月末，AM 电台 23 家、FM 电台 34 家，短波电台 7 家。

PBC 可用巴基斯坦广播（Radio Pakistan）的名义使用 10 种以上外语通过 AM 和短波播送，包括通用语乌尔都语、各地方言、印地语、英语、法语、汉语等。

AKR

AKR 归政府所有，面向巴基斯坦实际统治的地区提供 AM、短波和 FM 广播服务。

（二）电视

巴基斯坦电视台（Pakistan Television Corporation，简称 PTV）

巴基斯坦电视台是 1964 年政府出资设立的公共服务企业。由政府任命的理事会成员运营。拥有 2 个面向全国的地面电视频道 PTV Home 和 PTV News。PTV Home 于 1964 年开播，以娱乐节目为主要内容，覆盖伊斯兰堡、拉合尔、卡拉奇、奎达、白沙瓦等地区，全国 87% 以上的人口均能收看。PTV News 于 1998 年开播，英语和乌尔都语双语播报新闻。两个频道均为 24 小时播放。

SSI

借莎丽玛录音广播公司（SRBC）所有和运营的半公半私性质的频道莎丽玛电视网络（STN）私有化契机，2005 年 6 月接管频道的运营，频道名由 STN 变更为 ATV，在最初的商业地区播放。收入来源主要是广告。该频道面向全国 20 多个主要都市播送，覆盖全国人口一半以上，其中娱乐节目占 40%，资讯类节目占 37%，教育节目占 23%。通过卫星传送信号。

AJK TV（Azad Jammu & Kashmir，电视）

2004 年 2 月开设，面向巴基斯坦实际统治地区播送。该电视台使用 PTV 的设施，其实是 PTV 的一部分。

VU（Virtual University，虚拟大学）

2004 年由政府设立，利用卫星电视播放 IT 等高等技术教育主题的大学讲座节目。共 4 个频道。

Indus Media Group

Indus Vision，Indus Music，Indus Plus（Indus News）、Channel G、MTV Pakistan 等频道从香港开始，面向整个南亚地区播放。Indus Vision 是 2000 年由国外向巴基斯坦国内播送的最早卫星电视频道。Indus Plus（Indus News）24 小时播放新闻、资讯和娱乐节目。

ARY Group

2002 年 12 月，面向欧洲地区居住的巴基斯坦人的综合娱乐频道 ARY Digital 开播。此后，向中东迪拜地区转移，也面向南亚地区播送。除 ARY Digital 以外，还有乌尔都语和英语双语播报的 24 小时新闻频道 ARY News、24 小时音乐频道 The Musik、伊斯兰教频道 QTV 等。

Independent Media Corp

由 Jang 日报的发行者，Jang Group 的创始人儿子 Mir Shakil ur Rehman 所有。2002 年 10 月，乌尔都语频道 Geo TV 开播，从中东迪拜一直覆盖的到南亚地区。目前 Geo TV 分为娱乐频道（Geo Entertainment）、乌尔都语新闻频道（Geo News）、英语新闻频道（Geo English News）、体育频道（Geo Super）、音乐频道（Aag TV）等。Geo News 是国内受众最多的新闻频道，但由于和政府对立的态度而受到严格管制。

SCN（Sarhad Conservation Network）

2004 年 7 月，巴基斯坦最早的帕西多语频道 AVTKhyber 开播。

Eye Television Network

2005 年 1 月，以新闻、体育、娱乐为中心的 HUMTV 频道开播。其他还有动画频道以及儿童节目频道。

五、广播电视发展简史

1947 年　广播业务开始

1964 年　电视业务开始

1976 年　彩色电视业务开始

1992 年　PTV2 开播

1996 年　PBC 开始 FM 广播

1998 年　PTV World 开播

2000 年　PBC 的 BBC world Indus Vision 和 ARY Digital 开播

2002 年　商业广播禁令解除，PEMRA 设置令发布，22 家企业被授予 FM 广播许可，Geo TV 开播

2003 年　6 家企业获得卫星电视播放许可，PTV4（National）开播

2004 年　AJKTV 开播

2005 年　HUM TV、Aaj TV、TV One、PTV Bolan 等开播，STN 民营化，名称变更为 ATV 开播

2007 年　解禁封闭媒体。Telenor Pakistan 和 Warid Telecom 开始提供手机终端的电视服务，英语新闻频道 Dawn News 开播，PTV1 和 PTV World News 分别改名为 PTV Home 和 PTV News

2008 年　PTCL 开始了最早的网络电视服务，China Mobile Pakistan 和 Mobilink 开始了面向手机终端的电视业务

2009 年　决定由 BTV 独享有线电视传输系统

2010 年　ATN NEWS 开播

2013 年　Diganta TV 和 Islamic 被勒令停播

2014 年　政府讨论通过“国家广播政策案”

孟加拉广播电视发展概况与管理体制

一、国家概况

孟加拉人民共和国位于南亚次大陆东北部的恒河和布拉马普特拉河冲积而成的三角洲上，东、西、北三面与印度毗邻，东南与缅甸接壤，南濒临孟加拉湾，国土面积为 147570 平方公里。孟加拉国总人口数为 157826578（2017 年 7 月），人口年龄中位数为 26.7 岁。国语为孟加拉语，官方语言为国教，穆斯林占总人口的 88%。20 世纪 90 年代以来，孟加拉国主要由民族主义党和人民联盟轮流执政。孟实行一院议会制，即国民议会，宪法规定议会行使立法权，议会由公民直接选出的 300 名议员和遴选的 50 名女议员组成，任期五年，议会设正副议长，由议员选举产生。孟加拉最高法院分为上诉法庭和高等法庭。首席大法官及法官若干人均由总统任命。首席大法官和一部分指定的法官审理上诉法庭的案件，其他法官审理高等法庭的案件。孟加拉国党派众多，主要有孟加拉人民联盟、孟加拉民族主义党、孟加拉民族党。孟加拉是最不发达国家之一，经济发展水平较低，国民经济主要依靠农业。孟加拉近两届政府主张实行市场经济，推行私

有化政策，改善投资环境，大力吸引外国投资，积极创建出口加工区，优先发展农业。2017 年，国内生产总值（GDP）约为 2497.24 亿美元。

二、广播电视监管体制与法律法规

孟加拉新闻部（Ministry of Information）是广播电视政府主管部门，下设新闻司、大众传媒司、电影与出版司等，并直接管理孟加拉国国家广播电台和国家电视台。

孟加拉国目前还没有综合的广播电视法律法规。有关频率分配的法案有《1985 年无线电信法》《1933 年无线电信法》和《2001 年孟加拉国电信管理委员会法》等。

有线电视方面，2006 年 9 月 24 日，孟加拉国议会通过《孟加拉国电视网管理法》。另外，《孟加拉国国家电视台播放节目审核条例》《孟加拉国国家电台和国家电视台的节目方针》《国家电视台使用民间制作电视节目条例》对其国家电视台和电台在节目内容上进行了规定。

《孟加拉国电视广告条例（草案）》规范了电视广告经营方面的相关问题。

三、广播电视发展概况

（一）广播发展概况

广播电视作为强大、快捷的大众传媒手段，在孟加拉国的经济、社会、文化各方面发挥着重要作用。早在孟加拉国独立前，孟加拉国家广播电台在公众心中就获得广泛认可。在那个年代，七千多万人只能依靠秘密电台了解孟加拉国解放战争的最新情况。如今，无线电广播在孟加拉国全国，尤其是沿海地区仍然是最重要的传播媒介。孟加拉国沿海地区的人口是全国人口中最贫困的，那里有的地方还没有通电。因此，广播电台成为他们了解外界的唯一传播媒介，政府也不断增加投入扩大广播电台的传播范围，增加节目内容，以丰富人们的日常生活。孟加拉国国家广播电台（Bangladesh Betar, 简称 BB）提供 AM、FM 以及短波广播服务。商业广播台也陆续增加。

（二）电视发展概况

截至 2014 年，孟加拉国的电视用户达到 2000 万人。目前，该国的地面电视主要有国营的孟加拉国国家电视台（Bangladesh Television, 简称 BTV）。BTV 和商业电视台通过卫星电视频道向国内外提供电视服务。孟加拉国国家电视台在该国有线电视领域同样占据主导地位，有线电视用户正在不断增加。

四、广播电视主要机构

（一）广播

国家广播电台（Bangladesh Betar）

孟加拉国国家广播电台是孟加拉国规模最大、历史最长的媒体机构。作为全印电台的一部分，创建于 1939 年 12 月 16 日，位于旧城的纳兹乌汀路。1962 年迁至萨哈巴格路。1971 年 3 月 26 日，易名为“独立孟加拉电台中心”，播出历史性的独立宣言。1983 年达卡广播电台改名为国家广播电台，迁至达卡的塞雷邦加拉 · 纳格尔。2006 年，因在独立战争中的突出贡献，荣获全国最高奖——独立奖。

孟加拉国国家广播电台总部在达卡，每天用 15 个中波、2 个短波和 10 个调频发射机向全国发送约 240 小时的节目和新闻。广播覆盖整个国家和其邻国。在孟加拉国，没有其它媒体有如此大的覆盖范围。广播内容包括新闻报道、评论、故事、音乐和文化节目等。

孟加拉国国家广播电台下设对外广播部。对外广播部每天定时在 8 个频率上用孟加拉语、印地语、尼泊尔语、乌尔都语、阿拉伯语、英语向南亚、中东和欧洲广播。

商业电台

除了国家广播电台，孟加拉国还有一些地方电台，如吉大港电台（Chittagong）、太古尔迦电台、兰格玛迪电台、巴里萨尔电台（Barisal）、果科斯巴扎尔电台、卜古拉电台、库米拉电台（Comilla）、库尔纳电台（Khulna）、锡尔赫特电台（Sylhet）、拉杰沙希电台（Rajshahi）和兰格普尔电台。这些电台除转播重大的国内新闻外，主要广播地方新闻及文化娱乐节目。

私营广播电台主要有两家。欢乐广播电台是每天 24 小时滚动播出节目的调频台。2006 年 9 月正式开播。广播对象主要是年轻人。频率：达卡地区 88 千赫，吉大港地区 98.4 千赫，锡尔赫特地区 98.8 千赫。

今日广播电台每天播出 24 小时调频节目。频率：达卡（Dhaka）及周边地区 89.6 千赫；吉大港（Chittagong）地区 88.6 千赫。节目内容主要有新闻、孟加拉歌曲、英语歌曲、演奏曲、天气预报、交通资讯、市场商品等。

（二）电视

国家电视台（Bangladesh TV）

孟加拉国国家电视台的前身是东巴基斯坦电视台，于 1964 年 12 月 25 日建立，部分投资来自政府。1971 年孟加拉国独立后，新政府于 1971 年 12 月将该电视台完全收归国有，并在此基础上成立了孟加拉国国家电视台。

1975 年 3 月 6 日，孟加拉国政府在达卡的兰普拉广场投资建立了一个新电视演播中心，装备了新设备，有多功能演播室和一个大演播厅。

自 1975 年至 1984 年，该台分别在吉太港、库尔纳，锡尔赫特、那都尔、兰格普尔、米门辛格、诺阿卡利、萨德基拉、兰格玛迪和果科斯巴扎尔建立 10 个中继站，并通过这些中继站向全国播送电视节目。自 1991 年至 2003 年，又在卜拉姆巴利亚、拉杰沙希、达古尔迦、吉纳伊达哈、波吐亚卡里和兰格玛迪建了 6 个中继站。自 1980 年起，孟加拉国国家电视台开始输送彩色电视节目。目前全国 95% 的民众可以收看到孟加拉国国家电视台的节目。

孟加拉国国家电视台播放的节目包括新闻、文化、教育和娱乐性很强的故事片。节目比例是：教育、科学、信息技术占 10%；卫生、营养和生育计划占 10%；时事占 5%；农业和环保占 5%；儿童少年节目占 15%；发展项目占 10%；文娱、戏剧、音乐、杂志占 45%。每天播出 12 个小时节目，星期五增加 3 个半小时节目。

孟加拉国国家电视台播放从美国、英国和其它国家进口的影片。通过两个卫星地面站，还可以转播其他国家的电视节目。

2004 年 4 月 11 日，时任总理卡蕾达・齐亚为卫星电视“孟加拉国世界台频道”开播剪彩。“孟加拉国世界台频道”通过卫星，让 50 个国家的电视观众可收看到孟加拉国的电视节目。

商业电视台

1.2 月 21 日电视台是孟加拉国首家民营电视台，2000 年 4 月 14 日正式播出节目，播出新闻和不断改版的新节目，在很短时间内成为孟加拉国影响较大的电视台。

2. 亚洲网络电视台建于 1997 年 7 月 15 日，是孟加拉国首家卫星电视台。

3. 正月电视台是每天 24 小时播出资讯和娱乐节目的电视台。

4. 民族电视台是孟加拉语卫星电视台，2003 年开播，主要是新闻、电视连续剧以及教育、宗教、政治节目。

五、广播电视发展简史

1939 年　广播开始（英国占领时期）

1964 年　电视开始（东巴基斯坦时代）

1980 年　彩色电视开播

1997 年　最早的卫星电视 ATN Bangla 开播

1999 年　数字卫星电视 Channeli 开播

2000 年　最早的商业地面电视 ETV 开播

2002 年　ETV 在最高法院被判违法，停止播送地面电视和卫星电视

2003 年　第三个卫星电视 NTV 开播

2004 年　BTV World 频道开播

2005 年　ETV 再次获得许可，成立卫星电视台 RTV

2006 年　Channel-1 等商业卫星电视台成立

2007 年　ETV 开播

2010 年　Channel-1 涉嫌违法被停播，IndependentTV、MohonaTV、Somoy SangbadTV、ATN News 等电视台成立

2011 年　国营议会频道 Sangsad Bangladesh TV 开播

2014 年　政府审议通过“国家广播电视播放法案”

尼泊尔广播电视发展概况与管理体制

一、国家概况

尼泊尔联邦民主共和国是内陆山国，位于喜马拉雅山南麓，北邻中国，其余三面与印度接壤，国土面积为 147181 平方公里。尼泊尔总人口数为 29384297（2017 年 7 月），人口年龄中位数为 24.1 岁。国语为尼泊尔语，上层社会通用英语。多民族、多宗教、多种姓、多语言国家。居民 86.2%信奉印度教，7.8%信奉佛教，3.8%信奉伊斯兰教，2.2%信奉其他宗教。2008 年，尼泊尔举行首届制宪会议选举，尼泊尔共产党（毛主义）成为第一大党，制宪会议首次会议通过决议，宣布建立尼泊尔联邦民主共和国。2015 年 9 月，新宪法确定尼泊尔为联邦民主共和国，总统为礼仪性国家元首和军队统帅，总理由议会多数党领袖担任，联邦议会实行两院制，由国民会议和众议院组成。新宪法规定尼法院分为三级：最高法院、高级法院和地方法院。尼泊尔为农业国，经济落后，世界上最不发达国家之一。20 世纪 90 年代初起，开始实行以市场为导向的自由经济政策，但由于政局多变和基础设施薄弱，收效不彰。严重依赖外援，预算支出四分之一来自外国

捐赠和贷款。2017 年，国内生产总值（GDP）约为 248.8 亿美元。

二、广播电视监管体制与法律法规

（一）监管体制

根据尼泊尔国家有关法律的规定，尼泊尔政府形成了以新闻通讯部（Ministry of Information Communication）为主管，国家广播事务管理局（the Ministry of Communication）、牌照管理局（Licensing Authority）、频率管理和技术分析局（Frequency Management and Technology Analysis Division）、行政处罚委员会（Penalizing Authority）各负其责的国家广播电视监管体系。

1. 新闻通讯部（Ministry of Information Communication）

尼泊尔政府组成部门之一，业务涵盖邮政、通讯、广播、新闻出版和电影产业发展等领域。主要职能包括分配、管理无线频率，监督无线频率的使用情况；处理法律所规定的有关无线广播方面的事情；促进媒体间的国际交流和合作等。

2. 国家广播事务管理局（the Ministry of Communication）

根据尼泊尔《信息和通讯技术 2059（2003 年）长期发展规划》和尼泊尔王国宪法授权，建立国家广播事务管理局作为监管机构，制定广播电视相关法规，监督广播电视机构开展有序竞争，促进广播电视产业协调发展。

3. 牌照管理局（Licensing Authority）

根据尼泊尔 1992 年制定的《广播通讯（牌照）条例》规定，成立牌照管理局，负责监督无线电频率和牌照是否被有效利用。

4. 频率管理和技术分析局（Frequency Management and Technology Analysis Division）

内设频率管理处（Frequency Management Section）、通讯技术分析处（Telecommunications Technology Analysis Section）和监测处（Monitoring Section）。其中，频率管理处主要负责国家无线电频率、频道的评估、再设计；颁发广电牌照许可；研究无线电技术发展和频率管理趋势；与国际、地区相关组织进行业务交流和合作等工作。监测无线电频率的使用情况、利用最先进的技术提高无线电监测水平、协调国与国之间的无线电监测等是监测处的工作职能之一。

5. 行政处罚委员会（Penalizing Authority）

1995 年的《国家广播法》明确规定，设立专门的委员会作为处罚机构，对违反国家有关法律、法规的播出机构或播出个人进行罚款、吊销牌照等处罚措施，以规范尼泊尔国家广播电视的行业秩序，维护法律的权威性。

（二）法律法规

尼泊尔素有“山国”之称，境内山区众多，居住在偏远山区的人民受教育程度较低。而广播、电视等媒体在提高尼泊尔人民文化程度、促进人民民主意识觉醒等方面发挥了非常重要的作用。为了提高尼泊尔民众获取信息的机会，改善他们的生活质量，促进尼泊尔社会发展，尼泊尔国家制定了一些重要法律法规和政策，加强广播电视管理，提高广播电视服务水平。

1.1957 年《广播法》（*The Radio Act*, 2014（1957））

1957 年 6 月 1 日尼泊尔王室通过了该法令，并 1958 年 4 月 16 日公布实施。该法令明确规定：任何个人、机构要想拥有、制作、使用无线电设备，必须持有政府颁发的牌照。该法令同时规定了获得政府牌照的方式，并对没有牌照擅自拥有、制作和使用无线电设备的行为提出了严格的惩罚措施。

2.1992 年《广播通讯（牌照）条例》（*The Radio Communication*（License）Regulation，2049（1992））

为行使 1957 年《广播法》所赋予的权力，尼泊尔政府于 1992 年颁布了《广播通讯（牌照）条例》，同时废止了 1969 年制定的《广播（牌照）条例》。该条例明确规定获得牌照的方法、牌照发放对象、牌照使用的时间和续租、牌照的转移、牌照的发放和监督机关、牌照拥有者的义务、牌照的复制和再登记等事项。

（1）牌照获得方式：必须按照规定的有关格式，向尼泊尔牌照管理局（Licensing Authority）提出申请，向牌照管理局缴纳一定的费用。

（2）牌照发放对象：拥有、使用、制造、销售、传播卫星接收系统、卫星通讯系统（地球站）、无绳电话等无线电设备的个人或机构，业余无线电的爱好者和管理者。其中，卫星接收系统的牌照可以由个人或团体使用。年满 16 周岁、能够熟练使用尼泊尔和英语且通过尼泊尔政府通讯部组织的包括口头、书写方面的全部考试科目的尼泊尔居民，作为无线电爱好者和管理者可以获得牌照。

另外，用来收听、收看广播、电视节目的音视频设备，无线电控制玩具、传输距离不超过 30 米的无线麦克和电话以及其他由尼泊尔通讯部（the Ministry of Communication）认定的无线电设备不受牌照的限制。

（3）牌照的发放和监督机关：尼泊尔新闻通讯部负责牌照的级别、等级和无线电频率的划分和使用。由牌照管理局监督无线电频率和牌照是否被有效利用。

（4）牌照使用的时间和续租：牌照的有效使用期限为一个财政年度。牌照持有人必须在牌照到期前，向牌照管理局递交续租申请。如果牌照持有人在牌照过期后更换牌照，牌照管理局也可为其更新牌照。如果牌照在六个月内没有得到更新，该牌照就会被吊销。

（5）牌照的转移：如果牌照持有人想卖掉自己的无线电设备，卖方和买方必须向牌照管理局提出申请，在 35 天内完成无线电设备的转让。如果受让方符合获得牌照的条件，牌照管理局必须履行转让手续，更新牌照的有关信息。

（6）牌照的复制：如果牌照因自然灾害、年代久远而遭到毁坏或遗失，或者因为更新空间已被用完而必须更换，牌照管理局可以对牌照进行复制，并向牌照持有人收取一定的费用。

（7）牌照持有人的义务：如果牌照持有人使用无线电设备可能给他人造成不利的影响，危害他人的利益，就会受到相应的处罚。

（8）牌照的再登记：无线电设备拥有者因设备丢失或失调而失去牌照，如果该设备经过维修后可以重新使用，或者重新找到丢失的设备，设备拥有人可以自设备重新使用或找到之日起，在 35 天内向牌照管理局提出申请，重新获得牌照。

3.1993 年《国家广播法》（*The National Broadcasting Act*, 2049（1993））

为提高公众使用本国和本民族语言的自觉性，营造不同民族、不同种族、不同阶层平等、相互信任、和谐共处的社会环境，将国内外经济、文化、社会等信息顺利传达到千家万户，打造权威、高效、强大的传媒力量，尼泊尔议会于 1993 年颁布了《国家广播法》。

该法令对媒体机构的制作、播出节目和播音员的职责进行严格的规定。主要有：

（1）尼泊尔政府制定传媒政策；对传媒机构播出的节目进行监管；根据有关申请，向个人或组织颁发播出许可，并有权吊销有关个人或组织的牌照；批准有关个人或组织建立地面转播站；收取播出和转播费用。

（2）没有牌照，任何人不得播出任何节目。

（3）在节目的制作和播出上，媒体播出机构必须优先播出：关于农业、教育、工业、商业、科技、健康、家庭计划及环境保护发展情况的节目；反映不同民族、不同种族、不同宗教信仰、不同阶层、不同地区的人民相互平等、相互信任、和谐共处的节目；展示尼泊尔语言、文化多样性的节目；维护国家利益、促进国家统一的节目；提高民族意识、促进道德觉醒的节目；提高全民社会责任、推进民主精神的节目；不会对尼泊尔近邻及保持友好关系的国家产生不利影响的节目；涉及国家外交政策的节目；展示、提升民族音乐和民族风情的节目；反映国际国内重大事件的节目。

（4）在不会对国家利益造成负面影响及国家其他有关规定的前提下，外国播出机构和通讯媒体可以在尼泊尔播出娱乐类和信息类节目。

（5）任何个人要想在媒体播出机构播出广告，须向该机构缴纳一定的费用。不鼓励播出烟、酒和其他危害公众健康的广告。

（6）禁止传媒机构播出以下内容：对政党产生负面影响的内容；内容低俗的广告；以驱逐当选政府为目的的暴力事件；使公众产生恐慌的事物；违反尼泊尔外交政策的内容；歪曲、不尊重、侮辱任何种族、语言、宗教信仰和风俗传统的内容。

（7）播音员的职责和权利：调查、发现播出内容的真相；站在中立的立场，编辑、播出新闻；不播出任何可能危及公众安全、破坏道德和社会风俗的节目；播出不鲁莽、不疏忽大意；在播出可能会引起争议的内容时，尽可能从各个方面对该内容进行全面分析，不扭曲事件的本来面目；不收集、不播出假新闻；执行播出机构的其他相关规定。

4.1995 年《国家广播法》（*The National Broadcasting Regulation*,2052（1995））

为履行 1993 年《国家广播法》赋予的权力，尼泊尔政府于 1995 年颁布了《国家广播法，2052（1995）》。在该法令中，尼泊尔政府详细规定了传媒播出机构或个人必须遵守的有关播出纪律。

该法令规定，任何获得广播电视牌照的个人或播出机构必须遵守以下规定：

（1）在播出节目前，必须征得相关播出机构或个人的同意。

（2）任何个人或播出机构不得将自己的牌照卖给或转让给他人或其他机构。

（3）不得播出牌照许可范围之外的节目。

（4）播出频道少于四个的播出机构或个人，必须留出占其播出节目总时长的 1/4 时间，用于播出国有播出机构的节目；播出频道多于四个的播出机构或个人，必须留出 1 个频道，用于播出国有播出机构的节目。

（5）当国家处于危难或面临自然灾害时，由政府直接领导的播出机构必须免费播出政府有关新闻，时长为一次播出 5 分钟，一天播出 6 小时。

（6）当国家处于战争或紧急状态时，只能播出政府指定的节目。

（7）播出机构或个人必须征得个人房屋所有者或公共土地所有者等相关个人或机构的同意，方能播出节目。

（8）播出机构或个人必须与设备运营方达成一致，方能播出、使用节目。

（9）播出机构或个人在开始播出节目时、节目播出中间和节目结束时必须使用自己的呼号。

（10）遵守政府规定的其他条款。

在节目内容方面，严禁播出机构或个人播出以下节目：

（1）含有憎恨、威胁、敌视政府或王室家庭内容的节目。

（2）影响尼泊尔王国安全、和平和秩序的节目。

（3）有碍风俗、道德、公众形象和社会风气的节目。

（4）不利于国家主权和领土完整的节目。

（5）引发不同民族、种族、部落、宗教、地区和社区间仇恨和不信任的内容。

（6）可能导致蔑视法律法规的内容。

（7）散播社会缺陷等内容的粗俗节目。

（8）公开指责他人，对他人名誉、地位造成负面影响的内容。

（9）其他被政府严禁传播的内容。

此外，如果播出机构或个人因个人或其他原因停止播音，必须在一个月内向政府提出数目申请，政府部门也必须将此记录在案。

该法令还明确规定，设立专门委员会作为处罚机构（Penalizing Authority）。在该委员会中，主席由新闻通讯部部务秘书担任，通过首相任命政府内阁中精通法律领域的官员担任该委员会成员，由信息和通信部频率管理和技术分析局（Frequency Management and Technology Analysis Division）主任担任该委员会秘书。委员会程序和会议由首相指定。

5.《媒体传播领域 2059（2003 年）长期发展规划》（Long-term Policy on Broadcasting Sector 2059（2003））

尼泊尔《媒体传播领域 2059（2003 年）长期发展规划》（Long-term Policy of Information and Communication Sector2059（2003））规定，尼泊尔广播电视事业的目标是：

（1）满足人民知情权，通过宪法授权，建立一个行政机构来监管尼泊尔国内广播电视运营情况，使信息通过广播、电视、互联网等媒体传递到基层百姓那里。

（2）建立国家广播事务管理局（National Broadcasting Authority）作为监管机构，制定广播电视相关法规，监督广播电视事业有序竞争、协调发展。目的是通过电子广播手段，使广播、电视能够快速有效地传播健康知识、娱乐资讯、文化知识等信息。

该规划明确规定，尼泊尔广播电台和尼泊尔电视台属于国有，由政府出资发展其基础设施。因此，在广播电视部分，该规划详细地制定了尼泊尔广播电台和尼泊尔电视台的工作目标及政策。

尼泊尔广播电台（Radio Nepal）

（1）目标：进行基础设施建设，提高尼泊尔广播电台作为全国性广播机构的实力；

利用先进技术，使尼泊尔广播电台的播音覆盖尼泊尔王国全境和尼泊尔周边国家及地区；制作、播出更多的满足公众需要的知识含量高、内容丰富的、标准规范的节目。

（2）工作政策：采用适当的技术使尼泊尔广播电台的播音覆盖王国全境；制作并播出大众化的广播节目；保障公众通过无线广播接收到农业、教育、健康、旅游、科学、技术、国家惠民政策等信息；播出有关国家经济、社会、文化等方面的节目，强化国家利益，增强国家的团结；以公正客观、专业权威的态度解说新闻；使用国际化语言播出外语类服务节目，让外国听众了解尼泊尔；建立广播网络，使信息及时通达到国内任何地方；采取措施，使广播电台逐步实现自负盈亏；实现节目形态多样化，为普通大众提供丰富的教育、信息、娱乐资讯，增加节目的播出时长；鼓励私人资本投入，提倡广播业开展竞争；提供工作能力强的受过良好培训的高素质人力资源；关注节目给公众带来的影响度，不断提高节目的质量；开办民族节目，推广少数民族语言，弘扬国家的民俗、艺术、音乐、文学传统；吸收私人资本投入，推进无线广播服务技术；为不同种族群体制作多语种广播节目；逐步更新技术设备；制作、播出教育、信息、娱乐类节目，为普通大众提供获得信息的机会；及时修订有关法令和条例，促使尼泊尔广播电台成长为自治的、负责任的传媒机构。

尼泊尔电视台（Nepal Television）

（1）目标：进行基础设施建设，提高尼泊尔电视台作为全国性广播机构的实力；利用先进技术，使尼泊尔电视台的节目覆盖到尼泊尔王国全境和尼泊尔周边国家及地区；制作出满足公众需求的电视节目，并提供必要的技术装备播出这些标准规范、符合公众利益的电视节目。

（2）工作政策：采用适当的技术使尼泊尔电视台的节目覆盖王国全境；提升节目质量，增加有关尼泊尔风俗、艺术、尼泊尔人生活方式内容的节目，通过卫星将之输送给国外的有竞争力的电视频道，要有开办第二个电视频道的发展想法；播出有关国家经济、社会、文化等方面的节目，强化国家利益，增强国家的团结；以公正客观、专业权威的态度解说新闻；建立电视网络，使信息及时传达到国内任何地方；采取措施，使电视台逐步实现自负盈亏；实现节目形态多样化，为普通大众提供丰富的教育、信息、娱乐资讯，增加节目的播出时长；鼓励私人资本投入，提倡电视业开展竞争；提供工作能力强的受过良好培训的高素质人力资源；关注节目给公众带来的影响度，不断提高节目的质量；及时修订有关法令和条例，促使尼泊尔广播电台成长为自治的、负责任的传媒机构。

三、广播电视发展概况

（一）广播发展概况

自1951年尼泊尔广播电台开播到现在，尼泊尔国家的广播电视事业已走过了60多年的发展历程。目前，全国拥有60多个广播电台。除尼泊尔广播电台为政府国有外，其余都为私营电台。在私营电台中，商业电台有40个，社区频道有20个。

由于经济的落后，国内战争、冲突不断，再加上政权的更迭，尼泊尔的广播电视事业发展缓慢，媒体从业人员缺乏安全感。尼泊尔的广播事业起步较晚。1947年尼泊尔加德满都市出现了第一家广播电台，主要播送一些音乐和宗教节目。[①]1951年，尼泊尔广

① 王宏纬：《列国志·尼泊尔》，北京：社会科学文献出版社2004年版，第362页

播电台在英、澳、美、日等国的援助下建立并开始播音，这是尼泊尔政府建立的第一个广播电视播出机构。在成立初期，尼泊尔广播电台用尼泊尔语和英语等 8 种语言广播，其节目时长只有 4 个半小时。1994 年，尼泊尔广播电台开始多语种广播，用尼泊尔语、迈蒂利语、比哈尔方言、塔鲁语、塔芒语、印地语、英语等 20 种语言播出尼泊尔的新闻、教育、文化等节目。近年来，借助于德国、联合国教科文组织等国际机构的援助，尼泊尔广播电台开始了广播的数字化改造项目。

（二）电视发展概况

尼泊尔广播电台成立很多年后，尼泊尔政府才开始筹备建立电视台。印度电视业的快速发展是推动尼泊尔电视台成立的一个很重要的原因。20 世纪 80 年代中期，尼泊尔境内的百姓可以收看到来自印度杜达山电视台的节目，包括尼泊尔首都加德满都在内的大量观众被其中的内容所深深吸引。面对这种状况，尼泊尔有识之士呼吁政府树立尼泊尔自身的文化影响力，以应对来自印度文化的入侵。根据尼泊尔第六个发展计划，尼泊尔电视台于 1985 年 1 月开始启动创建工作。从 1985 年 12 月 29 日起，尼泊尔电视台开始固定播出新闻、教育和娱乐节目。2001 年 7 月 4 日，尼泊尔电视台通过卫星开始转播电视节目。2003 年 6 月 20 日，中国广播电视国际经济技术合作总公司援助尼泊尔电视台扩建项目电视工艺部分竣工。该项目建筑规模为 3850 平方米的四层技术楼，设置有 300 平方米的演播室和 120 平方米的演播室各一个、译配音室、电子编辑室、转录复制室，两个播出控制室、总控室，电视发射机房、塔桅一座以及其他附属技术用房等，满足了尼泊尔 metro 频道电视节目的演播室录制、后期编辑制作、播出和节传、电视信号发射的全部工艺流程。

电视方面，国营尼泊尔电视台（Nepal Television）运营两个频道，商业电视台运营一个频道。卫星电视运营公司一家。卫星传输的频道通过地面有线电视网络再传输，或者供给商业卫星频道播放。拥有电视的人口 220 万。广播方面，国营尼泊尔广播电台（Radio Nepal）使用 AM 和短波向全国广播，使用 FM 向首都附近传输。商业媒体和 NGO 等使用 FM 广播。

近年来，为引入竞争，促进尼泊尔广播电视事业的发展，尼泊尔政府欢迎私人资本进入广电领域。目前，尼泊尔拥有 7 个电视频道，60 多家广播电台。在电视频道中，2 个为国有电视频道，5 个为私营频道。在广播方面，除尼泊尔广播电台为政府国有外，其余都为私营电台。而在私营电台中，商业电台有 40 个，社区频道有 20 个。在尼泊尔政府的强力指导下，尼泊尔的广电事业呈现出以下发展特点：

1. 政府管控严格，国有传媒机构一支独大。尼泊尔政府将尼泊尔电视台和尼泊尔广播电台列为尼泊尔政府部门的下属单位，并用法律的形式，保证了尼泊尔电视台和尼泊尔广播电台在尼泊尔国内的绝对垄断地位。近年来，尼泊尔政府虽然欢迎私人资本进入广电领域，但对私营电台、电视台的设立和播出内容进行了种种限制。如尼泊尔国内的萨加玛塔社区电台，在经过近 50 年的抗争后，尼泊尔政府方颁发给其广电牌照，对其播出内容提出了诸如不准播出新闻、不准播出当下发生的事件等种种限制。①

① http://www.radiosagarmatha.org/

2. 电台比较发达，竞争激烈。尼泊尔是山地国家，人民生活比较贫困，这样的状况就决定了在信息的传播和接收上，相较于电视媒体，电台因其覆盖更广泛、接收更方便和成本更低廉，而成为尼泊尔境内普通百姓能消费得起的大众传媒。目前，尼境内仅有5家电视媒体，而电台多达60多家，进行多语种广播，并开展了网上广播业务。近年来，尼泊尔政府为加强广电媒体间的竞争，鼓励私人资本进入广电领域。而广播电台因其资金门槛较低，从而成为尼泊尔国内竞争最激烈的媒体形态。目前，尼泊尔境内共有60多家电台。除尼泊尔广播电台为国有电台外，其余全部为私营电台。这些数目众多的私营电台为争夺受众群、获得经营利润展开了激烈的竞争。在残酷的市场竞争中，有些电台出现了生计困难。

3. 技术发展比较缓慢，革新依赖外部援助。尼泊尔电视台于2001年7月4日才通过卫星开始转播其节目。但是，作为世界上最不发达的国家之一，尼泊尔经济严重依赖外部援助，广电领域内的技术革新也是如此。中国政府为尼泊尔电视 metro 频道援建了一个72米高的发射塔、5千瓦的发射机和一个综合演播室在内的广电基础设施。在媒体的数字化方面，借助于德国、联合国教科文组织的援助，尼泊尔广播电台才开始了新闻编辑系统的数字化项目。

四、广播电视主要机构

（一）广播

尼泊尔广播电台（Radio Nepal）

尼泊尔广播电台是尼泊尔国内唯一的国有广播机构，隶属新闻通讯部。尼泊尔广播电台成立于1951年，用尼泊尔语和英语等8种语言广播。电台下设行政部、节目部、新闻部、技术部和广告部等5个部门。在成立初期，尼泊尔广播电台节目传输时长只有4个半小时。经过多年的发展，尼泊尔广播电台使用20种语言，每天固定播出18小时的节目，其中包括约两个小时的宗教节目，播音时间为早晨9：45~11：00，晚间18：00~18：30；节目形态更加多样化，有纪录片、专题片、戏剧、脱口秀、评论、音乐、现场解说等各类节目；传输技术手段更加先进，拥有短波、中波、调频三种节目传输方式；覆盖范围更广。其中，短波已覆盖了尼泊尔全境，中波覆盖了70%~80%的人口。1997年4月，尼泊尔广播电台网站开通。2006年12月，开通网上广播。1984年，尼泊尔广播电台转制成公司制，开始拥有独立的经营权，但每年还可从政府处获得2000万卢比的专用事业费。近年来，为了更好地利用现代技术，改善播音环境，在联合国教科文组织的资助下，尼泊尔广播电台实施了“新闻工作室计算机化”项目，力求使其新闻工作室实现无纸化办公，新闻编播系统数字化。①

在对外关系上，尼泊尔广播电台是亚太广播联盟（ABU）的成员，与南亚区域广播中心、亚太广播发展机构（AIBD）保持着密切的联系。同时，尼泊尔广播电台还与德国之声、BBC等广播机构合作，开展了一些培训项目。在节目交换方面，尼泊尔广播电台每月播出南亚区域合作联盟音视频节目交流项目（SAVE）提供的节目。此外，尼泊尔广播电台还与日本国际协力组织（JICA）、美国新闻处（the United States Information

① http://www.radionepal.org/radionepal/aboutus.php

Service，简称 USIS）和联合国儿童基金会（UNICEF）等国际组织就双方感兴趣的节目领域进行了合作。

尼泊尔广播电台在尼泊尔境内的播出、覆盖情况如下所示：

表 尼泊尔广播电台在尼泊尔境内的播出、覆盖情况

地区	电台	使用类型	发射机		频率
			数目	电容	
东部	Dharan 发射台 Sunsari	MW	1	100 KW	648 KHz
	Illam FM 电台	FM	1	1 KW	100 MHz
中部	Khumaltar 发射台	SW	3	100 KW	夏季：5.005 MHz 6.100 MHz 7.165 MHz 冬季：3.230 MHz 5.005 MHz
	加德满都发射台 Bhainsepati	MW	1	100 KW	792 KHz
	Bardibas 发射台 Mahottari	MW	1	10 KW	1143 KHz
	Birgunj FM 电台	FM	1	1 KW	100 MHz
	Hetauda FM 电台	FM	1	100 W	98 MHz
	Bharatpur FM 电台		1	1 KW	103 MHz
西部	Pokhara 发射台 Malepatan Pokhara	MW	1	100 KW	684 KHz
	Jomsom FM 电台	FM	1	10 W	100 MHz
	Daunne FM 电台	FM	1	1 KW	100 MHz
中西部	Surkhet 发射台 Surkhet	MW	1	100 KW	576 KHz
	Huml a FM 电台	FM	1	50 W	100 MHz
	Jumla FM 电台	FM	1	100 W	100 MHz
	Manma FM 电台 kalikot	FM	1	250 W	100 MHz

续表

地区	电台	使用类型	发射机		频率
			数目	电容	
中西部	Mugu FM 电台，Murma Top	FM	1	250 W	100 MHz
	Dang FM 电台	FM	1	1 KW	98 MHz
西部偏远地区	Dipayal 发射台，Doti	MW	1	10 KW	810 KHz
	Buditola FM 电台	FM	1	1 KW	103 MHz

1. 热点调频广播（Hits FM）

1996 年 4 月开播，是以音乐为主的商业性的广播频率。受众对象为 12~40 岁的中产阶层。目标是致力于打造成为尼泊尔最好的娱乐方式。当前，在 91.2Mhz 波段全天 24 小时播音。

2. 萨加玛塔广播（Radio Sagarmatha）

1997 年开播，是南亚地区第一个独立的社区广播频率。成立的目的是打破国有电台的垄断，发出人民的声音，为普通百姓提供知晓信息、对公共事务发表看法的平台。在 102.4Mhz 波段播出，播音时间从早晨 5 点至晚上 11 点。

（二）电视

1. 开路电视

尼泊尔电视公司（Nepal Television，简称 NTV）

NTV 是尼泊尔国有传媒机构，隶属信息和通信部，由董事会负责运营。董事会成员由信息和通信部任命，由一名主席、四名总经理和一位职工代表组成。董事会下设技术部、市场部、节目部、财务管理部、行政部、业务部和新闻部拥有尼泊尔电视台和尼泊尔电视 metro 频道。①

根据尼泊尔第六个发展计划，尼泊尔电视台于 1985 年 1 月开始启动创建工作。从 1985 年 12 月 29 日起，尼泊尔电视台开始固定播出新闻、教育和娱乐节目。根据尼泊尔《信息和通讯技术法令 2028（1981 年）》的有关规定，尼泊尔电视台于 1986 年 2 月成为完全独立运营的公司。作为一种电子媒介，尼泊尔电视台是目前尼泊尔国内最有效的大众传播媒体之一。它不仅将教育、健康、农业、公共卫生、人权等信息传递给尼泊尔边远贫困地区的人们，也保护并提升了尼泊尔国内的传统文化。尼泊尔电视公司的收入主要来自于广告和政府财政拨款。现在拥有面向全国的 NTV 频道和面向首都且以娱乐为主的 NTV 城市频道。地面电视 NTV 的覆盖率达国土 50%，总人口 70%。两个频道也通过卫星转播。NTV 的播放时间播出时间为：早 6：30~9：00，晚 17：30~23：00，星期六

① http://www.nepaltelevision.com.np

加播 5 小时节目，时间为 12：00~17：00。[①] 近年来，随着尼泊尔私有电视台的出现，私有电视台开始购买尼泊尔电视台的空余时段以播出自己的节目。[②]

为了提高地面转播站转播信号的质量，使电视节目能够覆盖全国各地并向境外传播，尼泊尔电视台于 2001 年 7 月 4 日通过卫星开始转播其节目。尼泊尔电视 metro 频道由中国政府援建，项目包含建设一个 72 米高的发射塔、5 千瓦的发射机和一个综合演播室。

此外，尼泊尔国内还有坎特普尔电视台（Kantipur TV）、影像频道电视台（Image Channel TV）、香格里拉频道（Shangri-La Channel）、尼泊尔频道（Channel Nepal）、途径电视台（Avenues TV）等 5 家私有电视台。[③]

2. 卫星电视

2011 年 9 月末至现在，尼泊尔共 2 家机构提供卫星电视服务，分别为 Home TV 平台和 Dish Nepal 平台。主要商业卫星电视频道包括：STN（Space Time Network）、Sagarmatha Television、ABC Television 和 Terai Media Network，此外还有 News Nepalnational TV、News24、Himalaya TV、NBEX Mountain TV 等频道。STN 在 2001 年 7 月从国外接入卫星，开始了最早的卫星电视频道 Channel Nepal 的播送。一天播出 18 小时。Sagarmatha Television 于 2007 年 7 月以新闻和报道为中心的 24 小时频道 Sagarmatha TV 开播。Ad avenues Nepal 大型广告代理商。2007 年 7 月，以新闻为主的 24 小时频道 ATV 开播。

ABC Television，2008 年 9 月 ABC TV 开播。Terai Media Network，2009 年 3 月面向南部塔拉伊地区的地方卫星电视频道 Terai TV 开播。

五、广播电视发展简史

1951 年　国营广播 Radio Nepal 开播

1985 年　国营电视 NTV 开播，覆盖卡特马斯盆地

1991 年　新宪法颁布，言论思想自由以及报道出版自由得到保障

1995 年　Radio Nepal 开始播出 FM-Kathmandu

1997 年　NGO 运营的 FM 电视台 Radio Sagarmatha 开播，2003 年 Image Metro 和 KTV 在首都圈开播

2006 年　卫星频道 Image Channel 开播。KTV 在全国复播

2007 年　卫星频道 Sagarmatha Television 和 Avenues TV 开播

2008 年　卫星频道 ABC TV 开播

2009 年　卫星频道 Terai TV 开播

2011 年　PTVsport 开播。

2013 年　24 小时英文频道 PTV World 开播

---

① NHK 放送文化研究所编，《世界广播电视蓝皮书 2015》，日本：NHK 出版社 2015 年版，第 72 页

② 王宏纬：《列国志・尼泊尔》，北京：社会科学文献出版社 2004 年版，第 370 — 371 页

③ http://news.bbc.co.uk/2/hi/south_asia/country_profiles/1166502.stm#media

斯里兰卡广播电视发展概况与管理体制

一、国家概况

斯里兰卡民主社会主义共和国是南亚次大陆以南印度洋上的岛国，西北隔保克海峡与印度相望。斯里兰卡总人口数为22409381，人口年龄中位数为32.8岁。僧伽罗语、泰米尔语同为官方语言和全国语言，上层社会通用英语。居民70.2%信奉佛教，12.6%信奉印度教，9.7%信奉伊斯兰教，7.4%信奉天主教和基督教。斯里兰卡总统为国家元首、政府首脑和武装部队总司令。斯议会为一院制。现行宪法于1978年9月7日生效，为斯历史上第四部宪法，废除沿袭多年的英国式议会制，效仿法国和美国，改行总统制。斯里兰卡司法机构由三部分组成：法院、司法部、司法委员会。斯里兰卡1978年开始实行经济开放政策，大力吸引外资，推进私有化，逐步形成市场经济格局。近年来，斯经济保持中速增长，2008年以来，受国际金融危机影响，斯外汇储备大量减少，当前斯宏观经济逐步回暖，但仍面临外债负担重、出口放缓等困难。2017年，国内生产总值（GDP）约为873.57亿美元。

二、广播电视监管体制与法律法规

斯里兰卡的广播影视媒体由该国大众传媒和信息部（Ministry of Mass Media and Information）管理，监管由电信监管委员会（Telecommunications Regulatory Commission）执行。

目前，广播电视已发展成为斯里兰卡重要的传播手段，对斯里兰卡的政治、经济、文化领域有着重要影响。独立以来，斯里兰卡没有制定系统的传媒政策来指导传媒事业的发展。前任总统马欣达·拉加帕克萨提出了建设新斯里兰卡的《“马欣达梦想”宣言》（“Mahinda Vision” Manifesto），体现了政府传媒政策方针。根据宣言，人民有权获得正确信息，传媒政策基础是媒体广泛参与，以实现国家社会、文化和经济发展目标。为填补空白，斯里兰卡广播电视主管部门——大众传媒与信息部制订了现行传媒政策。明确规定，传媒监管的目的之一是，创造一种有利环境，鼓励传媒从业人员和相关组织提高职业精神；与技术进步和传媒实践保持同步，为创造良好传媒环境铺平道路。通过打造传媒文化，维护国家形象，在多样与和谐之中保持统一；通过建立传媒传统，深刻理解其社会责任，打造具有社会责任感和道德感的传媒文化；通过落实国家传媒政策，确保传媒自由得到实现。“马欣达梦想”规定，要与国际传媒组织和传媒从业者保持对话，丰富本地传媒实践，实施国际关系传媒和信息政策；扩大开放，提供必要设施，组织传媒会议、研讨会和学习考察，持续加强与国际传媒人员和传媒机构的联系。“马欣达梦想”为斯里兰卡广播电视的发展提供了框架，在一定程度上加速了传媒业发展。

近年来，斯里兰卡大众传媒和信息部采取了很多措施促进广播电视业健康发展。比如，为了推动广播电视先进技术的应用，大众传媒和信息部采取了向广播从业单位发放传媒许可证的措施，对所采用技术的类型进行了规定。在电视方面，已经为“免费无线电视”“有线电视”“直播到户卫星电视（DTH）”“移动电视”以及最近的IPTV颁发了电视广播证书。截至2009年，斯里兰卡大众传媒和信息部已经颁发了四张政府电视台传媒许可证书和14家政府广播电台传媒许可证书，共向私营广播机构颁发了53张许可证书。①

根据斯里兰卡广播电视法案，斯里兰卡广播协会（Sri Lanka Broadcasting Corporation，简称 SLBC）和斯里兰卡电视公司（Sri Lanka Rupavahini Corporation，简称 SLRC）分别于 1966 年和 1982 年成立，开始了政府广播电视事业。当前，斯里兰卡政府正在根据上述法案为私营广播电台和电视台起草相关法规。同时，为了更新大众传媒领域的现有法律法规，反映受众的要求，斯里兰卡政府正在制定有关法规，对音频、视频节目的内容保持高标准的质量要求，防止所播放节目损害国家安全利益、诱发犯罪和骚乱、侵害公众感情和儿童权利。

此外，斯里兰卡还建立了一套获得普遍认可的斯里兰卡电视公司（SLRC）行为规范。该套行为规范规定了电视传播和电视广告业的相关标准和实践惯例，主要解决电视广告的公正性和私密性问题。同时，斯里兰卡电视公司还有责任避免发生对个人或组织造成不公平的行为，尤其是因使用不准确或扭曲的信息而造成的信息失真。根据广告从业规范、标准和实践惯例，从业人员必须坚守信念、具备良好品位，必须全面遵守各项规定。该套行为规范力图保证电视节目守法、干净、公正、诚实，保证电视传媒拥有较高的家庭收视率和确保电视节目和广告的品质，为观众提供健康娱乐。

斯里兰卡的宪法规定了思想和言论自由，确立了该国新闻自由的基础；但是这些自由又被限制在所谓国家权利之下。除了宪法以外，报业、广播、电视等行业都有相关法规，对媒体组织的规定是较为严苛的；政府还有一些针对新闻传播业的管制措施。因此，斯里兰卡的新闻传播业长期在各种压力下顽强地发展，媒体组织为追求言论与新闻自由而与政府管制发生多次冲突。②

斯里兰卡现行宪法是 1978 年制定的。宪法中有关言论与新闻自由的条款有宪法第 10 条（明确了思想、意识和宗教的自由）、第 14 条第一款和第二款（确定了言论、表达和出版自由）。但第 15 条第二款注明，当涉及种族利益、宗教和谐、议会特权等方面时，或者有藐视法院、诽谤攻击政府的嫌疑时，前述权利受到限制。第 15 条第七款进一步注明，平等权，言论、集会、结社、游行示威的自由，以及不被非法逮捕、拘留的权利，要服从于国家利益、国家安全、公共秩序和公众身心健康的要求，要满足民主社会公众总体福利的需要。

广播电视相关法律有 1966 年通过《斯里兰卡广播公司法案》（the SLBC Act）和前面提到的 1982 年公共电视公司法案。广播法案第 37 条要求所有的广播节目保持庄重、正直的品味，不得在宗教信仰和公众情感中造成骚乱和冲突；主题要保持适当的平衡；坚持高质量的标准；新闻节目要保证准确公正。法案还要求公司按照政府政策行事，公司要贯彻当政部长指出的总体或特定方向；并赋予相关政府部门维持广播电视行业秩序的权利，以及对节目进行指导的权利；广播电视公司的董事会及高层管理人员由大众传媒部长任命；在民营资本进入广播领域之后，大众传媒部长有权控制执照的颁发。电视法案在节目要求方面与广播法案相似，此外还赋予公共电视公司在政府指导下监管和控

① 《2009 中国与南亚国家广播电视论坛演讲稿汇编》，第 18-20 页。
② http://www.media.gov.lk/

制进出口节目及电视节目光盘制品生产的权利。

行业规章方面，1973 年第一届共和党全国州议会制定了《斯里兰卡出版委员会规章》(Press Council Law)。规章规定，委员会就受众对媒体的投诉，拥有准司法性质的问询权利。规章宣称，其目的之一是确保斯里兰卡新闻业自由权利的正确使用，防止滥用新闻自由，并且监督斯里兰卡新闻传播业坚持高标准的专业要求。2003 年 10 月 15 日统一国民党（UNP）执政时期，效仿英国的新闻投诉委员会（Press Complaints Commission，简称 PCC）设立斯里兰卡新闻投诉委员会（PCC-SL）。目前这两个组织都在运作。

以往斯里兰卡政府对媒体要求的义务多，给予的权利少，尤其是广播电视方面，当权者渗透行业产的流程中，对媒体组织的人事安排干涉较多。2004 年，一些活跃的媒体人组织“自由媒体运动”(Free Media Movement)，要求议会通过《信息权利法案》(*Rightto Information*)。2010 年 7 月 1 日，新的信息法案获得通过。2004 年大选中，由斯里兰卡自由党（SLFP）领导的统一人民自由联盟（United People’s Freedom Alliance，简称 UPFA）承诺他们会引进新的媒体文化，承认媒体可以为了实现社会福利而进行公开、独立对话。2005 年当选并获得连任的总统拉贾帕克萨（Mahinda Raiapaksa）承认继续统一人民自由联盟(UPFA)的媒体政策。该组织为国有的公共电视公司引进了一些新措施。斯里兰卡的媒体环境有所宽松，这为该国民营媒体的发展提供了契机。[①]

三、广播电视发展概况

广播方面，国营媒体 SLRC 使用 AM、FM 和短波三种方式进行广播传输，国营公司 ITN 和商业广播公司则使用 FM 一种模式传输。电视方面，斯里兰卡电视公司 SLRC 和独立电视网（Independent Television News，简称 ITN）进行全国播放，而其他数十家商业公司多数进行地域化的播出。截至 2012 年，395 万斯里兰卡人拥有电视机这一收视终端。一家公司进行卫星播放运营，卫星专门频道接近 20 个。

近来，随着泰米尔武装 LTTE 发动的内战结束，政府对广播电视的监管更加严格，明令禁止政党与商业电视台间进行合作，对危害国家安全的节目也进行了管制。有线数字方面，2014 年 5 月，宣布将原有的 DVB-T、DVB-T2 制式转变为 ISDB-T 模式。

斯里兰卡的广播始于 1923 年，并在 1931 年前一直采用英语进行广播。1931 年后，开办了僧伽罗语和泰米尔语广播。直至 20 世纪 80 年代中期，斯里兰卡的广播一直处于国家垄断状态。斯里兰卡电视台始于 1979 年，当时在政府的支持下，由两家私营公司创办。不久，该电视台就由政府接手管理。1982 年，斯里兰卡电视公司（SLRC）成立，并成为今后斯里兰卡电视机构中的核心成员。该公司一直处于电视行业的垄断地位，直到 1992 年，由于政府管制的相对宽松，少量的私人电视机构成立，并在政府的监管下开始运营。1998 年，斯里兰卡共有 6 家私人电视频道，尽管数量上超过了国有电视频道和公共电视频道，但是国家电视台还是占主导地位，仍是节目来源的主要提供者，并对广告播出和外国电视机构制作节目有很强的监控权。[②] 斯里兰卡国有电视台与政府主管部门有着密不可分的联系。

---

① 陈力丹，刘名美：《从严控到开放的斯里兰卡新闻传播业》，载于《新闻界》2014 年第 2 期

② 《TelevisioninContemporaryAsia/editedbyDavidFrenchandMichealRichards》,NewDelhi;ThousandOaks:SagePublications,2000.

从建立初，斯里兰卡国有电视台 SLRC 就重视电视的教育职能，与南亚其他国家一样，电视被视为推动社会发展的有效手段。20 世纪 90 年代，教育节目占到电视台总播出时间的 15%。国家电视台仍然是教育节目的主要提供者，同时它所提供的僧伽罗语节目的比例也高于其他电视频道。电视播出使用的语言是斯里兰卡文化特有的显著特征。当 SLRC 宣布为迎合广大观众的口味，将用僧伽罗语、泰米尔语和英语三种语言播出时，这一决定在社会上引起了很大的反响，因为 SLRC 大部分节目一直使用僧伽罗语播出。与此同时，私人电视台却提供稍有不同的播出模式。六家私营频道中有两个频道——SirasaTV 和 Swarnavahim 用泰米尔语播出的时间多于僧伽罗语，而所有私营频道用英语播出的时间均多于僧伽罗和泰米尔语。在斯里兰卡，电视播出所使用的语言已经成立为衡量政府、民众和商业规则之间关系紧张程度的指标。20 世纪 90 年代，斯里兰卡电视台除了播出新闻、时事等内容外，电视剧、娱乐节目也逐渐占据了重要位置。SLRC 进行的一项调查表明，在 90 年代末期，电视台的节目中，1/4 的内容是新闻、时事和纪录片，1/10 的内容是正规的教育节目，余下的近 3/4 的内容是大众娱乐节目，其中最受欢迎的娱乐节目是电视剧，这些电视剧大部分反映当代斯里兰卡社会中存在的现实问题。其中收视率最高的两部电视剧，一个名叫“Palingu Menike”，该电视剧是一部用僧伽罗语播出的家庭剧，它关注了斯里兰卡农村地区和半农村地区人们的生活。另一个名为“Yasoravaya”，它改编自受欢迎的僧伽罗语小说，它表现了一种受城市中产阶级青睐的生活方式。

90 年代，电视台也制作了一些试验性的节目，他们关注民生问题，特别是贫穷和民族分裂问题。这些有创新的电视节目吸引了原本创作电影的新一代作家和制作人。电视的普及严重地影响了他们靠创作电影获得的收入。这些作家和制作人为电视节目创作注入了新鲜活力，制作出很多不同于以往用僧伽罗语和泰米尔语播出的说教类节目，它们形式新颖、话题广泛，尤其吸引了年轻的观众。比如最著名的青年电视杂志节目“Nine Five”，它是一个有教育意义的调查类节目，取材广泛，探索与电影、书籍和社会问题相关的话题，节目紧凑简洁，吸引着大量的年轻观众。此外“Janahanda”是一档讨论节目，节目名称的含义为“人们的声音”，针对社会热点问题，邀请持不同观点的嘉宾和现场观众来讨论，为大家提供了互相辩论、发表不同观点的平台。除此之外，斯里兰卡其他的电视节目和电视剧还反映了其当代社会的阶级冲突、社会变革和一些腐败堕落的社会现象等问题。总体来看，虽然斯里兰卡的电视发展和整个社会还存在各种各样的问题，但是在电视节目方面，它还是反映了斯里兰卡的传统文化、社会进步、人与人之间的尊重以及宗教信仰。这些也都表明作为南亚国家中相对发展较快、较平稳的国家，斯里兰卡的广播电视业正稳步向前发展。

四、广播电视主要机构

（一）广播

斯里兰卡广播公司（Sri Lanka Broadcasting Corporation，简称 SLBC）

SLBC 隶属斯里兰卡大众传媒和信息部管辖，创建于 1925 年 12 月 16 日，前身是“科伦坡广播电台”，通过中波进行广播。1949 年，锡兰（即今斯里兰卡）政府将该台改组，建立了“广播部”这一独立部门。1967 年，“广播部”改组为国有的“锡兰广播公司”，自此有了更多的自主权和灵活性。1972 年 5 月 22 日，随着斯里兰卡共和国的建立，“锡兰广播公司”正式更名为“斯里兰卡广播公司”。

20 世纪 80 年代末，斯里兰卡广播开始从中波向 FM 过渡。1995 年，斯里兰卡政府发起了“全岛 FM 发展项目”，旨在建立覆盖全国全岛的多频率 FM 广播网。截至 1999 年，斯里兰卡全国 95% 的人口能够收听到斯里兰卡广播公司的节目，90% 能接收到全部 6 个全国性频率。

目前，斯里兰卡广播公司的 Islandwide FM 广播网共有 6 个全国性频率，是该公司国内广播的主要业务，包括：

1. 僧伽罗语全国广播（Sinhala Swadeshiya Sevaya）;
2. 泰米尔语全国广播（Tamil National Service）;
3. 英语广播（English Service）;
4. 城市调频，僧伽罗语（City FM）;
5. 僧伽罗语商业广播（Velenda Sevaya）;
6. 泰米尔语商业广播（Thendral）。

其中，前三个频率是公共性频率，City FM 城市调频则主要面向青年人。除上述 6 个频率外，斯里兰卡广播公司还有一个全国性的“体育广播”，但是仅在重大体育赛事期间，如国际板球比赛期间，进行广播。

国际广播通过短波，用英语、印地语、僧伽罗语等多种语言对外广播。覆盖南亚、西南亚和中东地区；并有一个中波电台，主要面向印度南部地区进行广播。此外，该公司还下设 4 个地区性广播电台，5 个社区电台。[①]

亚洲广播公司（Asia Broadcasting Corporation, 简称 ABC）

亚洲广播公司是斯里兰卡最大的私营广播公司，旗下有 Hiru FM、Gold FM、Sun FM、Sooriyan FM、Shaa FM。该公司创立于 1998 年，设立了斯里兰卡第一家私营泰米尔语频率 Sooriyan FM，第一家英语老年频率 Gold FM，以及第一家面向年轻人的频率 Shaa FM。斯里兰卡能接收到的国际对外广播主要有全印度广播、BBC 僧伽罗语和泰米尔语广播、中国之声僧伽罗语和泰米尔语广播、亚洲之声广播等。亚洲广播公司旗下的 Hiru TV 是斯里兰卡第一家全数字高清播出的电视频道。

（二）电视

斯里兰卡电视公司（SriLanka Rupavahini Corporation，简称 SLRC）

SLRC 是斯里兰卡最大的电视台，总部位于首都科伦坡，用僧伽罗语、泰米尔语和英语进行播出，成立于 1982 年 2 月。该公司是一家国营电视台，主要资金来自政府拨款和电视广告收入。2011 年开始在斯里兰卡北部地区采用 DVB-TS 技术，预计 2015 年将可在全国全面采用。除了最主要的频道 Rupavahini 以外，SLRC 旗下还有泰米尔语的 Nethea TV 和英语的 Channel Eye、NTV。Rupavahini 频道主要使用僧伽罗语，只有部分彩票节目用泰米尔语和僧伽罗语双语播出，一个教育节目用英语播出。Channel Eye 频道是个娱乐和体育频道，只使用英语播出。Nethra TV 是泰米尔语频道，每天固定时段播出，主要内容是娱乐、影视剧和宗教节目。NTV 是英语频道，没有自制节目，部分节目内容

① http://www.slbc.lk

来自 Channel Eye，包括晚间新闻节目等。①

独立电视网（Independent Television News，简称 ITN）

独立电视网，是斯里兰卡第一家电视台，成立于 1979 年 4 月 13 日。起初只有非常简单的包括发射机、天线在内的基础设备，覆盖首都科伦坡及其附近的 15 英里的地区。1979 年 6 月 5 日收归国有，1992 年改组为政府所有的公共电视网。现已有社会新闻、时事要闻、音乐、影视剧、女性、儿童、宗教等多种节目内容。目前独立电视网每天播出 18 小时，基本覆盖斯里兰卡全国。目前独立电视网旗下主要频道包括新闻频道（ITN News）和泰米尔语频道 Vasantham TV。②

五、广播电视发展简史

1925 年　Radio Ceylon 开始播出
1967 年　CBC 成立
1972 年　CBC 改称 SLBC
1979 年　ITN 开始播出电视节目
1982 年　SLRC 开始播出电视节目
1992 年　首个商业有线电视公司 MTV 成立 ITN 实现公营化
1993 年　商业电视台 TNL 成立
2005 年　电视直接接受信号的卫星电视频道 CBN Sat 成立
2006 年　CBN Sat 被查处禁止播出
2007 年　Dialog TV（前身为 CBN Sat）开播
2008 年　SLT 开始 IPTV 商业化运营
2009 年　有线数字电视决定采用 DVB-T 模式
2012 年　有线数字电视台 Hira Tv 开播
2014 年　有线数字电视改为 ISDB-T 模式

印度广播电视发展概况与管理体制

一、国家概况

印度共和国，南亚次大陆最大国家。东北部同中国、尼泊尔、不丹接壤，孟加拉国夹在东北国土之间，东部与缅甸为邻，东南部与斯里兰卡隔海相望，西北部与巴基斯坦交界。东临孟加拉湾，西濒阿拉伯海，国土面积约为 298 万平方公里（不包括中印边境印占区和克什米尔印度实际控制区等）。总人口数为 1281935911，人口年龄中位数为 27.9 岁。官方语言为印地语和英语。世界各大宗教在印度都有信徒，其中印度教教徒和穆斯林分别占总人口的 80.5% 和 13.4%。印度宪法规定印度为联邦制国家，采取英国式的议会民主制。印度联邦议会由总统和两院组成，总统为国家元首和武装部队的统帅。以总理为首的部长会议是最高行政机关。各邦设有高等法院，县设有县法院。印度独立后经济有较大发展，已成为全球软件、金融等服务业重要出口国。2017 年，国内生产总

① http://www.rupavahini.lk/
② http://www.rupavahini.lk/

值（GDP）约为 1.016 万亿美元。

二、广播电视监管体制与法律法规

（一）监管体制

印度政府设新闻广播部（Ministry of Information and Broadcasting，简称 MIB），负责广播电视、电影、出版、报纸、杂志、广告及舞蹈戏剧管理。主要职责是制定新闻和广播电视发展政策、向国内媒体颁发执照和记者证、组织新闻从业人员培训、研究大众传媒发展趋势等；管理印度广播公司（Broadcasting Corporation of India，又称 Prasar Bharati），PB 下属国家电台—全印广播电台（All India Radio）和国家电视台—杜达山电视台（Doordarshan）；电影进出口并促进印度电影产业发展和海外推广；对印度民众进行宣传教育，并向国内外宣传印度，收集国际信息、开展传媒领域对外交流合作；依照 1867 年的《新闻与图书出版法》管理新闻出版业。

根据上述职责，印度新闻广播部管理印度广播公司、印度电影电视学会等 6 家机构，国家电影发展公司和广播电视工程咨询公司等 2 家公共事务企业及其他 13 家下属机构。

（二）法律法规

1、《印度广播电视公司法》

印度广播电视政策的法律依据是 1885 年制定的《印度电报法》和 1950 年颁布的《印度宪法》。1990 年 8 月 30 日，印度议会通过《印度广播电视公司法》，规定印度新闻广播部必须放弃对全印广播电台和国家电视台的直接控制，并把两台合并为印度广播公司。据此，印度广播公司于 1997 年 11 月 23 日成立，公司董事会主席由印度总统任命，董事会成员包括新闻广播部代表、电台、电视台台长和其他社会人士。公司运营经费主要依靠政府拨款。除两个国家台外，公司旗下还有国有企业“广播工程技术资讯有限公司”。

2、《有线电视网（管理）法》

1995 年，印度颁布实行了管理和规范有线电视转播市场的第一个法规——《有线电视网（管理）法》，要求有线广播电视转播站必须对转播的境外电视节目内容负责。若转播境外电视频道违反了《印度宪法》或有淫秽色情内容，该转播站将会受到起诉，并承担法律责任。

3、《印度广播法令》

1997 年颁布的《印度广播法令》正式确定了“开放天空”的政策，明确提出“公共广播机构本身难以在节目的丰富性和多样性方面满足不同地区和不同社会层次的需求……我们的公民必须获得全方位的信息，并且在信息、教育和娱乐方面有更加宽泛的选择，这些可以在我国通过开放私营广播来获得”。

但近年来，印度开始严格控制在印度播出的境外电视频道。2002 年 3 月，新闻广播部对外国新闻频道在印度境内进行卫星上行线路连接采取了许可证制度，用审批许可证的方式来管理和约束境外新闻频道。2013 年 1 月，印度新闻广播部规定，所有负责从事境外电视频道传输业务的电信公司需每月进行报备，以规范境外电视频道在印度的运营与播出。

4、《全印广播电台法规》

该法规主要条款包括：不得批评友好国家；不得攻击任何宗教或社团；不得播报任何

淫秽内容或诽谤他人；不得煽动暴动或违反现行的法律法规；不得有任何等同于蔑视法庭的言行；不得诋毁总统、邦长或司法官员的人格；不得指明攻击政党；不得对任何邦政府或中央政府进行怀有敌意的批评；不得蔑视宪法或以暴力手段要求修改宪法，但是不限制以合法手段要求修订宪法的某些条款。

对私营调频电台，政府制定了更为严格的规定：不得播出新闻和时事节目；一家广播公司可以拥有多家电台，但是每家电台必须有自己的风格和特点。在同一个时段，同一个节目不得在自己的另一家电台播出。

5、其他比较重要的政策规定

2012 年，为了欢迎外国投资其有线数字电视领域，印度政府设定了非印度投资者投资直播卫星 DTH、IPTV、手机电视和有线数字电视的上限为 74%，投资模拟有线电视的上限维持当前 49% 的水平。

2013 年初，印度电视台每小时允许播出的广告时间从 10 分钟增加到了 12 分钟。不过印度大部分电视台并不遵守该规定，广告播出时间往往是规定时长的 2-3 倍。根据规定，公共电视台不得播出烟草和酒类广告，卫星频道则不受此限制，且此类广告往往占到营业收入的 35% 左右。

三、广播电视发展概况

根据印度新闻广播部 2011 年年报数据，2009 年，印度媒体和娱乐产业总值约为 5870 亿卢比（约 92.1 亿美元），其中广播产业约占 80 亿卢比（约 1.2 亿美元），电视产业约占 2650 亿卢比（约 41.6 亿美元）。2009 年印度国内家庭电视用户达 1.24 亿，占全国 2.07 亿家庭的 60%。电视已经成为印度普通家庭不可忽视的资讯渠道。2009 年印度电视产业的收入中约 62%（约 1650 亿卢比，合 25.9 亿美元）来自收视费，其余来自广告（约 890 亿卢比，合 13.9 亿美元）和内容交易（约 115 亿卢比，合 1.8 亿美元）。印地语的综合娱乐频道占到 2009 年市场份额的 38%。

目前，印度有 700 多个电视频道，其中付费电视频道 150 多个。最主要的电视播出机构包括杜达山电视台（DD）、Zee TV、Colors 和 Star，形成国家电视台、本土商业电视台和外国卫星电视三足鼎立的格局。截至 2012 年 3 月，印度共有 1.5 亿电视用户，占其 2.31 亿户家庭的 64.8%。其中，模拟地面电视用户为 2553 万，模拟卫星电视用户为 38 万，模拟有线电视用户 6516 万，数字有线用户为 704 万，IP 电视用户为 6.8 万，付费数字卫星用户为 4062 万，免费数字卫星用户为 870 万。

在卫星电视方面，商业卫星龙头企业 Dish TV 和大型家电制造商旗下的 Videocon d2h 公布了合并计划。合并成功后将成为世界第二大卫星电视运营商。

在互联网发布媒体内容的版权视频大站 Netflix 于 2016 年启动面向印度的服务。作为今后的发展方向，Netflix 在努力使消费者无论在电视、电脑还是手机上都可以享受 Netflix 的影音服务。

在广播方面，全印度广播电台（All India Radio）是印度最大的国家广播电台。此外，印度还有 100 多家私营广播电台。

四、广播电视主要机构

（一）广播

全印度广播电台（All India Radio，简称 AIR）

AIR 是印度最大的国家广播电台。前身是 1927 年成立的私营印度广播公司，后由英属印度政府接管。1936 年仿照英国广播公司改组为全印广播电台，1947 年印度独立后发展较快，已建成全国性的广播网。目前，全印电台在印度国内 124 个地区设有广播台，按语言分布设立东、南、西、北 4 个广播区。总台设在新德里，覆盖 85%的国土和 96%的人口，对内节目用 23 种语言播出，对外节目用 27 种语言播出。

（二）电视

1、开路电视

杜达山电视台（DD）

DD 是印度的国家电视台，也是世界最大的地面电视网络之一，于 1959 年 9 月在德里建立并开播，由联邦德国援建。原是全印广播电台的一个部门，1976 年 1 月电视部门从全印广播电台脱离，正式成立杜达山电视台。目前有 35 个频道，是印度国内收视人群最广的电视台。根据《印度广播电视公司法》，有线电视网必须转播杜达山电视台的三个频道，包括两个全国性频道和一个方言频道。杜达山第一频道是该台旗舰频道，覆盖了印度 90% 以上的人口。在 20 世纪 80 年代以前，杜达山一直垄断着印度的电视业。随着 90 年代初境外电视的纷纷涌入和私营电视的兴起，为更好地竞争，杜达山减弱了敏感新闻的报道，增加娱乐节目，把播出时间出售给竞价最高的制作公司，目前娱乐节目播出比例接近 50%。杜达山电视台国际频道通过卫星对外播出，信号可覆盖全球 146 个国家。

Zee TV

20 世纪 90 年代初，印度商业电视开始出现。1992 年 10 月印度 ZEE 娱乐实业有限公司（简称 Zee TV）成立。其母公司印度埃协集团（Essel Group）是印度最富盛名的商业集团之一，涉足媒体、娱乐、包装、技术服务、基建发展、文化教育等多个领域。该集团主席苏哈什·钱德拉（即 Zee TV 主席）与印度政界关系良好，曾多次来华访问。Zee TV 是印度第一家卫星电视台，也是印度第一家上市的媒体公司，用亚洲一号卫星向印度次大陆传送印地语节目。其成立后发展迅速，开播 3 个月后，就吸引了 58%的有线电视用户。Zee TV 的成功引起了默多克的关注，默收购了 49.9%的 Zee TV 股份。目前 Zee TV 已成为印度最大的综合性媒体娱乐集团，也是亚洲最大的印地语卫星电视网络，世界上最大的泛亚卫星频道网络。截止到 2013 年，在印度国内拥有 30 个频道，在国外拥有 18 个电视频道，在全球 167 个国家每天用 9 种语言播出，覆盖欧洲、非洲、中东、亚太地区和美国、加拿大、澳大利亚、新西兰等广大地区。

Zee TV 拥有一支强大的制作队伍，原创节目资料库多达九万小时，内容涵盖娱乐、新闻、体育、电影、宗教、经济和生活时尚等各领域，业务范围包括有线电视、卫星电视、电影制作和分销、音乐产品制作和发布、远程教学和动漫软件开发和制作等。其制作能力已经进入世界发达国家的行列，如 ZEE 新闻频道在新德里的部门就有 500 多名记者，在全国设有 19 个记者站，其中 8 个记者站都有多功能的演播室。该频道还在国外长期派驻 125 名记者，其中设在伦敦和纽约的记者站都配有演播室。Zee TV 新闻频道每天还专门制作为英国、美国和非洲播出的节目——Zee-UK、Zee-US 和 Zee-Africa。

Zee TV 主席苏哈什・钱德拉及首席运营官巴拉特・让加曾多次来华访问，并应邀参加“中国与南亚国家广播电视论坛”等活动。中国广播电视政府主管部门率代表团访问印度时也多次考察该公司业务。

Zee TV 于 2006 年与中央电视台建立合作关系。在其协助下，2008 年 CCTV-9（NEWS）获得印度新闻广播部批准、实现在印度的全面落地，通过 ZEE 集团下属的有线网公司覆盖 670 万印度用户。

2006 年 9 月 ZEE TV 向中国政府正式递交 ZEE 亚太娱乐频道（Zee Asia Pacific Channel）在中国三星以上酒店等有限范围落地申请。2012 年 3 月 29 日该频道获准实现在华落地。

色彩电视（Colors）

色彩电视（Colors）成立于 2008 年 7 月，隶属于美国维亚康姆 18 公司，该公司是由维亚康姆和 Network18 合作经营。因推出广受欢迎的印地语连续剧，“色彩”收视率很快在诸多印地语电视频道中跻身第二。2010 年 5 月，色彩电视成功运营了曲棍球锦标赛的版权，大大提升了其收视率，一举跃居付费电视排行榜首位。近年来，其排位稍有所下降。

星空卫视（Star）

星空卫视（Star）隶属于新闻集团（News Cor.）。目前，该公司在印度用 7 种语言播出 35 个频道，其王牌频道是 Star Plus。Star Plus 的收入占了公司总收入的三分之一，其利润占公司总利润的 80%。

1. 有线电视

截至 2012 年 3 月，印度全国共有 6 万多家有线运营商，多系统运营商（MSO）1000 家。其中，规模较大的有线电视运营商有 In Cablenet、Hathway& Datacom 和 Wire &WirelessIndia。前五大多系统运营商的订户总数为 4130 万用户，占整个有线市场的 43%。

2. 直播到户卫星电视

印度在 2000 年 11 月 2 日宣布允许发展 DTH 业。截止至 2012 年底，印度 DTH 订户为 3240 万。主要运营商包括 Reliance、SUN Diretor TV、Dish TV 等。其中，Reliance 于 2010 年 5 月成为印度国内首个采用高清数字视频可录机顶盒的运营商，向订户提供 250 多个频道。截至 2013 年 4 月，拥有订户 630 万。Reliance 在印度 8200 个城镇内拥有 10 万个零售专营店，同时经营着 700 个经销公司。

3. 数字地面电视

2002 年，印度杜达山电视台开始试运行地面数字业务，推出 5 个频道的地面数字电视服务。2009 年，地面数字电视服务的重点转向提供高清电视服务，计划到 2017 年实现数字化的整体转换。

4.IPTV

截至 2011 年底，印度宽带用户总数为 1460 万，宽带家庭覆盖率为 6.3%。总体来说，印度 IPTV 发展较为缓慢，截至 2011 年底，IPTV 订户总数为 6.8 万。主要的 IPTV 运营商包括 Reliance Communications、Bharti Airtel、MTNL 和 BSNL。

5. 手机电视

截至 2011 年底，印度手机使用者达到 8.78 亿，覆盖率达到 71%。2011 年 5 月，国有运营商 MTNL 为其 GSM 和 WCDMA 用户推出手机电视服务，提供包括 150 多个直播电视频道和按需定制内容。

五、广播电视发展简史

1927 年	印度广播公司（私营）开播
1930 年	政府接收印度广播公司，以“印度广播电台”（Indian Broadcasting Service）的名称播出广播节目
1936 年	Indian Broadcasting Service 改名为全印广播电台（All India Radio，简称 AIR）
1947 年	印度独立。AIR 作为国营广播电台继续存在
1965 年	于德里开播电视
1990 年	《广播电视公司法案》颁布
1991 年	香港卫视台开播印地语电视节目
1992 年	第一个印地语卫星电视 ZeeTV 开播
1995 年	《有线电视网管理法规》颁布 DD 开播国际电视
1997 年	印度广播电视协会建立
2000 年	DD Gyandarshan 开播修改《有线电视网管理法规》
2001 年	第一个商业调频台 Radio City 在班加罗尔开播
2002 年	DD Bharati 开播 德里等大都市圈的地面数字电视开始试验播出 修正《有线电视网管理法规》
2003 年	卫星传输政策变更，强化了包括外资的新闻频道规则 卫星电视 Dish TV 开播 DD News 开播
2004 年	DD Direct+ 卫星电视开播
2006 年	卫星电视 Tata Sky 开播
2007 年	德里等地卫星电视 Sun Direct 开播
2008 年	卫星电视和数字电视开播
2009 年	卫星电视 D2h 开播
2011 年	商业调频开始被允许播送新闻报道
2012 年	CATV 的数字化业务围绕四大都市圈展开
2013 年	出台了对电视广告播放时间的限制规定
2016 年	版权视频大站 Netflix 启动面向印度的服务

阿富汗广播电视发展概况与管理体制

一、国家概况

阿富汗伊斯兰共和国，位于亚洲中西部，坐落在亚洲的心脏地区。国土面积为647500平方公里。阿富汗伊斯兰共和国总人口数为34124811（2017年7月），人口年龄中位数为18.8岁，通用语言为普什图语和达里语，伊斯兰教为国教。军队国家化、男女平等、各民族平等、国家统一等，均作为国家政治与社会生活的基本原则写入了新宪法。议会是国家最高立法机关。阿富汗司法系统分为三级。最基层为地方法院，中层为上诉法院，最高层为最高法院。阿过渡政府于2003年10月颁布《政党法》。现有政党近百个。主要政党包括：阿富汗伊斯兰促进会、阿富汗伊斯兰统一党、阿富汗伊斯兰民族运动、阿富汗民族解放阵线等。阿富汗是个落后的农牧业国家，经济不发达。1971年被联合国列为世界最不发达国家之一。2017年，国内生产总值（GDP）为195.44亿美元。

二、广播电视监管体制与法律法规

阿富汗设有媒体高等评议会以及由总统任命的媒体监督委员会，作为媒体监督管理的两大主体机构。阿富汗媒体高等评议会，于2000年依据传媒法设立，评议会由媒体代表2人和通讯部的有关干部组成，推动完善了媒体相关法律并进一步探讨了传媒理论指导纲领。媒体监督委员会有别于高等评议会，由总统设立，直接受理广播电视观众的投诉。此外，2011年5月，以监管节目内容为职责的“美德推进委员会（Promotion of Virtue Committee）”也相继成立。2013年，该国议会审议通过了对《大众传媒法案》的修订案。在节目内容方面，阿富汗政府规定对于诱发社会不安定因素的、欧美电视剧中涉及女性或者男女关系等的内容，一律严格限制。

《阿富汗伊斯兰国宪法》第34条规定“表达的自由不可侵犯”，但是一切都要在第3条“一切法律不得凌驾于伊斯兰教义之上”的前提之下。阿富汗《传媒法》于塔利班政权倒台后制定，历经三次修改，由于议会与总统府就国营RTA会长任命一事持相悖意见，2007年修改的《传媒法》直到2009年才顺利实施。

三、广播电视发展概况

2006年，阿富汗政府恢复了阿富汗国家广播电视台（Radio and Television of Afghanistan，简称RTA）播放权，并且放松对商业广播电视台的限制，形成了国营私营广播电视齐头并进的局面。

目前，阿富汗全国有四十余个商业电视台，大都集中在以首都喀布尔为首的大城市及其周边地区。广播台超过一百个，但大部分都是小规模地方电台。根据美国国际开发署（USAID）2010年的调查报告显示，阿富汗全国电视普及率为47%，广播的普及率为68%。其中城市地区电视覆盖范围逐步扩大，而广播则逐渐递减。由于郊区电力无法保障，人民钟爱便携的收音机，欧美各国的NGO采用调频广播形式来传递信息，并在偏远地区普遍配给了太阳能或手动发电的收音机，总体上广播仍是民众的首选。

在阿富汗，商业广播电视台以MOBY GROUP最为活跃。该集团引入美国国际开发署资金，集团主席为扎伊德·莫塞尼，有“阿富汗的默多克”之称。旗下电视节目有Tolo TV、Lemar TV以及Tolo News等，广播则有ARMAN FM以及普什图语频道Arakozia Radio等，更是开播了波斯语卫星电视频道Farsi11。

四、广播电视主要机构

（一）广播

阿富汗广播电台（Afghan Radio）

隶属于RTA，每天播放18小时节目，主要播放新闻及生活信息相关内容。2003年6月开始采用400千瓦中波频率。在各州分别设有地方分局，除了播放喀布尔的素材之外还播放当地的新闻。RTA的电视收视率虽然不甚理想，但是由于十分深入群众，广播的收听率则独占鳌头。

ARMAN FM

2003年秋季开播。ARMAN为“希望”之意，是MOBY GROUP最初的广播电台。以青少年为受众群，播放印度、阿富汗音乐，各地方纷纷转播，使其在各地均有不俗的人气。

The Killid Group

在非政府组织的扶持下于2003年7月开播。主张言论自由。在赫拉特、坎大哈等五个城市均设有营运网站。工作人员300人。

Voice of Afghan Women

在联合国教科文组织和法国非政府组织Aina的扶持下于2003年4月开播。节目主要聚焦于教育及女性问题。营运也以女性为中心展开，并在各地积极开展建设。

Radio Tapish

于2009年2月开播，是民间医疗保健频道。Tapish是“脉搏”之意，由阿富汗医院的工作人员在节目中为听众解答疑惑，做出简单的诊断。阿富汗人民普遍缺乏医学常识，比起治病救人，节目的意义更倾向于对广大民众进行医学普及，收获了很高的人气。

（二）电视

1. 开路电视

阿富汗国营电视台（Radio and Television of Afghanistan，简称RTA）

该台在国际援助的支持下，于1978年电视节目开播。2006年，该台又新建了工作室、更换了高清的播放设备、搭建了通讯天线，使得喀布尔50公里内都能清晰地收看电视节目。

2008年1月起可通过卫星从国外观看节目。夜间主要新闻有普什图语和达利语两个版本。虽然人民呼吁“国营电视台应像英国BBC一样属于大众”，但目前RTA还是受政府决策掣肘。出于对保守派的忌惮，RTA难以推出自由开放的节目，于是将这杯“自由之羹”拱手让给Tolo TV这样的商业电视台。

阿富汗电视台（Afghan Televisin）

2004年5月开播，是阿富汗第一个商业电视台。以娱乐节目为重心。一度和Tolo TV携手抵制情报文化省禁止播出电视剧的规定。

黎明电视台（Tolo TV）

2004年10月开播。Tolo取自达利语“黎明”之意，是MOBY GROUP的中坚力量。覆盖包括喀布尔在内的14个城市。2008年开通卫星电视。喀布尔地区收视率高达40%，凭借电视剧以及选秀节目收获高人气，是阿富汗最受欢迎的电视台。由于选题敏感，常出现与议会、司法机关、公安机关对立的情况。此外，有工作人员 700 人，其姐妹台 Lemar TV 以普什图语为主要播放语言。

Ariana Television

2005 年 8 月开播。Ariana 是阿富汗周边地区的旧称，主要覆盖喀布尔等城市。节目内容包罗万象有政治有宗教，走中庸稳健路线。

Ayna TV

2004 年开播。Ayna 是达利语"镜子"之意，以喀布尔及阿富汗北部为主要播放地区。除了普什图语和达利语外，还是唯一使用乌兹别克语和土库曼语的商业电视台。

Tamadon TV

2007 年 5 月开播。Tamadon 寓意着"文明"，是什叶派电视台，大部分播放伊朗节目，任用女主播独树一帜。每天播出时长为 8 小时。

Shamshad TV

2006 年开播。Shamshad 是阿富汗一座山峰的名字。播放普什图语教育娱乐节目，也引进中东各国的节目。工作人员 60 人。

Emroz TV

2008 年 3 月开播。Emroz 取"今天"之意。该电视台标榜阿富汗传统价值观却播放模特选秀节目《阿富汗・模特》以及舞台绚丽的音乐节目，因此遭到保守派的抨击。因播出批判伊朗内容于 2010 年 7 月至 10 月遭到禁播。

Yak TV

2010 年 2 月开播。Yak 是达利语的"1"，也指 channel1，着力于新闻节目的制作。以商业、支持女性进步等节目内容独树一帜。辩论节目《喀布尔辩论直播》极具人气。

2. 有线电视

阿富汗的商业有线电视公司遍布喀布尔、坎大哈、巴尔赫等地，每个城市都能收看超过 70 个频道，主要播放印度、伊朗、美国等地的电视剧及音乐节目。

3. 卫星电视

黎明新闻台（Tolo News）

2010 年 7 月开播。隶属 MOBU GROUP 旗下，是阿富汗的第一个 24 小时新闻台。节目内容以辩论、采访为主，语言以达利语为主、普什图语为辅。达利语属于波兰语系，使用达利语的目的在于开拓伊朗等地的市场。该台有记者、摄像超过 100 人，可充分保证节目质量。

Farsi1

2009 年 7 月开播，是 MOBY GROUP 旗下的波斯语台。将美国热播电视剧重新配音，面向伊朗及周边地区播出。虽然伊朗政府对此非常忌惮，却在民间收获极高的人气。现与合新闻集团合并，正在着手准备第二个波斯语频道 Zemzemeh。

五、广播电视发展简史

1928 年　广播节目开播

1978 年　电视节目开播

2001 年　电视节目恢复播出（12 月）

2002 年　在总统的敕令下制定《出版法》（2 月）
2003 年　国家广播电台起用 400 千瓦中波频率，扩大了收听范围
2004 年　新宪法制定，加入“表达的自由不可侵犯”（1 月）
　　　　首个商业电视台阿富汗电视台开播（5 月）
2007 年　议会通过《传媒法》
2009 年　《传媒法》出台实施（7 月）
2010 年　新闻专业频道 Tolo News 开播（7 月）
2013 年　议会审议通过了对《大众传媒法案》的修订

第四节　中东与西亚国家广播电视发展概况与管理体制

阿拉伯联合酋长国广播电视发展概况与管理体制

一、国家概况

阿拉伯联合酋长国，简称为阿联酋，位于阿拉伯半岛东部，北濒波斯湾，西北与卡塔尔为邻，西和南与沙特阿拉伯交界，东和东北与阿曼毗连，国土面积为 83600 平方公里。阿拉伯联合酋长国总人口数为 6072475（2017 年 7 月），人口年龄中位数为 30.3 岁。通用语言为阿拉伯语，居民大多信奉伊斯兰教，多数属逊尼派。阿联酋联邦最高委员会由 7 个酋长国的酋长组成，是最高权力机构。重大内外政策制定、联邦预算审核、法律和条约批准均由该委员会讨论决定。阿布扎比酋长和迪拜酋长分别是总统和副总统的法定人选，任期 5 年。总统兼任武装部队总司令。除外交和国防相对统一外，各酋长国拥有相当的独立性和自主权。联邦经费基本上由阿布扎比和迪拜两个酋长国承担。阿联酋政局稳定，对内积极推动经济发展和国家现代化建设；对外交往活跃，注重加强与海湾地区国家及大国关系，在地区和国际事务中发挥独特作用。阿联酋以石油生产和石油化工工业为主，政府在发展石化工业的同时，把发展多样化经济、扩大贸易和增加非石油收入在国内生产总值中的比重作为首要任务。2017 年，国内生产总值（GDP）为 3825.75 亿美元。

二、广播电视监管体制与法律法规

2006 年，阿联酋设立国家媒体委员会（National Media Council，简称 NMC），全面负责阿联酋境内各类媒体的监督管理工作。2013 年，由 14 名阿联酋资深媒体人士和传媒学学者组成的咨询评议委员会成立，负责指导国家媒体委员会工作。

2009 年 1 月，阿联酋联邦国民议会通过《新传媒法》，取代了 1980 年制定的《新闻出版法》。《新传媒法》取消了对记者施以刑罚的条款，以罚款取而代之，对报道的信息来源也给予一定的保障，受到广泛好评。法律规定，误报消息、对经济产生负面影响等最高处以约 60 万人民币罚金，但若损毁贵胄高官名誉，则最高要处以高达约 600 万元人民币罚金。2013 年，《网络犯罪法》实施，进一步加强了言论监管。

三、广播电视发展概况

阿联酋有阿布扎比、迪拜、乌姆盖万和哈伊马角 4 家广播电台，阿布扎比、迪拜、沙迦和阿拉比亚等 8 家电视台，阿布扎比电台每天用阿、英、法和乌尔都语播送节目 37 小时。阿拉比亚电视台新闻节目用阿语连续 24 小时播送。除了发展广播电视业，各酋长国也致力于发展媒体产业，打造中东地区的媒体产业轴心。

2001 年迪拜首先打造了“迪拜媒体城”（DMC），进驻电视台 1200 余家，是中东地区第一大媒体聚集地。2005 年，迪拜政府打造“迪拜影视制作基地”（DSC）。2008 年，阿布扎比成立了“Twofour 54 媒体城”，以园区所在坐标“北纬 24° 、东经 54° ”命名，汤普森路透、维亚康姆集团都进驻其中。除此之外，富吉拉、拉斯海玛也分别于 2005 年和 2006 年打造了“Creative City”和“RAK Media Free Zone”。

2012年，英国天空电视台与阿布扎比媒体投资集团合作的卫星电视“星空卫视阿拉伯语频道”（Sky News Arabia，简称SNA）宣布进驻阿布扎比“Twofour 54媒体城”。星空卫视阿拉伯语频道约有180名工作人员，在包括伦敦、华盛顿在内的全世界13个城市设有采访点，节目采用HD高清制式，面向中东、北美、英国等超过5000万受众播出。

四、广播电视主要机构

（一）广播

阿布扎比广播电台（Abu Dhabi Radio，简称ADR）

下设6个频道，分别是阿拉伯语综合频道、新闻频道、音乐之声频道、英语频道FM-1和FM-2以及古兰经频道。

迪拜广播电台（Dubai Radio Network，简称DRN）

总部设在迪拜，主要面向城市听众，下设迪拜92英语新闻及音乐频道、阿拉伯语传统音乐频道、迪拜103.8新闻及财经综合频道和ours104.4频道。

拉斯海马广播电台（Rasal-Khaimah Radio，简称RKR）

AM、FM均有播出。节目语言以阿拉伯语为主，部分时段使用乌尔都语和马拉雅拉姆语。除此之外，拉斯海马酋长国还有商业广播电台Radio Asia，中波播放乌尔都语节目。

乌姆盖万广播电台（Umm-Al-Qaiwain Radio，简称UAQR）

下设三个频道，分别是UAQ Radio印地语、马拉雅拉姆语、菲律宾语频道、UAQ FM阿拉伯语频道、以及HUM FM印地语、乌尔都语频道。

阿拉伯人广播电台（Arabian Radio Network，简称ARN）

下设Al-Arabiya 98.9FM阿拉伯语新闻、音乐节目频道、Free FM频道、City1016英语频道、阿联酋传统音乐频道、Mit96.7马拉雅拉姆语频道。节目于迪拜媒体城录制，在国内及海湾地区播放。

Channel 4 Radio

下设5个频道：R.4FM印地语、英语频道、Channel 4 FM英语频道、Al-Arabia阿拉伯语综合节目频道、Coast音乐节目频道、Gold FM马拉雅拉姆语频道。由阿治曼酋长国当地的阿治曼工作室独立运营。

中东广播中心（Middle East Broadcasting Centre，简称MBC）

1991开播，是中东地区首个卫星电视台。沙特阿拉伯投资成立，最初节目在英国制作，广受中东地区观众好评。借2001年迪拜媒体城建成契机，本部转移到了迪拜，包括体育、纪录、少儿等五个频道。

（二）电视

1. 开路电视

阿布扎比电视台（Abu Dhabi Television，简称ABD TV）

隶属由阿布扎比政府出资组建的阿联酋新闻集团（ADMC）。在2003年伊拉克战争中，贴近战场的及时报道使其收获了广泛的好评。除阿布扎比电视台外，ADMC旗下还有体育台、阿布扎比plus1等频道。

迪拜电视台（Dubai Television，简称Dubai TV）

隶属迪拜传媒公司（DMI，原EDTV）。节目主要面向家庭，大部分在迪拜媒体园区（DMC）内制作。除此之外，DMI 还有迪拜 one、迪拜体育、迪拜赛马等卫星电视频道。

沙迦电视台（Sharjah Television，简称 Sharjah TV）

1989 年开播，是沙迦酋长国电视台。主要面向巴基斯坦居民，85% 的节目为自制内容，多次在开罗广播电视艺术节获奖 。1996 年开通卫星电视，下设宗教电台和调频广播电台。

阿治曼电视台（Ajman Television，简称 Ajman TV）

1996 年开播，是阿治曼酋长国电视台，1998 年开通卫星电视。节目内容以面向儿童、青少年、家庭为主的娱乐节目为主，并设有广播电台。

阿拉伯卫视台（Al–Arabiya）

2003 年 2 月开播。MBC 旗下新闻台。由沙特阿拉伯等海湾各国出资 2 亿美元设立而成，与半岛电视台并驾齐驱。2009 年 1 月，美国总统奥巴马接受了阿拉伯卫视台的专访。2010 年，时任主编与经营方对立最终分道扬镳，不禁让人对该台今后的报道方向会否改变猜测不已。

Dunia TV

2007 年 6 月开播。是富吉拉酋长国第一个电视台，隶属于 FMI。除此之外，FMI 有着面向原苏丹、埃塞俄比亚、索马里人民的 ZOAL TV，还有 FM 广播电台，面向来自印度、菲律宾播出。

City 7 TV

2006 年开播。总部位于迪拜。是阿联酋最初的英语频道，致力于打造新闻节目。有 1 亿中东、北非的受众群体。

2. 有线电视

CNBC Arabia

2003 年 8 月开播。美国 CNBC 阿拉伯语版有线电视卫星新闻台，播放来自中东、伦敦、纽约等地的经济金融新闻以及阿拉伯企业信息。在开罗、巴林首都麦纳麦以及沙特阿拉伯首都利雅得均设有分局。

3. 数字地面电视

UTN（Urdu Television Network）

隶属沙迦酋长国。

Vision

隶属阿联酋最大的综合电信运营商 Etisalat。在阿布扎比等五个酋长国境内提供服务，用户数约 35.7 万人。每月缴费 58 迪拉姆（约 70 元）可收看 125 个频道。2005 年开始了中东地区最初的 3D 服务，每月缴费 39 迪拉姆（约 50 元）可收看半岛体育台等频道。

五、广播电视发展简史

1968 年　阿布扎比开始播出广播节目

1969 年　阿布扎比开始播出电视节目

1971 年　阿拉伯联合酋长国成立，迪拜开始播出广播节目

1972 年　迪拜开始播出电视节目

1989 年　沙迦开始播出电视节目
1996 年　阿治曼开始播出电视节目
2001 年　设立迪拜媒体城，中东广播中心总部由伦敦转移到迪拜媒体城
2003 年　阿拉比亚电视台开播（2 月）
2005 年　设立迪拜影视制作基地（2 月）
2007 年　富吉拉开设 Dunia TV（6 月）
2008 年　twofour54 在阿布扎比成立（10 月）
2000 年　联邦国民议会通过《新传媒法》（1 月）
2013 年　天空卫视阿拉伯语频道开播
《网络犯罪法》实施

阿塞拜疆广播电视发展概况与管理体制

一、国家概况

阿塞拜疆，位于外高加索东南部。北靠俄罗斯，西部和西北部与亚美尼亚、格鲁吉亚相邻，南接伊朗，东濒里海。国土面积为 8.66 万平方公里。阿塞拜疆总人口数为 9961396（2017 年 7 月），人口年龄中位数为 31.3 岁，通用语言为阿塞拜疆语，主要宗教为伊斯兰教。最高立法机关称国民议会，一院制。现任政府于 2013 年 10 月组成。阿塞拜疆政局总体稳定。已故前总统盖达尔·阿利耶夫执政十年，国家由乱到治。2003 年 10 月，其子伊·阿利耶夫当选总统，顺利实现国家权力交接。2005 年阿利耶夫总统领导的执政党“新阿塞拜疆党”在议会选举中大获全胜，进一步巩固了政权基础。目前，阿利耶夫总统执政地位稳固，得到政府和议会的全力支持。近年来，当局稳步推进政治经济改革，全面实施社会保障制度，加大对弱势群体扶持，重视凝聚民心，提高居民就业水平。反对派无精神领袖，政纲缺失，无力和当局抗衡。立国之初阿就制定“石油兴国”发展战略。2017 年，国内生产总值（GDP）为 407.48 亿美元。

二、广播电视监管体制与法律法规

长期以来，外国电视节目一直在阿塞拜疆处于优势地位。对此，阿塞拜疆政府一直试图采取措施规范外国电视频道在国内的播出。2008 年，阿塞拜疆政府禁止俄罗斯 RTR 电视台的播出。政府规定，从 2009 年 1 月开始，所有外国电视剧都禁止在阿塞拜疆播出。阿塞拜疆对于外资进入传媒领域的管制相对较为宽松。

三、广播电视发展概况

（一）广播发展概况

阿塞拜疆中央广播电台（Azerbaijan Central Radio，简称 ACR，1926 年建台）用阿、俄、英、法、德、阿拉伯、波斯等 13 种语言播音。

（二）电视发展概况

阿塞拜疆拥有 7 家全国性电视台和 15 家地区性电视台。主要电视台有阿塞拜疆国家电视台（Azerbaijan National Television，简称 ANTV，1956 年建台）、阿塞拜疆公共电视台（2005 年建台）及新闻台（Azerbaijan News Station，简称 ANS，1992 年建台）、太空电视台（Space Television，简称 Space TV，1997 年建台）、娱乐电视台（ATV，1999

年建台)、激光电视台(Lider Television，简称 Lider TV，2000 年建台)等私营电视台，绝大部分节目用阿塞拜疆语播出。2012 年 1 月，阿塞拜疆国家媒体委员会(National Broadcasting Council，简称 NBC)批准两个地区频道开播，这两个频道分别位于希尔凡和巴库地区。

四、广播电视主要机构

(一)广播

阿塞拜疆中央广播电台(Azerbaijan Central Radio，简称 ACR)

1926 年建台，用阿、俄、英、法、德、阿拉伯、波斯等 13 种语言播音。

(二)电视

1. 开路电视

阿塞拜疆国家电视台(Azerbaijan National Television，简称 ANTV)

阿塞拜疆历史最悠久的电视台，成立于 1956 年 2 月 14 日。在创办初期，该台每天只播出几个小时。从 1980 年开始，该台每天播放 18 小时，到 2005 年 1 月开始全天播出。2004 年起，阿塞拜疆电视台开始播放高清节目。目前，该台共播出三个频道(AzTV、Idman Azernaycan TV 和 Medeniyyet TV)。

新闻台(ANS TV)

创建于 1992 年，隶属阿塞拜疆新闻服务集团，以新闻和实事节目为主。

娱乐电视台(ATV)

成立于 2002 年 12 月 25 日，主要内容为评论国内外时事政治事件，播出音乐、文化、历史题材的电视节目，频道在一些固定地区和城市进行 24 小时全天播出，每周转播 168 小时节目。频道 10% 的电视节目是国内节目，62% 的节目是国外节目，还有 25% 是自产节目以及 3% 的广告节目。频道于 2005 年 10 月 28 日获得国家广电委员会的播出许可，播出节目至今。

2. 卫星电视

太空电视台(Space TV)

成立于 1997 年 1 月 10 日，自 1997 年 10 月 12 日在 27 频道通过卫星进行转播，2002 年 1 月 1 日起转为 24 小时全天播出。播出范围覆盖阿塞拜疆所有地区。每周的播出量能达到每天 18 小时，95% 的播出时间转播国内电视节目，5% 播出国外节目。频道的播出语言为母语占 90%，外语占 10%。

国际娱乐电视台(ATV International)

2009 年 10 月 5 日开始播出节目，24 小时进行卫星转播。频道主要工作是新闻播出，共有四种语言：俄语、英语、波斯语和亚美尼亚语。

激光电视台(Lider TV)

成立于 1999 年 12 月 28 日，自 2000 年 9 月 1 日起在第 25 频道进行播出，频道的播出标准是制作专业化、多样化的节目，该频道通过卫星 24 小时不间断播出，并且在亚洲和欧洲很多国家也能收看。此外，频道还设有专业网站。

五、广播电视发展简史

1956 年　巴库电视台演播室和广播信息局分离

1957 年　从文化部分离出来的电视机构和广播信息局组成国家电视广播节目委员会，隶属阿塞拜疆部委理事会

1959 年　阿塞拜疆电视台开播

1960 年　阿塞拜疆电视台开始播出新闻节目，命名“每日事件”

1967 年　“每日事件”节目更名为“每日荧屏”

1970 年　国家媒体委员会的地位正式确立，阿塞拜疆国家电视台的节目总量每天达到 10 个小时

1980 年　阿塞拜疆国家电视台的节目播出总量每天达到 18 个小时，阿塞拜疆体育节目编辑部成立，从此电视台成长起来一批足球解说评论员

1981 年　新电视塔建成

1991 年　广播电视委员会变成公司

1996 年　新电视塔交付使用

2004 年　阿塞拜疆电视台的节目覆盖欧洲国家

2005 年　电视台转为 24 小时不间断播出，阿塞拜疆广播电视节目公司转为封闭式股份公司

2007 年　鉴于阿塞拜疆电视台的节目符合欧洲技术标准，被授予欧洲质量奖牌

巴勒斯坦广播电视发展概况及管理体制

一、国家概况

巴勒斯坦，位于亚洲西部，地处亚、非、欧三洲交通要冲，战略地位重要。约旦河西岸东邻约旦。国土面积为 1.15 万平方公里。总人口数为 1270 万（2017 年 7 月）①，通用语言为阿拉伯语，主要宗教为伊斯兰教。1994 年 5 月，根据巴解组织决议成立巴勒斯坦民族权力机构（Palestine National Authority，简称 PNA），作为阶段性、过渡性的权力机构。2012 年 5 月，过渡政府进行第三次重组。2013 年 1 月，阿巴斯签署命令，要求将法规、公文、证件等使用的“巴勒斯坦民族权力机构”称谓统一改为“巴勒斯坦国”。2014 年 6 月，巴民族共识政府成立后，哈姆迪拉留任。2015 年 6 月，阿巴斯接受哈姆迪拉总理的辞呈，并委任其组建新政府。巴勒斯坦主要政治派别有巴勒斯坦民族解放运动、伊斯兰抵抗运动、解放巴勒斯坦人民阵线、解放巴勒斯坦民主阵线等。巴勒斯坦经济以农业为主，其他有手工业、建筑业、加工业、服务业等。巴以对峙对巴经济发展形成严重制约。2010 年年底世界银行报告认为，巴勒斯坦经济已经达到建立独立国家的水平。近两年以来，由于外部财政援助未能及时到位、以色列持续对巴封锁等原因，巴勒斯坦出现严重财政困难。2017 年，国内生产总值（GDP）为 136.86 亿美元。②

二、广播电视监管体制与法律法规

巴勒斯坦广电总局（Palestine Public Broadcasting Corporation，简称 PPBC）是一个国有公共机构，负责巴勒斯坦广播电视监督和管理。巴勒斯坦前总统阿拉法特在 1993

① www.fmprc.gov.cn

② www.fmprc.gov.cn

年7月6日提出4566号草案，建立了该机构。

三、广播电视发展概况

巴有11座广播电台，“巴勒斯坦之声”是官方广播电台，创办于1964年，其余10家为商业广播电台。“巴勒斯坦电视台”创办于1995年9月，是巴官方唯一的电视台，目前只有两个频道，其一是卫星频道，每天播放12小时，覆盖面为约旦河西岸和加沙地带。“巴勒斯坦之声”和“巴勒斯坦电视台”均隶属于“巴勒斯坦广播公司”。

沙特阿拉伯广播电视发展概况与管理体制

一、国家概况

沙特阿拉伯王国，位于亚洲西南部的阿拉伯半岛，东濒波斯湾，西临红海，同约旦、伊拉克、科威特、阿拉伯联合酋长国、阿曼、也门等国接壤。国土面积为225万平方公里。沙特阿拉伯王国总人口数为28571770（2017年7月），人口年龄中位数为27.5岁。通用语言为阿拉伯语，伊斯兰教为国教，逊尼派占85%，什叶派占15%。沙特是君主制王国，禁止政党活动。无宪法，《古兰经》和先知穆罕默德的圣训是国家执法的依据。国王亦称“两个圣地（麦加和麦地那）的仆人”。国王行使最高行政权和司法权，有权任命、解散或改组内阁，有权立、废王储，解散协商会议，有权批准和否决内阁会议决议及与外国签订的条约、协议。本届政府于2015年1月组成。石油工业是沙特经济的主要支柱。近年来，沙受益于国际油价攀升，石油出口收入丰厚，经济保持较快增长。2017年，国内生产总值（GDP）为6867.38亿美元。

二、广播电视监管体制与法律法规

广播、电视以及其他媒体业的监督和节目内容审核都由新闻文化部负责，著作权由新闻文化部下设著作权侵害监督委员会管辖。通信业由通信信息技术部下设通信信息技术委员会监督。2016年，沙特官方宣部调整政府机构，优化政府运转，沙特视听管理总局从新闻文化部独立，专门负责本国私营媒体、外国媒体的广播影视节目以及动漫、游戏等，还负责广电产业的招商引资合作。

1992年3月，近代宪法性质的《统治基本法》颁发，其中第39条规定了新闻活动相关内容。新闻类综合法律包括《报道设施法》和《印刷物出版法》。通信类综合法为《2001年电子通信法》，涵盖了广播、电视、互联网等公共电信通信网络行业相关规定。

三、广播电视发展概况

（一）广播发展概况

广播方面，沙特阿拉伯广播服务公司（BSKSA）面向国内外有6个频道，节目通过AM和FM两种频率播送。商业广播除了MBC和Panoroma以外，2010年新设了5个FM频道。短波广播有古兰经朗诵广播等，面向伊斯兰教诸国用11种语言进行国际广播。近年来沙特阿拉伯国内电视和广播频道数量增长突飞猛进，服务也越来越多样化。

（二）电视发展概况

地面电视方面，由新闻文化部管辖的沙特阿拉伯国家电视台占重要地位，提供模拟和数字电视，目前模拟电视有4个频道。数字电视除了以上四个以外，还有5个专门频道，共计9个。但是相比较模拟电视，大多国民都喜爱收看沙特阿拉伯国家电视台的数字电视。卫星电视除了刚才提到的9个频道，还有以中东广播中心为代表的多个商业卫星电视台。

网络电视服务主要由中东最大的通信运营商沙特电信公司（STC）、Al- Etisalat Consortium 和 Zain 这3家公司提供。近年来随着大都市光纤普及，网络利 用环境大为改善。2011年6月，STC公司和Google进行业务合作，观众可以在视频网站Youtube直接收看沙特阿拉伯国家电视台的古兰经频道和逊奈频道的在线转播。在线节目服务也有所扩充。2010年，沙特阿拉伯国内无线宽带用户数量超过了原有的ADSL宽带用户数量，与此同时，手机产业也飞速发展。现在手机电视客户端可收看沙特阿拉伯国家电视台的1.2.3频道、MBC各个频道、Al-Arabiya频道以及CNN、Discovery等卫星频道。

四、广播电视主要机构

（一）广播

沙特阿拉伯王国广播电台

国营广播台，共有6个频道，面向国内24小时广播，内容包括朗读《古兰经》、转播礼拜活动、外语广播、朝觐广播等。

商业电台

1994年国内最早面向阿拉伯诸国的商业广播台MBC FM开播，现在在海湾地区仍然人气十足。UFM、MixFM、Rotana等商业广播台和5家民间企业也于2010年获得了广播许可。

沙特国际广播电台

1949年面向伊斯兰国家通过乌尔多语和印度尼西亚语进行广播，1973年开始面向伊斯兰诸国，通过短波用11种语言进行国际广播。

（二）电视

1. 卫星电视

中东广播中心（Middle East Broadcasting Centre，简称MBC）

1991年开播，世界最早面向中东地区的卫星电视服务，现居中东地区收视率榜首。不仅有综合频道，还有面向儿童的动画频道，面向阿拉伯年轻女性或男性的青年频道，采取受众细分的战略，广受褒奖。

阿拉伯广播电视网

1993年在开罗设立的卫星电视台。主打文化娱乐品牌，获得众多观众群。现在有电影、音乐、体育、电视剧、少儿频道等数十个频道。

赤道传媒公司

1994年在罗马开设的卫星电视台。设立之初就与BBC、迪斯尼等公司合作，成为最早有欧美内容的电视台。2006年以巴林为战略支点，和ESPN、时代华纳、香港STAR TV等公司建立合作关系，确立了娱乐频道的地位。但是近年来收视率有滑坡的倾向。

Rotana集团

1987年，沙特首富瓦利德·宾·达拉鲁王子在利雅得创立该集团，是沙特阿拉伯最大的媒体集团。运营卫星电视台Rotana TV，有2个综合频道和电影、音乐、伊斯兰姆等各个专门频道。此外，还播出黎巴嫩 LBC 电视台节目、美国 FOX 的电影、日本动画片等节目。

以上提到的频道外，该集团旗下还有众多频道：新闻频道 Al-Arabiya、综合娱乐频道 4SHBAB、喜剧频道 Saudi Comedy Channel、电视购物、教育、烹饪等多个专业频道。2012 年，24 小时卫星新闻频道 Al arab 开播。

2. 地面电视

沙特阿拉伯国家电视台

沙特阿拉伯新闻文化部管辖的国家级电视台，在国内地面电视和数字电视中都处于独占地位。1965 年开播的综合阿拉伯语频道 -1、1982 年开播的综合英语频道 -2、体育频道 -3 以及新闻频道 -4 这四个频道同时用数字和模拟两种形式播送。2009 年新设儿童频道 -5、提供《古兰经》朗读和注释的频道 -6、讲说预言者穆罕默德言行的频道 -7、介绍国内各地传统文化的频道 -8 和经济新闻频道 -9 以上 5 个频道只有数字电视。

五、广播电视发展简史

1949 年　沙特阿拉伯广播服务公司开始运营
1965 年　沙特阿拉伯国家电视台开播
1973 年　面向伊斯兰各国用 11 种语言广播的国际广播开始
1974 年　沙特阿拉伯电视开始彩色电视播出服务
1991 年　中东广播中心开始运营
1993 年　沙特阿拉伯国家电视台开始卫星电视服务
2001 年　《电子通信法》制定
2003 年　《沙特著作权法》制定
2008 年　沙特阿拉伯国家电视台开始 HD 电视服务和手机在线播放服务
2009 年　沙特阿拉伯国家电视台新增 5 个频道
2010 年　5 个商业 FM 广播台获得广播营业许可
2011 年　STC 和谷歌进行网络电视业务合作

土耳其广播电视发展概况与管理体制

一、国家概况

土耳其地跨亚、欧两洲，邻格鲁吉亚、亚美 尼亚、阿塞拜疆、伊朗、伊拉克、叙利亚、希腊和保加利亚，濒地中海、爱琴海、马尔马拉海和黑海。国土面积为 78.36 万平方公里。土耳其总人口数为 80845215（2017 年 7 月），人口年龄中位数为 30.9 岁，通用语言为土耳其语。居民中 99% 信奉伊斯兰教，大多数属逊尼派，其他 1% 的人口信奉亚美尼亚东正教、希腊东正教、犹太教、天主教和其他。土耳其立法体系效仿欧洲模式。现行宪法于 1982 年 11 月 7 日生效，是土第 3 部宪法。宪法规定：土为民族、民主、政教分离和实行法制的国家。土议会全称为土耳其大国民议会，是土最高立法机构。实行普遍直接选举制，18 岁以上公民享有选举权。本届议会成立于 2011 年 6 月 29 日，是土第 24 届议会。正发党执政至今，土经济发展势头良好。2017 年，国内生产总值（GDP）为 8515.49 亿美元。

二、广播电视监管体制与法律法规

（一）监管体制

媒体传播由首相府国务院负责监管。首相府中负责广播电视业务的部门监督国家广播电视台——土耳其广播电视台（Turkish Radio Television Corporation，简称 TRT）；土耳其广播电视最高委员会（Turkish: Radyo ve Televizyon Üst Kurulu，简称 RTÜK）负责商业广播电视台的营业许可和监督。土耳其广播电视台（TRT）资金来源主要为财政拨款，其他收入包括电视、收音机销售税金及广告收入等。

根据《广播电视事业法》，土耳其广播电视最高委员会（RTÜK）负责节目内容监督，违反管理的电视台在一定期间内必须终止运营。播放含恐怖和暴力节目的以及播放危害公共秩序节目的电视台必须接受停播处分。

（二）法律法规

根据 1964 年制定的《广播电视法》，国家广播电视台 TRT 设立。但是 TRT 开播以后，在其他基本法规不完备的情况下，90 年代商业电视台泛滥。1983 年《TRT 法》全面修正，2008 年又加入了对商业电视台的多语言传播的许可。

1994 年《广播电视事业法》颁布，负责商业电视台的许可。这一年，节目管理的政府机构 RTÜK 成立。2002 年通过修正，明确了电视台的经营、节目基准。为与欧盟基准保持一致，2003 年至 2005 年又进行了部分修正。2010 年 11 月外资资本比率上限从 25% 上调至 50%。同时规定外国个人或企业不能投资 2 个以上媒体机构。

三、广播电视发展概况

地面电视中，除了土耳其广播电视台（Turkish Radio Television Corporation，简称 TRT）在全国范围内提供播出服务，还有 24 个商业电视台提供地面电视和卫星电视服务。主要电视台均由财阀企业运营。最大的企业多安集团，旗下有 5 个主要日刊报纸和 Kanal D、Star TV、CNN Turk 和 TNT 等媒体。此外，还有奇科罗（Show TV，Sky Turk）、几耐罗（Kanal-1 bloomberg，Haberturk）等集团。2007 年大型媒体集团几耐罗旗下的 atv 被政府强制出售后，政权对媒体的管制逐步强化。2009 年 TRT 开始用库尔德语播送节目，2010 年开始用阿拉伯语节目放送。2010 年 2 月，土耳其广播电视最高委员会（RTÜK）认可了 14 家商业电视台的多语言节目放送。

目前，土耳其共有约 1800 户拥有电视机，其中一半用户能够接收卫星电视。卫星电视属于国营机关 Turksat 管辖。

四、广播电视主要机构

（一）广播

土耳其广播电视公司（Turkish Radio Television Corporation，简称 TRT）

在全国范围内共有 7 个电台频道。商业广播以 FM 为中心。2010 年，全国共有国营、商业电台 35 家，其他地方台共 98 家。TRT 面向全国有广播 1 频道（AM、综合）、TRT FM（FM/ 新闻，音乐）、广播 3 频道（AM/ 外语新闻，音乐）、广播 4 频道（AM/ 新闻，音乐）、TRT Nag me（古典音乐）和 TRT Turku（民族音乐）6 个频道。2009 年库尔德语广播 6 频道开播。其他地方电台还有 6 个频道。

国营 TRT 广播有 TRT Avrupa FM、VOT East FM、VOT West FM、VOT World FM

和 TSR5 个国际广播。TSR 通过短波和卫星进行广播。

（二）电视

1. 开路电视

TRT 电视

TRT 下设电视频道 TRT-1 综合频道、TRT-2 新闻、文化与艺术频道、TRT-3 体育频道、TRT-4 少儿教育频道和 TRT-6 库尔德语频道。1992 年国营 TRT 的土耳其语频道 TRT-Int 开播，主要面向欧洲各国的土耳其移民和中亚地区土耳其语系各国。2009 年进行改编，TRT-Turk 转为面向欧洲、亚洲、大洋洲和北美播送节目，TRT-Avaz 则面向阿塞拜疆等中亚各国。商业广播中也有 Euro D、Kanal D Romania 和 atv Avrupa 等国际频道。同年开始增加卫星电视频道，10 月 TRT-Belgesel 旅游纪录片频道开播，11 月 TRT-Muzik 音乐频道开播，2010 年 4 月，TRT-Arapca 阿拉伯语频道开播，5 月 TRT-HD 高清频道开播，2011 年 10 月，面向安纳托利亚全域的 TRT-5 频道和面向学生群体的 TRT-Okul 频道开播。

明星电视台（Star TV）

作为土耳其最早的商业电视，1990 年设立以来，展示电视台频道（Show TV，1992 年开播）、多安频道（Kanal D，1993 年开播）、阿珂缇夫频道（ATV，1993 年开播）等陆续出现。以上电视台收视率占全国收视率的 60% 以上。大部分电视台都以娱乐为中心的综合频道为主，NTV 和 Haberturk 等以新闻为中心的电视台也相继开播。共有 24 个全国性电视台和 15 个区域性电视台。地方台共有 210 家。

2. 有线电视

有线电视的基础设施配备从 90 年代后期就开始进行，覆盖全国 20 个城市。目前泰尔克萨特管理的子公司 Kablonet 通过高清电视格式播送有线电视。不仅是国内电视频道，观众还能收看 BBC、CNN、NBC 等共计 76 个海外频道。Kablonet 的用户数量现在是 120 万，但是也面临 Digi Turk 等数字卫星电视服务商的竞争压力。2008 年 10 月泰尔克萨特在伊斯坦布尔、安卡拉、伊兹密尔 3 大城市开始了数字电视服务，2009 年 3 月扩大到全国范围内。

3. 卫星电视

TRT 和商业电视台共同进行卫星放送，共有超过 400 个频道。2000 年开始，卫星数字电视服务的 DigiTurk 拥有国内外音乐，体育转播等共计 195 个频道。2007 年 3 月，多安旗下的 D-Smart 也开始了数字卫星电视服务。2006 年 10 月开设了 Kanal D HDTV，2008 年 9 月数字卫星电视 D-Smart 也开始 HD 电视服务。2010 年，TRT 开始 TRT-HD 播出服务。

4. 数字地面电视

2006 年 2 月开始在安卡拉和伊斯坦布尔进行试验，4 个频道中 3 个频道由商业电视台轮流使用，其余一个频道专供 TRT 使用。负责推进和调整地面电视数字化进程的通信高等评议会（HYK）和 RTUK 计划在 2013 年 -2014 年实现数字和模拟信号并行，2015 年全面终止模拟电视信号的播出。

5.IPTV

各个电视台都开设了官方网站，主要电视台都可以在线播放视频。网络电视自 2008

年起由土耳其电信公司下属的 TTNET 管辖，并开启了 Digi Turk Kablonet 等服务。2006 年 11 月，手机内容配信公司 Rok Entertainment Group 在英国设立了 Mobi Turk，和国内的 3 家移动通信公司（Turkcell、Vodafone、Avea）共同合作，开始了手机电视配信服务，通过支持 3G 和 2.5G 网络的手机可以收看音乐、历史、体育等 17 个频道的节目。

五、广播电视发展简史

1925 年　《无线设备法》颁布
1927 年　广播服务开始
1938 年　安卡拉电视台设立
1949 年　伊斯坦布尔电视台设立
1964 年　《广播电视法》颁布，TRT 设立
1968 年　TRT 开播
1980 年　彩色电视播出开始
1983 年　新《广播电视法》颁布
1990 年　土耳其商业电视台 Star TV 设立
1992 年　TRT 国际电视开播
1994 年　《广播电视事业法》颁布 RTÜK 设立
2000 年　付费卫星电视台 Digi Turk 设立
2002 年　修改《广播电视事业法》
2005 年　土耳其电信民营化，被黎巴嫩的奥盖尔电信公司收购
2006 年　安卡拉和伊斯坦布尔开始数字地面电视试运营，Mobi Turk 开始电视服务
2007 年　查尔科集团收购 atv
2008 年　《广播电视法》部分内容修正
2009 年　TRT-6 使用库尔德语播放节目
2010 年　TRT-Arapca 使用阿拉伯语播送节目
2011 年　多修集团收购 Star TV

叙利亚广播电视发展概况与管理体制

一、国家概况

阿拉伯叙利亚共和国通称为叙利亚，位于亚洲西部，地中海东岸，北与土耳其接壤，东同伊拉克交界，南与约旦毗连，西南与黎巴嫩和巴勒斯坦为邻，西与塞浦路斯隔地中海相望。国土面积为 185180 平方公里。总人口数为 18028549（2017 年 7 月），人口年龄中位数为 24.3 岁。通用语言为阿拉伯语。居民中 85%信奉伊斯兰教，14%信奉基督教。叙利亚原宪法于 1973 年 3 月 12 日经全国公民投票通过，规定叙利亚是人民民主社会主义国家，是阿拉伯祖国的一部分，复兴党是社会和国家的领导核心。实行有计划的社会主义经济。2012 年 2 月，叙举行公投，通过新宪法，主要内容包括：国家政治制度以多元化为原则，改一党制为多党制；通过投票实施政权民主，总统由人民直接选举产生，任期为 7 年，只能连任一次等。议会，又称人民议会，国家立法机构。人民议会于 1971 年 2 月 21 日成立。本届政府于 2014 年 8 月 27 日成立。2011 年叙局势动荡前，经

济逐步向社会市场经济转轨。叙利亚政府力图通过实施经济建设和社会发展的“十一五计划”（2011-2015 年），优化经济结构，推动经济发展。但受多重因素影响，叙利亚经济改革进程较为缓慢。2015 年，国内生产总值（GDP）为 502.8 亿美元。①

二、广播电视监管体制与法律法规

叙利亚广播电视台隶属叙利亚新闻部，新闻部下设办公厅和各业务司局。其中办公厅下设部长办公室、管理和法律事务部、财务部、报纸发行部、商业电台管理部、监管部、对外宣传部、对内宣传部、新闻发展部、计划统计部、培训部、信息部、研究部、内部监管部、资料档案部、运行与维护部。新闻部下辖广播电视总局、叙利亚通讯社、报业印刷出版总机构、十月报业出版机构、阿拉伯叙利亚发行机构、阿拉伯广告机构、新闻培训学院和印刷出版学院。上述各机构均享有法人资格和独立财务管理权限。

叙利亚广播电视总局下辖广播局和电视局。在法律层面上，叙利亚以《出版法》规范新闻媒体行为。2011 年，叙利亚总统巴沙尔签署了《电子新闻法》，待叙利亚人民委员会批准后将颁布实施。

三、广播电视发展概况

（一）广播发展概况

叙利亚广播电台于 1946 年 4 月 17 日开播，当时称阿拉伯叙利亚广播电台。广播电台建设之初隶属叙利亚电信局。当时只将电信局的一个办公室改造成简单的播音机房，通过 7.5 千瓦的短波发射机直接播出。最初，广播节目播出时间不固定，只是在国家有庆典活动时才有播出。当年斋月即回历 9 月 1 日，该台开始每天播出 2 小时节目。1947 年，节目制作地点迁至有两个播音机房的新址，并开始实现 5 千瓦中波播出。每天播出 12 小时，包括 5 个新闻时段，但管理上依旧归属电信局。1951 年，叙利亚广播取得巨大发展，开始使用 50 千瓦中波发射机播出节目，覆盖叙利亚中部、南部和巴勒斯坦、约旦、埃及部分地区。同年，另一个 20 千瓦中波发射机启用，覆盖叙利亚北部地区。此外，在大马士革和阿勒颇两地的 10 千瓦中波发射机同时启用。随后，两个 15 千瓦的短波发射机也投入使用，覆盖西欧、马格里布国家和拉丁美洲。从 1960 年开始，叙利亚各地开始建设中波发射台。1978 年，一座 500 千瓦的短波发射台启用，覆盖全球大部分地区。同年，叙利亚拥有了第一台广播车。1977 年，叙利亚广播播出时数达每天 21 小时。1979 年成立人民之声广播电台。

目前，叙利亚有三个国家级电台，分别是大马士革台、人民之声台和青年台。部分省份有地方广播电台。此外，叙利亚已批准开办 13 家私营电台，其中 7 家私营调频电台已经开播。私营电台只允许播放音乐、娱乐节目，不设新闻和经济类节目。

（二）电视发展概况

位于首都大马士革的阿拉伯叙利亚电视台开播于 1960 年 7 月 23 日。目前拥有三个频道，全天播出电视节目。叙利亚电视节目开播时，发射机仅功率仅为 10 千瓦，每天播出 1.5 小时的黑白电视节目。电视专业团队是从广播电台抽调人员到国外短训后组成的。开播时只有一个演播室，1961 年在大马士革新建一个演播室，同时在阿勒颇和霍姆

① www.cia.gov

斯分别建设了一个 10 千瓦的发射台。由于受到当时传输条件的限制，在大马士革播出的电视节目第二天才能使用录播带在阿勒颇和霍姆斯播出。1967 年实现同步播出。1970 年，电视节目播出时数增加到每天 7.5 小时，其中包括 3 档新闻播报。1981 年，叙利亚实现电视节目覆盖所有省份。

从 1978 年开始，叙利亚尝试彩色节目播出，每天播出 4 小时。1980 年，彩色电视节目播出时间增加到每天 10 小时。1985 年，叙利亚电视二台开播，每天播出 6 小时。1995 年，叙利亚卫星频道试播，覆盖阿拉伯世界和亚洲、欧洲部分地区。1996 年，卫星频道节目播出时间增加到每天 18 小时，覆盖范围扩大到欧洲、非洲全境和亚洲的部分地区，同时，实现节目 24 小时不间断播出。叙利亚电视局下属部门包括电视一台、电视二台、卫星频道、新闻中心、视频新闻中心、电视运行中心、节目监看中心、新闻交换中心和电影事务部。

伊拉克广播电视发展概况与管理体制

一、国家概况

伊拉克位于亚洲西南部，阿拉伯半岛东北部，与它接壤的国家众多，在南方是沙特阿拉伯、科威特，北方是土耳其，西北是叙利亚，伊朗和约旦各位于其东西两侧。幼发拉底河和底格里斯河自西北向东南流贯全境。国土面积为 43.83 万平方公里。总人口数为 39192111（2017 年 7 月），人口年龄中位数为 20 岁。通用语言为阿拉伯语和库尔德语。居民中 95% 以上信奉伊斯兰教，少数人信奉基督教等其他宗教。伊拉克于 2005 年 8 月底出台永久宪法草案，并在 10 月举行的全民公决中获得通过该草案，规定伊拉克实行联邦制，石油资源归全体人民所有。本届政府于 2014 年 9 月 8 日成立。主要政党有全国联盟、全国力量联盟、爱国联盟、库尔德联盟。本届政府于 2014 年 9 月 8 日成立，总理为海德尔·杰瓦德·阿巴迪（Haider Jawad al-Abadi）。伊拉克战争后，经济重建任务繁重。联合国安理会于 2003 年 5 月通过第 1483 号决议，取消对伊拉克除武器禁运以外的所有经济制裁。伊拉克重建重点是恢复和发展能源、教育、卫生、就业、供电、供水、食品等领域。但由于安全局势不稳，基础设施严重损毁，经济重建进展缓慢。2017 年，国内生产总值（GDP）为 1920.61 亿美元。

二、广播电视监管体制与法律法规

伊拉克媒体通信委员会（Communication and Media Commission，简称 CMC）是媒体监管机构。借鉴美国联邦通信委员会（FCC），独立于政府，致力于确保媒体的独立性与透明性。

2005 年颁布的《宪法》第 36 条将公民自由及出版集会的自由等内容纳入。2011 年通过了《记者保护法》。媒体通信委员会（CMC）发布并实施了《选举期间媒体规则》《正确与平衡的把握准则》《有关煽动的界定》等相关规定。CMC 作为独立行政委员会监督广播电视和通讯事业。

2011 年 8 月议会通过了《传媒保护法》，法律规定保障信息获取、确保信息源及记者的人身安全、对危及记者安全的犯人进行严惩、由政府提供因公负伤或殉职的从业人员的公费医疗或赔偿等一系列的补偿。

三、广播电视发展概况

2003 年，伊拉克媒体在伊拉克临时管理委员会的引导下进行改革。改革运动下，政治宣传导向的原国营电视台被废除，开启了公共广播电视频道和商业广播电视频道并行的新局面。同时，审查机构信息部也被废除，设立了新的广播电视监督机构。公共广播电视频道伊拉克媒体网（Iraq Media Network，简称 IMN）首先开始播出广播电视节目，商业广播电视也相继发展，形成了全国 30 余家电视台、60 余家广播电台的局面。

伊拉克北部的库尔德人受库尔德自治政府的管辖，享受特有的媒体政策。该地区虽媒体形态众多，但大都依靠自治政府扶持。

四、广播电视主要机构

（一）广播

伊拉克共和国广播电台

隶属伊拉克媒体网络 IMN。2003 年 4 月开播。全天播出阿拉伯语节目。IMN 还另设有古兰经专门台。

Radio Dijla

伊拉克首个听众参与的广播电台。听众可在音乐、娱乐节目上参与互动。由于地处逊尼派领域，电台常常遭到袭击，2007 年 5 月的受袭导致 2 人死亡、5 人受伤。

Al-Ahd Al-Jadid

伊拉克首个基督教广播电台。2010 年 4 月于巴士拉开始试播。主要播放圣歌以及巴士拉基督教会的圣经朗读。

（二）电视

1. 开路电视

AI — Mirbad　　2005 年 8 月开播，是由英国政府扶持的伊拉克南部河港城市地方电视台，一并设有广播台。电视日播 6 小时，广播日播 10 小时，在当地拥有很高的视听率。节目由工作人员 150 人独立制作完成。

AI-Sharqiyah　　2004 年 3 月开播，是伊拉克首个商业电视台，以新闻报道和娱乐节目为主要播出内容，是人气最高的电视台。

AI-Baghdadia TV　　2005 年开播于开罗，属于什叶派系。

Gali Kurdistan TV　　2008 年 6 月开播，隶属于库尔德爱国同盟（PUK）。节目主要围绕时事新闻展开。PUK 还拥有卫星电视台 Kurdsat。

Rangala TV　　2009 年 8 月开播。该电视台是库尔德乃至伊拉克境内第一个儿童频道。播出自制节目，也引进国外节目译制后播出。

扎格罗斯电视台（Zagros TV）　　隶属库尔德民主党（KDP）。Zagros 是伊朗第一大山脉的名字。该电视台共有工作人员 250 名。节目面向年轻群体，拥有很高的人气。

2. 卫星电视

Payam Satellite TV　　2008 年 3 月开播，隶属于库尔德伊斯兰集团（KIG）。Payam 为“讯息”之意。该电视台旨在在库尔德地区传播伊斯兰文明。

库尔德斯坦卫星电视

隶属于库尔德民主党（KDP）。

3. 数字地面电视

AI – Iraqiyah　　隶属 IMN，2003 年 5 月开始播出。IMN 基于伊拉克临时管理委员会 2003 年行政令 66 号组织设立，投资近 1.82 亿美元，常任理事 9 人，由首相指名，需议会超过三分之二成员的承认，以独立于政治的公共放送为目标，但由于长时间的宗教对立争斗逐渐依附于什叶派。该台通过地面及卫星数字播出信号。设 Iraqiyah 1 综合频道、raqiyah 2 文化教育频道、体育频道。九个州也各自拥有各自的地域电视台。

AI – Sumariyah　　2004 年 9 月开播。2007 年 1 月于巴格达开始最初的地面数字放送。以竞猜类娱乐节目为主体。跨伊拉克、黎巴嫩、阿联酋以及叙利亚。

五、广播电视发展简史

1936 年　广播节目开始
1956 年　电视节目开始
1998 年　播出卫星电视节目
2003 年　IMN 电视频道开播（5 月）
2004 年　CPA 颁布行政令第 65.66 号（3 月）
　　　　设立媒体监督机构 CMC 第一个商业电视台 Al-Sharqiyah 开播
2008 年　库尔德自治政府制定《传媒法》（9 月）
2011 年　议会通过《记者保护法》（8 月）

伊朗广播电视发展概况与管理体制

一、国家概况

伊朗伊斯兰共和国，位于亚洲西部，属于中东国家。伊朗东邻巴基斯坦和阿富汗，北接土库曼斯坦、阿塞拜疆和亚美尼亚，西临土耳其和伊拉克。国土面积为 164.5 万平方公里。总人口数为 82021564（2017 年 7 月），人口年龄中位数为 30.3 岁，通用语言为波斯语，伊斯兰教（什叶派）为伊朗国教，98.8% 的居民信奉伊斯兰教，其中 91% 为什叶派，7.8% 为逊尼派。伊斯兰革命后于 1979 年 12 月颁布第一部宪法，规定伊朗实行政教合一制度。1989 年 4 月伊朗对宪法进行部分修改，突出伊斯兰信仰、体制、教规、共和制及最高领袖的绝对权力不容更改。同年 7 月，哈梅内伊正式批准经全民投票通过的新宪法。伊斯兰议会是伊最高国家立法机构，实行一院制。政府实行总统内阁制。总统是国家元首，也是政府首脑，可授权第一副总统掌管内阁日常工作，并有权任命数名副总统，协助主管其他专门事务。伊朗盛产石油，石油产业是伊朗经济支柱和外汇收入的主要来源之一，石油收入占伊外汇总收入的一半以上。2017 年，国内生产总值（GDP）为 4540.13 亿美元。

二、广播电视监管体制与法律法规

伊朗宪法第 175 条规定，“在遵守伊斯兰教义以及国家利益的前提下，保障新闻的自由”。伊朗伊斯兰共和国声像组织（Islamic Republic of Iran Broadcasting，简称 IRIB）是伊朗国家级媒体机构，主席由伊朗最高领导人直接任免。负责监督 IRIB 的评议会，由行政、司法、立法三个机构各派出两人构成。在伊朗境内，所有媒体都受到国家直接或者间接控制，并且必须有伊斯兰文化和指导部（Ministry of Culture and Islamic

Guidance，简称 MCIG）的批准和监督，才能公开运作，也包括互联网。伊朗国内不允许任何民间的电视节目播出。

伊朗所有电信运营商只能为“国家互联网”提供服务。此外，该国建立“伊朗电邮”和“伊朗搜索引擎”等服务，取代谷歌、Hotmail 和雅虎等网站。用户提供全名和地址，通过核实以后注册“伊朗电邮”服务。

三、广播电视发展概况

（一）广播发展概况

广播电台在伊朗成立以来一直与电话及无线设备相关联。第一台无线设备开始运转是在 1926 年。12 年后，一个名为“心灵鸡汤”的组织成立，其中一个机构被称为“广播电台”，定期广播音乐和新闻节目，此机构也有义务为整个组织录制节目。第一个无线电发射器位于 Qasr 无线设备中心（即今天位于 Shariati 路的技术与通讯部）使用 20 千瓦的短波及 2 千瓦的中波播放 5 小时的节目。伊朗伊斯兰共和国声像组织通过安置于德黑兰的动力强劲的发射器播出各式各样的电台节目，包括伊朗电台、德黑兰电台、法尔杭电台（文化频道）、爪哇电台（少儿频道）、体育电台、古兰经电台、健康电台、帕亚姆电台（音乐新闻频道）、对话电台、经济电台、戏剧电台，每个电台都根据他们的目标和任务来为他们的受众广播各种节目。另外，还有 32 个省级电台中心，用当地或省级无线电发射器为听众提供独家的当地新闻。此外，国际广播电台通过 30 多种语言和方言播出，包括英语、德语、法语、俄语、西班牙语、阿尔巴尼亚语、阿塞拜疆语、乌尔都语、乌兹别克语、孟加拉语、斯瓦希里语、波斯语、意大利语、土耳其语、亚美尼亚语、印第安语、日语和汉语。根据欧洲、美洲、亚洲和非洲当地时间，国际广播通讯网在 1956 年开始运转，旨在让其他国家了解伊朗历史、文化以及不同地区的历史古迹。伊斯兰革命之后，广播电台更热衷于详细阐述革命立场及伊斯兰共和国体制的理想。电台节目包括新闻、脱口秀、政治宗教评论、不同的系列剧及重大事件的专题节目。

（二）电视发展概况

伊朗第一台电视信号发射器于 1958 年 10 月开始工作，动力为 20 千瓦。从晚上 6 点到 10 点，播放 4 个小时的电视节目。1959 年 9 月第二台发射器在阿巴丹投入使用。伴随着第一台省级电视信号发射器在乌尔米耶安置完毕，伊朗国家电视台在 1966 年成立。从那时起，很多城市包括 Bandar Abbas、Isfahan、Shiraz、Rasht、Kermashah、Hamedan、Khuzestan、Tabriz、Kerman、Zahedan、Mahabad 和 Sanandaj 逐渐拥有自己的电视信号发射器，这才使得今天 32 个省级电视中心不仅可以享受国家电视信号发射器的信号覆盖，而且他们还有当地省级的电视广播信号发射器。现在，为了满足不同地区的风俗习惯及文化需求，各省级电视频道会制作和播放不同形式的电视节目，包括电视剧、纪录片及当地新闻。在伊朗伊斯兰共和国，电视频道 1 和 2 是在伊斯兰革命之前就已创办，现在国家级电视频道已发展到 8 个，包括频道 1（国家频道）、频道 2（文化科学频道）、频道 3（青年频道）、频道 4（知识分子频道）、频道 5（经济频道）、新闻和穆斯林宗教频道、体育频道、纪录片及戏剧频道、少儿和教育频道。另外，Sima 电影公司成立了纪录片中心、Saba 文化艺术中心（用于卡通片制作），在一定程度上也为各频道提供了动画片生产的途径。伊朗的彩色电视制式为 SECAM。

四、广播电视主要机构

（一）广播

伊朗伊斯兰共和国之声（Voice of Islamic Republic of Iran Broadcasting，简称 VOIRI）

伊朗伊斯兰共和国声像组织（IRIB）借助伊朗伊斯兰共和国之声（VOIRI）向世界播放波斯语及英语节目，并且使用超过 30 种语言面向各地区播放节目。例如日语节目就是由日籍工作人员制作，并通过短波和卫星信号播出。

（二）电视

1. 开路电视

伊朗伊斯兰共和国声像组织（IRIB）

伊朗伊斯兰共和国声像组织提供国内外的广播电视服务，为外国观众播出 8 个国内电视频道、4 个国际新闻电视频道、6 个卫星电视频道，并为国内观众提供当地口音和方言的 30 个省级电视频道。为国内听众提供 12 套广播频率服务、并通过 IRIB 全球服务为国际听众提供 3 套广播频率。另外，还出版波斯语报纸 Jaam-e Jam。

IRIB 用全面、快速的信息系统对国内外新闻大事件进行报道。就这一点而言，它也通过扩大新闻源线索，与各通讯社、新闻网站、国际新闻机构联络，来报道新闻事件。每年为国内外受众提供超过 5 万小时的新闻资讯。IRIB 的海外新闻办公室也与世界最大的新闻机构保持联络，为国内政府机构提供最及时最重要的新闻消息。此外，Al-Alam 国际频道及 Press TV 的成立旨在为观众提供国内外最新的新闻资讯，用阿拉伯语及英语提供 24 小时新闻节目供全球大多数国家收看。

Jame-Jam

共有三个频道，全天播出。1 套面向北非播出波斯语节目；2 套面向北美播出波斯语、英语、阿拉伯土耳其语节目；3 套面向中亚、东亚及大洋洲地区，播放波斯语及英语节目。

Sahar TV

1998 年开播。节目使用英语、法语、阿塞拜疆语、库尔德语等六种语言。2009 年 12 月起细化分工：1 套播放法语、阿塞拜疆语、波斯尼亚语节目；2 套使用英语、库尔德语以及乌尔都语。每天播出节目时间为 19 小时。

Farsil1

2009 年开设，广告收入成绩可喜，播放美国、土耳其、韩国等国家译制后的电视剧，吸引了广大受众的关注。

iFilm

2010 年 9 月开播。将伊朗的影视产品翻译成阿拉伯语 24 小时连续播出。以娱乐节目作为主打，是伊朗全新的尝试。

2. 卫星电视

Press TV

2007 年 7 月开播的英语频道。在伦敦、大马士革、贝鲁特等地设有分局，通过八颗卫星传达伊朗视角下的新闻及纪录片。

Hispan TV

2011 年 8 月作为 Press TV 的一个部门开播。总部设在委内瑞拉，面向欧洲及南美播出西班牙语新闻节目。

中东广播集团（Broadcasting Middle East，简称 BME）

2011 年开播波斯语卫星电视台 Zemzemeh，主要面向伊朗周边地区，由于波斯语和塔吉克语、达利语十分相近，同属一个语系，其节目的受众扩大到波斯语系的 1.1 亿人口。

五、广播电视发展简史

1940 年　广播节目开播
1967 年　电视节目开播
1969 年　商业电视台归属于国营电视台
1970 年　伊朗国营广播电视 NIRT 成立
1979 年　受伊朗革命影响 NIRT 改组为 IRIB
1995 年　法律规定对接受国外卫星电视信号进行管制
2003 年　Al-Alam 开播（2 月）
2007 年　Press TV 开播（7 月）
2009 年　BBC 波斯语频道开播（1 月）
2010 年　iFilm 开播（9 月）
2011 年　数字地面电视开播

以色列广播电视发展概况与管理体制

一、国家概况

以色列位于西亚黎凡特地区，地处地中海的东南方向，北靠黎巴嫩、东濒叙利亚和约旦、西南边则是埃及。国土面积为 2.5 万平方公里。以色列总人口数为 8299706（2017 年 7 月），人口年龄中位数为 29.9 岁，通用语言为英语，大部分居民信奉犹太教，其余信奉伊斯兰教、基督教和其他宗教。以色列没有正式的成文宪法，仅有《议会法》《总统法》《政府法》《国家经济法》等 11 部基本法。议会采取一院制，是国家最高权力机构，拥有立法权，负责制定和修改国家法律，对重大政治问题表决，批准内阁成员并监督政府工作，选举总统、议长。本届议会于 2013 年 1 月成立。以色列政党繁杂，且不断变化，主要有利库德集团（LIKUD）、“我们的家园以色列”党（YISRAEL BEITEINU）、“未来”党（YESH ATID）等。混合型经济，工业化程度较高，以知识密集型产业为主，高附加值农业、生化、电子、军工等部门技术水平较高。以色列总体经济实力较强，竞争力居世界先列。2017 年，国内生产总值（GDP）为 3508.51 亿美元。

二、广播电视监管体制与法律法规

（一）监管体制

以色列国家广播电视机构分别由以色列广播电视管理局（Israeli Broadcasting Authority，简称 IBA）和以色列国防军监督管理。以色列信息部（Ministry of Communication）负责管理媒体行政事务。此外，以色列公共电视台的节目内容，由该 IBA 内设伦理委员会负责监管。商业广播电视节目由 IBA 内设评议会监督，评议会由 15 名成员组成。卫星电视和有线电视节目则由该委员会下设的卫星有线电视委员会负责审查。

（二）法律法规

《1965 年广播电视协会法》（*The Broadcasting Authority Law 1965*）适用于以色列公共广播电台、电视台。《1990 年第 2 以色列广播电视协会法》（*Second ISraeli Broadcasting Authority Law 1990*）适用于以色列商业广播电台、电视台。

三、广播电视发展概况

（一）广播发展概况

以色列主要的广播电台为 IBA 下属以色列之声（共有 9 个频道）和以色列国防军下属以色列国防军之声（共有 2 个频道）。

（二）电视发展概况

以色列主要的电视台是 1968 年成立的以色列公共电视台、1993 年成立的商业频道 channel 2 以及 2002 年成立的 channel 10。随着有线电视及卫星数字电视的普及，数字地面电视广播 DVB-T 以高画质、低价格、有文字广播等辅助功能等优点受到青睐。2009 年 8 月免费试播，包括 channel 1.2.10、33.99 等五个频道。以色列较早地实现了从模拟电视到有线电视再到卫星数字电视的转变。由于越来越少的人选择模拟电视，2011 年 3 月 31 日，模拟电视终于退出历史舞台。

四、广播电视主要机构

（一）广播

以色列之声共有 9 个频道播送广播节目。除了播送希伯来语节目之外，还有一个阿拉伯语频道、教育频道、音乐专门频道。除了上述的广播以外，在城市里还有商业性质的社区广播提供广播节目。

以色列国防军之声共有 Galey Zhahal 和 Galgalatz 两个频道，是 18 岁到 45 岁年龄段受众喜欢的人气广播台。节目内容包括新闻、音乐和时事问题。IDF 虽然是军队的广播，但是也播送对军队和政府的批判性的时事问题。

（二）电视

1. 有线电视

有线电视服务是从 1989 年开始的，1990 年代由 5 家公司提供服务，基本占据了多频道电视的所有市场。2003 年三家有线电视公司 Zahaw、Matav、Tevel 合并，成立了 HOT。提供 IP 电话和宽带打包服务的方式，增加了顾客量，截至 2011 年秋季，受众达到了 89 万。

2. 卫星电视

YES　1989 年开始，有线电视一直占领着多频道广播电视的市场。为了促进市场活性化，在信息部长的主导下，引入了卫星电视技术，1999 年成立了卫星电视电视台 DBS（Digital Broadcast Satellite），2007 年，该电视台更名为 YES，开始播送电视节目。截至 2011 年秋季，共有 56 万受众。以电影为中心的 VOD 服务实行套餐收费制。

Channel 10　2002 年设立的卫星数字电视台。由于出色的娱乐节目和报道类节目，channel10 取得了很高的收视率，并且确定了以色列第三大电视台的地位。但是近年来，由于经营状况的恶化，节目面临播送终止的严峻局面。Channel10 的数字有线电视和卫星电视播送同样的节目内容，数字地面电视可以免费收看。

3. 数字地面电视

以色列公共电视台（Israel Broadcasting Authority，简称 IBA）

通称“Channel 1”，依据广播电视协会法于 1968 年开始电视节目的播送。现在逐渐转型为一个包含新闻、教育、纪录片、娱乐等内容的综合频道，但是在多频道化转型的同时，收视率逐年降低。

从 2011 年秋季开始，该电视台阿拉伯语部门负责的频道转型为专门播送新闻及文化类节目的专门频道。

Channel2

由第二以色列广播电视协会负责运营的商业电视。1986 年开始收取收视费并开始试验播出，1993 年开始吸收广告收入，并第一次作为商业电视台开始重新运营。

节目内容方面，教育、娱乐、电视剧类节目由 Keshet 和 Reshet 两家公司制作，新闻类节目由以色列新闻社（Israel News Company Ltd.）制作。不论是新闻类节目还是娱乐类节目，收视率都稳居国内第一。从 2004 年开始，依据政府的决议，以色列新闻社负责制作的议会频道 99 开始运营。

五、广播电视发展简史

1948 年　以色列独立。广播节目开始播送

1965 年　《广播电视管理法》制定

1966 年　教育电视节目开始播出

1968 年　IBA 设立

1982 年　彩色电视服务开始

1989 年　有线电视开始提供服务

1993 年　第一家商业电视 channel 2 开始提供服务

1994 年　IBA 设立旗下卫星频道 channel 33

1996 年　通讯卫星 AMOS 发射

2000 年　YES 开始提供直播卫星节目播出服务

2002 年　第二个商业电视台、第一个卫星数字电视 channel 10 开始提供服务

2003 年　三家有线电视公司合并成立 HOT 公司

2006 年　HOT 开始 VOD 服务

2009 年　数字地面电视开始试运营

2011 年　地面电视正式进入数字电视时代，模拟信号电视服务终止

约旦广播电视发展概况与管理体制

一、国家概况

约旦全称约旦哈西姆王国，位于亚洲西部、阿拉伯半岛的西北，西与巴勒斯坦、以色列为邻，北与叙利亚接壤，东北与伊拉克交界，东南和南部与沙特阿拉伯相连。国土面积为 8.9 万平方公里。总人口数为 10248069（2017 年 7 月），人口年龄中位数为 22.5 岁，通用语言为阿拉伯语，国教为伊斯兰教，92% 的居民属伊斯兰教逊尼派，另有少数属什

叶派和德鲁兹派。信奉基督教的居民约占6%，主要属希腊东正教派。议会称国民议会，由众议院和参议院组成。本届政府于2013年3月30日成立，主要包括首相兼国防大臣、副首相兼教育大臣、副首相兼外交与侨务大臣、内政大臣等。司法机构包括法院和检察院两部分。宪法规定法官独立行使司法权。法官任免由国王依法批准，同时接受高级司法委员会的监督。法院分三类，即民事法院、宗教法院、特别法院。民事法院负责审理有关民事和刑事案件。宗教法院主要负责婚姻、继承、收养等事务。特别法院包括国家安全法院、军事法院、警察法院、重大刑事案法院、海关法院。2009年以来，受国际金融危机影响及西亚北非地区局势动荡冲击，经济增长速度下滑，约旦政府加大对经济调控力度，并在金融、基建、招商引资、争取外援等方面采取相应措施，取得一定成效。2017年，国内生产总值（GDP）为400.68亿美元。

二、广播电视监管体制与法律法规

（一）监管体制

约旦视听委员会负责播出许可证的发放和节目内容的监督。电信通信领域的监督由电子通信管理委员会负责。2003年之前，约旦新闻部管理广播电视媒体机构建设、政府新闻发布等媒体工作事务。为赋予新闻行业更多的独立和自由，2003年，约旦撤销了新闻部，政府的新闻发布职能由政府官方发言人取代，并相继成立了6个与新闻管理相关职能部门，分别是最高新闻委员会、出版局、视听媒体局、广播电视局、约旦新闻中心和约旦通讯社。目前，约旦广播电视的主要管理机构有最高新闻委员会、视听媒体局和广播电视局。

最高新闻委员会是约旦国家新闻领域最高的管理机构。该委员会具有法人资格，财务和管理独立，其任务是支持新闻机构在社会中发挥监督作用。同时，制定新闻行业政策法规，拟订新闻从业人员培训计划，参与新闻行业的立法。

视听媒体局具有法人资格，财务和管理独立，它的主要职能包括：促进约旦视听媒体行业发展，为该行业的发展提供投资环境；受理开办媒体的申请；对获得运营许可的机构进行监督；著作审查并对其流通店铺和展示场所发放许可；批准外国广播电视机构在约旦境内设立分支机构；与通讯部门协调为电视播出运用的手段和设备颁发许可等。

广播电视局拥有独立的管理与工作权利，其主要任务是设立和发展电台及电视台，包括向其提供必要的设备和技术支持。2000年，约旦颁布的《广播电视机构法》第3条规定广播电视局拥有法人资格并享有财务和管理独立，实际上也就赋予了约旦广播电视局可以从事所有法律活动、批准合同、持有动产和不动产等非常独立的权力。这意味着约旦政府终止了对广播电视局的直接监管。这也是约旦政府有意终止对广电行业的垄断，放开对于私人设立广播电视机构的审批的一个标志。

约旦新闻中心，是国家级新闻机构，联合各部委及相关机构的新闻发言人为民众提供新闻和信息。

约旦通讯社即佩特拉通讯社，该通讯社在新闻编辑方面享有自由、财务和管理独立。

（二）法律法规

约旦非常重视保护新闻自由，出台了一系列国家法律法规，保护国民新闻自由权利，并制定了广电媒体行业相关的法律法规，这些法律法规的实施有效推动了约旦广电媒体发展。

约旦宪法明确提出国家保障言论自由和新闻出版自由。约旦宪法的第15条规定："国家保障言论自由，任何一个国民都有在法律许可的范围内通过口头、文字、影像及其他表达方式发表言论的自由。"该条宪法同时规定了新闻出版的自由，"除非发生违反法律的情况，否则不允许取缔报社或限制其行为。"

约旦1990年颁布的《国家宪章》中有一节对保护新闻自由进行了专门论述。1992年颁布的《政党法》规定各个党派有设立媒体的权力，包括纸质媒体和视听媒体。1993年颁布《出版法》，明确提出要保护新闻自由。但是在1993年《出版法》之后约旦政府又相继出台多部法规加强对出版物的监管和审查，很多报纸为避免招致政府的不满和处罚，言论尽量谨慎。这种情况并没有持续很久，1999年政府又颁布了新的《出版法》，取消了之前法律法规对该行业的种种限制。2007年又对该法律进行了最新修订。最新的《出版法》包括取消出版局的监管职能，并且强调了媒体在获取信息方面的自由，规定记者在进行新闻采访活动期间不得被拘禁或者逮捕。在国家宪法和宪章基础上，为进一步支持新闻自由和规范媒体机构建设，自1968年约旦电视台成立以来，约旦相继出台了多部规范广播电视行业的法律法规。

约旦广播电视领域第一部法律诞生于20世纪80年代。约旦电台和电视台合并后，约旦政府成立了约旦广播电视局，并颁布实施了一部新的法律，即《广播电视机构法（1985年）》。2000年又颁布实施了《广播电视机构法（2000年）》，该部法律是在1985年法律的基础上修订的，内容有较大变化，即赋予了个人开办广播电视机构的自由，具有划时代的意义。为了协调和组织私人广电机构，约旦政府于2002出台了《视听媒体法》，并成立国家视听媒体局，负责受理开办广电机构的申请，对符合条件的申请机构颁发营业许可。该部法律对视听媒体机构在约旦境内外开展工作所须遵守的原则进行了明确规定，为视听媒体局的审批和监管工作提供了制度保障。为规范国外媒体机构在约旦设立分支，视听媒体局颁布了《关于境外广电机构在约旦设立分支机构的规定》。该规定要求境外广电机构派驻约旦的记者或分支机构代表必须取得约旦政府的官方授权，否则不允许在约旦哈希姆王国境内从事相关活动；境外广电媒体派驻约旦的外国记者不得享有外交豁免权；每个广电媒体的分支机构必须有一个以上的记者，但是不允许某个记者身兼三家以上机构的记者。该法规还规定境外广电分支机构及其工作人员必须每年通过视听媒体局的审查，获得视听媒体局局长的批准后方可重新获得授权。此外，这些机构如在授权相关内容发生变动，须在15日之内通报视听媒体局。2002年，《视觉法》成立，负责为民间广播电视台发放播出许可证。2007年，约旦颁布了另外一部媒体行业相关的重要法律——《保障获取信息权利法（2007年）》，规定有关单位和个人必须在申请人提出获取信息要求的30天之内予以回复，结果可以是接受或者拒绝，如果拒绝，则必须说明理由。

三、广播电视发展概况

约旦的国内政治、经济形势与相邻国家相比较为稳定，故而除了本国的广播电视台外，也引入了不少国外的电台电视台在其国内开设本部或者分支机构。

（一）广播发展概况

约旦广播事业始于1948年，第一部电视法律也于1968年颁布实施。约旦广播电视比纸质媒体的大众普及度高，因此政府非常重视这一领域的发展及其相关立法。在较长一段时期内，广电行业都是处在政府的直接管控之下。但约旦政府于2000年颁布了新的广播电视法，允许该行业私有化，大批私人广电媒体逐渐出现，约旦的广电传播能力有了很大程度的提升。

约旦广播机构的前身是英国托管政府1936年在约旦河西岸城市拉姆安拉建立的巴勒斯坦广播机构。1948年4月，巴勒斯坦被占领之后，一批阿拉伯人开始在该广播机构的录音间内播出节目。1950年，约旦河两岸统一，拉姆安拉的巴勒斯坦广播机构更名为约旦哈希姆王国广播电台，正式成为约旦的广播机构。1959年，约旦在其首都安曼建立了约旦广播电台总部，约旦广播事业进入快速发展阶段。1972年，约旦建成了1200千瓦的中波发射设备，广播信号开始向所有阿拉伯国家覆盖。

目前，约旦广播电台由约旦广播电视公司（简称JRTC）经营，下设5个频道，提供阿拉伯语、英语、法语广播，主要通过FM调频和中波向约旦及周边阿拉伯国家的听众发送，通过短波向北美以及北非的听众发送。约旦广播电台是阿拉伯国家广播联盟（ASBU）、欧洲广播联盟（EBU）和世界广播联盟（WBU）的成员。

自2000年国家允许开办私人广播电台以来，约旦的私人广播电台快速发展，目前已经形成了多种类型和多样风格的电台体系。包括音乐台、新闻台、社会节目台以及英语电台等。一些政府官方机构也开办了私营电台，这些电台节目的功能大多是服务性的，比如提供路况信息和气象资讯。很多电台的节目已经不仅限于单向播出，比如听众可以连线主持人或播音员进行对话和互动。还有一些电台带有娱乐性质的，但也会播送一些重要新闻，这些电台的运营资金来自商业宣传和广告收入。

与此同时，随着约旦新闻管理开放度的不断提高，世界各大广播电台节目纷纷通过调频在约旦落地。目前已经获得批准在约旦落地的电台有BBC（英国广播公司）和RMC（蒙特卡洛中东电台-法国国际广播集团旗下分台）、MBC（中东广播中心，总部位于迪拜）、Sawa（美国之音在阿拉伯国家的分台）等，这些国外电台与约旦本地电台形成了强有力的竞争。

（二）电视发展概况

约旦电视节目于1968年4月23日正式开播。1968年，约旦颁布实施了《电视机构法》，委托新闻部组建专门的电视播出机构。在建设初期，约旦电视台只有一个演播室，每天播出3小时黑白信号的节目。经过一段时间的发展，电视节目播出时数有所增加，并且建立了第二个专门用于电视剧制作的演播室。1974年4月，约旦的电视信号实现了彩色播出，信号同时覆盖了约旦全境以及叙利亚、黎巴嫩和沙特的部分地区。

约旦电视台与该领域的国际组织建立了良好的合作关系，它不仅是阿拉伯广播联盟的组建成员之一，也是其重要的工作成员，同时还是亚洲-太平洋广播联盟（ABU）的参与成员。

地面电视有国营电视台约旦广播电视公司（JRTC）的综合频道Channel1，体育频道Channel2，以及和民间企业共同运营的动画电影频道Channel3。

卫星电视由 JRTC 提供，主要内容来自地面电视 Channel1。

ATV 原定于 2007 年 8 月开播，这将成为约旦最早的商业地面电视台。但是由于材料不全，视听觉委员会要求 ATV 终止播放，后因财政原因开播时间一直推迟。ATV 推迟开播另一个重要原因在于，约旦持有电视机的家庭中 70% 都收看免费卫星电视，对地面电视需求并不迫切。

四、广播电视主要机构

（一）广播

约旦广播电视公司。1956 年 3 月以 Radio Jordan 的名字开始运营，提供阿拉伯语综合广播（24 小时广播）、英语广播（1 天 21 小时广播）、法语广播（1 天 13 小时广播）服务。Radio Jordan 向国内外提供阿拉伯语和英语短波广播。约旦商业 FM 电台面向年轻听众，以音乐节目为中心，首都共有 10 家以上商业广播台。

（二）电视

1. 有线电视

约旦有线电视服务公司（Jordan Cable Service，简称 JCS），2003 年成立，作为商业有线电视运营商提供服务。2007 年 4 月取得有线电视放映和网络电视配置的许可，现在提供 70 个频道和最大 15MB/ 秒的网络服务。

2. 卫星电视

约旦媒体城市集团（Jordan Media City，简称 JMC），2001 年成为卫星电视的受信据点，面向国内外提供 230 个频道服务。

3. 数字地面电视

约旦广播电视公司（JRTC），共有全国性频道有 3 个，综合频道 Channel 1、体育频道 Channel 2 以及和民间企业共同运营的动画电影频道 Channel 3。Channel1 于 1968 年开播，Channel2 于 1972 年开播，Channel3 于 2001 年开播。自制节目约占所有节目的 60%。为了区别于卫星电视，2005 年开始进行节目改组，对国内新闻报道内容进行扩充。

五、广播电视发展简史

1948 年　广播服务开始

1968 年　电视服务开始

1985 年　广播和电视机构整合成为 JRTC

1993 年　国际电视 JSC 开播

2000 年　《广播电视机构法》成立

2002 年　成立 AVC，颁布《视听媒体法》

2003 年　撤销新闻部

2006 年　决定推行数字地面电视播出

2012 年　数字地面电视开播

第五节　中亚国家广播电视发展概况与管理体制

哈萨克斯坦广播电视发展概况与管理体制

一、国家概况

哈萨克斯坦共和国是横跨欧亚两洲的国家，位于亚洲中部。北邻俄罗斯，南与乌兹别克斯坦、土库曼斯坦、吉尔吉斯斯坦接壤，西濒里海，东接中国，总面积为272.49万平方公里，是世界上最大的内陆国。人口总数为18556698（2017年7月），人口年龄中位数为30.6岁。由130多个民族组成，其中哈萨克族占66%，俄罗斯族占21%，还有乌兹别克、乌克兰、白俄罗斯、德意志、鞑靼、维吾尔、朝鲜、塔吉克等民族。官方语言为哈萨克语和俄语。居民大多信奉伊斯兰教（逊尼派），还有东正教、天主教、犹太教等。哈萨克斯坦为总统制共和国，政治保持稳定。宪法规定哈萨克斯坦是“民主的、非宗教的和统一的国家”；推行总统制的共和国国家，总统是国家元首，是决定国家对内对外政策基本方针，并在国际关系中代表哈萨克斯坦的最高国家官员，是体现人民与国家政权统一、宪法的不可动摇性、公民权利和自由的象征与保证。国家政权以宪法和法律为基础，根据立法、司法、行政三权既分立又相互作用、相互制约、相互平衡的原则实现。2007年6月中旬，哈议会通过宪法修正案，确定哈政体由总统制向总统 - 议会制过度。哈萨克斯坦经济以石油、采矿、煤炭和农牧业为主，2017年，国内生产总值为1628.87亿美元。

二、广播电视监管体制与法律法规

哈萨克斯坦新闻部负责制定广播电视业的发展政策、规划，并负责行业监管。与广播影视相关的法案包括1999年出台的《哈萨克斯坦共和国大众传媒法》、2004年7月出台的《哈萨克斯坦共和国通信法》、2012年出台的《哈萨克斯坦共和国广播电视传播法》。

三、广播电视发展概况

1921年，哈萨克斯坦开始播出广播节目，1958年开始播出电视节目。目前全国拥有48个广播电台、50多个电视台、8个卫星频道和28个有线电视运营商。

四、广播电视主要机构

（一）广播

哈萨克斯坦广播电台

哈萨克斯坦广播电台是哈萨克斯坦最大的广播网，隶属于哈萨克斯坦广播电视公司。1921年10月从当时哈萨克斯坦首都奥林堡进行广播。1927年3月开始用哈萨克语进行广播。

阿斯塔纳广播电台

阿斯塔纳广播电台是哈萨克斯坦首都的广播电台，主要播出新闻和音乐节目。

Classic 广播　　哈萨克斯坦的经典音乐广播电台。自2011年6月6日在“哈巴尔”广播电台的频率内（FM102.8）开始播出，主要广播节目有《经典晨乐》《音乐厅》和《和声气息》等。

Shalkar 广播　　用哈萨克语进行广播，主要播出新闻、文艺、音乐、历史节目等。

（二）电视

哈萨克斯坦广播电视公司（Kazakh TV）

哈萨克斯坦广播电视公司是哈萨克斯坦哈巴尔通讯社股份有限公司的第一个卫星电视台，用哈萨克、俄、英三种语言向全球播出。该台可以在世界各国进行接收，其潜在收视群体大约在 9900 万左右。自 2012 年 10 月 25 日起，也就是该台成立 10 周年之日，转播工作移至阿斯塔纳新的媒体中心进行。

该台自 2002 年 10 月 25 日起以 Caspio Net 的名义进行转播，主要使命是迅速、客观地向国外受众报道哈萨克斯坦，同样还要体现哈萨克斯坦对重大国际问题的主张和意见。主要频道包括政治、文化、体育、旅游等频道，持续 7 天 24 小时不间断播出，同时在 www.caspionet.kz（24/7 non-stop）进行不间断播出。播放语言的比例为：哈萨克斯坦语占 50%，俄语和英语各占 25%。频道一共覆盖 93 个国家，包括北美、南美、欧洲、中亚、南高加索、近东和北非等区域，受众达 2.53 亿以上。

"哈巴尔"广播电视公司

"哈巴尔"广播电视公司（国家控股）旗下有"哈巴尔"电视台、"叶尔阿尔纳"无线电视频道以及"里海网络"卫星频道。其中"哈巴尔"电视台日播出节目 14 小时，受众 1700 万人，覆盖率达 95.7%，在北京、莫斯科、塔什干和比什凯克设有记者站。"叶尔阿尔纳"无线电视频道覆盖率达 75.5%。"里海网络"卫星频道昼夜滚动播出，可覆盖欧洲、中亚、中东和北非部分地区，潜在受众高达 1 亿以上。

31 频道

31 频道是哈萨克斯坦的商业频道。频道在哈萨克斯坦所有州的中心城市进行播放。该频道除了播放新闻节目，还播放很多专题节目，例如俄罗斯文艺影片、电视剧、脱口秀、儿童节目、文化历史及其他娱乐节目。1992 年 10 月 24 日成立了广播电视公司"31 频道"，随后 1993 年 4 月 12 日频道在阿拉木图开始节目转播。2001 年 2 月 1 日公司成立了涵盖哈萨克斯坦 14 个城市的全民电视网。1994 年 10 月 4 日，频道在阿拉木图调频 FM103.5 兆赫开始进行广播。2003 年 6 月 8 日又从 Intelsat 904 卫星上开始播放数字格式节目，进而扩大了覆盖范围。2008 年 2 月"CTC 媒体"公司获得了"广播电视公司 -31 频道"20% 的股份。2009 年开始恢复对 FIFA 冠军杯的足球转播。2011 年 11 月 14 日公司经理巴格达特·卡德热赫梅多夫被任命为哈萨克斯坦 31 频道的总经理。同年"31 频道"和著名美国电影公司 Paramount Pictures 签署了专营合同，获得了该公司电影产品的转播权。一年后频道又和电影公司 Warner Bros 签署了专营合同。

欧亚第一频道

欧亚第一频道是哈萨克斯坦全国电视俄语频道。以转播"俄罗斯第一频道"的节目为主，其中一部分节目翻译成哈萨克斯坦语，同样也会播出自己制作的节目。欧亚第一电视频道成立于 1997 年 10 月 1 日，是哈萨克斯坦境内规模最大的频道之一，目前频道转播覆盖全国境内 478 个居民点。"欧亚 +OPT"是频道所有者，根据哈萨克斯坦共和国有关大众传媒限制国外占有股份的法律要求，"欧亚 +OPT"20% 股份属于俄罗斯联邦的"第一频道"，剩余股份归哈萨克斯坦公司所有。

表　哈萨克斯塔其他电视台

名称	所在地	专题方向	转播时间	网络电视
24 kz	阿斯塔纳	新闻	全天	有
新闻 7	阿斯塔纳	新闻，信息	全天	无
KZ Sport 1	阿拉木图	体育		无
Muz Zone	阿拉木图	音乐		无
Xit TV	阿拉木图	音乐		有
亚洲 +	阿拉木图	音乐		无
А л а у	阿斯塔纳			有
阿拉木图	阿拉木图	消息		有

五、广播电视发展简史

1921 年　国营哈萨克斯坦广播电台开播
1958 年　国营电视台哈萨克斯坦电视台开播
1999 年　《大众传媒法》出台
2002 年　Caspionet（现 kazakh TV）开始使用卫星播放
2004 年　《通信法》出台
2006 年　有线数字电视试播
2009 年　IPTV 试播
2012 年　《广播电视传播法》出台

乌兹别克斯坦广播电视发展概况与管理体制

一、国家概况

乌兹别克斯坦位于中亚腹地，是双内陆国（自身无出海口，5 个邻国也均是内陆国）。南靠阿富汗，北部和东北与哈萨克斯坦接壤，东、东南与吉尔吉斯斯坦和塔吉克斯坦相连，西与土库曼斯坦毗邻。东西长 1400 公里，南北宽 925 公里，是世上两个双重内陆国之一。人口总数为 29748859（2017 年 7 月），人口年龄中位数为 28.6 岁。共有 134 个民族，乌兹别克族占 78.8%，塔吉克族占 4.9%，俄罗斯族占 4.4%。乌兹别克语为官方语言，俄语为通用语言。多数居民信奉伊斯兰教（逊尼派），其余多信奉东正教。根据乌兹别克斯坦宪法，乌兹别克斯坦是民主的主权国家，实行立法、行政、司法分立；总统为国家元首、武装部队最高统帅，每届任期 5 年，连任不得超过两届；经济以多种所有制为基础。议会称最高会议，是行使立法权的国家最高代表机关。乌兹别克斯坦最高会议为两院制议会，由参议院和立法院组成。政府机构称内阁。内阁由乌兹别克斯坦共和国总理、副总理、各部部长及各国家委员会主席组成。乌兹别克斯坦自然资源丰富，是独联体中经济实力较强的国家，经济实力次于俄罗斯，乌克兰，哈萨克斯坦。国民经济支柱产业是“四金”：“黄金”、“白金”（棉花）、“黑金”（石油）、“蓝金”（天然气）。2017 年，国内生产总值为 496.77 亿美元。

二、广播电视监管体制与法律法规

乌兹别克斯坦通信与情报厅是广播电视行政规制监督机关。

2007年1月，新《乌兹别克斯坦共和国大众传媒法》生效。广播电视领域的法律包括《哈萨克斯坦共和国广播电视节目及普及规定》《关于哈萨克斯坦共和国有线电视的临时规定》和2012年出台的《电视广播播出法》。

三、广播电视发展概况

地面电视共有含地方台在内的28个电视台。其中，乌兹别克斯坦国家广播电视公司通过“乌兹别克斯坦”、yoshlar、体育3个频道向全国播出。此外，商业电视台NTT、Markaz TV也提供覆盖全国的节目服务。

卫星电视方面，除了乌兹别克斯坦国家广播电视公司以卫星电视方式播出“乌兹别克斯坦”频道以外，面向年轻受众的Forum-TV、商业电视台NTT在乌兹别克斯坦也提供卫星电视方面的服务。

有线电视是乌兹别克斯坦国内使用最广泛的电视传输形式，存在很多例如乌兹别克斯坦有线电视公司这样的运营公司。

广播方面，除乌兹别克斯坦国家广播电视公司，全国还有专门经营音乐节目的Radio Grand等36个广播电台。

目前，乌兹别克斯坦国内开始限制广播电视中的俄罗斯节目。2010年9月，在塔什干市播“抽根烟”的俄罗斯等外国节目的Kamalak Cable TV Studio被关闭。2011年2月，官方宣布禁止覆盖全境播出俄罗斯节目的DTV和TNT两个电视台。

四、广播电视主要机构

（一）广播

乌兹别克斯坦国家广播电视公司通过Yoshlar、塔什干、Mashal等栏目提供广播服务。此外，例如Radio Grand、乌兹别克斯坦 Taronasi 和 Khomrokh 等音乐频道在受众中人气颇高。

（二）电视

1. 开路电视

乌兹别克斯坦国家广播电视公司是2005年设立的国内最大的电视台，拥有面向全国的3个频道及一个首都频道，播出新闻、影视剧和综艺节目。

Yoshlar频道播出面向年轻人的音乐节目和娱乐节目、电视剧等。

塔什干频道使用乌兹别克语和俄语两种语言播出。

NTT乌兹别克斯坦2009年6月开始播出，是一个商业电视台。

2. 有线电视

有线电视是乌兹别克斯坦最受欢迎的接收方式。第一家提供有线电视服务的机构是乌兹别克斯坦有线电视公司。后来，出现了KHAMKOR TV、Satellite TV等其他企业。

3. 卫星电视

乌兹别克斯坦国家电视广播公司旗下的“乌兹别克斯坦”频道提供卫星电视服务。

4. 数字地面电视

2008年，乌兹别克斯坦进行数字地面电视试验播出（DVB-T）的地域是塔什干和布哈拉，通过 25 个频道进行数字化播出。

2011 年 2 月，乌兹比克斯坦政府决定在 2018 年实现所有电视节目高清化。

五、广播电视发展简史

2005 年　乌兹别克斯坦国家广播电视公司设立

2008 年　地面电视的试验播送开始

2010 年　部分地区开始数字电视试播

2010 年　新型卫星 Express AM22 发射成功

2012 年　《电视广播播出法》出台

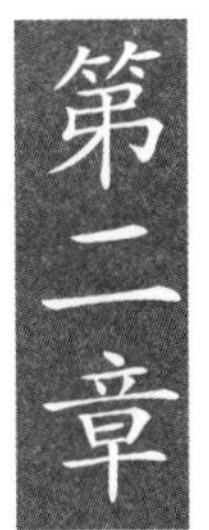

欧洲广播电视发展概况与管理体制

General Situation and Management System of Radio and Television of the Countries in Europe

白俄罗斯广播电视发展概况与管理体制

一、国家概况

白俄罗斯全称白俄罗斯共和国，是位于东欧平原的内陆国家，东北部与俄罗斯联邦为邻，南与乌克兰接壤，西同波兰相连，西北部与立陶宛和拉脱维亚毗邻，总面积为20.76万平方公里。人口总数为9549747（2017年1月），人口年龄中位数为40岁。共有100多个民族，大多数为白俄罗斯族，其他还有俄罗斯族、波兰族、乌克兰族、犹太族等。官方语言为白俄罗斯语和俄语。宗教主要信奉东正教，西北部一些地区信奉天主教及东正教与天主教的合并教派。白俄罗斯宪法规定：实行总统制和三权分立；总统为国家元首和武装力量总司令，由选民直接选举产生，任期五年，连任不得超过两届；总统有权确定全民公决、解散议会、确定各级议会选举、任命政府总理（须经议会下院批准）、任免所有副总理以下政府成员、任免所有司法机构、中央选举和全民公决委员会领导人、决定政府辞职等；在总统出缺或不能履行职务时，由总理暂行总统职权。白俄罗斯议会称国民会议，由共和国院（上院）和代表院（下院）组成，每届任期4年。白俄罗斯没有执政党，国民会议选举不按党派而按选区原则分配名额，因而在白俄罗斯议会中没有固定的议会党团，政党在社会政治生活中影响有限。白俄罗斯工农业基础较好，机械制造业、冶金加工业、机床、电子及激光技术比较先进，农业和畜牧业较发达，马铃薯、甜菜和亚麻等产量在独联体国家中居于前列。2017年，国内生产总值为544.56亿美元。

二、广播电视监管体制与法律法规

白俄罗斯新闻部负责制定广播电视业的发展政策、规划，并负责行业监管。白俄罗斯邮电通讯部负责有线电视运营执照的发放。根据规定，白俄罗斯电视台的广告播出时间不得超过总播出时间的20%。

三、广播电视发展概况

白俄罗斯国家广播电台创建于1925年，白俄罗斯国家电视台成立于1956年。

四、广播电视主要机构

（一）广播

白俄罗斯国家广播电台现有专业人员400名，播出四套节目：第一套节目每天播出19小时，第二套节目每天播出16小时。“首都”广播电台每天播出12小时。以上三套节目混用俄、白两种语言广播，波兰、立陶宛、拉脱维亚与白相邻地区及俄罗斯乌拉尔以西地区均可收听到。“白俄罗斯”国际电台每大用白语、俄语、德语、英语对美国、加拿大、澳大利亚及20多个欧洲和非洲国家广播4小时。

（二）电视

1. 开路电视

白俄罗斯所有开路电视台都隶属于国家，接受政府管理。白罗斯拥有四个全国性的频道，它们分别是第一频道（First Channel）、第二频道（ONT）、LAD和STV。

白俄罗斯电视台（Belarus Television）：白俄罗斯第一频道和第二频道都隶属于白俄罗斯电视台。白俄罗斯电视台成立于1956年，用白俄罗斯语和俄语播出。它隶属于白俄罗斯国家广播电视公司。该公司是白俄罗斯最大的国有媒体，直属总统管辖，公司的主席、副主席由总统任免。公司下辖新闻部、电视台、电台、无线电技术中心和商业广告部，并在各州设立分部。第一频道是一个综合频道，播出娱乐、新闻、电视剧、电影和体育节目。第二频道成立于2002年，是该国第二个全国性电视频道。其节目主要从俄罗斯引进。

LAD创办于2003年，该频道最大的特点是播出大量知名国际赛事，包括欧冠联赛、英超等。该频道从美国、俄罗斯、墨西哥和印度引进大量节目，并制作了白俄罗斯第一个真人秀节目“绝妙七人组”。

2. 有线电视

白俄罗斯最主要的有线电视运营公司是明斯克电视网（MTIS）和环宇电视公司（Cosmos TV），这两家公司有提供有线电视和宽带业务，但服务地域都限于明斯克。明斯克电视网的有线电视用户数为59.5万（2012年）。环宇公司拥有10万有线电视用户（2012年），该公司的主要股东是奥卡都集团（Akado Group），它持有环宇公司50%的股份，另外50%的股份由共和国广播和电视传输中心（the Republican Radio and TV Transmission Center）持有。

3. 数字地面电视

2005年，白俄罗斯开始进行数字地面电视试验。2010年6月，环宇电视公司在白俄罗斯推出了第一个数字地面电视业务，播出8个免费频道和12个付费频道。截至2011年7月，白俄罗斯已经建造了51个传输塔，地面数字电视信号覆盖全国83%的领土和93%的人口。

4.IPTV

白俄罗斯从2008年9月开始发展IPTV，目前已经取得了长足的发展。在白俄罗斯的城市地区，IPTV与有线电视收费标准相同，但它提供更为丰富的业务，这正逐渐吸引有线电视用户转移到IPTV；在乡村地区，有线电视不普及，具备宽带条件的用户只能选择IPTV。白俄罗斯电信公司（Bel Telecom）是白俄罗斯唯一一家国家电信运营公司。目前，白俄罗斯电信公司只能为用户提供技术含量较低的公共电话网的绝大部分基本业务，如互联网接入等业务，拥有460多万的固网用户。2008年8月，该公司推出了该国第一个交互式网络电视业务。截至2012年10月，该公司已有IPTV用户56万。值得一提的是，白俄罗斯电信公司的IPTV平台是由中国中兴通讯研发的。另外，中国华为公司在2012年4月10日宣布，成功中标白俄罗斯电信国干波分100G项目，这是白俄罗斯首个波分100G的商用网络。本次白俄罗斯电信国干100G项目全长1200公里，承载白俄罗斯国内数据业务，并面向白俄罗斯运营商提供互通欧亚的租赁业务。

波兰广播电视发展概况与管理体制

一、国家概况

波兰共和国位于欧洲中部，西与德国为邻，南与捷克、斯洛伐克接壤，东邻俄罗斯、立陶宛、白俄罗斯、乌克兰，北濒波罗的海，总面积312679平方公里。波兰人口总数为38476269（2017年7月），其中波兰族约占97%，此外还有德意志、白俄罗斯、乌克兰、俄罗斯、立陶宛、犹太等少数民族、官方语言为波兰语、全国约90%的居民信奉罗马天主教。波兰宪法确立了三权分立的政治制度和以社会市场经济为主的经济体制，宪法规定：众议院和参议院拥有立法权，总统和政府拥有执法权，法院和法庭行使司法权；波兰经济体制的基础为经济自由化、私有制等原则；武装力量在国家政治事务中保持中立。议会由众议院和参议院组成，是国家最高立法机构。最高法院是国家最高审判机关。最高法对下属法院的审判活动实行监督。目前已注册登记的政党有200多个，最具影响的是：公民纲领党、人民党、法律与公正党、“你的运动”党等。2017年，国内生产总值为5264.66亿美元。①

二、广播电视监管体制与法律法规

波兰广播电视委员会负责制定广播电视业的发展政策、规划，进行行业监管，并负责广播电视频率运营和执照发放。

波兰在1984年颁布第一部《新闻法》。此后在社会动荡时期，《新闻法》多次被修改。1990年10月25日，波兰议会通过关于允许开播私营电视台的法令。1993年，波兰《广播电视法》正式生效，准许开办商业广播电视。根据1993年《广播电视法》，波兰广播电视委员会成立。该委员会负责管理和监督广播电视事业。委员会由9名委员组成，负责确定电视台用户付费标准，办理私人申办电视台的批准书。

1999年10月波兰批准了一项草案，放开对电视公司所有权的限制，以满足欧盟对成员国的要求。这一草案允许拥有地面广播许可证的外国投资者最高持有电视公司49%的股份。在采用欧盟标准以前，外国投资者的可持股份被限制在35%以下。

三、广播电视发展概况

1926年波兰广播节目正式开播。1936年波兰国际广播正式开播。1952年电视节目在波兰开始试播。1953年电视节目正式开播。1971年彩色电视节目正式开播。1992年商业卫星电视台Polsat正式开播。1993年《广播电视法》正式生效。1997年面向波兰全国的商业电视台TVN正式开播。1998年数字卫星电视台Wizja TV正式开播。2004年波兰《广播电视修订法》正式生效。2006年IPTV在波兰正式开播。2007年高清电视开始试播。2009年9月移动终端视听服务正式登陆波兰。2010年9月实现广播电视数字化转换。2011年规定波兰数字地面电视转换计划的《广播电视法》正式生效。

据统计，2010年波兰电视收看家庭数大约1450万户。其中使用收费电视的家庭数上升至大约1000万户，卫星电视占56%，有线电视占42%，IPTV占2%。另外，只接受地面模拟电视信号的家庭数占到了30%。

四、广播电视主要机构

（一）广播

波兰广播电台（Ploskie Radio，简称PR）

波兰广播电台是波兰最大的公共广播电台。面向全国播放的广播有PR1（综合频率）、

① www.fmprc.gov.cn

PR2（文化教育频率）、PR3（娱乐频率）、PR4（运动、教育、音乐频率）四个频率。

面向全国的商业广播网有 RMF FM 和 Radio ZET 两个广播电台，Radio Maryja 是面向全国的天主教广播电台。

（二）电视

波兰电视业肇始于 20 世纪 50 年代，1971 年开始播放彩色节目。1974 年，波兰中央电视台在华沙成立，同时还建立了七个地方电视台。20 世纪 80 年代，波兰各大城市开始建立地方电视台。20 世纪 90 年代，设在首都华沙的中央电视台分为一台和二台。这两个台每天分别播出 12.5 小时和 7 小时。根据 1991 年 9 月 13 日议会通过的《广播电视法》，波兰中央电视台被改组为国家股份公司。《广播电视法》更为重要的一项内容是波兰政府允许商业性电视台的成立。此后，波兰电视业进入公共电视台和私营电视台并行的体制。

1. 开路电视

目前，波兰共有七个全国性电视频道，其中四个频道已经覆盖了全国 90% 的人口。波兰电视一台（TVP1）和波兰电视二台（TVP2）是公共电视台，波兰卫视台（Polsat）和 TVN 电视台是私营电视台，这四家电视台也是波兰最主要的电视播出机构。波兰收视份额最高的电视频道是波兰电视一台，2010 年全天时段收视份额为 20.6%，2011 年收视份额为 17%。收视份额位居前列的频道还有 TVN 电视台、波兰电视二台和波兰卫视台。

波兰电视台

波兰电视一台和波兰电视二台是波兰电视台的主要频道，另外，波兰电视台还开办了资讯频道（TVP Info）、海外频道（TVP Polonia）和高清频道（TVP HD）。其中，波兰电视台海外频道通过卫星向世界各国播出，目标观众是海外波兰人。2011 年，电视二台和资讯频道的全天时段收视份额分别是 13% 和 4%。作为公共电视台，波兰电视台的资金来源主要依靠收视费和广告，其中收视费约占资金来源的 30%，广告约占 50%。

波兰 TVN 电视台

波兰 TVN 电视台开播于 1997 年，目前拥有 10 个专业频道。2007 年 9 月，TVN 电视台开播了一个高清频道，这也是波兰第一个免费开路高清频道。2011 年，该台全天时段收视份额为 15%。波兰 TVN 电视台的主要股东是波兰 ITI 控股公司，持有 56.45% 的股份。

波兰卫视台

波兰卫视台开播于 1992 年，它和波兰最大的直播到户卫星电视运营商波兰赛佛伊卫视公司（Cyfrowy Polsat）同属波兰卫视集团。2011 年，该台全天时段收视份额为 15%。波兰卫视台播出 9 个专业频道，包括新闻频道（Polsat News）和体育频道（Polsat Sports）等。

随着波兰传媒业的发展，新的电视播出机构相继创办。2013 年，波兰独立电视台（Telewizja Niezalezna，英文名为 Independent TV）开播。该台以新闻资讯为主要内容，通过有线电视和直播到户卫星电视平台播出。

2. 有线电视

波兰有线电视运营业处于集中与分散兼具的状态，前四大运营商拥有近六成用户，另外 500 多家有线电视运营商拥有其余四成的用户。波兰 UPC 公司处于领先地位，它覆盖了波兰 10 个城市，并以 132 万用户位居有线电视行业第一。威达公司（Vectra）是波兰另外一家主要的有线电视运营商，它播出 145 个数字频道，其中包括 14 个高清频道。截至 2013 年年初，它的用户总数为 98 万。波兰多媒体公司（Multimedia Polska）在 2011 年 3 月开始通过互联网提供电视频道播放和视频点播业务，它也是波兰第一家通过互联网开展此类业务的运营商。2006 年该公司还推出了 IPTV 业务。截至 2013 年年初，该公司有线电视用户总数为 62.6 万。

3. 卫星电视

波兰最大的直播到户卫星电视运营商是波兰赛佛伊卫视公司。波兰赛佛伊卫视公司在 1999 年 4 月推出直播到户卫星电视业务，目前播出 83 个波兰语频道和 500 多个国际免费电视和广播频道。2007 年 11 月，该公司开始提供高清电视业务，共播出 18 个高清频道。2008 年 9 月和 2010 年 2 月，它分别推出电话和宽带业务，随后开始提供三网合一业务。截至 2013 年年初，该公司共有 357 万直播到户卫星电视用户，与上年同期相比增长了 0.4%。

波兰赛弗拉与赛弗伊公司（Cyfra Plus Cyfrowy，简称 CPC）是波兰主要直播到户卫星电视运营商之一，其平台播出 72 个波兰语频道，用户总数为 155 万（2012 年）。恩直播卫星公司（N）创办于 2006 年 10 月，播出 77 个波兰语频道和 14 个高清频道，共有用户 189 万（2012 年）。该平台是 TVN 的全资子公司。波兰欧云吉公司（Orange Poland）在 2008 年 10 月推出了直播到户卫星电视业务，这也是它与波兰电信公司合作推出的三网合一业务的一部分。截至 2013 年 4 月，该公司的直播到户卫星电视和交互式网络电视用户共有 69.9 万。波兰电视台在 2009 年 9 月推出了一个免费直播到户的卫星电视平台，共有 5 个频道。

4.IPTV

波兰电信公司在 2006 年以 MPEG-4 制式推出了交互式网络电视业务，其交互式网络电视平台播出 35 个频道。2008 年 10 月，该公司又推出了直播到户卫星电视业务。截至 2012 年 9 月，该公司共有 11.6 万交互式网络电视用户和 57.8 万直播到户卫星电视用户。近年来，该公司着力发展三网合一业务，用户规模已达 19.1 万（2012 年）。

五、广播电视发展简史

1926 年　广播节目开播
1936 年　国际广播开播
1952 年　电视节目开始试播
1953 年　电视节目正式开播
1971 年　彩色电视节目开播
1992 年　商业卫星电视台 Polsat 开播
1993 年　《新广播电视法》生效
1997 年　面向全国的商业电视台 TVN 开播
1998 年　卫星数字电视台 Wizja TV（现 Cyfra+）开播
2004 年　《广播电视修订法》生效

2006 年　TPSA 的 IPTV 网络电视开播
2007 年　HDTV 开始试播以及一部分节目开始正式播放
2009 年　移动终端视听服务开始（9 月）
2010 年　实现了所有频道由地面模拟播出向地面数字播出的转化
2011 年　《新广播电视法》生效

德国广播电视发展概况与管理体制

一、国家概况

德意志联邦共和国，位于欧洲中部，东邻波兰、捷克，南毗奥地利、瑞士，西界荷兰、比利时、卢森堡、法国，北接丹麦，濒临北海和波罗的海，总面积为 357167 平方公里。人口总数为 80594017（2017 年 7 月），是欧盟人口最多的国家，是欧洲人口最稠密的国家之一，人口年龄中位数为 47.1 岁。通用语言为德语，居民中信奉新教和罗马天主教的各占约 30%。德国实行议会民主共和制下的总理负责制。《德意志联邦共和国基本法》于 1949 年 5 月 23 日生效。基本法确定了德国五项基本制度：共和制、民主制、联邦制、法制国家和社会福利制度。《基本法》规定，德国是联邦制国家，外交、国防、货币、海关、航空、邮电属联邦管辖。国家政体为议会共和制。联邦总统为国家元首。议会由联邦议院和联邦参议院组成。联邦议院行使立法权，监督法律的执行，选举联邦总理，参与选举联邦总统和监督联邦政府的工作等。联邦议院选举通常每四年举行一次，在选举中获胜的政党或政党联盟将拥有组阁权。德国实行两票制选举制度。德国的《基本法》是联邦德国法律和政治的基石。德国是欧洲最大的经济体之一，也是联合国、北大西洋公约组织、八国集团等国际组织的重要成员国。德国工业发达，经济总量位居欧洲首位，世界第四。2017 年，国内生产总值为 3.677 万亿美元。德国社会保障制度完善，国民具有很高的生活水平。其在基础与应用研究、科学技术等方面十分发达，以理学、工程技术而出名的德国高校和发达的职业教育支撑了德国的经济。

二、广播电视监管体制与法律法规

德国的广播电视体制经历了四个不同的阶段：魏玛共和国时期的民主制的中央集权广播制度，纳粹独裁下的中央集权的广播制度，二战后至 1984 年公共广播电视垄断时期，1984 年以后的公共广播电视和商业广播电视双轨制时期。

德国由联邦经济劳动部负责与全国电信市场、广播电视频率和技术有关的政策制定，主要靠《基本法》和《统一德国广播电视州际协议》对各州的广播电视媒体进行约束。由各州的独立规制依照《州媒介法》对本州的商业广播电视媒体进行监管。另外，德国设立了广播理事会和电视理事会，理事会由被认为能代表公众利益的知名人士组成，各州成立监督局，以监督电视台的节目，监督局由各政党、社会、理论、宗教团体的代表组成。大多数州都制定了《州公共广播电视法》和《州媒介法》，并依法分别立了各州的独立规制机构，并由这些机构对本州的商业广电媒体以及技术设施进行监管。德国的广播电视行政管理由各州的媒介管理局负责。监管内容主要包括广播电视审批、频率监管、节目及广告内容监管等。

三、广播电视发展概况

德国电视业肇始于 1935 年。这年 3 月，德国开始试验电视播出。两个月后，名为尼普可夫的电视台每天开始播出 5 小时。在 1936 年柏林奥运会期间，电视播出赢得广泛关注。德国以极大的力量进行了奥运会电视报道。仅柏林就设立了 28 个集体收看点，每台电视机前平均有 360 人；还通过电线向莱比锡等城市传送。十多天的奥运会中，电视观众达 16 万人。德国电视在 1936 年 8 月定期播出后，除特定官员得以自行收看外，一般人民只能在“电视室”中集体收看。1938 年，柏林建立了电视台，形成全国电视网，受国家宣传部控制。

第二次世界大战后，联邦德国的电视事业是在英国人的帮助下恢复的。1950 年，德国西北广播公司在杜维法特（Emil Dovifat）教授的主持下，开始播出电视节目。与此同时，德国对于电视体制以及传媒政策等做了较大的调整。1950 年 6 月，德国各州广播公司达成协议，仿照英国 BBC 模式（没有官方监督，但由官方专项税收 - 广播电视税 - 资助）组建了一个公共广播电视工作联合体，定名为“联邦德国公营广播事业协会”，简称“德广联”（ARD）。1952 年，德国在汉堡建立了德国电视一台（ARD 1），主要播放各州电视台的电视联播节目。1954 年，德广联成员开始交换节目，共同承担一套覆盖全国的综合频道的节目制作工作。德国电视一台就是在此基础上迅速发展起来的。联邦各州的广播电视台按照各自的收视费比例为频道提供节目，收视范围覆盖全国。1963 年 4 月，经各州协议，全国性的德国电视二台（ZDF）在美因茨开播。德国电视二台也是一个覆盖全国的综合频道。从 1964 年起，德国电视一台筹建播出第三电视网，分五个地区，播出地方性的电视节目，主要为知识界服务。1967 年，德国各电视台开始播出彩色电视节目。

1984 年 1 月 1 日，一个设在路德维希港市的私营有线电视台通过卫星向 1.5 万户有线电视家庭进行试播，这标志着商业广播电视在德国诞生。德国广播电视行业形成了公私并立的二元系统或称为双轨制广播系统。1986 年，联邦德国第一个供居民直接收看的广播电视卫星结束地面试验，投入正式使用。五个频道通过该卫星向全国播出。

1952 年 12 月 21 日，民主德国电视台开播，这也是民主德国第一家电视台。1990 年两德统一后，原东德的广播电视业被迅速纳入联邦的德国的双轨体制。原民主德国的国家广播电视台被迅速纳入了联邦德国的双轨体制。原民主德国的国家广播电视台 - 德意志电视广播台（DFF）- 被分解给了德广联和电视二台。三个新的联邦州 - 萨克森州、下萨克森州和图林根州 - 在签订州际间合作协议的基础上成立了中德意志广播电视台（MR），勃兰登堡州成立了勃兰登堡东德意志广播电视台（ORB）。随后，这两个新建的公法性州级广播电视台都加入了德广联。东西德国统一后，新建立的德国联邦重新修订了广播电视法规和政策。1991 年 8 月 31 日，16 个州共同制定了《统一的德国全国广播电视协定》。协定确认在德国实行公共广播电视与私营广播电视并存的二元广播电视体制。此外，协定还就视听费的征收、财政经费的分配、公共广播电视和私营广播电视对卫星的利用等问题签订了全国性的基本法规。根据协定，原德意志民主共和国国家广播电视机构停止活动，所属的广播电台于 1991 年 12 月 31 日停止播出。广播电视节目转由新成立的各州广播电视台和一部分私营电视台播出。

2016 年 10 月，德广联（ARD）和德国电视二台（ZDF）开始启动只在互联网上对年轻人播送的在线媒体服务“funk”。“funk”是将公共广播电视制作的新节目，定期上传到年轻人常用的社交媒体例如 YouTube、Facebook、Twitter 上。起初只有 40 个节目，现在节目数量已经达到了 60 多个。

2017 年 2 月，在德国联邦交通和数字基础设施部的主导下，“数字广播委员会”发布了推进广播向数字化转移的《行动纲要》。这份《行动纲要》强制性规定了今后制造的 FM 广播收音机上必须装有可连接数字信号的接线头。

2017 年 3 月底，40 多个频道在全国范围内的主要城市开始正式使用 DVB-T2 制式播送 HD 高清电视。

目前，德国的公法频道主要有德国电视一台、德国电视二台、德国电视三台（ARD）、儿童频道（Kika）、凤凰频道（Phoenix）、电视文化频道卫星三台（3SAT）、德法双语文化频道（ARTE）和德国之声电视频道（DW）。德国的私营电视台超过 20 家，其中比较有影响力的私营电视台有：卫星电视一台（SAT.1）、卢森堡广播电视台德国台（RTL Plus Deutschland）、德国体育电视台（DSF）、七台（PRO 7）、新闻频道（NTV）、沃克斯电视台（VOX）、卢森堡广播电视（RTL 2）、卢森堡超级电视台（Super RTL）、有线一台（Kabel 1）、首映世界（Première World）、数字电视台（DF 1）和维瓦电视台（VIVA）等。

四、广播电视主要机构

（一）广播

广播方面，德国国家公共广播电台向全国范围内播出有三个频率。德国广播电视联合会的州立广播公司向不同地区播放三至八个频率。商业广播中，面向地方的 FM 电台有 252 个，卫星广播有 17 个 2011 年 9 月开始以 DAB+ 标准面向全国播出地面数字广播。德国现行广播制式为 DVB-T 制式。

（二）电视

1、开路电视

德国从 20 世纪 80 年代开始，电视业一直沿用二元体系，即在公法电视机构的基础上引入私营电视机构，并且两者具有相同的重要地位。除了公法电视机构德国电视一台和德国电视二台之外，德国最具有影响力和市场号召力的私营电视台主要隶属于卢森堡广播电视传媒集团（RTL）和 ProSiebenSat.1 这两大传媒集团。其中，卢森堡广播电视传媒集团是欧洲最大的电视播出机构。

德国最主要的公法电视机构是德国电视一台和德国电视二台，它们也是德国最受欢迎的公法电视机构。2012 年，德国电视一台在 14-49 岁受众群中的全天收视份额为 12.3%，德国电视二台为 12.6%，都位居全国收视份额排名的前列。德国电视一台和德国电视二台的主要营收来源是民众的收视费。

德国电视一台

德国电视一台创办于 20 世纪 50 年代。1962 年，国营对外广播机构“德国之声”和针对民主德国的“德国广播公司”也加入德国电视一台。德国电视一台在国际上代表联邦德国，在国内则负责协调各广播公司之间的节目、经费等合作事宜。各国广播公司轮流负责联播节目的设计和行政事务，以两年为一期。1954 年 11 月，德国电视一台正式播出电视节目。20 世纪 60 年代初期，德国第二个电视频道划归德国电视一台。

德国电视二台

德国电视二台开播于 1963 年 2 月，是德国第二个公法的覆盖全国的综合频道，也是一个各联邦州的综合电视机构。1961 年 6 月 6 日，联邦德国各州达成协议，决定成立一个既非国营又不限于任何一州的公营电视台，这个电视台被命名为德国电视二台。德国电视二台的总部位于美因兹，在每个联邦州都有一个独立的州演播室。德广联各成员将其收视费的 30% 移交给电视二台，这笔费用占其费用的一半，其他收入来自于广告费等。

德国电视三台

德国电视三台是包含 10 个州立公法广电机构的地方性综合频道，它也是德广联部分地区机构联合开办的。德国电视三台与综合性的一台、二台不同，以播放教育文化类节目为主。2012 年，德国电视三台的收视份额为 12.6%，位居全国电视播出机构的榜首。

卫星三台

卫星三台成立于 1984 年，是由德国电视二台与奥地利电视台（ORF）以及瑞士电视台（SRG）合作推出的，主要面对德语区播出，属于公法频道。1993 年，德国电视一台加入进来，卫星三台也逐渐成为以新闻和文化为重点的频道。

德法双语文化频道

德法双语文化频道开播于 1990 年，由德法合作推出，致力于欧洲的电视文化工作。

儿童频道

儿童频道开播于 1997 年，是德国广播电视联盟和德国电视二台联合开播的电视专业频道，属于公法频道。

凤凰频道

凤凰频道是德国广播电视联盟和德国电视二台联合开办的新闻背景和事件性频道，属于公法频道。

德国之声电视台

德国最主要的全球性播出机构是德国之声电视台（Deutsche Welle，简称 DW）。德国之声成立于 1960 年，成立之初仅提供广播服务，使用 29 种语言 24 小时向世界各地播放广播节目。自 20 世纪 90 年代 DW 接受了美占区电视台（RIAS TV）后，也开始创作电视节目。目前，在全世界范围内 24 小时都能接收到使用三种语言（德、英、西班牙语）播出的德国之声节目。德国之声电视台是一个新闻和信息频道，得到联邦家庭信息署（Bundeshaushalt）的财政支持。

除了全国性公法电视机构之外，德国拥有 9 个州级广播电视台，它们也是公法电视机构。9 个州级广播电视台分别是巴伐利亚广播电视台（BR，慕尼黑）、西德意志广播电视台（WDR，科隆）、勃兰登堡东德意志广播电视台（ORB，波兹坦）、黑森广播电视台（HR，法兰克福）、北德意志广播电视台（NDR，汉堡）、萨尔广播电视台（SR，萨尔布吕肯）、自由柏林电视台（SFB，柏林）、西南广播电视台（SWR，斯图尔特）和中德意志广播电视台（MDR，莱比锡）。

德国私营电视机构主要是 Prosieben Sat.1 传媒集团和卢森堡电视传媒集团这两大传

媒集团，基希集团（Kirch）和贝特斯曼集团（Bertelsmann）分别对这两大传媒集团的形成和发展产生了较大的影响。就收视份额来说，这两大传媒集团旗下各个频道收视份额之和到达 57.7%（2010 年），2012 年仍高达 55.1%。2010 年，RTL 旗下各个频道收视份额之和为 29.1%，位居第一，ProsiebenSat.1 紧随其后，收视份额之和为 28.6%。2012 年 RTL 旗下各个频道收视份额之和为 27.3%，位居第二，ProsiebenSat.1 实现了小幅反超，收视份额之和为 27.8%。

2、有线电视

德国是欧洲最大的有线电视市场，但德国有线电视用户规模近年来一直处于缩小趋势。为此，德国有线电视业近年来大力升级有线网络系统，加快数字化进程。与此同时，有线电视运行商通过升级后的有线网络，大力发展三网合一业务。德国有线电视业存在一个四级结构，第一级和第二级运营商提供一个基础设施和服务，第三级和第四级运营商则控制着客户端。尤其是第四级运营商掌握着客户资源，直接面对房地产公司、业主或终端客户，为他们提供有线电视服务。目前，德国主要的有线电视运营商都没有完全直接面对客户，而是需要借助“第四级”运营商实现与客户的对接。德国有线电视运营机构主要有三家：德国有线电视公司（Kabel Deutschland，简称 KDG）、统一传媒公司（Unitymedia）和巴登符腾堡有线电视公司（Kebel Baden Wurttemburg，简称 KBW）。长期以来，这三家公司根据地理位置划分各自的业务开展范围，以确保有序竞争。

3、卫星电视

德国在 2012 年 4 月 30 日实现了直播到户卫星电视的模拟转数字，正式结束了模拟卫星电视 23 年的历史。德国拥有 1760 万直播到户卫星电视家庭用户（2012 年），其中 1300 万为付费直播到户卫星电视用户。德国天空公司在德国直播到户卫星电视运营领域一家独大，截止到 2013 年 5 月，用户规模达到了 340 万，其中付费高清电视用户为 161 万。德国天空公司大力发展高清电视频道，目前该公司系统内播出 29 个高清频道，其中包括 13 个独家频道。2010 年 3 月德国天宫公司开始播出 3D 节目，并与当年 10 月正式推出了 3D 频道。作为市场运营策略，德国天空公司一直致力于与有线电视运营商和交互式网络运营商合作，推广自有付费频道。这种“批发”模式大大提升了德国天空公司的用户规模。目前，德国天空公司的用户中 55% 了来自天空公司本身，另外 45% 则是通过有线电视或 IPTV 公司发展的用户。德国直播到户卫星电视领域另外一家主要运营商是欧星阿斯塔纳公司（SES-Astra），它隶属于欧洲卫星全球公司（SES）。欧星阿斯塔纳公司创办了“高清加”平台（HD+），其付费电视用户规模在 2013 年 4 月达到了 110 万，整体用户规模（付费用户和免费用户）为 290 万。2013 年 1 月，该平台整体用户规模（付费用户和免费用户）为 287 万。“高清加”平台创建于 2009 年 11 月 1 日，当时以非加密方式播出 15 个高清频道。

4、地面数字电视

近年来，德国全力推进数字化进程，全国电视播出和传输系统以及用户家庭的电视设备的数字化程度大幅提升。截止到 2012 年 9 月，德国 77.8% 的电视家庭已经实现数字化，数字电视家庭总数达到了 2950 万。其中，直播到户卫星电视领域的数字用户为 1730 万，而有线电视用户的数字化比例则为 48.2%。德国在 2008 年完成了模拟向数字的整体转化，并在 2010 年年底拥有 2220 万数字电视家庭，用户数字化普及率达到了 58%。

5、IPTV

德国电信公司（Deutsche Telekom）占德国宽带领域的半壁江山，也是主要交互式网络电视运营商之一。该公司在 2006 年开始推出三网合一业务，向用户提供宽带业务、网络电话以及电视节目服务。其中，宽带业务的网速为 50Mbps，电视节目服务包括 150 多个频道和 1 万小时的视频点播节目。近年来，该公司的用户数持续增长，对德国有线电视业构成了较大的威胁。德国电信公司还积极与直播到户卫星电视运营商开展合作。2011 年 2 月，该公司与德国天空公司签署协议，德国天空公司的所有频道都同时在德国电信公司的网络系统中播出，包括高清和 3D 频道。截止到 2013 年 5 月，德国电信公司 IPTV 用户数约为 203.5 万，根据计划，到 2015 年用户数将提升到 500 万。德国交互式网络电视领域另外一家主要公司是达沃丰公司（Vodafone）。该公司在 2011 年 3 月推出了交互式网络电视业务。汉斯网络公司（Hansenet）是德国第四大宽带运营商，目前隶属于西班牙电信公司。汉斯网络公司从 2006 年开始提供交互式网络电视业务。

五、广播电视发展简史

1923 年　柏林的 Deutsche Stunde 公司开始定期播出

1925 年　德国帝国广播协会（Reichs-Rundfunk-Gesell-schaft）成立

1933 年　国民启蒙与宣传部开始负责管辖广播业务

1935 年　柏林开始定期播出电视节目

1945 年　德国无条件投降，广播由美国、英国、法国和苏联的占领军控制

1948~49 年（西德）成立了六个州的广播协会

1949 年　（东德）广播业务转为国营

1950 年　（西德）德国广播电视联合会（ARD）成立

1952 年　（西德）西北德国广播公司正式播放电视节目

1953 年　（西德）德国之声电视台（Deutsche Welle）开始播放

1954 年　（西德）ARD 开始在全国播出“德国电视”（11 月）

1955 年　（东德）正式开始播放电视节目

1961 年　（西德）联邦宪法法庭第一次作出广播相关判决（2 月）
（西德）德国电视二台（ZDF）成立（6 月）

1963 年　（西德）ZDF 开始播放电视节目（4 月）

1964~69 年（西德）各州广播协会的第三频道开播

1967 年　（西德）开始播放彩色电视节目（8 月）

1969 年　（东德）开始播放彩色电视节目（10 月）

1970 年　（西德）《信号接收费州际协议》通过

1984 年　（西德）有线电视实验项目开办，PKS 电视台（后来更名为 Sat.1 电视台）等商业性电视台开办（1 月）

1984~89 年（西德）各州通过《州商业广播法》

1987 年　（西德）《关于重新编定广播制度的州际协议》通过（3 月）

1989 年　（西德）ProSieben 商用电视公司成立（1 月）
（西德）通过 TV-SAT 2 和阿斯特拉卫星开始卫星直接接收信号服务（11 ~ 12 月）
1990 年　东德和西德统一（10 月 3 日）
1991 年　付费广播电视 Première 开播（4 月）
《统一德国广播电视州际协议》通过（8 月）
1992 年　德国之声电视台（Deutsche Welle）推出 DW-TV（4 月）
欧洲文化频道 ARTE 开始播出（5 月）
1994 年　Deutsch Land Radio 开播（1 月）
1996 年　Kirch 集团首次在德国提供数字卫星直播业务（7 月）
ARD 和 ZDF 创建网站（7 ~ 8 月）
2000 年　德国 CLT-Ufa 电视台和英国 Pearson TV 合并重组为 RTL 集团（7 月）
ProSiebenSat.1 电视台成立（10 月）
2002 年　Kirch 集团的骨干公司先后提起破产申请手续（4 ~ 6 月）
柏林首都地区开始播放数字地面电视信号（11 月）
2006 年　德国电信推出 IPTV（10 月）
2008 年　地面模拟电视信号在全国范围内停止播送（11 月）
2010 年　ARD 和 ZDF 开始播放卫星高清电视（2 月）
2011 年　开始使用 DAB + 制式播送数字信号（8 月）
2012 年　卫星模拟电视信号停止播送（4 月）
2013 年　广播电视费（Rundfunkbeitrag）制度实施（1 月）
2014 年　联邦宪法法院作出第 14 次广播相关的判决（ZDF 判决）
2016 年　ARD 和 ZDF 开始启动在线媒体服务“funk”（10 月）
Sky Deutschland 开始播出 4K 信号电视节目（10 月）
2017 年　新一代数字地面电视标准 DVB-T2 启动（3 月）

俄罗斯广播电视发展概况与管理体制

一、国家概况

俄罗斯位于欧亚大陆北部，地跨欧亚两大洲，国土面积为 1709.82 万平方公里，是世界上面积最大的国家。俄罗斯总人口数为 142257519（2017 年 7 月），民族 194 个，其中俄罗斯族占 77.7%，主要少数民族有鞑靼、乌克兰、巴什基尔、楚瓦什、车臣、亚美尼亚、阿瓦尔、摩尔多瓦、哈萨克、阿塞拜疆、白俄罗斯等族。俄语是俄罗斯联邦全境内的官方语言。主要宗教为东正教，其次为伊斯兰教。俄罗斯联邦实行的是联邦民主制。以俄罗斯联邦宪法和法律为基础，根据资产阶级立法、司法、行政三权分立又相互制约、相互平衡的原则行使职能。总统是国家元首，任期 4 年。俄罗斯议会正式名称为俄罗斯联邦会议。联邦会议采用两院制。俄罗斯联邦政府是国家权力最高执行机关。联邦政府由联邦政府总理、副总理和联邦部长组成。宪法规定，各联邦主体（共和国、边疆区、州、自治州和自治区）的权利、地位平等。司法机关主要有联邦宪法法院、联邦最高法院、联邦最高仲裁法院及联邦总检察院。不允许设立特别法庭。俄罗斯实行多党制，主要有以下政党：统一俄罗斯党、俄罗斯共产党、俄罗斯自由民主党、公正俄罗斯党、亚博卢联盟、右翼力量联盟等。2014年，受国际原油价格下跌和美西方制裁影响，俄罗斯经济遭遇2008年以来最严重困难。卢布大幅贬值，企业融资困难，资本加速外逃。俄罗斯政府积极应对，出台包括动用外汇储备、增加市场美元流动性、严打金融投机行为、动用预算资金支持实体经济等在内的一系列救市措施，卢布汇率日趋稳定，社会形势和民众情绪基本稳定。2017年，国内生产总值为1.578万亿美元。俄罗斯领土跨越欧亚两洲，融合了东西方两种文化。俄罗斯重视发展文化事业，大量出版图书和报刊，建立了许多图书馆、博物馆、文化馆、俱乐部等群众性文化设施。俄罗斯文学源远流长，出现了普希金、莱蒙托夫、果戈里、别林斯基、陀斯妥耶夫斯基、托尔斯泰、契诃夫、高尔基、肖洛霍夫等世界驰名的大文豪和作家。俄罗斯的宗教音乐和民间音乐有着深远的历史传统，歌剧、交响乐和室内音乐具有鲜明的民族气质，奔放豪迈。

二、广播电视监管体制与法律法规

俄罗斯通讯与大众传媒部负责制定广播电视业的发展政策、规划，并负责行业监管。俄罗斯现行的广播电视基本法是《俄罗斯联邦大众传媒法》（1991年12月19日颁布）。2007年3月总统发布政令，取消之前的文化传媒部，新成立监督管理传媒业的联邦政府直属机关“俄罗斯通讯与大众传媒部”，负责监督管理广播电视节目播放、颁发播出许可、认证著作权等。

在广播电视节目管理方面，政府指出儿童节目要有最低时间限制，2002年4月对不遵守规定、延长播放非儿童节目时间的电视台提出警告。普通频道专门面向成年人的节目只能在晚上11点至第二天凌晨4点之间播放。2006年7月起实行的《广告法》对电视广告播放时间和烟酒广告等提出限制。2008年以后，1小时的节目中广告时间不能超过15%。①

三、广播电视发展概况

1922年，苏联成立共产国际纪念广播电台。1929年，苏联开播国际广播，分别用德语、法语、英语对外广播。俄罗斯电视业肇始于20世纪30年代，当时苏联科技人员开始电视的试播工作。苏联实验性的电视开播于1931年，列宁格勒电视台1938年开始播出。1939年3月10日，从苏联共产党第十八次全国代表大会起，莫斯科电视台开始定期播出。1955年3月22日，莫斯科电视台改名为苏联中央电视台，它是苏联的国家电视台。1965年，苏联成功发射转播卫星。1967年，建立了世界上第一个卫星传送网，起先用于国内电视传送，后来成为东欧国家之间的国际卫星网。1967年，苏联中央电视台在莫斯科西北郊建成欧洲最大的彩电中心，其电视台高达530米，是当时仅次于加拿大蒙特利尔电视塔的世界第二高塔。1967年10月，开办彩色节目。此后，苏联电视业一直处于相对平稳的发展态势，并在电视技术、创作技术、传输网络等方面形成了自身的特色。

苏联解体后，俄罗斯电视业发展经历了较大的波动，尤其是电视业属性发生了转变。

① [日]NHK放送文化研究所编，《世界广播电视蓝皮书2015》，日本：NHK出版社2015年版，第213页

20世纪90年代初期到现在，俄罗斯电视业经历了从国家控制（1990年以前）到短暂的独立（1990~1992年），再到寡头控制（1993~1999年），然后是普京政府的控制（2000年以后）。1992年，叶利钦在全国范围内发布了“私有化”命令。此后，商业电视台迅速发展起来。1993年1月1日，俄罗斯第六电视台开播，它是俄罗斯第一家私营电视台，也是俄罗斯影响最大的私营电视台，隶属独立广播公司。随着俄罗斯大众传播业的私有化，被称为“圈地运动”的所有权集中过程开始了。俄罗斯石油天然气公司，奥奈克姆银行、金融家古辛斯基的“莫斯科媒介公司”、商人兼官僚别列佐夫斯基的“洛戈瓦斯”公司、阿尔法电台等较大的财团，成为苏联瓦解后控制俄罗斯大众传媒业的巨头。随着普京时代的到来，俄罗斯电视业的图景再次发生巨大的变化。普京执政支出，就着手整治寡头及其媒体。例如，较具影响力的俄罗斯第六电视台曾由别列佐夫斯基控制，后来他因涉嫌经济犯罪收到有关部门调查，该台最终转由莫斯科独立广播公司和索茨乌马媒体共同经营。

四、广播电视主要机构

（一）广播

Radio Rossii

Radio Rossii 作为苏联第3广播电台后续广播在1990年成立，隶属于VGTRK公司，播出新闻、音乐、名人专访、体育等等多种节目。

Radio Mayak

Radio Mayak 是苏联时期的第2广播，现在在原苏联地区也能收听到，隶属于VGTRK。

Europa plus

Europa plus 是俄罗斯首家商业广播电台，1990年4月与法国共同成立，以音乐节目为主，24小时播放。原苏联地区也能收听到。

Russkoe Radio

Russkoe Radio 是1995年8月开播的商业FM电台，以音乐节目为主，只播出俄语歌曲，在原苏联地区与北美地区也能收听。

Ekho Moskvy

Ekho Moskvy 于1990年8月开播，以新闻、信息、谈话讨论节目等为主。

（二）电视

1. 开路电视

俄罗斯电视播出机构由国有电视台和私人电视公司等组成。目前俄罗斯主要电视频道包括第一频道（Channel 1）、“俄罗斯”频道（Rossiya）、独立电视台（NTV）和CTC电视网等。从2007年以来，这几个频道的收视份额一直位于全国前四位。2010年7月，俄罗斯通过了相关法规，要求所有的付费平台必须播出8个免费频道，其中就包括第一频道、“俄罗斯”频道、独立电视台。2010年，第一频道的收视份额为17.9%，“俄罗斯”频道为16.4%，独立电视台为15.5%，CTC电视网为8.5%。2011年，这几个频道的收视份额分别为17%、15%、15%和8%。根据2012年10月的收视数据，独立电视台已经跃居全国收视份额第一的位置。

第一频道

第一频道原名为俄罗斯公共电视台（OPT），2002 年 9 月更为现名。第一频道是俄罗斯首家公共电视机构，总部设在莫斯科，其前身是苏联中央电视台一台。苏联解体后，该台被改组为奥斯坦斯诺电视公司，1995 年 4 月又被改组成立股份制的公共电视台，国家占 51% 的股份，其余股份为私人所有。

“俄罗斯”频道

“俄罗斯”频道属于全俄国家广播电视公司（VGTRK），该公司旗下还包括国家文化频道、体育频道、24 小时新闻频道（Rossiya 24）等 80 家地方性国有电视频道、RTR-Planet 全球卫星服务公司和几家国家广播电台等。自 2001 年起，VGTRK 成为欧洲新闻频道（Euronews）主要股东之一，使之能够在其文化频道中用俄语播出欧洲新闻，而且还通过有线及卫星频道的付费平台转播欧洲新闻。

独立电视台

独立电视台是全国性的股份制私营电视台，其前身是 TV-4 教育频道。该电视台市值为 14 亿美元。

CTC 电视网

CTC 电视网是俄罗斯最大的商业广播电视机构，市值为 18 亿美元。CTC 电视网隶属于 CTC 传媒公司（CTC Media）。该公司在俄罗斯国内经营三个开路频道，即 CTC、Domashny 和 Peretz。另外，该公司还开办了 CTC 国际频道（CTC-International）。

OTV

2012 年 9 月，俄罗斯总理梅德韦杰夫签署命令成立一个公共播出机构 OTV，该机构作为一个非盈利机构为公众提供电视节目服务。2013 年 5 月 19 日，该频道正式播出，节目以新闻、电影、娱乐等为主，不播出商业广告。OTV 是俄罗斯第一个公共电视频道，其运营资金主要来源于政府和私人资助。

“今日俄罗斯”电视台

俄罗斯最主要的电视对外传播机构是“今日俄罗斯”电视台（RT）、“今日俄罗斯”电视台由俄罗斯政府创办，创建人员主要是俄罗斯前新闻部长、普京的新闻顾问列辛和普京的新闻秘书格罗莫夫等人。该台英语频道在 2005 年 9 月开播，随后阿拉伯语频道在 2007 年 5 月开播，西班牙语频道在 2009 年 12 月 28 日开播。2010 年 1 月 15 日，“今日俄罗斯”美国台开播。该台在位于华盛顿特区的演播室对美国观众播出，每天从下午 16 点到 24 点（美国东部时间）直播 8 小时。2011 年 6 月，“今日俄罗斯”电视台开播了英语记录频道（RTDoc），这是一个 24 小时播出的记录频道。

截至 2013 年 1 月，“今日俄罗斯”电视台在全球 18 个国家设立了 25 个记者站，国内和国际雇员共 2000 多人。该台通过 30 颗卫星的 500 多个转发器进行信号传输，覆盖全球 100 多个国家的 6.3 亿人口。其中“今日俄罗斯”电视台阿语频道在西亚、中东和北非地区通过卫星覆盖 3.5 亿人口，英语记录频道的节目信号覆盖欧洲、中东和北非 1.2 亿人口。

随着俄罗斯电视业的发展，电视频道也日益多元。2012 年，俄罗斯开办了一个伊斯兰频道（Al-RTV），这也是该国第一个此类频道。该频道通过卫星播出，经费主要来自于私人捐款和政府资助。

2. 有线电视

在有线电视领域，用户规模较大的运营商主要有俄罗斯电信公司、莫斯科电信公司（Mostelecom，简称 MTS）、康姆斯达公司（Comstar）、ER 电信公司（ER Telecom）、阿卡度公司（Akado）和 TKT 公司等。2011 年 12 月，莫斯科政府要求所有有线电视公司将传输线路从地面转至地下，线路改建以及与之相关的设施升级大大增加了有线电视运营公司的成本支出。俄罗斯电信公司是俄罗斯国家电信运营商，拥有俄罗斯最大的国内骨干网。在电视运营领域，该公司从事有线电视和交互式网络电视业务。截至 2012 年，俄罗斯电信公司拥有 640 万用户。另外几家有线电视运营商都有百万级的用户规模。截至 2012 年 10 月，莫斯科电信公司的用户数为 297.5 万，康姆斯达公司为 252 万，ER 电信公司为 199.2 万，阿卡度公司为 133.2 万，TKT 公司为 125 万。莫斯科电信公司和 TKT 公司都属于国家媒体集团。ER 电信公司是俄罗斯南部中心城市的一家运营商，一直致力于成为俄罗斯主要有线运营商之一。目前，该公司正大力推进光纤到户网络建设，并计划在近期推出 200Mbps 网速的宽带业务。截至 2013 年年初，该公司共有 500 万电视、宽带和电话用户，其中有线电视用户为 234 万。阿卡度公司隶属于莫斯科有线网公司（Moscow Cable Com），在俄罗斯率先推出高清频道。

3. 卫星电视

俄罗斯直播到户卫星电视运营商主要有三家：三色公司、NTV-Plus 和东方快线公司（Orion Express）。用户规模最大的运营商是三色公司，它创办于 2005 年，截至 2013 年 1 月，其用户总数为 1190 万。三色公司从 2012 年 7 月开始大力发展高清业务，近年来致力于增加平台上频道数量和频道节目的质量，以提升整体竞争力。三色公司在创办之初，其国内市场的主要竞争对手是 NTV-Plus 公司，但目前已经在整体频道数量和质量上赶超了竞争对手，成为俄罗斯最具实力和影响力的直播到户卫星电视平台。其他两家直播到户卫星电视公司的用户规模也处于增长之中。截至 2012 年 10 月，NTV-Plus 的用户数为 68.5 万，东方快线公司为 48 万。

4. 数字地面电视

俄罗斯政府最初宣布使用 DVB-T 作为数字地面电视标准，但在 2011 年 9 月又项目将标准改为 DVB-T2。俄罗斯政府原来将模拟转数字的完成时间定为 2015 年，后来又改为 2013 年。俄罗斯国内地面数字化始于 2010 年 1 月，俄罗斯政府计划数字地面平台上至少有 13 个国内频道，城市范围内还要有 3 个高清频道和 10 个移动电视频道。俄罗斯地面数字转换的费用约为 2350 亿卢布，中央政府承担三分之一，其余由广播公司、运营商等机构承担。

5.IPTV

俄罗斯交互式网络电视运营商主要有三家：康姆斯达公司、毕莱公司（Beeline）和达尔斯瓦兹公司（Dalsvyza）。截至 2012 年 10 月，毕莱公司的用户数为 27.4 万，达尔斯瓦兹公司为 17.7 万。值得一提的是，2012 年 9 月，毕莱公司与中国华为公司签署了一个为期五年的合作协议，中国华为公司将协助俄罗斯毕莱公司在伏尔加和远东地区建设固话和移动通信网络。

五、广播电视发展简史

1922 年　广播节目开始，电台名为共产国际纪念广播电台

1929 年　国际广播开始，分别用德语（10 月）、法语（11 月）、英语（12 月）对外广播

1938 年　莫斯科、列宁格勒开始电视试播（9 月）

1939 年　莫斯科（3 月）、列宁格勒正式开始电视播出

1941 年　德苏战争导致电视播放被迫中止

1942 年　国际广播开始日语播出（4 月）

1945 年　莫斯科电视台再度开始电视播出（5 月）

1965 年　莫斯科与符拉迪沃斯托克之间首次电视卫星信号传输成功（4 月）

1967 年　从莫斯科到东京首次实现电视卫星信号传输成功（NHK 综合《日苏新时代》）（4 月）
彩色电视定时播出开始（10 月）

1982 年　莫斯科电视第 2 频道面向全国的卫星电视播出开始（10 月）

1988 年　苏联政府中止自由欧洲广播电视等外国抗干扰短波播放（12 月）

1989 年　莫斯科市内酒店可收看 CNN（11 月）

1991 年　原苏联广播电视国家委员会改组俄罗斯广播电视公社改组为奥斯坦金诺电视台（12 月）

1993 年　独立广播电视协会开始播出（1 月）
圣彼得堡电视台改组为彼得堡电视台（4 月）

1994 年　NTV 开播（1 月）
俄罗斯总统决定成立奥斯坦金诺电视台后续电视台 ORT（11 月）

1997 年　莫斯科市出资成立 Center TV 频道，并于 6 月开播

2002 年　俄罗斯政府关闭 TV 6 Moscow 频道（1 月）
TV 6 Moscow 改为 TVS 重新开播（6 月）
ORT 改名为第 1 频道，转为国有运营（9 月）

2003 年　TVS 因为巨额债务问题接到政府停业警告，之后停业（6 月）

2005 年　“今日俄罗斯”电视台开始对外播出

2010 年　哈巴罗夫斯克地方数字地面电视正式开播（2 月）

法国广播电视发展概况与管理体制

一、国家概况

法兰西共和国，古称“高卢”，位于欧洲西部，与比利时、卢森堡、德国、瑞士、意大利、西班牙、安道尔、摩纳哥接壤，西北隔拉芒什海峡与英国相望，55 万平方公里（不含海外领地），是欧盟中面积最大国家。法国人口总数为 62814233（2017 年 7 月，含海外领地），人口年龄中位数为 41.4 岁，通用语言为法语，法国是全球第六大移民国，移民占总人口 8.8%。法国宪法规定，总统为国家元首和武装部队统帅，任期 5 年，由选民直接选举产生。总统任免总理并批准总理提名的部长；主持内阁会议、最高国防会议

和国防委员会；有权解散议会，但一年内不得解散两次；可不经议会而将某些重要法案直接提交公民投票表决；在非常时期，总统拥有“根据形势需要采取必要措施”的全权。在总统不能履行职务或空缺时，由参议院议长暂行总统职权。实行国民议会和参议院两院制，拥有制定法律、监督政府、通过预算、批准宣战等权力。国民议会共577席，任期5年，采用两轮多数投票制，由选民直接选举产生。本届国民议会于2017年6月选出。参议院共348席，由国民议会和地方各级议会议员组成选举团间接选举产生，任期为6年，每3年改选1/2。法国实行多党制，主要政党有社会党、共和国人党、国民阵线、民主与独立派联盟、法国共产党等。法国是最发达的工业国家之一，八国集团和二十国集团成员，在核电、航空、航天和铁路方面居世界领先地位。2017年，国内生产总值为2.583万亿美元。

二、广播电视监管体制与法律法规

“二战”后，法国政府成立了法国广播电视局（RTF），它由新闻部领导，是国家公共机构和具有商业性性质的国有传媒机构，负责从事国内的广播电视服务。

1964年以前，法国实施以中央政府为主要角色对公共广播电视进行领导的国有公共体制，也就是政府主导下的国有公共体制。法国广播公司（其后更名为法国广播电视公司，简称RTF）依法垄断法国广播电视，归属法国政府，对政府信息部负责，政府总理任免其负责人，并全面控制其新闻报道和节目安排。这一政府垄断体制在1964年结束，随后法国成立法国公共广播电视机构（ORTF，也称广播电视局），但ORTF和法国政府之间依然存在默从关系。

1982年，法国出台了《视听传播法》，随之成立视听最高权力机构（HACA）。根据新的法律，广播电视与政府关系淡化，政企分开。从此以后，广播电视公司成为社会性企业，开始引入市场竞争。

1986年，《传播自由法》出台，同年成立了“国家自由通信委员会”，也有的称之为“国家自由传播委员会”（CNCL）。之后，1989年最高视听委员会（Canseil Superieur de I' Audiovisuel，简称CSA）成立。

目前，法国在通信业与广播电视业的统一立法框架下，对通信业和广播电视业实行政府监管与独立规制并举、分业监管的体制。最高视听委员会（CSA）和文化部分别是监管广电媒体和广电行业的独立规制机构和政府监管机构。电信规制局和经济、财政与工业部分别是监管通信业的独立规制机构和政府监管机构。2012年8月，法国政府开始针对传媒监管机构进行改革，目标是整合广电业和电信业的监管机构，这是法国政府顺应传媒发展态势的一项重要举措。

最高视听委员会（CSA）目前是法国广播电视业的独立监管机构，在融合环境下，欧盟对广播电视业的指令，法国政府也必须进行内部消化，但这种消化没有从根本上改变CSA对广播电视业的监管职能。根据2004年7月9日第2004-669号法令，CSA负责监管广播电视业的活动的下游部分，即商业化、内容播放与信号传送两大块。商业化监管是指技术条件和财政条件，如调解电视节目播放的分歧，调解各方间的数字电视（TNT）付费信道的分歧，负责向发行者和运营商分配广播电视频率并向竞争委员会提出建议。内容播放监管指是否损害思想潮流和社会舆论的表达多元化、维护公共秩序、保护青少年等。信号传送监管就是对广播电视传输网的监管。目前法国最大的公用广播电视运营商TDF公司的网络由Antalis TV公司、Towercast公司和Canal Plus公司共同合建，受CSA监管。按照欧盟定义，这个网络也是公用电子通信网。但在电子通信运营商之间出现网络分歧时，不管这个网络是受管制抑或没有受管制，ARCEP有权进行调解。

目前，视听最高委员会是法国广播电视监管机构，享有政府授予的很大权利，包括从人事提名、经费管理、政策提案、市场监督、监督惩处等。它统一管理包括公营、私营，全国和地方电视节目市场。单就监管职能而言，其职能包括：

- 分配技术传送系统和确认技术标准
- 制订节目制作和播出规则
- 限定广告时间
- 确保新闻内容的准确性和多元性
- 发放或吊销广播电视执照
- 规范市场和投资等
- 与相关机构的协调
- 执行纪律

CSA和美国FCC的不同之处在于，CSA不负责电信方面的业务，但具有像BBC的Broadcasting Standard Commission的规范媒体的角色。CSA虽然是由政府编列预算作为经费来源，但却是完全独立的。

《视听传播法》是在1982年由议会通过的，该法允许私营广播的存在，规定取消一切新闻检查，确保记者的独立性，使之不收官方及外界的压力和影响。它使政府是去了对广播电视的垄断权力，并根据法律，组成了10个独立的全国性组织、12个地方电视台，新建了面向海外的对外广播电台和法国国际广播电台，还成立了经营法国电视节目产品的国际推销公司—法国国际媒介公司。

《传播自由法》是1986年由法国保守党政府推动媒介改革立法的产物，这一法律确认了公共广播电视和商业广播电视并存的体制。传播自由法不再将视听传播定义为公共服务，并将法律条款内容扩大到了电子传播领域。

1989年和2000年，法国又先后两次对《传播自由法》进行修正，通过了较为成熟的广播电视管理体制，并通过政府，发布了一系列有关资费和税收、广告播出、文化保护和资本管理等方面的政策要求。

三、广播电视发展概况

法新社是世界主要通讯社之一。1835年创立，原名哈瓦斯通讯社，1944年9月重建并改用现名。1957年政府确定法新社的独立地位，但其财政管理仍由国家控制。在国外有200家分社，辐射150个国家，向全球约7000家报纸、2500家电台和400家电视台供稿。

法国国家广播公司成立于1975年，下设7个广播电台：国内综合台、新闻台、文化台、音乐台、蓝色台、FIP电台（巴黎联合广播电台）、LeMouv'电台（青年摇滚电台）。此外，为加强对外宣传，国家广播公司专设独立的法国国际广播电台，以17种语言全天对外广播，几乎覆盖全世界。1982 年政府通过法令，取消国家对电台的垄断，允许私人和团体设立电台。目前，全国私营电台近 1018 家，主要有卢森堡电台、蒙特卡洛电台、欧洲一台等。

法国现有 8 家全国性国营电视台，包括法国 2 台、法国 3 台、法国 4 台、法国 5 台（教育台）等。另有 25 家全国性私营台，包括 TF1、TV6、CANAL+（收费台）等。中央或地方的有线电视台主要通过 ADSL 和 TNT（地面数字电视）方式播出，另可接收大部分国际卫星电视频道。TV5 和法国国际台 France24 是覆盖世界上大部分地区的法国电视台。

法国维持国营广播电视体制一直到 1964 年。这年 6 月 27 日，议会通过法令，成立法国广播电视公司（ORTF）以替代 RTF。该公司作为一家公营企业运作，管理委员会的一半成员由政府任命，另一半由受众代表、专业新闻工作者和公司工作人员代表组成，经理由总理任命。形式上有些像英国的 BBC，但政府对其的控制比英国大得多。该公司发展成为一个庞大的机构，工作人员 1.2 万人，却只有 650 名记者。由于公司经营不善，1974 年，议会通过法令，将 ORTF 划分为七个公营的小公司，实行所谓“国家垄断下的分工与竞争”。1984 年建立统管各公营电视台的法国公共电视公司。

1968 年 10 月政府做出决定，允许公营广播电视台有限度地播放广告。1994 年法国公共电视公司放宽公营台对广告的限制，可以在综艺、体育、谈话、竞赛节目中穿插广告，但不允许在电视剧、电影、纪录片中穿插广告。

虽然 1945 年的法令规定不许发展民营广播电视，但是就在当时亦存在法国人从邻国建立广播电台向国内广播的情况。60 年代周边电台遍布。鉴于这种情况，1982 年 7 月起法国政府允许民营广播电台存在，一年内便出现 1000 多家民营电台；接着政府于 1985 年 1 月开放商业电视台。这样，法国就逐步形成了公营和民营并行的广播电视体制。为改变公营电视一统天下的局面，1987 年，公营的法国电视一台出售给民营公司经营。

从 20 世纪 50 年代起，法国官方的索菲拉德公司与邻国共同创办了数家广播电台。法国国际广播电台出现于 1982 年；第一家全天候的新闻广播电台（法兰西新闻台）于 1987 年 6 月开播，均为法国广播公司（小公司）开办。自法国电视恢复播出以后，直到 1964 年才开办电视二台，1967 年播出彩色节目，1972 年建立电视三台。1984 年出现商业电视台，并于同年出现最早的有线电视台。1992 年开始卫星电视播出。1996 年出现数字卫星电视。

2016 年 9 月，公共机构法国电视台（FTV）在电视和互联网上同时开始播送 24 小时新闻 Franceinfo。同年 12 月，FTV 与政府签订了中长期规划，开始加速推进广播电视与通信相融合的服务。

2017 年 5 月，FTV 将之前分开进行的各个频道的视频点播服务合为一体，推出了新网站“france.tv”。在这个网站上，可以分新闻、体育、文化、教育、青少年等类别检索到 FTV 各个频道一天中播出的将近 500 多个节目。

2017 年 7 月，法国的媒体监管机构最高视听委员会（CSA）发布了与体育电视节目的相关的报告。这份报告指出，面向法国国内直播的体育项目种类由 2006 年的 21 个增长到 2016 年的 31 个，播送时间由 10 万小时增长到 20 万小时。

四、广播电视主要机构

（一）广播

法国现有公共和商业广播电台 1500 多家（包括社区台），其广告营业额占全国广告总投入的 7%以上，法国人平均每天收听广播的时间超过 3 个小时，为 3 小时 16 分钟。

法国全国性公营广播网一个、商业广播网 11 个。由法国广播公司（小公司）管辖的公营广播电台包括法国国内台、法国国际台（使用 17 种语言对外广播）、法国新闻台（滚动播出）、文化台和音乐台。法国目前有三个比较大的商业电台运营集团，分别是 NRJ 集团、卢森堡集团、拉加代尔集团（拥有欧洲一台、欧洲二台和 FRM）。商业电台中最强大的仍然是当初建立在邻国边境的几个电台：卢森堡台（建于 1931 年）、蒙特卡罗台（建于 1942 年）、设在德国鲁尔地区的欧洲一台（建于 1955 年）、设在安道尔的南方台（建于 1961 年）等等。

在法国，公营台的影响是主要的，其总收听率占七成，商业广播电台的收听率三成，居第二位。以下是较主要的广播电台的情况：

法国新闻台

法国新闻台成立于 1987 年 6 月，是欧洲第一家新闻专业电台，全天 24 小时播出，覆盖整个法国。海湾战争后，该台收听率与卢森堡台、NRJ、法国国内台、欧洲一台一道成为在法国排名前五的电台。

卢森堡电台（RTL）

卢森堡电台（RTL）是法国开办最早也是最有影响的商业电台，曾经连续 15 年位居民营法国电台收听率榜首，代表了法国商业电台的最高水平，最近一次的调查收听率占全国的 11.8%。该台属于法国卢森堡电台集团。2002 年，卢森堡电台集团收入 2 亿多欧元，RTL 占了 70%。

蒙特卡罗电台

该台隶属 Next Radio 集团。2000 年 12 月，该台由综合台改为新闻谈话台。2002 年，集团的 3000 多万欧元的总收入中，该台占了 70%。

（二）电视

1、开路电视

法国电视台主要分为公共和私营两大类。法国公共电视台是法国国家电视集团，它是法国最大的电视集团。法国影响力较大的私营电视播出机构主要有法国电视一台、法国电视六台和法国凯勒普拉斯电视台。

法国全国性电视台按数字序列编排的有 6 个台。

法国电视一台（TF 1）

法国电视一台原是战后于 1950 年最早建立的国营电视台，1964 年以后为公营电视台。1987 年为减少公营电视台而出售给了布伊格建筑公司。该台成为民营企业后发展很快，现为法国影响最大的电视台，主要听众为 50 岁以下的家庭妇女。该台在 1994 年收视最高的前 100 个节目中，占有 89 个。该台现为自负盈亏的上市股份公司，主要股东是布依格集团和兴业银行，办台经费主要靠广告收入。该台实行集团化经营，拥有许多专题有线频道，收视率在法国各电视台中一直保持领先，收视率占全国电视收视率的三成。

法国电视二台（A2）和法国电视三台（FR3）

法国电视二台和三台是公营台，1994 年法国公共电视公司规定二台为“唯一为公众全面服务的公共电视台”，也是法国首个彩色电视频道；而三台有“针对地方的频道”之称。二台是综合性的对全国广播的电视台；三台除了对全国广播外，还负责管理法国海外领地和地方的 22 个电视台，播放地方新闻节目。

电视四台

电视四台即新频道电视台（Canal+），这是第一家法国有线电视台。1997 年 3 月以后，该台的股份由三家公司结成了稳固的资本关系，即哈瓦斯公司、新频道公司和维旺迪公司。定位为娱乐类频道，主要播出音乐及艺术类节目，用户可通过有线电视、卫星电视、互联网等多种渠道进行收看。

电视五台（La Cinquieme）

电视五台建于 1994 年 12 月，为公共教育电视台，主要播出由法国与德国共同运营的欧洲文化公共电视频道德法公共电视台（ARTE）提供的纪录片。

电视六台（M6）

电视六台建于 1986 年，由多家民营公司联合创办，主要内容为电视连续剧和文化艺术专题节目，影响较小。

法国电视一、二、三台的市场份额情况大体是：一台三成；二台二成多；三台近二成。2012 年，电视一台、二台和六台在收视份额方面位居前三，分别是 22.7%，14.9% 和 11.2%。

2、卫星电视

法国第一家数字卫星电视台 Canal Satellite 于 1996 年 4 月由新频道电视台开办。第二家于也于 4 月开办，只比前者晚了几天，由卢森堡电台集团与法国电视一台、公共电视公司等联合开办。1997 年初，法国电视一台、六台等 6 家公营或民营公司组建“法国卫星电视公司”（TVParSatellite），当年用户达到 35 万。

3、数字地面电视

Canal Satellite 公司是法国主要的数字电视运营商之一，其数字电视用户数在 2003 年 6 月至 2004 年 6 月期间新增 25 万用户，其用户总数达到 283 万户，已经胜过其竞争对手 TPS 公司。2004 年，法国数字电视家庭用户为 532.3 万户。2014 年，该集团在法国用户总数为 610 万。

2005 年 4 月，法国总共有 14 个免费频道开播了数字电视，初期覆盖面达到了 35%。但在初步阶段中只有少数电视观众可以收看这些画面和声效质量较佳的数码电视台节目。根据法国视听委员会的计划，2005 年 9 月将增设 15 个发射台，使得 50%的家庭能享受数字电视节目，2006 年 6 月扩大至 65%的家庭，2007 年法国将建立 115 个发射台，覆盖 85%的家庭，2010 年法国所有的电视节目以数字形式播出。

五、广播电视发展简史

1922 年　商业广播局在埃菲尔铁塔正式开始定期播送

1935 年　邮电部启动电视试播

1940 年　占领军当局完全禁止法国人在法国领土上办广播
1945 年　法国国营广播电视（RTF）恢复电视广播
1964 年　议会通过《广播电视法案》(1964 年)，将法国国营广播电视（RTF）改为法国广播电视局（ORTF）
1967 年　开始使用 SECAM 制式播送彩色电视信号
1972 年　议会通过《广播电视法案》(1972 年)，将 ORTF 重组
1974 年　议会通过《广播电视法案》(1974 年)，将 ORTF 拆分为 7 个独立的媒体公司
1975 年　由 7 个独立的媒体公司主导的公共广播体制启动
1982 年　议会通过《视听传播法》
确定有线电视规划 Plan Câble
1984 年　付费电视 Canal Plus 开始播出
1986 年　商业电视 France Cinq 和 TV6 开播
《传播自由法》通过
1987 年　La Cinq 和 M 6 开播，接替 France Cinq 和 TV 6
TF 1 民营化
1988 年　广播卫星 TDF 1 发射
1989 年　对《传播自由法》做大幅修订
独立监管机构 CSA 启动
A 2 和 FR 3 任命同一人为总裁
1992 年　La Cinq 破产
A 2 和 FR 3 更名为 F 2、F 3
1994 年　La Cinquième（现 F 5）开始播出
1996 年　卫星数字广播 CSN 开播
TPS 和 AB Sat 开始上星数字播送
2000 年　对《传播自由法》做了大幅修订
France Télévisions 控股公司成立，将 F 2、F 3 收编在 La Cinquième 旗下
Vivendi、Canal Plus 和加拿大的 Seagram 合并，创立 Vivendi Universal
2001 年　开始对数字地面电视许可权进行公开招标
2002 年　确定有电视许可证的数字地面电视运营商名单
2003 年　Free 启动 ADSL 服务
2004 年　创设收视收听费这一税种，与住宅税、彩色电视收视费一并征收
2005 年　开始定期播放数字地面电视信号（3 月）
2006 年　TPS 开始播送高清电视节目（2 月）
France 24 开始播送国际广播电视节目（12 月）
2007 年　CanalSat 和 TPS 的合并手续完成（1 月）
2008 年　数字地面电视开始定期播出高清电视节目（10 月）
2009 年　France Télévisions 控股公司改组，中断部分广告的播出（1 月）

将收视收听费改名为公共广播负担税，与消费者物价指数预测值直接挂钩（3月）

2010年　从阿尔萨斯地区开始逐步停止模拟电视信号，转入数字电视信号播出（2月）根据修订后的广播法，France Télévisions 的公司总裁首次由总统提名任命（7月）

2011年　随着公共电视广播中广告的禁播，欧盟委员会认定对电子通信运营商征收的新税涉嫌违法并向欧盟法院提出上诉（3月）

CSA 发布名为《数字地面电视的未来》报告，制定5年内全频道高清化的目标（9月）

法国电视台与政府签署3-5年规划（11月）

法国全国范围内过渡到地面数字信号（11月）

2012年　国际广播公司（AEF）总裁与奥兰多社会党新政权发生冲突并辞职（7月）

CSA 向数字地面高清6频道颁发新一期许可证（7月），节目开始播送（12月）

2013年　欧盟法院裁定对电子通信运营商征收的税款"有效"（6月）

法国电视台修订了管理目标契约，就三年内的预算削减问题与政府达成一致，并签署合约（11月）

《关于公共广播独立性的广播法部分修正案》草案在议会获得多数票赞成并通过（10月）

2014年　基于修订后的广播法，改变之前由总统提名法国公共广播电台新台长的方式由CSA任命37岁的法国国家视听研究所（INA）所长担任该职务（2月）

法国电视和TF 1成功试播4K电视（5 ~ 7月）

TF 1等现有的三大主要商业广播公司申请将旗下3个付费广播频道改为免费频道，CSA以此举对广告市场的影响巨大为由驳回申请（7月）

政府宣布，对法国电视台发放的补贴金额3年间将减少至原有的十分之一（7月）

美国 Netflix 公司和日本 Rakuten 公司的子公司 Wuaki.tv 相继进入法国 VOD 服务市场（9月）

2015年　针对2015年1月一系列恐怖袭击事件的报道，CSA以违反广播规定为由对16家电视台和电台发出36条警告（2月）

Radio France 的合理化问题导致劳资对立，引发历史上最长为期28天的罢工（3 ~ 4月）

CSA 为 France Télévisions 提名史上首位女性总裁（4月），此位 Ernotte 新总裁就任（8月）

4大电信运营商通过拍卖获得广播用频谱牌照，此次拍卖价格为28亿欧元（11月）

2016年　所有数字地面频道都实现高清化（4月）

24 小时网络新闻 Franceinfo 设立，数字地面频道也同时播出（9 月）
2017 年　针对 Canal+ 旗下电视台 C8 的隐私权侵犯行为，CSA 作出史上最高罚金 300 万欧元的裁决（7 月）
政府提出合并公共广播公司这一合理化的方案（10 月）

摩尔多瓦广播电视发展概况与管理体制

一、国家概况

摩尔多瓦共和国位于东南欧北部，是一个内陆国家，与罗马尼亚和乌克兰接壤，东、南、北被乌克兰环绕，西与罗马尼亚为邻，总面积 3.38 万平方公里。摩尔多瓦总人口数为 3474121（2017 年 7 月），人口年龄中位数为 36.7 岁，主要民族有摩尔多瓦族、乌克兰族、俄罗斯、加告兹族、罗马尼亚族、保加利亚族等，其中，摩尔多瓦族是人口数量最多的民族，占 75.8%，官方语言为摩尔多瓦语，俄语为通用语，主要信仰东正教。摩尔多瓦宪法规定，摩尔多瓦是一个主权、独立、统一和不可分割的国家，坚持政治多元化条件下的民主，实行总统制、三权分立，公有和私有制并存；摩尔多瓦永远为中立国家，不允许在其领土驻扎外国军队。2000 年 7 月宪法修正案规定，摩尔多瓦由原来的半议会制共和国改为议会制共和国，将总统的产生方式由全民普选改为议会投票选举，作为国家元首的总统职权在国家事务中的权力被削弱。总理作为政府首脑，由议会选举产生。摩尔多瓦是传统农业国家，葡萄种植和葡萄酒酿造业发达。2017 年，国内生产总值为 81.28 亿美元。

二、广播电视发展概况

1958 年 4 月 30 日，电视节目首次在摩尔多瓦基希纳乌开播。电视节目更多反映苏联生活、共和国生活、文化措施和体育方面的内容。

三、广播电视主要机构

（一）广播

1997 年摩尔多瓦广播电台在齐密什宾调频 103.5 兆赫开始播出。目前拥有的 FM 广播电台为：

Radio “Moldova1”
Radio “Vocea Basarabiei”
Radio “Radio21”
Radio “Pro FM”
Radio “Kiss FM”
Radio “Europa Libera”
Radio “Radio Nova”
Radio “Maestro FM”
Radio “Antena-C”
Radio “摩尔多瓦复古”
Radio “Micul Samaritean”
Radio “City Radio”

Radio “民歌”

Radio “Fresh FM”

Radio “广播 7”

Radio “大城市”

Radio “俄罗斯广播”

Radio “NOROC”

Radio “FM 排行榜” Radio “BBC”

（二）电视

1. 开路电视

除了摩尔多瓦本国的的电视频道外，罗马尼亚语和俄罗斯语电视频道在当地具有一定的影响力。摩尔多瓦的官网语言是摩尔多瓦语，但摩尔多瓦语和罗马尼亚语存在较大的接近性，因此，摩尔多瓦民众可以直接收看罗马尼亚语电视频道。俄罗斯语是摩尔多瓦的另外一个主要语言，该国乌克兰族和俄罗斯族分别占人口总数的 8.4% 和 8.5%，因此，俄罗斯语频道在摩尔多瓦也较有影响力。摩尔多瓦很多电视台都以转播罗马尼亚语和俄罗斯语电视频道为主。

摩尔多瓦电视广播公司（Tele Radio-Moldova），摩尔多瓦电视广播公司是摩尔多瓦国家台，目前播出摩尔多瓦电视一台（Moldova 1）和摩尔多瓦国家电视台（TV Moldova International）。摩尔多瓦电视一台每天播出 15 个小时，四分之三的节目是本国制作的，主要以电影、电视剧、新闻和体育节目为主。另外四分之一的节目是从国外引进的，主要以罗马尼亚和乌克兰的节目为主。电视一台的收视率位居全国第二，全天时段收视份额为 9.3%。

除了摩尔多瓦电视广播公司之外，该国还有另外两个主要电视频道：普欧电视台（Pro TV）和首要电视台（Prime TV）。普欧电视台是摩尔多瓦最具影响力的电视频道之一，其收视份额为 18.1%（2010 年）。该台隶属于中欧传媒集团（CME）。首要电视台是摩尔多瓦收视率最高的频道，2010 年全天时段收视份额为 24.4%，位居全国第一。该台很多节目主要重播俄罗斯第一频道（Channel 1）的内容。

2. 有线电视

多年以来，有线电视是摩尔多瓦付费电视市场最主要的运营形式。阳光传播公司（Sun Communication）是摩尔多瓦最主要的有线电视运营公司，也是用户数最多的一家公司。它提供两个“标准”和“标准 +”数字有线节目套餐，播出罗马尼亚语、俄语和英语频道。“标准”套餐播出 90 个频道，“标准 +”套餐播出 127 个频道。截至 2012 年 10 月，阳光传播公司拥有 11 万有线电视用户。

3. 卫星电视

摩尔多瓦在 2008 年 4 月推出了第一个直播到户卫星电视业务，它是由汇星（Focus-Sat）直播到户卫星电视平台提供的。经过几年的发展，它的市场份额仍较为有限，并没有对有线电视业产生影响。截至 2012 年 10 月，它的用户总数仅有 7600 户。

4.IPTV

摩尔多瓦星网公司（Star Net）是摩尔多瓦最主要的光纤到户运营公司，它从 2009

年 6 月开始运营交互式网络电视平台。摩尔多瓦另外一家 IPTV 运营公司是英特丹尼斯康姆（Inter Dnestrcom）公司，它与 2007 年通过 DSL 推出 IPTV 业务。摩尔多瓦电信公司（Moldtelecom）也从事 IPTV 平台的运营业务，截至 2012 年 10 月共有 4.4 万用户。

瑞典广播电视发展概况与管理体制

一、国家概况

瑞典全称瑞典王国，位于北欧斯堪的纳维亚半岛的东南部，总面积约 45 万平方公里，是北欧最大的国家。瑞典总人口数为 9960487（2017 年 7 月），人口年龄中位数为 41.2 岁，绝大多数为瑞典人，外国移民及其后裔约 150 万人。北部萨米族是唯一的少数民族，约 1 万人。官方语言为瑞典语，通用英语。主要宗教为基督教路德宗。瑞典宪法规定实行君主立宪制。国王是国家元首和武装部队统帅，作为国家象征仅履行代表性或礼仪性职责，不能干预议会和政府工作。议会是国家唯一的立法机构，由普选产生。政府是国家最高行政机构，对议会负责。国王的最年长子女是法定王位继承人。瑞典议会实行一院制。瑞典法院分三级：最高法院、中级（上诉）法院、初审法院，此外另设行政法院。全国设国家检察院、中级检察院、区级检察院和专司经济犯罪的检察院。设有独立监察官，对议会负责，监督各级政府机构和官员。瑞典经济高度发达。以高收入、高税收、高福利为主要内容的“瑞典模式”为保障国家经济发展、抵御危机影响发挥了积极作用。2017 年，国内生产总值为 5380.4 亿美元。

二、广播电视监管体制与法律法规

瑞典包括广播电视在内的所有传媒政策决议全部由文化部负责。瑞典广播电视管理局是 1995 年成立的独立管理机关。在对地方广播和社区广播颁发许可和监督的同时，还要对电视、广播、报纸和电影等媒体进行监督管理。数字地面电视许可证在得到广播电视管理局批准后由政府颁发。

瑞典现行的基本广播电视法律是《表达自由基本法》（*Acton Freedom of Speech*）和《广播电视法》（*Radio and Television Act*）。从 2002 年起，政府将 SVT 的《广播电视章程》（*The Broadcasting Charter*）加入到了上述法律中。根据政府和公共广播电视公司 SVT 的共同决议，章程每四年更新一次。2010 年 6 月瑞典议会通过了《新广播电视法》法案。

三、广播电视发展概况

1925 年瑞典成立广播电台，1955 年开始电视播出。从 20 世纪 60 年代至 90 年代，瑞典电视体制经历了从公共电视到公共与私营电视并行的转变过程。1967 年，根据瑞典颁布的《无线电广播法》，瑞典的广播电视由国家出资组建的瑞典广播公司独家经营，也就是公共电视的一统天下。1990 年，瑞典决定开播商业电视台，随后瑞典议会于 1991 年 3 月通过了开播商业电视台的法律。目前，瑞典全国性的开路电视播出机构主要有四家，即瑞典电视台（SVT）、瑞典电视三台、瑞典电视四台和瑞典电视五台（Kanal 5）。2007 年 10 月，瑞典完成模拟信号向数字化的转换。

四、广播电视主要机构

（一）广播

瑞典全国广播电台（Sveriges Radio，简称 SR）

瑞典全国广播电台有 4 个频率面向全国播出。P1（新闻、谈话节目）、P2（经典音乐、移民少数民族节目）、P3（青少年综合节目）、P4（全国网络 1 和 25 个地方广播）。除此之外，加上网络电台和独立的移动终端电台，共计有 40 个频率。

SR 有专门的国际广播频道 Radio Sweden。SR 从 2010 年 10 月 31 日起停止了阿尔巴尼亚语等三种语言节目的播放，保留有英语、芬兰语、古罗马语、罗马尼亚语、阿拉伯语、俄语等 11 种语言广播节目；另外短波和 AM 广播停止播放，可以使用 FM 和网络直播的方式收听。

SR 从 1995 年 9 月起在首都斯德哥尔摩为中心地带开始以 DAB 方式播放节目，2009 年 DAB 网络建设已覆盖 85% 的人口范围。但是实际上收听 DAB 广播节目只有 35% 人口。

SR 的 DAB 服务共 6 个分局，分别是 SR P1（模拟信号同时播出）、SR Minnen（压缩存档）、SR Sisuradio（芬兰语广播）、SR Klassiskt（经典音乐广播）、P3 Star（流行音乐广播）、SR Knattekanalen（儿童广播）。

瑞典的主要商业有 Rix P1 NRJ、Mix Megapol、The Voice。

（二）电视

1. 开路电视

目前，瑞典全国性开路电视播出机构主要有四家，即瑞典电视台（SVT）、瑞典电视三台、瑞典电视四台和瑞典电视五台（Kanal 5）。

瑞典电视台

瑞典电视台隶属于瑞典广播公司，它是公共电视台。根据瑞典法律，瑞典广播公司享有在本国领土上从事广播和电视的垄断权，并负责制定计划、申请拨款、收取收视收听费和分配广播频率等。作为国家电视台，瑞典电视台的最高管理机构是运营委员会，即董事会。在宪法保障下，来自公民社会或团体的代表组成瑞典电视台董事会。教育文化部下设媒介监管部门，负责处理公众对瑞典电视台节目及资金使用情况的意见。

1993 年 1 月 1 日，瑞典广播公司进行了改组，下设四个独立的分支机构：瑞典全国广播电台（Sveriges Radio，简称 SR）、地方广播电视台、教育广播电视台（Sverige Utbildningsradio，简称 UR）和瑞典电视台（Sveriges Televison，简称 STV）。目前，瑞典电视台播出六个标清频道和两个高清频道。六个标清频道是瑞典电视台一频道（SVT 1）、瑞典电视台二频道（SVT 2）、瑞典电视台新闻频道（SVT 24）和瑞典电视台国际频道（SVT World）。另外，瑞典电视台在 2010 年 9 月开播了瑞典电视台一频道的高清版本（SVT 1 HD），并于 2010 年 11 月推出了另外一个高清频道（SVT 22 HD）。瑞典电视台一频道是瑞典收视份额最高的电视频道，2010 年收视份额为 23.2%。瑞典电视台二频道的收视份额位居全国第五，为 6.9%。2012 年，瑞典电视台一频道和二频道全天时段收视份额分别为 24% 和 7%，与 2010 年几乎持平。

瑞典电视四台

瑞典电视四台开播于1992年，是瑞典最受欢迎的私营电视台，2010年的收视份额仅次于瑞典电视台一频道，高达19.2%。2012年，该台的收视份额有所下降，仅为8%，仍位居全国第二。瑞典电视四台播出八个专业频道，其中体育频道（TV 4 Sport）于2008年3月进入地面数字电视平台播出。2010年5月，瑞典电视四台开播了一个高清频道，节目是该台的精选节目。瑞典电视四台是北欧广播公司的全资子公司。北欧广播公司于2005年在芬兰收购了芬兰电视三台（MTV 3 Finland）。近年来，瑞典电视四台在北欧广播公司的协调下，加大了与芬兰电视三台的合作。2006年，瑞典电视四台电影频道等分别制作成芬兰语版。2008年2月，瑞典电视四台科幻频道也引进到芬兰播出。

瑞典电视三台

瑞典电视三台开播于1987年，在瑞典收视市场上位居第三，2010年的收视份额为8.1%。2012，全天时段的收视份额为6%，与瑞典电视五台并列第四。瑞典电视三台播出瑞典语、挪威语和丹麦语的频道。瑞典电视三台是由肯尼维克公司（Kinnevik）创办的，该公司是瑞典卫星和商业电视最早的开拓者。1986年，以经营林业起家的肯尼维克公投入资金，着力开发卫星传播技术，不久，该公司便进入电视业的发展。该公司还成立了电视节目制作公司，并组建了瑞典摩登时代集团。目前，瑞典电视三台隶属于瑞典摩登时代集团旗下的卫讯公司。为了提升整体收视份额，卫讯公司近年先后开办了多个专业频道，包括电影频道、体育频道和电视剧频道等。

瑞典电视五台

瑞典电视五台的收视份额在2010年是6.8%，位居全国第四位。2012年，其收视份额为6%，与瑞典电视三台并列第四。该台主要面对年轻观众群体，信号覆盖了80%的瑞典家庭，该台隶属于英国卫星广播公司，节目在英国制作和播出。2007年，德国ProSiebenSat.1传媒集团收购了英国卫星广播公司，瑞典电视五台也随之被纳入该集团的传媒体系。

2. 有线电视

瑞典付费电视运营市场已经趋于饱和，目前以有线电视业为主。瑞典约有240万有线电视用户，最大的有线电视运营商是康姆赫恩公司（Com Hem），另外还有两家主要的有线电视运营商，一家是瑞典“特力2”公司（Tele 2）旗下的“特力2视觉”（Tele 2 Vision），另外一家是挪威电信旗下的凯勒数字公司。康姆赫恩公司创办于2007年，2011年9月正式被私人募股公司“BC伙伴”公司（BC Partners）收购。近年来，康姆赫恩公司一直致力于高速宽带业务。2008年8月，该公司开始提供基于第三代有线数据传输系统的宽带业务，当时网速达到50Mbps。2009年11月，它向140万用户推出网速到100Mbps的宽带业务。2011年年初，康姆赫恩公司又推出了网速为200Mbps的宽带业务。截至2013年4月，该公司共有178万有线电视用户。瑞典“特力2”公司（Tele 2）旗下的“特力2视觉”（Tele 2 Vision）是瑞典另外一家主要的有线电视运营商，截至2013年4月，共有31.2万有线电视用户。瑞典“特力2”公司在全球运营商阵营中名列前茅，总部设在瑞典，是一个泛欧洲的运营商，在22个国家拥有网络，业务涉及移动、固话、有线电视及互联网服务，并于2010年推出下载速度高达80Mbps的4G移动通信服务，是全球最早运营 4G 的运营商。

3. 卫星电视

长期以来，挪威电信旗下的凯勒数字公司是瑞典最主要的运营平台，同时运营有线电视、直播到户卫星电视、数字地面电视和交互式网络电视等平台。近年来，它在直播到户卫星电视运营领域面临激烈竞争。凯勒数字公司的直播到户卫星电视业务主要采用“批发”模式，即通过卫星万能天线技术向地产公司传输节目信号，并通过它们向用户提供服务。通过这种方式，一个卫星天线就可以向多个用户提供电视服务。凯勒数字公司从 2003 年开始提供有线电视服务，并在 2005 年推出了 IPTV 业务。近年来，这两项业务也遭遇强手，用户数持续减少。凯勒数字公司于是调整市场策略，将这两部分业务出售给了康姆赫恩公司。截至 2013 年 4 月，该公司直播卫星电视、有线电视和交互式网络电视用户数分别是 27.5 万、16.4 万和 2.2 万。卫讯公司是瑞典另一家主要的直播到户卫星电视运营商，它播出 26 个频道，其中包括几个高清频道。该公司通过与有线电视运营公司和 IPTV 运营公司合作，扩大用户规模。2010 年 6 月，它就与康姆赫恩公司签订协议，通过康姆赫恩公司的有线电视网络，向其用户播出卫讯公司的付费电视频道。截至 2013 年 4 月，该公司共有 33.3 万直播卫星电视用户。

4. 数字地面电视

瑞典从 2005 年开始推进模拟向数字的转换，并在 2007 年 10 月关闭了模拟电视的节目播出和信号传送。2010 年 8 月，特拉康姆公司（Teracom）开始对数字地面电视网络进行升级改造，以符合 MPEG-4 和 DVB-T2 的技术标准。特拉康姆公司承担着瑞典数字地面电视信号传输的业务。2013 年 4 月，该公司委托中国华为公司开工建设全国移动网络。中国华为公司除了承担建设任务以外，还要负责维护工作。特拉康姆公司旗下的博克斯公司（Boxer）则负责运营瑞典的数字地面电视平台。该公司是在 2008 年 3 月获得数字地面电视运营执照的，该执照的有效期为 12 年。博克斯公司播出 9 个免费频道和 40 多个付费频道。截至 2013 年 4 月，该公司共有 107.4 万数字地面电视用户。

5.IPTV

2009 年 11 月，瑞典政府宣布了国家宽带战略。根据该战略，瑞典全国 40% 的家庭和企业在 2015 年接入到 100Mbps 的宽带网络，到 2020 年的时候，这一比例从 40% 提升到 90%。目前，瑞典拥有全世界最先进的光纤到户网络，截至 2011 年年底，已有 84 万光纤网络用户，约占全国宽带用户总数的 29%。2011 年年底的时候，瑞典交互式网络电视用户达到了 50 万，其中包括拥有多台电视机的家庭，他们通过该方式收看第二台电视。在 50 万 IPTV 用户中，40% 的用户是光纤到户用户。瑞典规模较大的交互式网络电视运营商主要有两家，一家是瑞典特里亚公司（Telia），它从 2004 年开始运营交互式网络电视业务，到 2013 年 4 月时的用户总数为 59.6 万。另外一家是凯勒数字公司。

值得一提的是，随着云技术、移动通信技术和数字电视技术等的发展，新型的电视运营方式出现。2013 年 3 月，麦吉利公司（Magine）在瑞典正式投入运营，这是一家基于云技术的电视运营商。订户通过电视机、智能手机、平板电脑或个人电脑等终端从云端收看直播电视频道，同时还可以使用录制回放、视频点播等功能。在瑞典，麦吉利公司运营的频道包括瑞典 SVT 和 TV 4 两家电视台，另外还有美国有线电视新闻网国际频道（CNN International）、英国广播公司（BBC）、欧洲体育台（Eurosport）、国家地理频道（National Geographic）和卡通电视网（Cartoon Network）等。2013 年 6 月，麦吉利公司开始在德国进行试运行。

五、广播电视发展简史

1925 年　广播电台公司开始播放广播节目
1956 年　广播电台 SR 改组，电视播放开始
1966 年　电视普及率达 80%
1967 年　《广播电视法》开始实施
1970 年　彩色电视节目定时在地方电视台播出
1980 年　SVT 开始文字播放
1982 年　社区广播开始
1983 年　有线电视开始
1987 年　以广告为经济来源的商业频道 TV3 开始卫星信号播放
1989 年　通信卫星 Tele-X 发射成功
1990 年　第二个商业频道 TV4 通过 Tele-X 卫星播放
1991 年　公共广播事业单位 SR 解散
　　　　《商业电视引进法》成立
1992 年　最初的地面电视全国网络商业频道 TV4 开始
　　　　《表达自由基本法》和《有线电视、卫星播出法》开始实行
1994 年　买入英国马可波罗号卫星，改名为 Sirius
1995 年　为引进数字地面电视，成立委员会
　　　　成立颁发播出许可并监管的机构—广播电视管理局
1996 年　发布数字地面电视播放计划
1997 年　开始基于有线电视网提供数字化服务
　　　　开始征集数字地面数字电子播出许可申请
　　　　开始使用 Sirius2 卫星
1998 年　决定颁发数字地面电视播出许可证
　　　　卫星数字电视服务（Canal Digital）开始
1999 年　数字地面电视播出开始
2001 年　数字电视委员会向政府提交《终极报告书》
2002 年　SVT 数字新频道 Barnkanalen（儿童节目）开始
2003 年　政府决定于 2008 年 2 月 1 日停止模拟信号播出
2005 年　中部、南部等 3 个地区结束模拟信号播放
2006 年　SVT 和 TV4 高清转播瑞典世界杯足球赛

瑞士广播电视发展概况与管理体制

一、国家概况

瑞士全称瑞士联邦，北接德国，西邻法国，南接意大利，东临奥地利和列支敦士

登，全境以高原和山地为主，有"欧洲屋脊"之称，总面积为41284平方公里。人口总数为8236303(2017年7月)，其中外籍人超过23.8%，人口年龄中位数为42.4岁。德语、法语、意大利语及拉丁罗曼语等4种语言均为官方语言。信奉天主教的居民占38.0%，新教26.1%，其他宗教12.4%，不信教的占22.2%。瑞士为委员制国家，最高国家元首为联邦主席，亦称主席，但只为形式上领导人。真正的权力源自七席联邦委员会，由国家七个机关的部长（包括现任联邦主席）组织构成。联邦委员会全体成员集体作为国家元首。瑞士宪法规定瑞士联邦政府是最高的行政机关。联邦政府管辖外交、财政、金融、联邦税收、货币、国防、海关、铁路、邮电、能源、电视、广播和社会保障等，其他事务由各州管辖。瑞士联邦议会是最高立法机构，由具有同等权限的国民院和联邦院组成。瑞士实行民主制度。联邦法院是瑞最高司法机构。法院内设民事、刑事、公法和社会法法庭。此外，瑞士还设有联邦行政法院和联邦刑事法院，负责审理行政申诉或上诉案件、渎职案件及恐怖袭击、泄密、叛国、洗钱等特殊刑事案件。瑞士是高度发达的工业国，实行自由经济政策，政府尽量减少干预。对外主张自由贸易，反对贸易保护主义。2017年，国内生产总值为6788.87亿美元。

二、广播电视监管体制与法律法规

瑞士广播电视协会成立于1931年，是全国性的广播和电视最高行政机构，负责协调广播和电视行政工作、安排节目以及对外联系等。

《瑞士联邦宪法》第93条规定联邦政府有权决定广播电视局的所属、广播电视使命、广播电视自主自律的保障等。

为了应对广播电视和通信的融合，联邦政府对1991年的旧法进行了全面的修改，形成了新的广播电视法，出台了《联邦广播电视法》(Bundesgesetzüber Radiound Fernsehen，2006年)。

联邦政府依据《广播电视法》制定了《广播电视法则》(Radio-und Fernsehverordnung)。

另外，根据瑞士传媒法规的规定，电视台不得在长度不足45分钟的电影中插播广告，也不得在长度不足30分钟的纪录片、新闻、宗教以及政治类节目中加播广告，其他类型的节目则要长于20分钟才可以加播广告。瑞士还规定，商业广告的总长度不得超过全天电视总播出时长的15%，另外每小时节目中的商业广告不得多于12分钟。

三、广播电视发展概况

1922年瑞士开始播出广播节目。1935年瑞士广播电视广播集团（SRG SSR）成立，负责用德、法、意和拉丁罗曼语四种官方语言制作播出广播电视节目。

1992年之前，瑞士实施单一的公共电视体制，瑞士电视广播集团一统天下。1992年，瑞士开始采取公共电视和商业电视并行发展的体制，商业电视台得以创办和发展。尽管经过多年的发展，瑞士商业电视台的市场影响力和竞争力仍然比较弱，所有商业电视台的收视份额之和还不足5%，但瑞士周边国家的电视台在瑞士市场上处于较为强势的地位，这也是导致瑞士商业电视台发展缓慢的一个重要原因。

2008年2月，瑞士成为欧洲最早完成模拟转数字的国家之一。由于瑞士观众大多通过有线电视和交互式网络电视收看电视节目，因此，数字地面电视的发展对于他们的影响不大。尽管瑞士近一半的家庭收看数字直播到户卫星电视节目，但瑞士国内并没有直播到户卫星电视运营商，这些家庭大多是收看免费卫星频道。

四、广播电视主要机构

（一）广播

在广播方面，SRGSSR 在各个语言区中有调频广播和数字音频广播两种播放形式，提供一至六个频率。除此之外还有大约40家地方商业广播电台和非盈利的FM调频电台。

（二）电视

1. 开路电视

瑞士电视广播集团

瑞士电视广播集团是瑞士公共播出机构，在瑞士电视市场上处于主导地位。该集团成立于 1935 年，总部设在伯尔尼，享有联邦广播特许权，负责用四种官方语言制作并播出广播和电视节目。目前，瑞士电视广播集团共播出三个全国性的德语频道（SF 1.SF 2 和 SF 3）、两个法语频道（TSR 1 和 TSR 2）、两个意大利语频道（TSI 1 和 TSI 2）以及一个罗曼什语（Romansch）频道。每个语言区的第一频道（SF 1.TSR 1 和 TSI 1）通常是以新闻和娱乐节目为主的综合频道，第二频道（SF 2.TSR 2 和 TSI 2）则主要播出电影、体育和儿童节目。在德语区，SF 1 是收视率最高的频道，整体收视份额为 21%（2010 年）。在法语区，TSR 1 在收视上处于领先地位，其收视份额为 21%（2010 年）。在意大利语区，TSI 1 是最受欢迎的频道，其收视份额为 24%（2010 年）。瑞士电视广播集团的主要资金来源是收视费。

3+ 电视台

目前，3+ 电视台是瑞士最大的商业电视台。该电视台于 2012 年 9 月在德语区开播了高清频道 3+ HD，并通过 UPC 覆盖整个德语区。另外 2012 年 10 月 9 日，3+ 电视台开播了一个新的频道 4+，这个新频道的节目以电影为主。

2. 有线电视

瑞士有 200 家左右规模不等的有线电视运营企业，但都与有线通信公司用户规模相去甚远。瑞士用户规模居第二位的有线电视运营商是奈克松公司（Naxoo），目前拥有 7.6 万用户。奈克松公司的股东是瑞士有线通信公司和日内瓦市政厅，两者分别持股 49% 和 51%。

3. 数字地面电视

瑞士电信公司（Swisscon）的数字电视用户规模位居行业第一，就模拟和数字电视用户的整体规模而言，瑞士凯博康姆公司（Cablecom）也名列前茅。截至 2013 年年初，该公司拥有 144.8 万电视用户，其中包括 84.2 万模拟电视用户和 60.6 万数字电视用户。为了应对交互式网络电视运营商的挑战，瑞士凯博康姆公司从 2010 年 6 月开始向所有用户推出了免费的“迷你节目包”，播出 54 个基础数字频道。随着数字化的推进，瑞士凯博康姆公司还大力发展宽带业务和电话业务。截至 2010 年 10 月，该公司的宽带业务和电话业务分别拥有 59.1 万和 40.2 万用户。为了提高市场竞争力，瑞士凯博康姆公司从 2012 年 12 月 14 日起以加密方式播出 55 个主要电视频道，用户也不用再缴纳数字电视节目收视费。对于“迷你节目包”用户，数字电视节目套餐内的频道数量则增加到 77 个。这是瑞士数字电视发展史上的重要事件，它直接影响到瑞士整个有线电视市场的竞争格局和发展态势。凯博康姆公司隶属于美国自由媒体环球集团，2005 年，其被自由媒体环球集团以 37 亿美元的价格收购。

4.IPTV

长期以来，瑞士国内没有直播到户卫星电视公司，有线电视因而处于一家独大的地位。2006 年，瑞士电信公司推出了交互式网络电视业务，用户增长速度非常快，这迅速改变了瑞士电视业的版图。经过五年的发展，该公司后来居上，到 2011 年年底的时候，其数字电视用户总数已经位居行业第一。目前，该公司的交互式网络电视平台播出 160 多个电视频道和 90 多个广播频道。截至 2013 年 1 月，瑞士电信公司共有 79.1 万电视用户。为了提升市场竞争力，瑞士电信公司斥巨资进行基础网络建设。从 2013 年年底开始，瑞士电信着手建设全国性光纤网络。根据瑞士电视公司的计划，该光纤网络在初期将提供网速为 100Mbps 的服务，并在未来三到四年将逐渐将网速提升到 400Mbps。

瑞士电信公司还在意大利开展业务。2011 年，瑞士电信公司在意大利推出了卫星电视业务与宽带业务员二合一的套餐业务，该业务是与意大利天空公司（Sky Italia）合作运营的。截至 2013 年 1 月，该业务已经有 15.1 万用户。另外，沃瑞尔电视公司（Voria TV）在瑞士首先推出光纤到户网络并推出了超高速宽带业务和三网合一业务。目前，该公司的交互式网络电视用户总数为 5200 户（2012 年）。

五、广播电视发展简史

1922 年　洛桑开始广播播出
1931 年　瑞士广播电视协会成立
1935 年　SRGSSR 成立
1958 年　电视播出开始
1968 年　彩色电视播出开始
1991 年　制定《广播电视法》（6 月）
1992 年　SRGSSR 开设了拉丁罗曼语广播频道
1999 年　SRGSSR 开始数字地面广播（DAB 式）
2003 年　SRGSSR 在恩加丁开始了数字地面电视（6 月）
2004 年　SRI 国际广播结束（10 月）
2006 年　制定新的《广播电视法》（3 月）
2008 年　地面模拟信号电视结束（2 月）
2009 年　修改 SRGSSR 条款（4 月）
　　　　德语区开始 DAB+ 数字广播（1 月）
2011 年　SRGSSR 新主席上任，新制度开始（1 月）
　　　　下议院决议修改接收费制度（9 月）

乌克兰广播电视发展概况与管理体制

一、国家概况

乌克兰位于欧洲东部，黑海、亚速海北岸，北邻白俄罗斯，东北接俄罗斯，西连波兰、斯洛伐克、匈牙利，南同罗马尼亚、摩尔多瓦毗邻，总面积为60.37万平方公里。总人口数为44033874（2017年7月），人口年龄中位数为40.6岁。有110多个民族，乌克兰族占72%，俄罗斯族占22%。官方语言为乌克兰语，俄语广泛使用。主要信奉东正教和天主教。乌克兰宪法规定，乌克兰为主权独立、民主的法治国家，实行共和制，乌克兰语为官方语言，总统为代表国家的最高元首，最高拉达（议会）为立法机关，政府为行政机关，对总统负责。2004年12月8日，乌克兰议会通过宪法修正案，规定自2006年1月1日起乌克兰政体由总统—议会制改为议会—总统制。乌克兰实行多党制。截至2012年2月，共有198个政党在乌克兰司法部注册登记。2017年，国内生产总值为1121.54亿美元。

二、广播电视监管体制与法律法规

乌克兰新闻机构管理部门是乌克兰国家广播电视信息政策委员会，该委员会的前身为乌克兰信息政策部。乌克兰国家广播电视信息政策委员会隶属内阁，主要负责新闻机构的政策指导、业务管理和协调。理事会下设10个局。

乌克兰国家电视与广播委员会（National Council TV for Radio Broadcasting）负责制定广播电视法规政策，并履行监管的职能。1992年10月2日，乌克兰最高苏维埃通过《乌克兰信息政策法》，此后又多次进行修改和补充。

乌克兰法律明文禁止外国个人以及政党、工会、宗教等组织在乌克兰登记创办媒体；外国投资创办广播电视媒体时，所占股份不得超过30%。

根据规定，所有在乌克兰播出的境外节目从2006年开始都要增加乌克兰语的配音。

就广告播出而言，乌克兰相关法规规定，广告播出长度不得超出电视台全天总播出时长的15%，并且每一小时之内播出广告长度不得超过12分钟。另外，在长度不足42分钟的影视剧中不得加播任何广告，长度在70分钟~90分钟的影视剧中最多可以插播两次广告。儿童节目和新闻节目中不得插播任何商业广告。从2009年1月开始，乌克兰政府禁止电视和户外广告播出或刊登任何烟酒产品的广告。

三、广播电视发展概况

乌克兰国家广播公司创建于1924年。1939年2月1日，乌克兰首次开始电视节目的播出，当时在基辅一家很小的演播室内进行了拍摄，转播时间的长度共持续40分钟，播放的是格里高利·奥尔忠尼启则（苏联党和国家领导人之一、政治活动家）的相片。

由于受第二次世界大战的影响，直到1951年11月6日乌克兰电视事业才得到实质性发展。基辅电视中心制作并播放了一部爱国影片《伟大的霞光》。随后播放了纪念“十月革命”34周年的电视节目。1952年5月1日又播出了塔拉斯·舍普琴科基辅歌剧院乌克兰歌手的演唱会。在莫斯科和列宁格勒电视中心建成后，1953年在赫雷夏蒂克街又迅速完成了基辅电视中心的建设工作。固定节目的播放始于1956年，此前只是每天两次播放文艺和纪录影片，在1960年中期以前转播均是以直播形式完成，在此之后才开始使用录像材料。

从20世纪40年代后期到1954年在苏联共有三家电视中心（莫斯科，列宁格勒和基辅）。1972年3月6日乌克兰出现了第二个电视频道，1983年又开始在基辅建设新的电视中心。

四、广播电视主要机构

（一）广播

乌克兰国内共有 40 多个电台，影响较大的有乌国家广播公司、基辅市广播电台、“自由”电台、“金门”电台等。乌国家广播公司共有 4 套节目，每天播出 94.5 小时，覆盖乌克兰全境。

乌克兰首家商业广播电台调频 70.40 兆赫兹 -ROKS 广播电台诞生于 1992 年 3 月。经过两年，几乎同一时间在基辅出现了两家音乐广播电台，分别成立于 1994 年 1 月 3 日和 2 月 3 日。

（二）电视

1. 开路电视

乌克兰影响较大的电视频道包括乌克兰国家电视一台（UT 1）、“1+1”电视台（Studio 1+1）、英特频道（Inter）等。

乌克兰国家电视台一台成立于苏联时期，用乌克兰语播出、覆盖率和收视率位居首位。目前，该电视台隶属于乌克兰国家电视公司（National TV Company of Ukraine）。乌克兰国家电视一台的资金来源主要是广告和政府拨款，两者所占比例分别为 70% 和 30%。旗下本来还有乌克兰国家电视二台（UT-2）和乌克兰国家电视三台（UT-3）。目前，乌克兰国家电视二台的播出频率转让给了“1+1”电视台，乌克兰国家电视台三台的播出频率则转让给了英特频道。2013 年 1 月，乌克兰政府宣布，整合乌克兰国家电视公司和乌克兰国家广播公司（National Radio Company of Ukraine）等机构，组建乌克兰国家公共广播公司（National Pubic Broadcasting Company of Ukraine，简称 NPBU）。根据乌克兰《公共广播法》草案，这个新整合的公司需遵从社会规范、传统和文化，致力于向公众提供全面、客观的信息服务，同时承担传播乌克兰文化、语言和价值观的责任，促进社会团结和融合。这家新公司旗下设立两个电视频道和两个广播频道。在公司成立之初的前 4 年，运营经费主要来源于政府预算。4 年之后，公司经费则主要依靠收视费、节目版权销售、社会捐助等。

英特频道开播于 2003 年，主要面向海外乌克兰人播出。该频道 24 小时播出，90% 的节目为电影和电视剧。2007 年，瓦列里・科罗斯科夫斯基（Valery Khoroshkovsky）购得英特频道 61% 的股份，其余股份由俄罗斯电视一台（Channel One）和碧加斯电视台（Pegas Television）持有，两者所持股份分别为 29% 和 10%。

除了乌克兰国家电视一台，乌克兰主要电视播出机构都是私营电视台，且大多由乌克兰富豪私人所有。

2011 年英特频道的全天收视份额位居全国第一，达到 16%，“1+1”电视台的全天收视份额为 12%，位居全国第二。乌克兰频道（Channel Ukraina）拥有 5%~6% 的收视份额。

2. 有线电视

在乌克兰 1800 万付费电视用户中，340 万是有线电视用户。乌克兰有线电视运营市场较为分散，全国约有 600~700 家有线电视运营商。很多运营商的用户规模不大，其中超过一半有线电视运营商的用户数不足 1000 户。乌克兰有线电视最大的运营商是沃里亚有限公司（Volia Ltd.），它拥有该国近 40% 的有线电视用户。2012 年，该公司的息税及折旧摊销前利润（EBITDA）为4亿克兰赫夫米（UAH），在付费电视业中的整体市场份额从2011年的55%提升到59%。截至2013年1月，该公司用户规模达到190万，运营的国内外频道总数为170个。为提高市场竞争力，该公司一直致力于拓展业务领域。2010年5月，沃里亚有限公司开始提供宽带业务。另外，该公司还大力发展高清电视业务。到2013年1月，该公司已经在乌克兰13个城市运营高清电视业务，播出的高清频道达到10个。2013年，沃里亚有限公司的战略重点是发展包括互动电视业务在内的新型业务。

3. 卫星电视

乌克兰有200多万家庭拥有直播到户卫星电视接收天线，但其中大部分以接受免费卫星频道为主。在用户规模有限的乌克兰市场上，乌克兰卫讯公司（Viasat Ukraine）处于霸主地位，拥有16.5万用户（2013年）。乌克兰卫讯公司的主要竞争对手是俄罗斯直播到户卫星电视运营公司NTV-Plus。2006年，NTV-Plus进入乌克兰市场。2007年，NTV-Plus开始提供高清电视频道。

4. 数字地面电视

从2009年年初开始，基辅等三个城市开始转播数字地面电视节目。2010年12月，乌克兰电视广播播出委员会将数字地面电视播出执照颁发给了日奥布德公司（Zeonbud）。该公司在2011年10月推出了包含20个频道的数字地面电视节目，该项服务覆盖乌克兰95%以上的国土。

5.IPTV

乌克兰拥有约300万宽带用户（2011年），乌克兰电信公司（Ukrtelecom）处于行业第一的位置，其市场份额约为42%。2009年3月，乌克兰电信公司推出了交互式网络电视平台，并命名为“U.TV”，该平台播出26个频道。乌克兰第一个交互式网络电视平台是由俄罗斯公司Comstar-UTS在2008年3月推出的，该平台被命名为“流电视”（Steam TV），播出60个频道。

西班牙广播电视发展概况与管理体制

一、国家概况

西班牙位于欧洲西南部伊比利亚半岛，西邻葡萄牙，东北与法国、安道尔接壤，北濒比斯开湾，南隔直布罗陀海峡与非洲的摩洛哥相望，东和东南临地中海，总面积50.5925万平方公里。总人口数为48958159（2017年7月），人口年龄中位数为42.7岁。主要是卡斯蒂利亚人（即西班牙人），少数民族有加泰罗尼亚人、加里西亚人和巴斯克人。卡斯蒂利亚语（即西班牙语）是官方语言和全国通用语言，少数民族语言在本地区亦为官方语言。96%的居民信奉天主教。西班牙政治采取议会代议民主君主立宪制政体，即国王为国家元首与武装力量总司令，总理则是政府最高首脑。行政权由政府掌握，总理由国会多数党提名后由国王任命，立法权则由两院制的国会施行。西班牙现行宪法于1978年12月6日全国公民投票通过，同年12月29日生效。宪法规定西班牙是社会与民主的法治国家，实行君主立宪制。最高元首（国王）为国家元首和武装部队最高统帅，代表国家。政府负责治理国家并向议会报告工作。西班牙议会由参议院和众议院组成，行使立法权，审批财政预算，监督政府工作。西班牙本届政府于 2011 年 12 月 21 日成立。西班牙实行多党制，主要政党有：人民党、西班牙工人社会党、“我们能”党等。西班牙是中等发达的资本主义工业国，经济总量居欧盟第五位。2017 年，国内生产总值为 1.311 万亿美元。

二、广播电视监管体制与法律法规

西班牙产业观光商业部负责管理整个广播电视行业，频率等通信方面由独立机构试听媒体委员会（CMT）负责。

根据 2010 年 3 月制定的新法律，西班牙政府决定成立新的广播电视独立监管机构——国家视听媒体委员会（CEMA）。

加泰罗尼亚（2000 年）、安达卢西亚（2004 年）和纳瓦拉（2001）的各个自治州都有独立的视听委员会。

2010 年 5 月西班牙政府统一了原来的《广播电视关联法》制定新的广播电视法律《视听媒体管理法》，废止了《商业电视法》和《卫星广播电视法》等。2006 年制定的《国有广播电视法》也随着新法律的颁布修改了一部分。除此之外还有 2003 年修改的《通信法》，涵盖了通信广播电视整个行业。

2010 年颁布的新广播电视法对阻碍未成年人健康发展的节目加大了管理。色情和暴力内容一律不允许出现在屏幕上，含有赌博等内容的节目只能在深夜时段播出。广告方面包括节目预告在内 1 个小时最多只能有 20 分钟广告。

三、广播电视发展概况

1924 年，西班牙伊比利亚广播台开始播出。1942 年，国营广播网 REDERA 成立。1950 年，西班牙电视台开始播出。西班牙地面电视在 2010 年 4 月 2 日结束了全国模拟信号播出，转化成了数字电视播出。数字地面电视播出机构除了西班牙国家广播电视台（RTVE）的电视部 TVE 之外，还有 9 家商业电视台免费播放。数字化播放之后频道数也增加了，2011 年 9 月全国数字地面电视免费频道有约 30 个。

四、广播电视主要机构

（一）广播

西班牙国家广播电台（RNE）

西班牙国家广播电台 RNE 是公共广播电视台 RTVE 的广播部，面向全国和加泰罗尼亚播放。

面向全国有 4 个频率：Radio1（综合频率）、Radio Clásica（经典音乐节目）、Radio3（青少年音乐频率）、Radio5（新闻和信息频率）。

面向加泰罗尼亚的有一个频率：Ràdio4（加泰罗尼亚语：综合频率）。

SER

SER 是 Prisa 集团的广播网，是历史最长的商业广播台，拥有大量听众。

1998 年 4 月在马德里、巴塞罗那和巴伦西亚开始播出 DAB 数字广播，并且在巴斯克地区和加泰罗尼亚也开始了实验播出。现在数字音频播放在第 29 波频，为全国 52% 听众提供服务。

（二）电视

1. 开路电视

西班牙国家广播电视台（RTVE）

西班牙国家广播电视台是西班牙唯一的一家全国性公共电视台，其前身是西班牙电台和西班牙电视台，两者分别于 1937 年和 1956 年成立。1937 年，西班牙电台和电视台合并成为西班牙国家广播电台，并于 1974 年向全国播放彩色电视节目。西班牙国家广播电视台由一个行政委员会管理，该委员会的委员由国家议会推选，其主席则由政府直接任命。西班牙国家广播电视台旗下的电视一台（RTVE 1）是西班牙最受欢迎的频道之一，其收视份额在 2010 年为 16%，在 2011 年为 14.5%，连续两年位居全国第一。近年来，西班牙国家广播电视台为适应新媒体技术的发展，对业务流程和机构设置进行了较大的调整。2012 年 10 月，它对电视节目部门（TV Division）与互联网业务部门（Online Division）进行了整合。此举既是为了提高机构效率，也是为了降低运营成本。根据 2009 年 7 月颁布的西班牙《视听法》，西班牙国家广播电视台在黄金时段播出的节目中，60% 必须是欧盟制作的。《视听法》还规定，西班牙国家广播电视台禁止播出任何商业广告。近年来，西班牙国家广播电视台的经济状况持续恶化，2012 年收支出现严重失衡，这引起了政府的高度关注。一些传媒界和广告界人士建议政府修改立法，允许该台播出广告以增加资金收入。但西班牙政府表示，政府不会推动修改《视听法》中有关该台播出广告的规定，但鼓励该台设法增加资助和捐款。

TVE International 电视台

公共广播电视台 RTVE 的 TVE International 电视台面向欧洲（TVE Internacional Europa）、北美（TVE Internacional America 1）、南美（TVE Internacional America 2）进行 24 小时的西班牙语播放。商业电视方面，Antena 3 有 Antena 3 Internacional 电视台通过卫星和有线电视面向南美和北美以及加勒比海 19 个国家进行 24 小时西班牙语播放。

公共广播电视 RTVE 的 REE 部门（西班牙国外播放）用 10 种语言（西班牙语、加泰罗尼亚语、巴斯克语、英语、法语、俄语、葡萄牙语、阿拉伯语和色弗尔德语）通过短波、卫星和互联网播出。

西班牙电视五台（Telecinco）

西班牙电视五台是西班牙另外一家颇具影响力的电视台，其收视份额在 2010 年和 2011 年分别为 14.6% 和 14.2%，仅次于西班牙国家广播电视台电视一台，位居全国第二。2013 年 5 月，该台在收视额方面实现了小幅反超，以 13.4% 的收视份额位居第一。西班牙电视五台的主要股东是米迪塞特集团（Mediaset），所持股份比例为 50.1%。近年来，米迪塞特集团不断通过收购和新频道拓展运营规模和市场份额。2010 年，该集团从普瑞萨电视公司（Prisa TV）手中收购了西班牙电视四台（Cuatro），由此成为西班牙最具影响力的商业电视集团。西班牙电视五台的受众定位是年轻人，收视份额为 7%。米迪塞特集团还针对不同受众群体开办多个频道，其中包括女性频道（Nueve）、儿童频道（Boing）、男性频道（Energy）。另外，该集团旗下还有电视剧频道（FDF）。米迪塞特集团旗下各频道的整体收视份额为 28.1%，是全国整体收视份额最高的电视播出机构。2000 年，该集团的营业收入为 10 亿欧元。

天线三台（Antena 3）

天线三台在收视份额方面也为列前茅，2010 年收视份额为 11.7%，处于第三的位置。2013 年 5 月，该台收视份额为 13%，以微弱差距位列第二位。天线三台隶属于天线三台集团（Grupo Antena 3），该集团还拥有其他六个频道（La Sexta、Ceox、Nova、Nitro、La Xexta 3.Xplora），其中 La Sexta 是在 2012 年 10 月从米迪普欧集团（Mediapro）手中收购的。天线三集团旗下各频道的整体收视份额在 2012 年为 25.2%。该集团在 2011 年的营业收入为 6.49 亿欧元。天线三集团的主要股东是西班牙行星出版公司（Planeta）和德国 UFA 电影公司，两者所持股份分别为 44.58% 和 20.49%。2013 年 3 月，天线三台集团更名为阿特瑞斯（Atres Media）。

La Sexta

La Sexta 在西班牙电视市场上也颇具竞争力，2012 年的年收视份额为 6.6%，该电视台的收视情况一直处于提升状态。截止到 2012 年 7 月，其收视份额达到了 7.9%。

值得一提的是，西班牙政府为了缓解世界金融危机对西班牙传媒业的冲击，在 2009 年 2 月取消了之前对全国性电视播出机构的交叉持股比例限制。随后，普瑞萨电视公司和意大利米迪塞特集团通过股权交易，完成了旗下免费开路频道的合并。

另外，美国传媒机构在西班牙电视领域具有较大的影响力，尤其在付费电视频道领域的竞争力不可小觑。2013 年 5 月，西班牙收视份额最高的付费频道是美国福克斯频道，该频道隶属新闻集团福克斯国际电视网。在付费电视平台中，好莱坞频道位居第二，收视份额是 4.6%。AXN 频道和特纳电视网（TNT）分别位居第三和第四，其中 AXN 隶属于美国索尼公司，特纳电视网是时代华纳旗下的频道。可以看到，这些频道主要以电影、电视剧为主要内容，体现了美国影视产业在西班牙强大的市场影响力。

2. 有线电视

西班牙最大的有线电视运营商是乌诺公司（Ono），该公司拥有西班牙近 60% 的有线电视用户，截至 2013 年 4 月，用户总数为 84.2 万。近年来，该公司着力发展二网合一和三网合一业务，同时还通过发展电话和宽带业务来增加用户规模。乌诺公司近九成的用户已经使用了捆绑业务，其中一半左右的用户开通了三网合一业务，其宽带服务较基础价位套餐具有更好的品质，网速为 50Mpbs。

西班牙另外还有两家主要的有线电视运营商：阿斯图里亚斯电视网（Telecable de Asturias）和西班牙尤斯卡特尔公司（Euskaltel），两者的用户总数分别为 13.2 万和 13.3 万（2013 年）。阿斯图里亚斯电视网的主要股东是卡莱尔公司（Carlyle Group），该集团在 2011 年 10 月斥资 3.4 亿欧元购得其 85% 的股份。

3. 卫星电视

西班牙最大的直播到户卫星电视运营商是凯勒普拉斯公司，原名数字普拉斯公司（Digital Plus），2011 年 10 月改为现名。凯勒普拉斯公司的直播到户卫星电视平台上共有 150 多个频道，截至 2013 年 4 月，用户总数为 179 万。就用户规模而言，该公司在西班牙付费电视运营领域位居榜首，用户份额高达 42%。为了提升用户规模，凯勒普拉斯公司与一些有线电视和交互式网络电视运营商合作，委托它们代销其付费电视频道，并以凯勒普拉斯公司为套餐服务品牌。2010 年 5 月，凯勒普拉斯公司推出了西班牙第一个三维电视频道。2010 年 8 月，该公司旗舰频道 Dos 在地面数字电视系统中播出。凯勒普拉斯公司隶属于普瑞萨电视公司。普瑞萨电视公司创办于 1993 年，原名索吉有线电视网（Sogecable）。该公司的股权结构在 2008 年发生了较大的变化，随后在 2010 年 10 月更为现名。

4. 数字地面电视

西班牙最早推出地面数字电视业务的是奎欧电视公司（Quiero TV），但它在 2002 年倒闭了。随后，另外一家公司在 2005 年再次推出数字地面电视业务。西班牙从 2009 年 6 月开始模拟向数字的转换，并与 2010 年 4 月完成了转换。2010 年 3 月，西班牙在全世界首次通过数字地面电视进行三维电视的播出。2011 年 9 月，西班牙数字地面电视覆盖了全国 98% 的地区和 87% 的家庭。根据预测，西班牙数字地面电视用户在 2016 年将达到 1020 万，其中包括 80 多万付费电视用户。届时，数字地面电视将成为西班牙最主要的电视播出平台。

5.IPTV

西班牙最主要的交互式网络电视运营商是西班牙电信集团（Telefonica）。截至 2013 年 5 月，该公司的付费电视总数是 65.9 万，其传输网络已经覆盖了 560 万家庭。西班牙电信集团成立于 1924 年 4 月 19 日，是一家国际电讯公司，在西班牙语国家和葡萄牙语国家具有重大影响，它向海内外顾客提供固话、移动电话、互联网、数据、有线电视等业务。2012 年，该集团营业收入总额为 624 亿欧元。长期以来，西班牙电信集团着力在秘鲁、智利、委内瑞拉、哥伦比亚和巴西等拉丁美洲国家发展付费电视业务。截至 2012 年年底，该集团在拉丁美洲的付费电视用户为 240 万，其中在秘鲁拥有 90.2 万，在哥伦比亚拥有 28.5 万，在智利拥有 42.4 万。另外，该公司也在欧洲部分国家开展业务，目前在捷克拥有 14.1 万付费电视用户。西班牙另外一家主要的交互式网络电视运营商是欧云吉电视公司，该公司隶属于法国电信公司。2007 年，它与普瑞萨电视公司合作，共同推出三网合一业务。欧云吉电视公司的交互式网络电视平台在西班牙共播出 60 多个频道，用户总数是 6.8 万（2013 年）。

五、广播电视发展简史

1924 年　伊比利亚广播首次开始广播
1942 年　西班牙国营广播网 REDERA 成立
1944 年　REDERA 废除，西班牙国营广播电台 RNE 开始
1956 年　TVE 开始电视播放（10 月）
1965 年　统一 RNE 和 TVE 成立西班牙国营广播电视机构 RTVE（10 月）
　　　　第二电视频道开始播出（11 月）
1978 年　电视采用 PAL 制式（10 月）
1980 年　制定注重民主化的《广播电视法》（1 月）
1983 年　巴斯克地区公营电视台 RTV 开始播出
1984 年　加泰罗尼亚地区公营电视台 TV3 开始播出
1985 年　加利西亚地区公营电视台 TVG 开始播出
1988 年　颁布商业电视法

TVE 通过卫星信号向欧洲和美洲提供节目播放
1989 年　安达卢西亚、马德里和巴伦西亚成立公营电视台
1990 年　第一个商业电视台 Antena3 开始播出
第二个商业电视台 Tele5 开始播出
付费电视台 CanalplusEspana 开始
1992 年　Hispasat 卫星 1 号发射成功（11 月）
《卫星广播电视法》成立（12 月）
政府资金援助赤字 RTVE
1995 年　《有线电视法》成立
1997 年　Canal Satelite Digital 通过 Asrtra 卫星开始数字播放（1 月）
1998 年　政府制定《数字地面电视全国技术计划》(10 月）
1999 年　欧盟《无国界电视指令》在国内法制化（5 月）
2000 年　商业电视台 3 台十年更新许可证（3 月）
Quiero TV 数字地面电视开始播放（5 月）
RTVE 为重振财政纳入 SEPI 旗下
2002 年　数字地面电视 TVE 开始实时播放（4 月）
数字地面电视 Quiero TV 停止播放（6 月）
卫星播放 CSD 和 Via Digital 统一合并成 Digital+（11 月）
2005 年　数字地面电视重新开始播放（11 月）
CanalCuatro 开始播放（11 月）
2006 年　La Sexta 开始播放（3 月）
公共广播电视 RTVE 改革，政府颁布《国有广播电视法》(6 月）
2007 年　RTVE 集团成立（1 月）
2009 年　西班牙政府发布大幅削减电视广告方针（4 月）
正式模拟信号播放终止（6 月）
2010 年　RTVE 停止播放广告（1 月）
模拟信号播放终止，数字化转换完成（4 月）
实施新广播电视法《视听媒体管理法》(5 月）
Telecinco 和 Canal Cuatro 合并（12 月）

希腊广播电视发展概况与管理体制

一、国家概况

希腊共和国位于欧洲东南部的巴尔干半岛南端，北部与保加利亚、马其顿、阿尔巴尼亚接壤，东北与土耳其的欧洲部分接壤，西南濒爱奥尼亚海，东临爱琴海，南隔地中海与非洲大陆相望，总面积为 131957 平方公里。总人口数为 10768477（2017 年 7 月），人口年龄中位数为 44.5 岁。98%以上为希腊人，其余为穆斯林及其他少数民族。官方语

言为希腊语，东正教为国教。希腊总理和内阁主导着政治进程，总统只在象征性的职权之外行使一些政府功能。希腊宪法规定国家体制为“总统议会共和制”，总统为国家元首，任期 5 年，可连任一次；立法权属议会和总统，行政权属总统和总理，司法权由法院行使。希腊议会为一院制。主要职能是立法和监督政府工作。希腊最高司法机构包括最高法院和最高行政法院及检察机构。法院分初级、上诉及最高法院三级。各级法院设有检察官，初级地方治安法院设有公诉人。希腊属欧盟经济欠发达国家之一，经济基础较薄弱，工业制造业较落后，海运业发达，与旅游、侨汇并列为希腊外汇收入三大支柱。农业较发达，工业主要以食品加工和轻工业为主。2017 年，国内生产总值为 2002.88 亿美元。希腊被誉为是西方文明的发源地，拥有悠久的历史，并对欧、亚、非三大洲的历史发展有过较大影响。截至 2014 年年底，希腊共有 16 处世界遗产，其中文化遗产 14 处，文化与自然遗产 2 处。

二、广播电视监管体制与法律法规

希腊全国广播电视委员会（NCRTV）是 1989 年依据法律第 1866 而设立的独立管理机关，负责广播电视许可的发放、监管国有和私营广播电视机构。委员会由 7 名委员组成，由议会任命。

希腊宪法第 14 条规定，虽然保障言论的自由，但对于新闻报道自由的保障，纸媒和电子媒介不一样，宪法第 15 条明确规定“针对报纸的保障条款不适用于广播电视”，规定“广播和电视应遵守国家的直接规定”。

2007 年，希腊议会通过了修改广播法的法案，禁止一个机构同时拥有两个电视台，非欧盟公司在电视播出机构中的股份不得超过 15%。另外，一家公司在一个频道所持有的股份不得超过 25%，个人的持股比例不得超过 10%。

根据相关规定，希腊所有电视台必须用 25% 的时间播出希腊语节目，新闻、体育赛事和游戏等节目类型之外的节目必须由欧盟传媒机构制作。

三、广播电视发展概况

1938 年希腊国家广播电台开始播出广播节目，1966 年希腊国家广播电视公司（ERT）开始播出电视节目。

四、广播电视主要机构

（一）广播

希腊广播公司在全国有上千家。其中公共广播电视公司 ERT 的广播部门 ERA 用 ERANET、ERA2、ERA3、ERA Spirt（ERA4）共 4 个频率面向全国播出，另外还有众多商业广播公司以 FM 向全国或地区提供广播服务。

公共电视广播公司 ERA 用 ERA5 呼号以短波及 AM 实施播出。播出时间为短波每天 23 个小时，AM 每天播出 10 小时。使用语言有希腊语及英语、法语等 12 种语言。

（二）电视

1. 开路电视

希腊广播公司（Hellenic Broadcasting Corporation，简称 ERT）

希腊广播公司是希腊的国家电视台，成立于 1938 年，从 1966 年开始播出电视节目。从 1987 年起，该公司统一管理两个国营广播电视台，并有权批准建立地方和私人广播电视台。目前，该公司播出4个电视频道，2个全国性频道（ET-1和NET）、1个地区性频道（ET-3）和1个国际频道（ERT World），但3个国内频道的收视率都不如主要的商业电视台。其中，NET是一个以新闻资讯类节目为主的频道。希腊广播公司的主要经费来源是收视费和广告费，两者所占比例分别是88%和12%。收视费从用户电费中直接扣取。受财政危机的影响，希腊政府在2013年6月11日宣布，暂时关闭希腊广播公司旗下的电视台和电台，并裁员2500人，以此作为援助项目中国际债权人所要求的成本削减措施中的一部分。2013年6月12日，希腊广播公司旗下的电视台和电台全部暂停播出。经过机构调整和人员重组之后，于2013年下半年重新播出。

希腊目前共有13个全国性电视频道和100多个地区性频道。希腊电视台最主要的节目是国产电视剧、真人秀、喜剧、新闻和体育等。美嘉电视台（Mega TV）、安特勒电视台（Antenna TV，简称ANT 1）、阿尔法电视台（Alpha）和明星电视台（Star）是希腊收视份额最高的四个频道，它们的收视份额都位居前四名。

美嘉电视台

该机构是一个综合性频道，隶属于特里泰普斯集团（Teletypos）。该台从2006年开始一直位居收视份额榜首的位置。2010年的收视份额为19.8%，2011年的收视份额接近20%。

安特勒电视台

主要面向18~49岁年龄段的观众群体播出，隶属于安特勒集团（Antenna Group）。该电视台在2006年以前是希腊收视份额最高的频道，在2005年达到了19.4%。从2006年开始，该台的领先地位被美嘉电视台取而代之。2010年该台的收视份额为17.7%。

阿尔法电视台

在2011年的收视份额为14.6%，位居第三位。该台的主要股东是德国卢森堡广播电视集团。2012年1月，德国卢森堡广播电视集团将在阿尔法电视台中所持的70%股份全部售出，由此撤离希腊电视市场。

公共电视台ERT

与众多的商业电视台面向欧洲、中东、非洲、北美洲及大洋洲地区每天24小时用希腊语播出电视节目。

2. 有线电视

希腊有线电视处于空白状态，这在整个欧洲也屈指可数，希腊民众主要通过直播到户卫星电视、交互式网络电视和地面数字电视等方式收看电视。

3. 卫星电视

直播到户卫星电视在希腊电视观众收视渠道排名中处于第三位，位列模拟地面电视和数字地面电视之后。2012年，付费数字直播到户卫星电视用户和免费数字电视直播到户卫星电视用户之和约占整体电视用户的13%。到2017年，这一比例有望上升到15%。希腊直播到户卫星电视运营商主要有两家，一家是希腊诺瓦公司（Nova Greece），另一家是希腊电信股份有限公司（OTE）。希腊诺瓦公司曾长期处于一家独大的地位，直到2011年希腊电信股份有限公司推出直播到户卫星电视业务。希腊诺瓦公司的母公司是内特梅德公司（Net Med），而内特梅德公司是希腊富特内特电信公司（Forthnet）的全资子公司。截至 2013 年 4 月，该公司约有 37.3 万直播到户卫星电视用户。希腊电信股份有限公司的直播到户卫星电视平台播出 60 个频道，其中一部分是以希腊语播出或加希腊语字幕的外国频道。不过，该公司的直播到户卫星电视用户规模不大，2013 年 4 月仅有 4.5 万户。希腊电信股份有限公司的主要股东是德国电信公司和希腊政府，两者分别持有 30% 和 20% 的股份。2011 年 7 月，德国电信公司将持股比例增加到了 40%。希腊电信股份有限公司在 2007 年年初推出交互式网络电视业务，2013 年 4 月用户总数达到了 14.9 万。

4. 数字地面电视

希腊从 2006 年开始启动数字地面电视，并与 2008 年 11 月在全国传输数字地面电视信号。2006 年，希腊广播公司开始播出数字地面电视频道，是该国第一个提供全国性地面数字电视业务的机构。2009 年，希腊七家主要的商业电视台联合推出了另外一个地面数字电视网，并组建了一个名为 DIGEA 的公司负责运营。到 2017 年，希腊数字地面电视用户比例有望达到 74%。

5.IPTV

希腊第一家交互式网络电视运营商是昂恩电信公司（On Telecoms），它于 2007 年通过其雅典的光纤网络推出昂恩电视（On TV）。2009 年 9 月，该公司收购了希腊维沃迪公司（Vivodi），当时维沃迪公司在希腊周边地区拥有 1.4 万交互式网络电视用户。2013 年 4 月，昂恩电信公司共有 10.6 万交互式网络电视用户。

五、广播电视发展简史

1938 年　国营广播电台开始播音

1966 年　EIR 电视台开播

1970 年　EIR 改组成 EIRT

1975 年　EIRT 从国营电视台改为公共电视台 ERT

1979 年　电视彩色化

1989 年　商业电视台 Antenns 和 Channel 开播

1993 年　Alpna TV 开播

1999 年　数字卫星电视广播 NOVA 开始服务

2000 年　商业电视台 Alter TV 开播

2013 年　希腊首颗通迅卫星 Hellas Sat2 发射

2004 年　内阁府新设报道媒体总局

2006 年　ERT 开始试播数字地面电视

2008 年　ERT 在全国开始数字电视播出服务

2009 年　Hellas Online 开始 HDTV 服务，7 家商业电视台开始数字地面播出业务。

2011 年　ERT 开始数字地面电视 HD 播出服务，政府公布停止公共电视 3 个频道的播出服务

英国广播电视发展概况与管理体制

一、国家概况

大不列颠及北爱尔兰联合王国（英国）位于欧洲西部，由大不列颠岛（包括英格兰、苏格兰、威尔士）、爱尔兰岛东北部和一些小岛组成，总面积 24.41 万平方公里。英国总人口数为 64769452（2017 年 7 月），人口年龄中位数为 40.5 岁。官方语言为英语，威尔士北部还使用威尔士语，苏格兰西北高地及北爱尔兰部分地区仍使用盖尔语。居民多信奉基督教新教。议会是英国最高立法机构，由君主、上院（贵族院）和下院（平民院）组成。上院议员包括王室后裔、世袭贵族、终身贵族、教会大主教及主教。英国宪法并不是一个独立的文件，由成文法、习惯法、惯例组成。政体为君主立宪制。君主是国家元首、最高司法长官、武装部队总司令和英国国教圣公会的"最高领袖"，形式上有权任免首相、各部大臣、高级法官、军官、各属地的总督、外交官、主教及英国圣公会的高级神职人员等，并有召集、停止和解散议会、批准法律、宣战等权力，但实权在内阁。苏格兰有自己独立的法律体系。政党体制从 18 世纪起即成为英国宪政中的重要内容。现英国主要政党保守党、工党、自由民主党等。英国是世界上第五大经济体，欧盟内第二大经济体。英国是欧盟中能源资源最丰富的国家，主要有煤、石油、天然气、核能和水力等。能源产业在英国经济中占有重要地位。英国的服务业包括金融保险、零售、旅游和商业服务等，是英国经济的支柱产业，产值约占国内生产总值的四分之三。2017 年，国内生产总值为 2.622 万亿美元。

二、广播电视监管体制与法律法规

英国数字、文化、媒体与体育部负责全国广播电视的行政管理，监管内容主要包括：更新和修订约束公共媒体—英国广播公司—行为的皇家特许证书；督促检查公共媒体和独立规制机构提交的年度报告；监管广播电视技术；任免公共媒体和独立规制机构的决策部门成员；确定电视机执照费的标准。

英国通信管理局（OFCOM）是对通信业和广播电视业进行统一监管的独立规制机构，其性质属于独立于政府的公法人。它的监管权限包括：商业媒体许可审批权、频率监管权、节目内容监管权和竞争政策的制定权。通信管理局对议会负责。

英国非常注重法律法规的健全，通过颁布法律来规范传媒业。其中，对英国广播电视业影响较大的法律主要有：1954 年的《独立电视法案》、1980 年的《广播法案》、1996 年的《广播电视法案》和《2003 年通信法》。

1954 年《独立电视法案》直接促进了英国商业电视的诞生和发展。该法案规定，成立一个与 BBC 性质相近的公共机构——独立电视局（ITA），管理商业广播电视。1980 年《广播法案》进一步明确了公共电视的概念，即"新的电视频道应该为各种观众趣味和利益服务，鼓励节目制作的创新，播放一定比例的教育节目"。1996 年，英国为适应数字媒体的发展，颁布了《广播电视法案》，并修订了一系列的相关法规。《广播电视法案》放宽了对媒介所有权的严格控制，建立起数字广播的法律框架，并将网络运营商和内容提供商分开，为潜在参与者进入开辟通道。2003 年，英国通过了《2003 年通信法》，成为监管英国电信领域的重要法律。

三、广播电视发展概况

英国是世界无线电事业的发源地。1922 年 12 月，马可尼公司联合其他 5 家无线电企业，组建了民营的英国广播公司，揭开了英国广播事业的历史。1927 年英国政府将已建的民营公司改组为公营的英国广播公司，授予它在全国经营无线电广播的特权。此后 30 年间，英国广播电视一直是公营的 BBC 的独家天下。BBC 改为公营后，积极在国内各地建立地方台，很快形成了完备的国内广播网，居民拥有收音机并领取使用执照的数字逐年增加。1932 年起 BBC 改归政府宣传部领导，国内外广播坚持进行，但电视播映暂时中断。战后 BBC 恢复原有机制，广播事业进一步发展，1955 年开始调频广播，1967 年起兴建地方电台，在各主要城市建立电视发射台。

战后英国各界对广播电视的独家垄断问题发生了争论，历经数年，持反对意见者逐渐占据上风。1954 年 6 月议会决定允许开办商业电视，并组建独立电视局负责管理，1955 年 9 月第一家商业电视台 - 伦敦电视台 - 开播。1964 年，BBC 开设电视二台，1967 年用 PAL 制式开播彩色电视。1972 年，议会又决定开放商业广播，并将独立电视局改名为独立广播局（IBA），同时管理商业电视和广播。1973 年第一家私营电台 - 伦敦广播公司开播。从此以后，BBC 独家垄断电视和广播的局面被先后打破。1992 开始实施新广播法，意图放开广播电视市场，创设更为自由的竞争环境，以促进广电事业的繁荣。

目前英国有三个全国性电视频道、两个全国性电台、一批地方电台电视台。除此而外，还有一些私营的卫星电视、有线电视公司。

地面模拟电视广播包括公共电视台 BBC（英国广播协会）的两个频道和由非营利法人运营的 Channel4 的一个频道、商业电视台有 Channel3（通称 ITV）和 Channel5（通称 Five）两个频道，总计有 5 个频道面向全国播放。其中，商业广播的 ITV 还由 16 个电视台组成广播电视网，向用户提供电视服务。

地面数字电视播出是 BBC 于 1998 年 9 月领先于其他国家在世界率先开创的。此后，虽然也试行过收费的地面数字信号电视播出，但因经营困难而失败。取而代之，自 2002 年 10 月末开始，以公共广播电视 BBC 为中心，用 Freeview 的名字重新开始，到 2011 年 10 月提供超过 50 个电视服务频道和 30 个广播服务及文字广播。2011 年 3 月至今，超过 1000 万个家庭在家庭主电视机上开通了 Freeview。

卫星播出方面，以鲁伯特·默多克家族控股的新闻集团为主要股东的 BSkyB（British Sky Broadcasting）自 1990 年 11 月开始提供服务。它还垄断了英国的收费卫星广播电视业。BSkyB 于 1998 年 10 月开始推出数字服务 Sky Digital，于 2001 年 9 月彻底终止模拟服务。至 2015 年 4 月末，加入 Sky Digital 的家庭总数有约 1030 万户。另一方面，BBC 和 ITV 于 2008 年 5 月共同推出的免费卫星播送 Freesat 服务，已有 200 万个用户在使用。

有线电视服务，在英国的维京集团旗下以维京传媒这一名称经营。维京集团的业务涵盖了英国的航空、音乐产业等多个领域。2015 年 4 月末，有线电视用户总数达到 370 万户。

此外，在地面卫星、有线电视等平台推广了高清电视（HDTV）的服务。

广播电台方面，BBC 除了面向全国的 5 个频道以外，还在实施面向地区的广播服务，同时，经营着地方广播局。商业播出的广播电台除了全国播放的 3 个频道外还有很多地方电台。另外,BBC 和商业广播局还提供 DAB 形式的数字信号广播。到 2011 年 6 月末，DAB 的接收机普及率达到了 38.9%，占广播收听份额的 24。9%。

在英国，通过地面电视、卫星电视、有线电视以及网络电视（IPTV）接收数字信号的家庭，到 2011 年 3 月末达到 93.1%。

英国从 2007 年 10 月开始了模拟转数字进程，在 2012 年完成了全国范围的转换。

2010 年 5 月政府实施了新的地域性广播电视导入计划，目的是使 BBC 等电视台的地方新闻节目维持多样性，以缓解因资金困难导致的地方电视台无法提供地方新闻节目的困境。

英国的广播电视是以公共服务为原则，以收视费为财源的 BBC 与以广告收入为财源的商业电视台的并存体制。撒切尔政权下，根据《1990 年放送法》改革，虽说大大地引入竞争与选择机制，至今“公共服务”的原则基本上被坚守。不仅是 BBC，其他一些以广告为财源收入的电视台也一致认同公共服务。2003 年 7 月英国实施了《2003 年通信法》以适应广电与通迅部门的融合。此项法律是 EU 电信通迅法改革在欧洲各国的具体化表现。在广播电视领域，除延续 BBC 和 ITV 等大企业无线频道优先等特权外，法律要求企业有义务实施公共广播电视服务和向收视人说明的责任。

四、广播电视主要机构

（一）英国广播公司（British Broadcasting Corporation，简称 BBC）

BBC 建立之前，已经有很多私人公司尝试在英国做电台广播。根据 1904 年的无线电法案，英国邮政局负责颁发电台广播牌照。1919 年，由于收到很多军队对过多广播而干扰军事通讯的投诉，邮政局停止发出牌照。于是，1920 年代初期，广播电台数量骤减，越来越多人要求成立一个国家广播电台。一个由无线电收音机制造商组成的委员会经过几个月的讨论，最终提出一个方案，BBC 由此诞生。

英国广播公司成立于 1922 年，由几个大财团共同出资，包括马可尼（Marconi）、英国通用电气公司（GEC）、British Thomson Houston 等。公司草创时最初的目的是建立一个覆盖全国的广播传输网络，以为今后的全国广播提供便利。1922 年 11 月 14 日，BBC 的第一个电台，2LO 以中波从伦敦牛津街的塞尔福里奇百货公司（Selfridges Department Store）的屋顶开始广播。

1927 年 BBC 获得皇家特许状（Royal Charter of Incorporation），由理事会负责公司的运作，理事会成员由政府任命，每人任期 4 年，公司日常工作则由理事会任命的总裁负责。

1932 年 BBC 帝国服务（BBC Empire Service）开播，这是 BBC 第一个向英国本土以外地区广播的电台频道。1938 年，BBC 阿拉伯语电台开播，这是 BBC 的第一个外语频道。到二战结束时，BBC 已经以英语、阿拉伯语、法语、德语、意大利语、葡萄牙语和西班牙语 7 种语言向全世界广播。这是 BBC 全球服务（BBC World Service）的前身。

苏格兰工程师约翰·罗吉·贝尔德从 1932 年开始和 BBC 合作，尝试进行电视播送。1936 年 11 月 2 日，BBC 在全球第一个播出电视节目。电视播出在二战中曾经中断，但是在 1946 年重新开播。1953 年 6 月 2 日，BBC 现场直播英国伊丽莎白二世在西敏寺的登基大典，估计全英国约有 2000 万人直接目睹了女王登基的现场实况。由于受到地下电台的挑战，1967 年 9 月 30 日 BBC 开始了 BBC Radio 1 电台服务，以播送流行音乐为主。1983 年，BBC 又第一个开播了早餐时间广播服务，《BBC 早餐时间》抢在了竞争对手的前头。1991 年 BBC 正式开通全球新闻服务电视频道，后在 1995 年 1 月更名为 BBC World。与 BBC 全球电台服务不同的是，BBC 全球新闻服务是一家商业电视台，通过广告赢利，这也意味着该频道不能在英国本土播出。

1998 年 8 月，BBC 的国内频道也开始采用卫星播送，这产生了一个意想不到的结果是，只要欧洲观众使用英国制造的卫星译码器，他们也可以收看 BBC1 和 BBC2。

2003 年 7 月，BBC 第四电台（BBC Radio4）的一个新闻节目引述了一名政府官员的话称贝理雅政府在萨达姆拥有大规模杀伤性武器问题上“添油加醋”，而没有按照情报机构所提供的情报准确向公众报告，以获得公众对参与美伊战争的支持。报道这一新闻的 BBC 著名记者安德鲁・吉利根（Andrew Gilligan）后来在一篇文章中称，贝理雅政府的新闻官阿斯戴尔・坎贝尔（Alistair Campbell）是夸大情报的幕后黑手。英国政府完全否认该项指控，英国议会决定任命独立检察官对事件进行调查。事件导致 BBC 与英国政府的关系恶化。在原先怀疑是 BBC 情报来源的英国国防部专家大卫・凯利博士自杀后，事件继续恶化，BBC 和英国政府都被指责应对凯利之死负责。在独立检察官最后发表的《赫顿报告》中，吉利根和 BBC 高层都被指责对新闻处理不当。事件导致吉利根本人、BBC 总裁和 BBC 理事会主席的辞职。

2007 年，英国广播公司推出数字电视流媒体视频点播服务 iplayer。2013 年旗下电视频道逐步实现高清播出。2016 年，BBC 三台停止通过有线、数字及卫星方式传输，转向互联网平台播出，营业收入达 71 亿美元，净利润为 4 万亿美元，位列“2016 年世界媒体 500 强”榜单第 36 位，不仅成为英国国内最大的新闻广播机构，在全球范围内也颇具影响力。2017 年 4 月，根据新版《皇家宪章》，英国广播公司取消原最高决策机构信托委员会，由董事会取代，其旗下的内容制作部门 BBC 工作室（BBC Studios）改组为盈利性子公司，开展独立商业经营。此项决定将是英国广播公司制作及内容供应改革计划中里程碑式的一步，意味着英国公共广播机构制作部门将可为其他商业广播机构或内容制作商制作节目。根据英国独立制片人协会（Pact）发布的《2016 年英国电视制作行业调查报告》，英国广播公司在 2016 年共花费 2.27 亿美元（约 1.36 亿英镑）用于委托独立制作公司制作电视节目，在英国电视传媒集团遥遥领先。

1904 年的无线电法案规定，任何人如要播送或接收广播节目，必须从邮政局取得执照。在 BBC 建立后，用户的接收费成为 BBC 的主要经费来源。1971 年，家庭广播接收执照被取消，但是个人若要收看电视节目还是必须付费取得执照。

现在，英国的每个家庭（除了老年人和少数低收入人群，他们的费用由英国文化、媒体与体育部承担）或企业都必须购买一定年限的电视执照，以确保 BBC 能够拥有足够的资金以“教育、通告和娱乐”大众。费用由政府设定。正是由于这种特殊的经费来源，BBC 不包含任何商业广告；理论上讲，节目制作人不受到任何商业利益驱使，但事实上还是需要面对各种压力，如在政治上，政府可以以改变接收执照费来施压；同时他们还必须面对来自其他商业电视台的竞争。多年来，BBC 还获得来自英国政府的特别拨款：

例如 BBC 全球服务的部分经费就来自英国外交部。近年来，BBC 也通过商业活动赚钱，如出售曾经播出过的节目等。

BBC 最早成立的宗旨是为英国大众提供高质量的电台广播服务。今天，电台节目依然是 BBC 产品重要的一部分。

BBC 最早的两个电台是国内服务（Home Service）和全球服务（World Service），后来又提供软性节目（Light Programme）。1967 年现代音乐频率，BBC Radio1 开播，从那时起 BBC 开始采用目前的命名方式：BBC Radio2 播送轻音乐、乡村音乐、爵士乐和娱乐节目，BBC Radio4 则是之前的国内服务。1990 年 8 月 27 日，BBC Radio 5 开播，后又更名为 BBC Radio 5 Live（BBC Radio 5 直播）。

目前 BBC 拥有 10 个电台频率，面对不同的听众。针对不同的地区，BBC 也有不同的节目选择。BBC 全球服务则对全球广播，此外 BBC 的一些短波频率也可以在英国以外地区收听到。这些频道大多以新闻为主，一部分经费来自英国外交部。现在 BBC 所有的电台节目都可以从互联网上免费下载。

BBC 的设立以及规定其经营业务的基本法则是国王的特许状及责任大臣与 BBC 之间的协定书。特许状规定了 BBC 的存立、目的、企业领导层和责任。BBC 依靠约 10 年更新一次的皇家特许状经营。上一张特许状是 1927 年 BBC 作为法人成立以来第 8 次签发的，有效期是 2007 年 1 月 1 日至 2016 年 12 月 31 日。现在使用的特许状于 2017 年 1 月 1 日发行。

BBCONE 是世界上第一个电视台，它在 1936 年 11 月 2 日就开始播出电视节目，当时叫作“BBC 电视服务”（BBC Television Service）。在二战爆发前，已经有大约 25000 个家庭收看电视节目。1964 年 BBC TWO 开播，BBC 电视服务改为现在的名称。BBC ONE 的节目十分大众化，包括戏剧、喜剧、纪录片、游戏节目和肥皂剧，经常是英国收视率最高的电视频道。BBC 的主要新闻节目也在 BBC ONE 播出，每天三次。

BBC TWO 是英国第三个电视服务，原定于 1964 年 4 月 20 日开播，但当晚因一发电厂着火，全伦敦大停电，BBC TWO 只能推迟到次日晚间才开播，开播时主持人还手持一支蜡烛。1967 年 12 月，BBC TWO 成为欧洲第一个彩色电视频道。BBC TWO 并没有肥皂剧或新闻节目，其节目以娱乐为主，类型多（但若某一节目收视率较高，一般都会转移到 BBCONE）。1991 年 10 月，BBC 开始以 BBC World Service Television 的名称向亚洲及中东播出电视节目。1992 年 12 月，这个频道的覆盖范围扩展到了非洲。1995 年 1 月，BBC World Service Television 进行重组，并进一步覆盖了欧洲地区。2001 年，BBC World 完成全球覆盖。BBCWorld 提供高品质的新闻节目，同时经常播放一些在英国国内广受好评的纪录片等。

BBC Worldwide 是 BBC 音像、书籍等产品的国际销售商，它向世界各国或是直接出售关于 BBC 的各种商品，或是同相关国家就 BBC 音像、书籍等制品的使用版权进行交易。

BBCi（即 BBC 互动）包括所有 BBC 的互动服务，包括数字电视和互联网。

BBCi 网络服务（原名 BBC 在线）包含了新闻和节目档案。BBC 的许多节目都可以在 BBC 网站上找到，用户可以自由下载收看、收听。目前 BBCi 是访问量最大的英语网站之一。

在数字电视方面，BBCi 已经弃用了 CEEFAX 服务。现在的 BBCi 可以显示全彩照片和影片，并且允许用户与节目的互动，比如互动性很强的英超联赛和橄榄球赛转播。

BBC WORLD 为英国广播公司之国际新闻资讯电视频道，二十四小时以英语向全球观众播放，其频道内容包括全球新闻、财经等。

（二）英国天空广播公司（British Sky Broadcasting，简称 BSkyB）

英国天空广播公司英国天空广播公司是英国最大的数字电视付费运营商，总部设在伦敦，该公司系在 1990 年由天空电视台与英国公司卫星广播公司合并组成。旗下网站 Sky 在体育、电影、娱乐等信息的播报上处于主导地位。

英国第一个数字电视平台英国天空广播公司是新闻集团旗下的子公司，传媒大亨默多克现拥有其 40% 的股份并控制着运营权。1990 年，新闻集团与英国卫星广播公司合资成立了英国天空广播公司，重点发展卫星电视。随着计算机网络以及数字技术的发展，默多克预见到互联网与数字技术将带来的巨大收益，于是决定开发数字电视业务。1998 年，该公司创建了英国第一个数字电视平台，利用数字技术的压缩功能，传送 140 个大多为 24 小时播放的频道。

目前，天空广播公司是英国唯一的直播卫星电视服务提供商，被誉为世界上数字电视服务运营最成功的公司。截至 2002 年底，该电视网共拥有 370 个数字电视频道。这些频道分类明细、包罗万象，融娱乐性、知识性于一体，满足了不同年龄、不同群体的文化需求。能 24 小时收看的新闻频道就有 10 多个，除了 CNN、BBC 等新闻巨头外，还有该公司自己的“天空新闻”频道等，甚至还有中国的中央电视台第四套节目。

英国天空广播公司的优势首先在于它极大地满足了电视受众对内容的个性化需求。早在 1999 年，该公司便利用互联网与数字技术的互动功能，率先推出互动体育频道。在观看比赛时，观众可以通过电视机机顶盒和手中的遥控器自由选择观看角度、重放、特写或慢镜头，随时查阅各队的信息及赛事花絮，甚至还可以选择偏袒特定队伍的主播等。该公司推出互动体育频道后，观众曾以每日 1 万户的惊人速度增长。现在，其互动频道已涵盖购物、电子节目单、与商家联机的互动电视广告等。

为增加订户、占领市场，英国天空广播公司的一项重要举措就是免费提供机顶盒和碟形卫星天线。三年内该公司为此支付了近 7 亿英镑。靠着这一手段，该公司在付费电视市场上打败其最大的竞争对手———独立电视网的数字服务。眼下，其新增客户成本已从去年的 234 英镑减少到 207 英镑，预计明年可以进一步降低到 200 英镑以下。

据鲍尔透露，英国天空广播公司的重点发展客户锁定在中、青年人家庭。根据频道范围和观众口味的不同，该公司的价格标准共有 96 种组合，每月收费从只有最基本节目内容的 12.5 英镑到节目内容包罗万象的 38 英镑不等。而且随着订户的增多，其收费标准也在不断上调。据统计，目前每位用户能为公司带来 366 英镑的收入，比去年增长 5%，这主要靠的就是提高收视费。该公司拥有“业界最好的订户管理系统和高效的市场营销体系”。

如果要想取消服务，该公司提供更好的服务选择；而如果用户向朋友推荐了天空电视网，还会获得日用品或服务的优惠券等。现在，其用户退订率只有 9.4%，在世界同行中是最低的。

（三）独立电视台（ITV）

独立电视台（ITV）节目始播于1955年，定位为综合频道，主要面向英格兰、威尔士、南苏格兰、马恩岛、海峡群岛等地区播出影视、娱乐、体育、纪录片等类型节目。经费来源主要靠广告赞助。该频道原隶属于格拉纳达股份有限公司，2004年起由独立电视公司控股并经营。

（四）第四频道

第四频道自己不制作节目，所播节目主要从独立制片人或包括海外的节目制作商处获取。节目从形式到内容以表现实验性、改革性和创新性为主。

（五）第五频道

第五频道于1997年3月开播，主要播出时政、儿童节目、电影、戏剧和体育节目。

五、广播电视发展简史

1922年　英国广播公司（BBC）成立（10月）
　　　　电台正式开播（11月14日）

1926年　克劳福德广播调查委员会向政府建议广播公司应当改组为公共事业机构（3月）

1927年　根据英国国王颁布的皇家特许状，公共事业机构BBC成立，接替民营英国广播公司

1936年　BBC电视台正式开播（11月）

1939年　BBC电视台由于国防上的原因停播（9月1日～）

1946年　BBC电视台恢复播出（6月）

1954年　英国通过了《独立电视法案》，允许建立商业电视机构（7月）
　　　　依据《独立电视法案》建立了商业电视的监督管理机构——独立电视局ITA（8月）

1955年　第一家商业电视台（也就是后来的泰晤士电视台）在伦敦开播（9月）

1964年　BBC电视二台开播（4月）

1967年　BBC电视二台开始播放彩色电视节目（7月）

1968年　BBC电视台开始对彩色电视节目实行新的收费方法（1月）

1969年　BBC电视一台和独立电视台ITV也开始播放彩色电视节目（11月）

1971年　英国公开大学开始招生（1月）
　　　　废除无线电广播收听费（2月）

1972年　英国政府通过了《1972年无线广播法》，准许开办商业广播（6月）

1973年　第一家商业地方广播电台LBC开播（10月）

1974年　废除邮电部，广播电视改由内政部管辖

1981年　依据《1980年广播法案》，广播投诉委员会（BCC）成立（6月）

1982年　第四频道（Channel 4）开播（11月）

1983年　开始提供早餐时间的广播服务（BBC 1月、ITV 2月）

1984年　《有线电视广播法》通过（7月）

1985 年　对上议院的电视转播开始（1 月）

1986 年　孔雀委员会（“BBC 经费来源相关委员会”）发布报告称，提议实行以消费者主导为基础的竞争模式（7 月）

1988 年　开始基于物价指数化制度收取收视收听费（4 月）

广播标准委员会（BSC）成立（5 月）

撒切尔政府发表了《广播白皮书》（11 月）

1989 年　卫星广播电视 Sky Television 开播（2 月）

对下议院的电视转播开始（11 月）

1990 年　卫星广播电视 BSB 开播（4 月底）

《1990 年广播电视法案》通过（11 月 1 日）

Sky TV 和 BSB 合并，改称为 BSkyB（11 月 2 日）

1991 年　独立监管机构 ITC 和 RA 启动（1 月）

面向海外播出的 BBC WSTV 开播（3 月）

ITV（Channel 3）的许可证发放第一次由竞标决定（10 月）

1992 年　设立国家遗产部，负责管理广播行业（4 月）

第一个覆盖全国的商业广播 Classic FM 开始广播（9 月）

BBC 发布针对未来愿景的“扩大选择”报告（11 月）

1993 年　政府决定放宽对 ITV 所有制的限制，大型电视台的相互合并成为可能（11 月）

Carlton TV 和 Central TV 合并（12 月）

1994 年　Granada TV 和 LWT 合并（2 月）

政府发布了有关 BBC 未来的《广播白皮书》，决定是否继续收取收视收听费（7 月）

1995 年英国国际广播电视台 BBC WORLD 和 BBC PRIME 开始播出（1 月）

政府发布《关于地面数字广播的提案》（8 月）

1996 年　BBC 第 7 次皇家特许状生效（5 月 1 日）

BBC 发布“数字时代下的扩大选择”报告（5 月）

《1996 年广播电视法案》通过（7 月）

BBC 的融资计划确立。到 2002 年 3 月这一期间，收视收听费数额将随零售价格指数浮动（12 月）

1997 年　BBC 出售信号传输部门（2 月）

Channel 5 开通（3 月）

工党新政府将国家遗产部更名为“文化媒体体育部”（7 月）

BBC 和 Flextec 联合推出了付费有线电视服务 UKTV。BBC 在有线电视上开始播送 24 小时新闻（11 月）

1998 年　BBC 将原节目制作部门 BBC Resource 设立为子公司（7 月）

BBC 开始在 4 频道提供数字地面电视服务（9 月）

BSkyB 开始卫星数字广播（10 月）
决定对 Digital ONE 授予 DAB 许可证（10 月）
数字地面电视的商业服务开始（11 月）

1999 年　政府设立了负责研究 BBC 经费来源问题的委员会（戴维斯委员会）（1 月）
戴维斯委员会发布报告，建议收取额外的数字信号收视收听费（8 月）
政府宣布，决定从 2000 年 11 月起，对 75 岁以上的公民免除收视收听费（11 月）
商业服务 DAB 开始播出（11 月）

2000 年　政府决定每年以零售价格指数的 1.5% 提高收视收听费，直至 2006 年（2 月）
政府发布《广播通信白皮书》（12 月）

2001 年　政府将地面数字电视中节目加字幕播出的比率提升至 80%（7 月）

2002 年　数字地面商业电视台 ITV Digital 破产，业务停止（5 月）
正式授予 BBC 和 Crown Castle 两家公司 ITV Digital 许可证（现为 Arqiva）（8 月）
数字地面电视新平台 Freeview 开设（10 月 30 日）

2003 年　BBC 解除对卫星广播服务的扰频（7 月）
《2003 年通信法》通过（7 月）
政府批准 ITV 的两大运营商 Carlton 和 Granada 合并（11 月）

2004 年　由于 BBC 关于伊拉克战争的相关报道，BBC 总裁和理事会主席引咎辞职（1 月）
BBC 发布未来愿景（6 月）
National Grid Transco 收购负责 BBC 地面信号传输工作的 Crown Castle（8 月）

2006 年　NTL 完成了对 Telewest 吸收兼并。有线电视运营商合并为 1 家（3 月）
政府发布了有关 BBC 前景的《广播白皮书》（3 月）

2007 年　BBC 的新皇家特许状（第 8 次）生效（1 月）
Virgin 收购有线电视运营商 NTL，并将其名称更改为 Virgin Media（2 月）
地面模拟信号电视在英格兰的 Copeland 停播（10 月 ~ 11 月）
BBC 推出 iPlayer（12 月）

2008 年　BBC 推出的 BBC Arabic TV 开播（3 月）
BBC 和 ITV 推出免费卫星电视 Freesat 开播（5 月）

2009 年　BBC 推出的 BBC Persian TV 开播（1 月）
政府发布《进入数字化时代的英国》报告
开始构想设立区域新闻制作机构（6 月）

2010 年　《2010 年数字经济法案》通过（4 月）
保守党和自民党联合政府决定收取固定收视收听费至 2016 年（10 月）

2011 年　政府决定引进地方电视服务框架（7 月）

2012 年　OFCOM 开始发放本地电视节目服务牌照（9 月）
模拟电视信号停播，全面转换为数字地面信号（10 月）

2013 年　伦敦的 BBC 新广播大楼落成，国内和国际的新闻部门统一（3 月）
托尼·霍尔先生就任 BBC 新总裁（4 月）
美国 Liberty Global 收购 Virgin Media（6 月）
地方电视台启动（11 月）

2014 年　BBC World Service 的经费来源由政府拨款改为用户支付的收视收听费（4 月）
美国维亚康姆集团（Viacom）收购 Channel 5（5 月）

2015 年　政府发布了关于 BBC 皇家特许状更新事项的绿皮书（7 月）
BBC 发布了未来愿景"British bold creative"（9 月）

2016 年　政府发布了有关 BBC 未来发展的《广播电视白皮书》（5 月）

2017 年　BBC 第 9 次新皇家特许状生效（1 月）
时隔七年首次提高收视费数额（4 月 1 日）
BBC Trust 被废止，对 BBC 的监管职责移交给新任理事会和 OFCOM 支配（4 月 3 日）

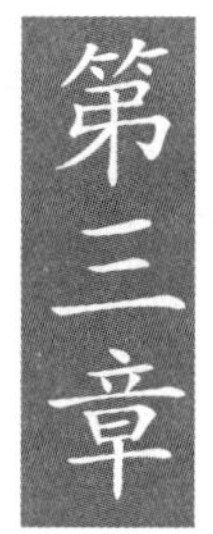

第三章 美洲广播电视发展概况与管理体制

General Situation and Management System of Radio and Television of the Countries in America

第一节 北美洲广播电视发展概况与管理体制

美国广播电视发展概况与管理体制

一、国家概况

美利坚合众国，位于北美洲中部，北与加拿大接壤，南靠墨西哥湾，西临太平洋，东濒大西洋，国土面积为 937 万平方公里。总人口数为 326625791（2017 年 7 月），人口年龄中位数为 38.1 岁，通用语言为英语，主要宗教有督教新教、天主教、犹太教、摩门教等。美国实行内阁制，总统是国家元首、政府首脑兼武装部队总司令，2017 年 1 月 20 日唐纳德·特朗普就任美国第 45 任（第 58 届）总统。美国政府内阁由各部部长和总统指定的其他成员组成，内阁包括国务卿、财政部、国防部、司法部、商务部、教育部、国土安全部等 15 名部长组成。美国宪法草案于 1787 年 5 月制定，1789 年 3 月第一届国会宣布生效。这是世界上第一部作为独立、统一国家的成文宪法。宪法的主要内容是建立联邦制的国家，实行三权分立的政治体制，立法、行政、司法三部门鼎立，相互制约。国会是美国最高的立法机构，由参、众两院组成，两院议员由各州选民直接选举产生。美国设联邦最高法院、联邦法院、州法院及一些特别法院。美国有多个党派，在国内政治及社会生活中起重大作用的只有共和党、民主党，其他政党还有绿党等。美国有高度发达的现代市场经济，其国内生产总值和对外贸易额均居世界首位。2017 年，国内生产总值（GDP）为 19.391 万亿美元。美国中小学教育主要是由各州教育委员会和地方政府管理。学校分公立、私立两类。大多数州实行十年义务教育。各州学制不一，大部分为小学六年、初中三年、高中三年。高等教育有两年制的初级学院和技术学院，四年制的大学本科和二至四年的研究生院。美国的著名高等学府有哈佛大学、普林斯顿大学、耶鲁大学、宾夕法尼亚大学、杜克大学、斯坦福大学、加州理工学院、麻省理工学院、哥伦比亚大学等。

二、广播电视监管体制与法律法规

（一）监管体制

美国电视监管机构是美国联邦通信委员会（Federal Communications Commission，简称 FCC），它统管广播、电视、电信等产业。美国与电视相关的传媒法体系非常完备，涉及内容管理、市场秩序、资本 结构、传媒服务等方面。美国的广播电视行业管理由国家电信信息局、联邦通 信委员会、司法部、国务院分工负责。①

1、联邦通信委员会（Federal Communications Commission，简称 FCC）

FCC 是对美国通信业和广播电视业进行统一监管的独立规制机构，其性质属于独立政府机构中的独立规制委员会。为保证有效实施对通信业和广播电视业的监管，法律赋予其相对独立的行政管理权限、准立法权限和准司法权限。其独立性体现在，不属于政府的职能部门，其主要成员由总统任命，对国会负责并报告工作。经费来自政府财政拨

① 李宇：《国际传播视角下各国电视研究：现状与展望》，北京：中国广播电视出版社 2013 年版，第 297 页

款。美国联邦通信委员会总部设立在华盛顿，在其他各州均有办事处，共有委员会成员及职员 1900 余人。FCC 有主席 1 人，委员 4 人，共同决定审议事项。成员由总统任命，须得上议院认可。任期为 5 年，可再选。和主席属同一政党的人数不得超过 3 人。FCC 受参议院商务科学运输委员会和通讯委员会以及众议院能源商务委员会以及电信委员会的监督。FCC 按照议会的要求，也会派遣委员出席听证会。FCC 有权对相关机构进行调查，并且每年就无线电监管的相关问题向国会递交书面报告。

FCC 有管理和控制无线电频率使用范围以及制定并实施相关规定的职能。管理和控制无线电频率使用范围主要是负责授权和管理除联邦政府使用之外的传输装置和设备。在制定或修改相关规定的时候，首先要通过媒体表达制定或修改的意向，同时搜集相关资料制成草案。其后收集媒体及相关团体的反馈意见并进行分析，最终写成报告并且制定出相关规定。报告包含制定相关规定的原因、反馈意见的人分析结果等内容。内容较复杂的情况下，报告也会经过多次反复推敲才能最后敲定。

FCC 有权受理对其相关规定抱有异议的申诉。若是不满 FCC 做出的裁决，也可以申诉司法机构。其中，需就播出执照相关内容提出申诉的，只能去华盛顿高级法院。高等法院除了赞同或驳回 FCC 的裁定之外还有权对该裁定进行二次审查。除此之外的其他问题可赴全美 12 个联邦高级法院申诉。

2、联邦交易委员会（Federal Trade Commission，简称 FTC）

设立于 1914 年，主席一人，委员 4 人，均由总统任命。属同一党派的成员不能超过 3 名。其主要任务是保护消费者及消除强迫性垄断的等反竞争性商 业行为。也有进行放送广告的监督规制，调查节目收视率等职能。与 FCC 同有制定法规并执行的权力，可对相关案件进行裁决，若对裁决有异议亦可申诉。

3、国家电信信息局（National Information and Telecommunication Administration，简称 TA）

1978 年，由总统府通讯政策局及商务部通信局合并而成，隶属于商务部。负责通讯事业相关的政府立案、非营利广播电视台的支持资金管理以及监督联邦政府各部门的调频使用情况。

4、司法部（Department of Justice）

美国的司法系统对广播电视媒体发挥着重要的司法规制作用，联邦法院、州法院与联邦通信委员会、政府监管部门之间形成了相互制约的关系。司法部有权就违反放送、通讯、托拉斯法的行为向反托拉斯局（Anti-trust Division）提起诉讼。对提供不法彩票信息、违反刑法规定播出不法内容节目的从业人员，有权利向犯罪局（Criminal Division）发起诉讼。

5、国务院（Department of State）

参与交涉有关频率分配、卫星轨道位置等国际议题，并干预通讯设备的贸易情况。

（二）法律法规

美国与电视相关的传媒法规体系非常完备，涉及内容管理、市场秩序、资本结构、传媒服务等方面。就立法而言，美国对通信业和广播电视业制定了统一的专门法《电信法》。美国传媒法规体系的基础是美国国会通过的《1934 年电信法》（Communications

Act of 1934），到 1996 年，美国公布了《1996 年电信法》（Telecommunications Act of 1996），它是广播电视业较为全面的立法。①

1、《1934 年电信法》

该法案是约束广播电视、通讯领域的基本法案。该法案设立了 FCC（联邦 通信委员会），通过控制无线电广播、电视、电信、卫星和电缆来协调国内和国际的通信，负责授权和管理除联邦政府使用之外的通信传输装置和设备。

其关于外资规制的内容规定如下：禁止向外国人或其代表颁发地面广播电视台的营业许可，外资对广电媒体的直接出资比例不得超过其资本金的 20%，间接出资比例不得超过 25%。

2、《1996 年电信法》

《1996 年电信法》修订了《1934 年电信法》，对其进行了较大幅度的修改，但并没有代替《1934 年电信法》。

该法案的主要目的是减少国家的干预，并提高电信市场的竞争，实现电话通讯、有线电视、电台电视台等领域的相互促进。

其关于电视节目内容管理规定如下：电视业要提供一个针对暴力、性以及其他下流内容的自动评级系统。②

《1996 年电信法》规定电视机内应安置 V 芯片（Violence Chip），以过滤电视中的暴力镜头。Violence Chip 制度由 V 芯片以及节目内容等级划分制度两部分构成。

2000 年以后生产的电视机均内置了 V 芯片功能。等级划分则由从业人员提前告知受众，有“内容”和“年龄”两种分级方式，1997 年在电视画面上显示等级，并在报纸及杂志刊载的节目表中也有标注。新闻及体育节目不划分等级。

由于 NBC 以及有线电视网络 BET（Black Entertainment Television）认为内容等级划分制度侵害言论表现的自由，因而只提供年龄等级标识。

三、广播电视发展概况

（一）广播发展概况

广播方面，截止到 2011 年 5 月，共有广播电台 14728 所。付费卫星广播公司 SiriusXM 成立于 2008 年 7 月，前身是美国 Sirius 卫星广播公司和 XM 卫星广播控股公司，截止到 2011 年 9 月，签约户数达到 2100 万。

（二）电视发展概况

美国是世界上广播电视发展最蓬勃的国家之一。传统的地面放送技术、有 线数字电视以及卫星放送多面开花，最近又进一步致力于扩展丰富“网络”这 一传播平台。

1998 年，地面数字电视播出开始，模拟信号播出比预计推迟了 4 个月开始，并于 2009 年 6 月正式结束，向数字时代的转换顺利展开。

据 FCC 统计，截止到 2011 年 5 月，美国共有 1774 家电视台，其中商业电视台 1382 个，非营利性电视台以 PBS（美国公共电视网）为主，共有 392 个。全国主要商业

① 郭镇之：《电视传播史》，北京：北京师范大学出版社 2000 年版，第 105 页。
② 李宇：《国际传播视角下各国电视研究：现状与展望》，北京：中国广播电视出版社 2013 年版，第 298 页。

电视台 / 网包括：ABC、CBS、NBC、FOX 这四大电视网以及后起之秀 CW 电视网等。CW 开播于 2006 年 9 月 18 日，其前身是哥伦比亚广播公司（CBS）旗下的 WB 及华纳兄弟（Warner Bro.）旗下的美国派拉蒙电视网（UPN）。除此之外面向拉美裔人群的 Telemundo 等电视网也是不可或缺的组成部分。

卫星电视平台主要有 Direc TV 以及 Dish 两个公司。截止到 2015 年，两家用户数共计约 3440 万户，卫星电视普及率达 34%。

截止到 2015 年，有线电视受卫星以及网络电视发展的影响，签约户数仅为 5400 万，占总共签约数的 53%。包括 Comcast、Time Warner Cable（时代华纳有线）在内的超过 500 家有线电视服务商均开始向卫星电视服务商提供节目。

2010 年 12 月 21 日，FCC 举行投票，并最终以 3 比 2 的结果通过了"网络中立"原则。借助该原则，FCC 将具备监管互联网服务提供商（以下简称"ISP"）的权利。FCC 此举的目的是避免 ISP 对网络内容、服务和应用采取"不合理的歧视"。2017 年 12 月，FCC 投票废除了"网络中立"原则。

地面电视向数字方向发展，这一转换使得空出来的频率波段给高速无线通信提供了发展平台。2011 年 9 月，奥巴马政府出台新的法案，将地面电视业者自主返还的频率拍卖，支持宽带的普及发展。政策受到无线事业从业者以及家电业的好评，然而对地面电视业播出格局的影响却不容忽视。

随着数字化进程的展开，各电视台均着力发展网络服务这一领域，开始了"免费"到"付费"的探索。2008 年 3 月，NBC 和 FOX（后 ABC 加入）合资推出了网络视频平台 Hulu。2010 年 6 月开始推出了付费服务平台 Hulu Plus。月费 10 美元可观看该平台全部节目。

2010 年 4 月，苹果公司推出的平板终端设备 iPad，成为了各个媒体的竞争新平台。ABC 推出了可以免费观看本台节目的客户端，CBS、纽约时报、路透社等媒体也纷纷发布了相关 APP。

四、广播电视主要机构

（一）广播

1、公共广播

美国国家公共电台（National Public Radio，简称 NPR）

NPR 成立于 1970 年的非营利团体。总部位于华盛顿，向全国包括成员台在内的约 900 个电台提供节目。与 PBS 的不同之处在于节目内容均由 NPR 独立制作完成。运营费用则是由联邦政府的扶持金、地方自治体、企业及个人的助款等项目构成。

除了音乐节目外，NPR 的新闻节目因其上乘的品质得到了很高的肯定，代表节目有早间新闻节目 *MorningEdition* 午后新闻节目 *AllThings Considered* 等。2009 年 1 月，原《纽约时报》网站的副总裁兼总经理薇薇安 · 席勒接任 NPR 的首席执行官，积极推进数字化发展，却因任职期间引发诸多争议于 2011 年 3 月辞职。同年 10 月宣布，由芝麻街总裁 GaryKnell 接任新一任首席执行官。

2、商业广播

比起电视领域辛迪加关系来说，商业广播并没有十分紧密的业务关系，所以才会出现组约 CBS 系电台擅自决定接收 ABC 卫星信号的情况。商业电台大都将重点集中到某一具体的领域，如谈话、新闻或者体育等。音乐领域也会细分出乡村、流行、摇滚等不同风格的专门电台。

主要的商业网络有：American Urban Radios Networks、Premiere Radio Networks、Westwood One Radio Netwoks。

数字卫星付费广播

2008 年 7 月，卫星广播公司 Sirius 和 XM 公司合并成为 Sirius XM。XM 成立于 2001 年 9 月，Sirius 成立于 2002 年 7 月，均以长途客车司机位主要受众，节目内容以高音质音乐节目、新闻节目、赛事转播以及气象交通等内容为主，中间不插播广告。SiriusXM 现有 135 个频道，截止到 2011 年 9 月，共有用户 2100 万。

数字广播

国家广播协会（National Association of Broadcasting, 简称 NAB）采用 M-IBOC、FM-IBOC 技术来缓解电台数字化的经济负担，并于 2000 年 7 月成立数字公司 iBiquity 致力于数字高清广播技术的研究。iBiquity 指出截止到 2011 年 10 月，有超过 2000 家电台开始进行数字广播，超过 1100 家播出多频道广播。如今信号可覆盖 90% 的地区，节目的音质效果也得到了改善，做到了“调幅似调频，调频似 CD”，借此打开了车载 CD 市场，但是接收机的普及却迟迟未能展开。

国际广播

由美国政府开展的国际广播有“美国之音”（VOA）和面向古巴的 Radio-TVMarti。除此之外，还有依靠政府预算，实际有 NPO 管辖的 RFE/RL（Radio Free Europe/Radio Liberty）、RFA（Radio Free Asia）、Radio Sawa/Alhurra TV（由中东放送网运营）。其他均由广播理事会（Broadcasting Board of Governors，简称 BBG）统一管理。

“美国之音”是一家提供 44 种语言服务的国际多媒体广播电台。总部位于首都华盛顿，通过互联网、手机和社交媒体提供新闻、资讯和文化节目，每周服务全球 1.25 亿的民众，总节目播出时长为一周 1577 小时。从 2000 年 11 月开始线上播出全天候新闻节目。

Radio Sawa 开播于 2002 年 3 月，在华盛顿和迪拜分别设有工作室。主要内容围绕时事新闻及欧美阿拉伯地区的热门歌曲展开，通过音乐节目赢得大量听众。由 5 个系统在不同地域 24 小时播出节目。

2004 年 2 月，面向阿拉伯地区的卫星电视放送 Alhurra 开播，Alhurra 取阿拉伯语“自由”之意。总部设于弗吉尼亚州，巴格达设有分局。

（二）电视

1、开路电视

公共电视网（Public Broadcasting Service，简称 PBS）

根据《1967 年公共广播法》成立的非营利性的广播电视机构。总部设立在首都华盛顿，有超过 350 个成员台。PBS 本部并不参与节目的制作，负责给全美成员台提供由成员台制作以及外部引进的节目内容。

成员台属于非营利性教育台性质，与 PBS 的关系也不同于加盟台和商业电视网的关系，不存在商业视网中央集权的制约关系。各成员台也不必播出本部提供的全部节目，可根据当地的情况编排各自的节目。成员台主要由当地的非营利组织、大学、州政府、地方自治团体等来运行，主要有 WGBH（波士 顿）、WNET（纽约）WETA（华盛顿）等。其中位于洛杉矶的KCET由于提供给PBS的费用纠纷，终于2011年1月与PBS分道扬镳。

虽然 PBS 的收视率普遍低下，远不及商业电视台，但是其新闻节目《新闻 一小时》以及纪录片系列如《地平线》、《Nova》、《芝麻街》等均因其制作精良受到高度肯定。

PBS2009 年度的总收入为 26. 433 亿美元。

表公共电视网收入细分（2009 年度）

个人捐赠	28%
企业团体捐赠	16%
联邦政府扶持	15%
州政府扶持	12%
财团基金	8%
州立大学	8%
其他	13%

来源：CPB

2011 年 4 月，市场调研公司尼尔森的报告指出 2010 年广告业终于告别低迷。电视、报纸等传统媒体纷纷焕发活力，电视业发展最为快速，对比上一年度增长 13.1%，广播为 8.5%，报业 7%，杂志业 4.9%。

表有线电视平均收视人数（2009 ~ 2010 年，黄金时段）

频道	收视人数（人）
CBS	1170 万
FOX	990 万
ABC	860 万
NBC	820 万
CW	200 万

全国广播公司（National Broadcasting Company，简称 NBC）

NBC 成立于 1926 年，总部位于纽约，是美国历史悠久、实力最强的商业广播电视公司，旗下 NBC 电视网为美国五大广播电视网之一，现隶属于康卡斯特公司旗下 NBC 环球公司。

NBC 整合电视节目内容，制作新闻、体育、真人秀、电视剧及少儿等类型节目，并向其在的 11 城市的 14 家直属电视台及全美 200 余家附属电视台提供黄金时段、日间段及深夜档节目，播出范围覆盖全美 99% 的电视用户。

NBC 电视网是美国历史上荣获艾美奖最多的有线电视网，代表作有《白宫风云》、《法律与秩序》等政治题材电视剧；其制作的《老友记》、《实习医生风云》等剧集也为中国观众所熟悉。

哥伦比亚广播公司（Columbia Broadcasting System，简称 CBS）

CBS 成立于 1927 年，总部位于纽约，早期隶属于美国西屋电气公司，现由全美娱乐股份有限公司控股持有。2016 年营业收入为 143.86 亿美元，净利润为 12.61 亿美元，位列"2016 年世界媒体 500 强"榜单第 19 位。

该公司经营电视及广播、影视娱乐、出版发行、新媒体、户外广告等业务，其在本土经营 CBS 电视网及 CW 电视网两大广播电视网，下辖 7 家直属电视台、200 余家附属电视台及广播电台，拥有 CBS 体育频道、Showtime 频道、史密森频道等多个知名有线电视频道。播出真人秀《幸存者》、电视剧《CSI 犯罪现场调查》《犯罪心理》等热播节目，体育赛事转播也获得超高人气。

2014 年 10 月 28 日，哥伦比亚广播公司推出在线视频业务 CBS All Access，成为了第一个推出流媒体服务的美国电视广播网。截至 2016 年上半年，CBS All Access 已经有超过两百万订阅用户，每年可产生超过 2 亿美元的收入。

美国广播公司（American Broadcasting Corporation, 简称 ABC）

ABC 前身为 NBC 旗下蓝色广播网，总部位于纽约，于 1943 年通过分拆实现独立经营，1945 年更为现名，1995 年被华特迪士尼公司以 190 亿美元收购后划归迪士尼 ABC 电视集团旗下。

ABC 是美国三大商业广播电视公司之一，拥有 8 家城市直属电视台、236 家附属电视台及 2000 余家附属电台，播出范围覆盖全美 99% 以上地区，并设有 ABC 新闻公司、ABC 娱乐公司等电视业务部门。其中，ABC 新闻公司主要负责运营新闻频道及制作新闻节目，多以年轻人为目标观众，曾推出《早安美国》、《20/20》、《今夜世界新闻》等知名新闻栏目；ABC 娱乐公司拥有美国奥斯卡奖、艾美奖等多项重大娱乐活动转播权，负责制作以电视剧为主的娱乐内容，曾制作并播出《根》、《绝望的主妇》等多部经典剧集。

2016 年 12 月，ABC 通过社交媒体网站色拉布（Snap）播出《单身汉》等热门节目。2017 年 2 月有公布数据显示，其奥斯卡金像奖颁奖典礼在美国收视率创下自 2008 年以来新低。同年 5 月，美国广播公司在激烈的竞争中力压《美国偶像》老东家福克斯广播公司，最终获得节目播出版权。

福克斯广播公司（FOX）

福克斯广播公司现为美国第四大广播电视网，截至 2017 年 11 月拥有 17 家直属电视台、225 家附属电视台及多个广播电台，播出范围覆盖全美 95.74% 的家庭，用户以年轻人为主。此外，福克斯广播公司通过 20 世纪福克斯电视公司进行节目内容制作，较具代表性的节目有电视剧《X 档案》《24 小时》《越狱》，动画片《辛普森一家》，真人秀《美国偶像》等。

哥伦比亚及华纳兄弟联合电视网（CW）

开播于 2006 年 9 月 18 日，其前身是哥伦比亚广播公司（CBS）旗下的 WB 及华纳兄弟（WarnarBro.）旗下的美国派拉蒙网络（UPN）。收视人群定位在 18~34 岁的女性。每周播放 6 天节目，周一到周五下午及黄金时段播放青年节目。周六上午播出少儿节目。代表性节目有《全美超模》《90210》等。2009 ~ 2010 年度平均收视人数为 200 万人。

时代华纳（Time Warner）

由时代股份有限公司与华纳传播股份公司于1990年合并而成，总部位于美国纽约，是一家大型跨国电视传媒集团，在全球100个国家和地区设有分支机构。2016年营业收入为293.18亿美元，净利润为39.26亿美元，位列“2016年世界媒体500强”榜单第6位。其通过旗下特纳广播系统股份有限公司、华纳兄弟娱乐股份有限公司、HBO电视网等一系列传媒资产开展广播电视、影视剧制作等业务。

2000年1月，全球最大的互联网服务商美国在线（Americaonline）与时代华纳合并为美国在线时代华纳（AOL Time Warner），宣布组成“世界上第一家面向互联网世纪的完全一体化的媒体与传播公司”。但是合并后受IT泡沫危机以及“9·11恐怖袭击”等影响，股价大幅下降。

2009年12月美国在线和时代华纳分拆，同年时代华纳有线（Time Warner Cable）也从时代华纳集团中整体剥离。

2016年8月，时代华纳收购美国流媒体视频服务提供商葫芦（Hulu）10%的股权。2016年10月，与AT&T股份有限公司达成收购协议。2017年11月，，美国司法部对AT&T发起反垄断诉讼，以阻止AT&T收购时代华纳。2018年6月，美国联邦地区法院宣布AT&T以854亿美元收购时代华纳案合法，允许付费电视行业和电信运营商巨头AT&T收购包括HBO、CNN和华纳兄弟在内的时代华纳旗下资产。

维亚康姆（VIACOM）

成立于1986年，总部位于纽约，现为全球最大的传媒及娱乐公司之一。维亚康姆主要提供影视、广播、出版、音像等多元化娱乐业务，业务覆盖全球160个国家和地区的约7亿用户，2016年营业收入为124亿美元，净利润为14亿美元，位列“2016年世界媒体500强”榜单第21位。旗下拥有MTV全球电视网、尼克罗顿电视网（Nickelodeon）、黑人娱乐电视台（BET）、派拉蒙（Paramount）、乡村音乐频道（CMT）、史派克电视台（Spike TV）、娱乐时间（Showtime）等知名机构。2015年，维亚康姆收购印度Prism电视台50%股份，巩固其在印度电视市场的领导者地位。2016年，收购阿根廷电视台及制作公司南美联合电视台，提升在拉丁美洲电视市场的占有率。2017年1月，维亚康姆授权香港卓越环球集团有限公司在中国广州打造首个尼克文化生态旅游主题项目，项目参照中国五行文化“金、木、水、火、土”设立，每个景点都是卡通故事或电影的浓缩。项目还致力于开发具有东方特色的卡通人物，讲好中国故事，传承中国文化。根据维亚康姆公布的财报数据，受节目制作等所产生的2.8亿美元巨额开支、电视广告收入持续下滑消极因素影响，维亚康姆2017年第二财季净利润同比下降60%。随着奈飞、亚马逊等流媒体视频服务提供商不断加大对原创内容的投入，维亚康姆的传统营收正遭受严重威胁。

华特迪士尼（Walt Disney Company）

成立于1923年，总部位于洛杉矶，是一家在美国纽约证券交易所上市的综合性跨国传媒集团。2016年营业收入为556.32亿美元，净利润为97.9亿美元，位列“2016年世界媒体500强”榜单第3位。主要业务涉及娱乐节目制作、主题公园、玩具、图书、电子游戏和传媒网络。皮克斯动画工作室（PIXAR Animation Studio）、惊奇漫画公司（Marvel Entertainment Inc）、试金石电影公司（Touchstone Pictures）、米拉麦克斯电影公司（Miramax）、博伟影视公司（Buena Vista Home Entertainment）、好莱坞电影公司（Hollywood Pictures）、ESPN 体育、美国广播公司（ABC）都是其旗下品牌。2009 年迪士尼加入了 NBC 环球（NBC Universal）和福克斯广播公司（FOX）成立的 Hulu 视频网。2012 年，以约 40.5 亿美元收购《星球大战》系列影视作品的出品方卢卡斯影业有限公司。2016 年 6 月，上海迪士尼度假区正式开业。2017 年，宣布将以 524 亿美元收购 21 世纪福克斯公司的大部分资产，并接手后者约 137 亿美元的债务。同年 8 月，华特迪士尼宣布结束 2016 年与奈飞签订的合作协议，撤下所有在奈飞平台上发布的电影。

华特迪士尼公司通过收购，不断提升在全球传媒行业的影响力，并在此基础上形成了以内容为核心的四层盈利模式：一是内容在电视频道和院线上映所带来的广告、票房等收入，二是流媒体视频、音像制品发行所产生的次级收入，三是主题公园度假区结合经典内容所创造的线下收入，四是特许经营及授权经营所获得的衍生产品收入，从而建立起完整的商业营销体系。

21 世纪福克斯公司（Twenty-First Century Fox, Inc）

成立于 2013 年 6 月，总部位于美国纽约，是由拆分原新闻集团旗下广播、电影及电视业务组建而成的传媒业跨国公司。公司旗下包括二十世纪福克斯电影公司、福克斯有线电视网等公司。21 世纪福克斯公司还控股天空有限公司，参股流媒体视频网站葫芦，为其在欧洲以及流媒体视频领域的发展拓展渠道。

2016 年 12 月，21 世纪福克斯公司正式提出以 117 亿英镑的价格全面收购英国天空广播公司（Sky）。目前，21 世纪福克斯公司已持有天空广播公司 39% 的股份，其表示愿意支付每股 10.75 镑现金来收购天空公司的剩余股份。

2017 年 12 月，迪士尼公司宣布与二十一世纪福克斯影业公司达成协议，以 524 亿美元收购后者重要资产，包括影视制作及发行业务、地区性体育网络、部分有线电视频道等媒体资产以及所持有的天空有限公司及葫芦公司股权。2018 年 7 月，21 世纪福克斯和迪士尼两家公司的股东批准迪士尼收购 21 世纪福克斯交易，两家公司股东同意迪士尼以 713 亿美元收购 21 世纪福克斯大部分资产。11 月 7 日，欧盟委员会正式批准迪士尼以 713 亿美元的价格收购 21 世纪福克斯（Twenty-First Century Fox）的申请，附加的前提条件是迪士尼必须出售其在欧洲电视频道的部分权益。

新闻集团（News Corporation）

当今世界上规模最大、国际化程度最高的综合性传媒公司之一。主要的股东和首席执行官是鲁珀特·默多克（Rupert·Murdoch）。旗下拥有英国的《泰晤士报》、《太阳报》、澳大利亚的《澳大利亚人报》、美国的《纽约邮报》，美国的福克斯电视网、二十世纪电视公司、英国的天空电视台、亚洲的 STAR 亚洲卫视，同时还拥有世界最大的电影公司之一的二十一世纪福克斯影业公司。

2007 年，新闻集团收购道琼斯公司，同年 10 月推出了福克斯经济网络电视台（Fox Business Network）。

2011 年，新闻集团旗下的英国最畅销小报《世界新闻报》陷入窃听丑闻，于 7 月宣布停刊。该事件也直接影响了默多克对英国天空电视（BSkyB）的收购。

2017 年 12 月，迪士尼公司宣布与二十一世纪福克斯影业公司达成协议，以 524 亿美元收购后者重要资产，包括影视制作及发行业务、地区性体育网络、部分有线电视频道等媒体资产以及所持有的天空有限公司及葫芦公司股权。

2、地面数字电视

2009 年 6 月 12 日，美国地面电视全面数字化进程开始。美国选择有线电视或卫星电视付费业务的家庭已有 8 成，使用免费地面数字电视的家庭还有 1200 万左右。这些人大都是高龄、低收入、偏远地区人民或是移民。针对这些社会弱势人群，美国政府发放了可以购买模拟数字信号转换器的优惠券。但是就在 2 月 17 日全面转换之前，还有将近 580 万户没有做好相关准备，于是奥巴马政府紧急将转换时间延迟了 4 个月。在此期间，FCC 做了充足的工作，将 580 万户减少到 280 万。全面转换当日，FCC 和各地电视台均进行电话、上门指导，使得转移顺利进行。转换之后也有家庭相继安置转换器，截止到 2009 年 8 月，全美 99% 的家庭均可接受数字信号。

3、卫星电视

卫星电视主要有直播电视公司（Direc TV）以及碟线公司（Dish）两个公司。普及率处于提升状态，但近几年随着网络电视的发展加剧了竞争，卫星电视的提升节奏十分缓慢。

直播电视公司（DirecTV Group，Inc.）

美国领先的卫星及付费电视服务提供商，截止到 2017 年 11 月，全美已有 2061 万用户，由自由媒体集团（Liberty Media Group）旗下 DIRECTV 集团辖控。营业收入主要来自传统付费电视、流媒体视频、宽带与电话、设备销售等业务板块。

Direc TV 通过直播卫星为美国 50 个州和华盛顿哥伦比亚特区传输、分发 325 个电视频道的数字视频及音频节目，含 200 余个高清频道，占据了 80% 的美国高清电视市场份额。此外，直播电视公司根据不同地区用户群体对节目内容的不同需求，采取了较为灵活的市场营销及发展策略，提供英语、西班牙语、菲律宾语、韩语、越南语等多语种服务，以及高清节目包、商业节目包、体育节目包等多种选择，用户可按需选择定制。

碟线公司（Dish Network Corporation）

成立于 2008 年 1 月，总部位于美国科罗拉多州，现为美国第二大卫星电视服务提供商及第三大付费电视服务提供商。2016 年营业收入 151 亿美元，净利润为 14.49 亿美元，位列“2016 年世界媒体 500 强”榜单第 18 位。主要业务可划分为用户端业务、设备销售及出租业务。其中用户端业务是碟视公司营业收入的主要来源。截至 2017 年 12 月，碟视公司已代理 HBO、Cinemax、ESPN 等 290 余个收费电视频道，为美国 1367 万电视用户及 59.3 万宽带用户提供可选节目包的付费电视及新媒体电视服务。据彭博财经电视亚太频道 2017 年 11 月报道，哥伦比亚公司决定终止与碟视公司的续约合作，这或将导致美国数百万卫星电视订阅用户无法收看 CBS 节目。

4、有线电视

美国的有线电视在 2001 年时最为鼎盛，普及率高达 66.9%，但是随着近年来卫星电视的发展以及通讯公司进入电视行业，有线电视的加入人数便呈现减少趋势。NCTA（全美有线通信联盟）调查统计显示，截止到 2011 年 3 月，有线电视用户数约为 5960

万，是 46.2% 电视家庭的选择，继前一年连续两年未能超过 50%。尤其是 2008 年雷曼事件后引发的不景气以及网络视频免费观看等因素的影响下付费电视行业受到了极大的打击。

美国共有 565 个有线电视网，主要向欧洲、亚洲等世界各地的包括卫星在内的平台提供电视节目。继《1996 年电信法》认可有线电视与通讯行业的相互进入以后，有线电视行业又积极开始了数字化的道路，通过电视节目、高速网络和手机通讯三驾马车联合带动，形成了与急速增长的卫星放送相抗衡的新战略形势。

康卡斯特（Comcast）

成立于 1963 年 6 月，总部位于美国费城，是一家综合性传媒集团，现为美国第一大有线电视运营商、第一大互联网服务提供商及第三大电信业务提供商。2016 年营业收入为 804 亿美元，净利润为 86.9 亿美元，位列“2016 年世界媒体 500 强”榜单第 2 位。Comcast 经营多元化业务，涉足有线电视、宽带网络、电信电话等多个领域。旗下有 NBC 环球公司（NBC Universal）和康卡斯特有线传播公司（Comcast Cable Communications）。

2012 年，康卡斯特公司整合旗下体育内容资产成立 NBC 体育集团，后者现拥有美国美式橄榄球联盟、美国冰球联盟、美国职业高尔夫球赛等赛事的长期转播合同，以及 2014 年至 2020 年 4 年奥运会美国媒体转播权及数字节目版权。2013 年 2 月，康卡斯特公司宣布收购通用电气公司拥有的 NBC 环球公司 49% 的股权。2014 年康卡斯特公司与美国流媒体视频服务巨头奈飞股份有限公司达成协议，向用户提供奈飞公司的视频服务。2015 年，康卡斯特公司收购日本环球 51% 股权。2016 年 8 月，NBC 环球公司以 38 亿美元收购梦工厂动画公司。2017 年 2 月，康卡斯特公司以 22.7 亿美元收购日本环球影城 49% 股权，实现对其全资控股，并将其划归旗下 NBC 环球公司。

时代华纳有线（Time Warner Cable）

时代华纳有线电视部门。2009 年 3 月脱离时代华纳独立。拥有有线电视用户 1236 万，位列第二，在洛杉矶、纽约等局部地区为市场份额首位。但是签约用户自 2006 年起逐年减少，2010 年的收益 179 亿美元与上一年度持平。

在全美 30 个州开通有线电视业务，近年来着力展开高速网络以及 IP 电话服务。截止到 2010 年末，签约用户中的 72%（900 万人）开通有线数字电视服务，950 万人选择高速网路，IP 电话签约用户也达到 440 万人。

表：美国主要有线电视频道（卫星同步播出）

新闻类	CNN, CNBC, MSNBC, FOX News Channel
娱乐、体育	TBS, TNT, USA Network
纪录	Discovery Channel
议会转播	C-SPAN
喜剧	Comedy Central
电影	HBO, Cinemax
音乐	MTV, Music Plus TV, VH1
女性频道	Lifetime, Oxygen Media

续表

少儿频道	Disney Channel，Nickelodeon
购物频道	HSN, QVC
体育	ESPN
新闻类	CNN, CNBC, MSNBC, FOX, News Channel
健康	Discovery Health
地域民族	Galavision，TV Japan

5、IPTV

2005 年开始，移动运营商威瑞森电信（Verizon）和美国电话电报公司（AT&T）分别开始了光纤电视服务。2005 年 9 月，威瑞森电信在肯塔基州开播 FiosTV，提供包括音乐频道、点播服务等多项内容。截止到 2011 年 3 月，已有用户 418 万，一年间增长 18.5%。2006 年 6 月，AT&T 在德克萨斯州开始 U-verse 网上业务，提供超过 140 个高清台、VOD、DVR（硬盘录像机）服务。随着业务覆盖范围的扩大，截止到 2011 年 3 月，用户人数超过了 321 万。

2007 年 10 月，FCC 一改之前仅由有线电视公司向集体住宅用户提供电视服务的政策，允许通信行业涉足，打响了有线电视与通信业在电视、网络电视、电话、手机等四个领域的竞争。

6、网络电视

近年来，网络视频的观看量激增。根据 ComScore 公司的调查，仅 2013 年 4 月一个月，就有约 1.819 亿人观看网络视频，观看量达到 388 亿次，网络视频广告观看量也创下 132 亿次的历史新高。以 YouTube 为首的谷歌旗下网站依然是全美第一大视频资产，2013 年 4 月的独立用户访问量为 1.546 亿，其次是 Facebook(6270 万）、VEVO(5290 万）、NDN(4530 万）和雅虎旗下网站 (4510 万)。网络的用户的增加，一方面加剧了有线电视用户的流失，一方面也让付费电视提供商倍感压力。

根据 Com Score 公司在 2017 年 4 月发布的的调查报告，全美国拥有 Wi-Fi 的家庭大约为 9300 万个，其中有 5100 万家（占总数的 54%）都在观看互联网电视。平均每月大约观看 15 天，每天大约观看 1 小时 40 分钟，正在逐渐打败现有的电视台。互联网电视业务的市场份额占首位的是 Netflix（40%），其次是 YouTube（18%），Hulu（14%），Amazon Video（7%）。

NBC 和 FOX（后 ABC 加入）于 2010 年 6 月推出了付费服务平台 HuluPlus。月费 10 美元不仅可观看该平台全部节目，还可以看到以前播出过的电视剧。随着在线影片租赁提供商 NetFlix 用户的急速增长，如何确保视频内容激增的网页的稳定性是 Hulu 的新课题。

7、手机电视

截止到 2011 年 12 月，美国手机使用人数达 3.167 亿。其中使用 VerizonWireless 的用户为 1.4 亿，AT&T 用户 9750 万。两家公司用户共占全部的 60%。

有关手机电视的播出规格，由广播电视相关人员组成的 OMVC（Open Mobile Video Coalition）于 2009 年 10 月宣布使用 ATSCM/H 制式。随后 FOX、NBC 等 7 个电视台以及戴尔、LG、三星等公司均推出了相关业务。由于 ATSCM/H 制式采用同地面数字电视的 ATSC 制式一样发信机，预计普及的速度会很快。

Mobi TV 早在 2003 年 11 月开始了手机电视服务，可用手机终端收看包括人气新闻、纪录片、音乐、动画等 40 个以上的有线电视频道。服务范围遍布南北，截止到 2010 年年末，用户近 1300 万人。

五、广播电视发展简史

1920 年　匹兹堡电台（KDKA）首次开始定期广播

1926 年　美国全国广播公司（NBC）推出无线电网络广播电台

1927 年　《1927 年无线电法》通过（2 月）

1934 年　《1934 年通信法》通过（6 月），根据同一法律成立了美国联邦通信委员会 FCC（7 月）

1941 年　NBC 和 CBS 在纽约分别开始经营商业电视台（7 月）

1948 年　从 NBC 分离出去的美国广播公司（ABC）开始播放全美第三个电视网络广播

1953 年　美国联邦通信委员会（FCC）正式采用基于 RCA 接口的 NTSC 制式作为电视的彩制式

1960 年　两大总统候选人肯尼迪和尼克松的电视辩论开始（9 ~ 10 月）

1962 年　《教育电视播放设施法》通过

1967 年　《1967 年公共广播法》通过

1969 年　美国公共电视网（PBS）成立（4 月）

联邦最高法院支持 FCC 的“公正原则”（6 月）

1970 年　美国国家公共电台（NPR）成立（2 月）

为保护和培养节目制作公司，FCC 开始采用“辛迪加—财务收益规则”（Financial Interest and Syndication Rules）

1971 年　全面禁止在广播和电视上播送纸卷香烟广告

1975 年　HBO 通过国内通信卫星推出有线电视节目服务

美国有线电视新闻网（CNN）开播 24 小时新闻（6 月）

1984 年　《1984 年有线电视法案》通过

1985 年　Capital Cities 收购 ABC（11 月）

1986 年　FOX 开始播放电视网络广播（10 月）

GE 收购 NBC（12 月）

1987 年　废除了电视报道的“公正原则”（8 月）

1989 年　索尼收购了哥伦比亚电影公司（Columbia Pictures Entertainment）

1990 年《强制纳入电视字幕用解码器法案》通过

《儿童电视法》通过（10 月）

松下电器收购 MCA（11 月）

1992 年　《1992 年有线电视消费者竞争保护法》通过

1994 年　戈尔副总统发布《有关信息高速公路的基本政策》（1 月）

1995 年　WB 和 UPN 开始在全国范围播送电视节目（1 月）

迪士尼收购 Capital Cities / ABC（4 月）
Westinghouse 公司收购 CBS（8 月）
时代华纳公司收购 TBS（9 月）
美国联邦通信委员会 FCC 废除“辛迪加—财务收益规则”（9 月）
1996 年 《1996 年电信法》通过（2 月）
FCC 制定强制性规定，要求商业性电视台每周播放 3 小时以上少儿教育节目（8 月）
FCC 确定数字地面电视广播技术规格（12 月）
1997 年 电视行业开始在对儿童有害的节目画面上显示警告标识（1 月）
FCC 制定数字地面电视广播相关规则（4 月）
FCC 制定电视字幕规则（8 月）
1998 年 三大网络公司宣布对数字地面高清电视信号的实施方针（4 月）
全美 40 多个地面信号电视台开始播送数字信号节目（11 月）
1999 年 美国电话电报公司（AT & T）与时代华纳公司合作（2 月）
FCC 表示有条件批准在 1 个城市拥有 1 家公司 2 个电视台（8 月）
维亚康姆集团（Viacom）宣布收购 CBS（9 月）
强制性要求卫星广播转播本地地面广播信号（11 月）
2000 年 AOL 宣布收购时代华纳公司（1 月）
美国公共电视网（PBS）的第一位女首席执行官 Pat Mitchell 宣布就任（2 月）
FCC 对 1999 年 9 月维亚康姆集团（Viacom）和 CBS 的合并协议表示认可（5 月）
FCC 批准最大的无线电广播公司 Clear Channel 和第二大无线电广播公司 AMFM 合并（8 月）
FCC 发布卫星广播转播本地地面广播信号规则（11 月）
2001 年 美国在线 AOL 并购时代华纳，AOL 时代华纳公司诞生（1 月）
FCC 制定有线台必载无线频道规则（Must-Carry Rules），此规则成为通往地面数字电视普及之钥（1 月）
鲍威尔被提名为 FCC 新主席（1 月）
AOL 时代华纳公司整合了旗下的 WB、CNN 等有线电视频道（3 月）
FCC 发布所有权规则相关修正案，拥有四大电视网络的传媒公司可以持有或运营 UPN、WB 等后来兴起的电视网络（4 月）
由“911 恐怖袭击”导致的世界贸易中心倒塌给地面电视台的传送设备带来了毁灭性伤害（9 月）
面向移动设备播送付费卫星广播的 XM Satellite Radio 公司开播（9 月）
FCC 制定卫星广播转播本地地面广播信号的规则（11 月）
2002 年 全美商业电视台中的 572 家（占 43%）申请将 2002 年 5 月 1 日的播送时间延长（3 月）

华盛顿联邦法院命令 FCC 重新考虑对电视台所有权的监管规则（4 月）
FCC 宣布，将一步步地强制性要求所有家电制造商将数字电视调谐器（DTV tuner）装在发售的新款电视信号接收器中（8 月）
FCC 正式批准 IBOC 制式作为电视数字信号制式（10 月）
家电行业与有线电视行业就装有 STB 的数字电视规格达成一致（12 月）

2003 年 188 家公共电视台向 FCC 申请将数字化进程延期 6 个月（5 月）
AOL 时代华纳公司董事长史蒂夫・凯斯正式离职（5 月）
FCC 通过了有关媒体所有权限制的新规定（6 月）
NBC 获得 2010 年冬季奥林匹克运动会和 2012 年夏季奥林匹克运动会的国内转播权（6 月）
NBC 和 Vivendi Universal 的娱乐部门 VUE 就并购达成一致（10 月）
DIRECTV LA 公司向美国破产审查委员会提交重整计划书（12 月）

2004 年 国会通过了将电视台受众市场限制在 39% 的预算方案（1 月）
FCC 开始对“超级碗”（美式橄榄球超级杯总决赛）前全美直播的半小时文艺演出中，女歌手当众撕开衣服的右胸部位的事件展开调查（2 月）
面向中东地区播送的阿拉伯语频道“Al Hurra”开播（2 月）
华特迪士尼公司的董事长 Eisner 因公司经营不佳被革职（3 月）
NBC 环球（NBC Universal）开始营业（5 月）
费城联邦法院判处 FCC 重新考虑对媒体的所有权限制（6 月）
被强制性装载数字电视调谐器（DTV tuner）的电视开始发售（7 月）

2005 年 美国公共电视台协会（APTS）和美国有线通信协会（NCTA）就有线台必载无线数字频道（Must-Carry Rules）达成协议（1 月）
马丁被任命为 FCC 新任主席（3 月）
美国公共广播公司（CPB）理事会任命 Patricia Harrison 为 CPB 新任理事长（6 月）
美国移动运营商 Verizon 推出基于宽带无线的视频播放业务（9 月）
美国广播电视协会（NAB）将 David Rea 选举为新任董事长（10 月）

2006 年 Paula Kerger 被选为美国公共电视网（PBS）新董事长（1 月）
美国议会规定，美国最迟将于 2009 年 2 月 17 日全面停播模拟电视信号（2 月）
《传播净化法案》生效，对淫秽色情节目处 10 倍罚金（6 月）
AT&T 在得克萨斯州正式开始启用 IPTV 的“U-Verse”服务（6 月）
网络公司巨头 Google 收购视频网站 YouTube（10 月）
新闻集团（News Corp）转让 DIRECTV 公司的所有权，退出卫星电视行业（12 月）

2007 年 卫星数字广播 XM 和 Sirius 两家公司宣布将于年内平等并购（2 月）
商务部宣布新规，规定消费者最多可以申请两张购买数模转换器的优惠券（3 月）

新闻集团（News Corp）宣布将收购道琼斯通讯社（Dow Jones）（7 月）
FCC 决定将在一定期限内延长就有线台必载无线频道规则（Must-Carry Rules）（9 月）
FCC 时隔 32 年首次放宽对电视台与报纸之间的跨所有权限制（12 月）

2008 年　商务部开始发放将数字电视信号转换成模拟电视信号的外置数模转换器优惠券（1 月）
AT & T 开始为手机提供移动电视服务（5 月）
FCC 批准卫星广播公司 Sirius 和 XM 公司合并（7 月）
芝加哥论坛报集团（Chicago Tribune）正式宣布申请破产保护（12 月）

2009 年　模拟电视信号停播时间延后（2 月）
模拟电视信号停播，全面迎来数字化电视时代（6 月）
FCC 新任主席吉纳乔斯基（J. Genachowski）就任（6 月）
原哥伦比亚广播公司（CBS）主播沃尔特・克朗凯特（Walter Cronkite）去世
前上议院议员 G. Smith 就任美国广播电视协会（NAB）新总裁（11 月）
迪士尼加入 NBC 环球（NBC Universal）和福克斯广播公司（FOX）成立的 Hulu 视频网。

2010 年　FCC 宣布“国家广播计划”（3 月）
苹果公司发售“iPad”（4 月）
互联网媒体 Pro Publica 获得普利策奖（4 月）
FCC 同意免费开放“White Space”闲置广播电视频段（9 月）

2011 年　美国国家公共电台（NPR）首席执行官薇薇安・希尔勒（Vivian Schiller）辞职（3 月）
苹果公司 CEO 史蒂文・乔布斯去世（10 月）
G. Nell 就任 NPR 新任首席执行官（12 月）

2012 年　Politico, Huffington Post 获得普利策奖（4 月）
NBC 通过互联网转播约 3500 个小时伦敦奥林匹克运动会（7 ~ 8 月）

2013 年　美国有线电视巨头康卡斯特（Comcast）将 NBCU 转变为全资子公司（2 月）
新闻集团拆分成为“21 世纪福克斯（21th Century Fox）”和“新闻集团”两家上市公司（6 月）
由 Netflix 制作的美剧《纸牌屋（House of Cards）》获得艾美奖（9 月）
美国国会正式任命 Tom Wheeler 为 FCC 新任主席（11 月）
FCC 将无线频谱拍卖会推迟至 2015 年（12 月）

2014 年　康卡斯特（Comcast）宣布收购时代华纳子公司时代华纳有线（2 月）
美国电话电报公司（AT & T）宣布收购 DIRECTV 公司（5 月）
联邦最高法院裁定网络电视服务公司 Aereo 违反了版权法（6 月）
Jarl Mohn 就任 NPR 新任董事长（7 月）

FCC 再次将无线频谱拍卖会推迟至 2016 年（10 月）

2015 年 维亚康姆收购印度 Prism 电视台 50% 股份，巩固其在印度电视市场的领导者地位

康卡斯特公司收购日本环球 51% 股权

FCC 采用了“网络中立性”新规则（2 月）

Comcast 放弃收购 TWC（4 月）

FCC 等机构认可美国电话电报公司（AT & T）对 DIRECTV 公司的收购案（7 月）

2016 年 Netflix 将业务范围扩大到 190 个国家（1 月）

FCC 召开无线频谱拍卖会（3 月）

NBC 环球公司以 38 亿美元收购梦工厂动画公司（4 月）

有线电视 Charter 收购 TWC 和 Bright House（5 月）

上海迪士尼度假区正式开业（6 月）

时代华纳收购美国流媒体视频服务提供商葫芦（Hulu）10% 的股权（8 月）

时代华纳公司与 AT&T 股份有限公司达成收购协议（10 月）

维亚康姆收购阿根廷电视台及制作公司南美联合电视台，提升在拉丁美洲电视市场的占有率（11 月）

21 世纪福克斯公司正式提出以 117 亿英镑的价格全面收购英国天空广播公司（Sky）（12 月）

2017 年 维亚康姆授权香港卓越环球集团有限公司在中国广州打造首个尼克文化生态旅游主题项目（1 月）

康卡斯特公司以 22.7 亿美元收购日本环球影城 49% 股权，实现对其全资控股，并将其划归旗下 NBC 环球公司（2 月）

FCC 召开的无线频谱拍卖会结束（2 月）

华特迪士尼宣布结束 2016 年与奈飞签订的合作协议，撤下所有在奈飞平台上发布的电影（8 月）

美国司法部对 AT&T 发起反垄断诉讼，以阻止 AT&T 收购时代华纳（11 月）

华特迪士尼宣布将以 524 亿美元收购 21 世纪福克斯公司的大部分资产，并接手后者约 137 亿美元的债务（12 月）

2018 年 康卡斯特以 307 亿美元成功收购欧洲最大付费电视集团天空广播公司 (Sky) 61% 的股权（4 月）

美国联邦地区法院宣布 AT&T 以 854 亿美元收购时代华纳案合法（6 月）

21 世纪福克斯和迪士尼公司的股东同意迪士尼以 713 亿美元收购 21 世纪福克斯大部分资产（7 月）

欧盟委员会正式批准迪士尼以 713 亿美元的价格收购 21 世纪福克斯的申请（11 月）

2019 年 美国联邦上诉法院法官裁定，允许 AT&T 以 854 亿美元收购时代华纳。

在败诉后，美国商务部告知 AT&T 不打算进一步审查对该公司收购时代华纳的判决。（2 月）

加拿大广播电视发展概况与管理体制

一、国家概况

加拿大，位于北美洲北部，是世界面积第二大国。国土面积为 998 万平方公里。总人口数为 35623680（2017 年 7 月），人口年龄中位数为 42.2 岁。通用语言为英语和法语。居民中信奉天主教的占 45%，信奉基督教新教的占 36%。加拿大至今没有一部完整的宪法，主要由在各个不同历史时期通过的宪法法案构成，其中包括 1867 年英国议会通过的《不列颠北美法案》。有关宪法法案规定，加实行联邦议会制，尊英王为加国家元首，总督为英女王在加代表，英、法语均为官方语言。宪法宗旨为和平、秩序和良政。议会由参议院和众议院组成，参众两院通过的法案由总督签署后成为法律。政府实行内阁制。由众议院中占多数席位的政党领袖出任总理并组阁。本届政府由总理和外交部、国防部、财政部、国际贸易部、自然资源部、工业部等各部部长组成。加拿大主要政党是保守党、新民主党、自由党等，其他政党还有：绿党、社会信用党、加拿大党和加拿大共产党等。保守党是执政党。加拿大是西方七大工业国家之一。制造业、高科技产业、服务业发达，资源工业、初级制造业和农业是国民经济的主要支柱。2017 年，国内生产总值（GDP）为 1.653 万亿美元。联邦政府不设专门机构，教育管理权归省级政府。各省教育经费基本依靠 自筹，联邦政府也提供一定的资助。普及中、小学教育。著名学府有多伦多大学、不列颠哥伦比亚大学、女王大学、麦吉尔大学等。

二、广播电视监管体制与法律法规

（一）监管体制

加拿大民族遗产部（Department of Canadian Heritage）和广播电视电信委员会（Canadian Radio-Television and Telecommunication Commission，简称 CRTC）分别是加拿大广播电视的政府管理部门和监管机构。

民族遗产部（Department of Canadian Heritage）

该机构是加拿大广播电视的政府管理部门，部长是内阁成员，是管理文化 事务的行政官员，定期向国会汇报工作。其下设五个职能司局，分别是公民事 务与文化遗产、文化事务、国际和政府间事务、计划与管理、公共事务。负责 对加拿大广播电视的整体发展提出建议和制定政策，其中包括对广播电视媒体 和加拿大主管广电事业的规制机构 CRTC 提出建议，同时还为促进广播电视发展的各种全国性基金和项目提供支持。同时与广播电视业发展有关的政府部门还有工业部、外交部、国际贸易部等。

广播电视电信委员会（Canadian Radio–Televisionand Telecommunication Commission，简称 CRTC）

该机构是加拿大广播电视业和通信业的独立规制机构，是负责管理监督广 播电视和电信事业的独立管理机关，并通过民族遗产部部长向连邦议会负责。 由 13 名专职委员（主席及委员）组成，任期 5 年，可以再选。

CRTC 的业务是负责审批电视台、有线电视网、广播电台、付费电视频道、专业电视频道和卫星电视媒体等众多广播电视媒体，主要职责是颁发、更新、延缓及撤回广电机构的营业执照，制定并负责实施广播电视业和电信业的 规制政策，监督实施和召开听证会。

加拿大还有具有文化政策功能的公益性机构，例如加拿大电影局、加拿大电 视电影公司和加拿大电视基金，其也在广播电视和电影行业的发展和监管方面 发挥着辅助性、基础性的作用。此外，加拿大还有主管私营广播电视业主的行 业性组织——加拿大广播电视业者协会，该组织制定了一系列职业道德准则，对 加拿大的私营广播电视媒体的行为具有较强的约束作用。

（二）法律法规

加拿大规范广电媒体和行业的法律体系分为三层：第一层联邦立法机构 颁布的广播电视专门法，如《广播电视法》《电信法》《广播电视电信委员会》，具有较高的权威性；第二层广播电视专项法规和政策，如《付费电视规则》《专业频道规则》；第三层广播电视电信委员会（CRTC）做出的各项决定。①

《1991 年广播电视法》其立法的宗旨和目的是维持“加拿大式”的文化结构，授予 CRTC 监管权限、运作程序及相关政策。其强调节目编播及产业电信政策的制定应从加拿大人的需要出发，保证“加拿大内容”的制作和播出，以促进民族文化的创新。

《电信法》于 1993 年颁布，对信息的播放、传输和接收进行相关规定。其强调国有资本的比重，并对外资投资比例进行限制。

CRTC 为对加广播电视与通信进行进一步监管，还制定了一批法规，如“加拿大信号优先原则”来保护文化主权，在所有权的监管方面，废除交叉所有制的限制。

除法律法规之外，CRTC 还做出各种决定，如对本国制作的节目播出比例、内容构成、广告、执照等进行规范。

另外，加拿大在广播电视专门法之外，还建立了比较完善的相关法体系。 如在宪法、刑法、人权法、消费者保护法等相关法律中都涵盖言论和表达自由、信息传播内容、个人隐私等方面的规定。

例如在对电视节目的监管方面，有如下规定：

1、公立电视台的财政来源

加拿大在广播时代一度采用过收听费征收制度，但二战以后，由于限制商 业广播电台发展以及加大对电视的投资，从 1951 年开始政府导入了政府拨款和广告制度。1953 年，收视费即被废除，目前加拿大广播公司（CBC）财政来源于政府拨款、广告收入及收费电视收入，政府投资占总额的三分之二。

2、对节目内容的监管

在加拿大，面对邻国美国的节目大量涌入，培养本国制作业，坚守传统文化是广播电视政策的基石。无论是公营电视还是商业电视台都必须保证国内制作的节目占一定比例。这就是所谓节目制作相关的国内制作比率“加拿大内容”（Canadian Content

① 国家广播电影电视总局发展研究中心:《国外广播影视体制比较研究》，北京：中国国际广播出版社 2007 年版，第 323 页

Requirements for Radio & Television）。即节目制作时必须满足两个条件，一是制片必须是加拿大人，二是制作费 75% 必须由加拿大人支付。

根据此规定，无论什么时间，平均 60% 以上节目应为国内制作已形成各电视台的义务。（但商业电视台晚 6 点至 0 点的时间段 50% 也可以）。

与美国相比，英语播出的商业电视节目，在加拿大市场规模较小，由于独立制作费用高，一般采取引进美国制作的电视节目较多，但常常受到人们的指责。另一方面，在以魁北克省为中心的地区，用法语播出节目的魁北克法语电视网（TVA）电视台受到上述规定制约比较少，原因是当地居民不喜欢美国节目，相反经常收看国内制作的法语节目。

3、市场占有率

2008 年，CRTC 加强了对媒体市场占有率的规定，即一家公司在一个市场中，只限电视台、广播电台、报社里最大的两家，且每家在英语圈或法语圈的听众市场占有率不得超过 45%。这项规定是为防止媒体企业在不断整合时，逐渐失去原有的立场和内容。

4、节目分级

为保护孩子不受暴力、色情等电视节目影响，从 1997 年 9 月起，加拿大政府就规定在节目开始时要在电视画面的右上角注明标记。标记是提醒孩子父母和监护人、由电视企业自觉制作的。目前使用的标记分 6 个层次，如 C 是面向不满 8 岁孩子，C8 是面向 8 岁以上孩子，14+ 则是面向 14 岁以上孩子。但新闻、体育、访谈、音乐录像等节目可不设标记。法语播出也分 5 个层级设置标记。另外，从 2001 年 1 月对暴力节目在接收上也付加了条件。

5、节目基准

为保证新闻、节目的多样性，加拿大公营电视台和商业电视台均各自做出了对节目的“报道基准”。

三、广播电视发展概况

（一）广播发展概况

加拿大有商业台、宗教台、地域广播电台、校园广播电台等合计 1208 家广播电台。以语言区分，75% 为英语，22% 为法语，3% 是其他语言。广播节目的内容除 CRTC 的部分节目之外，35% 以上为本土节目。

CBC 的国际广播部门 RCI 从 1945 年开始短波播出，使用的语言为英语、法语、西班牙语、俄语、中文、阿拉伯语、葡萄牙语等 7 种语言。可用模拟、数字的短波信号、互联网及卫星广播收听。

（二）电视发展概况

加拿大是世界上电视普及率最高的国家之一，同时，为提防美国文化流入 之影响，坚持其独特的广播电视发展方向。播出语言是英语、法语。

电视用户数约 1425 万户（2010 年底），其中八成以上是有线电视和卫星电视付费用户。此外与其他电视广播先进国家一样，通讯公司也大规模参与广电产业。

加拿大有 5 个全国性地面频道，CBC 有英语和法语 2 个频道，加拿大电视网（CTV）和全球电视网（Global TV）也各有 1 个频道，法语频道为魁北克地区的 TVA。除此之外，还有州政府运营的 TV Ontaio 和私企运营的广播电视网，播出方式都用英语或法语，或为英法语共播。有些地区还有一些未加盟广播电视网的独立地方电视台。

数字电视方面，2003 年 3 月商业电视台开播，CBC 也于同年 11 月份开始数字节目播出。2005 年 3 月又开始播出高清电视数字节目。2011 年 8 月终止了模拟信号播出，全面进入地面数字化阶段。

卫星数字电视广播始于 1997 年，有贝尔电视（Bell TV）和肖氏直播卫星（Shaw Direct）两家公司。这两家公司的签约用户都呈不断上升趋势，其中 BellTV 由加拿大最大电信企业 BCE 运营，2010 年底用户超过 202 万户，频道数超过 500 个，每周播出 300 部电影。

有线电视用户总数为 826 万户，其中罗杰斯有线公司（Rogers Cable）和肖氏有线公司（Shaw Cable System）占 200 万户，维迪欧楚公司（Videotron）超过 180 万户。有线电视用户中 67%，约合 557 万户在使用数字有线服务。数字电视用户加卫星电视用户总数约为 850 万户。

四、广播电视主要机构

1. 开路电视

加拿大广播公司 (CBC)

CBC 是 1936 年设立的实施全国播出的公营广播电视事业体。它是 1991 年依据广播电视法开始运营。

最高权力机关是其董事会，董事会由包括董事长、会长在内的 12 名董事组成。从 2007 年 6 月至今，一直由律师出身的 Hubert T.Lac-rois 任会长。CBC 到 2010 年在加拿大国内有 27 所电视台，海外有 14 个分台。

地面电视播出 2 个频道，即英语的 CBC、法语的 CBC，都以综合编辑的形式面向全国播出。在反映保护加拿大文化为目的的广播电视政策下，电视节目以多播本国制作的节目、兼顾英语圈住民、法语圈住民和原住民利益，实施着多元化的播出服务。

2010 至 2011 年英语电视本国制作率日平均达 85%，下午 7 点至 11 点黄金时间达 83%。（新闻、信息节目、连续剧、喜剧和儿童节目等）法语节目也高达 82%，黄金时段高达 88%。

CBC2010 至 2011 年度总收入约 18.1 亿加元，比前一年增收 1 亿加元。财源主要来自政府补贴和广告收入以及收费电视收入等，其中政府补贴占全年收入总和的 64%。从这一点看，与收视费为主要财源的 BBC 等欧洲公营电视台和从收视人处收取费用经营的美国的 PBS、NPR 电视台有很大区别。

对此，有人认为在市场竞争下，CBC 也应该与其他商业电视台一样逐渐向靠广告费过渡。然而也有人主张在美国电视节目与文化大量涌入的情况下，CBC 是坚守加拿大文化的基石，政府补贴应该持续。

CBC 在卫星电视和有线电视平台播出 2 个频道分别用英语和法语 24 小时播出新闻节目。英语新闻频道是 CBC News work，法语为 RDI（Le Research de I lnformation 信息新闻网）。

另一方面，CBC 也因加拿大陷入长期经济不景气带来的广告收入下降，财源资金匮乏，并于 2009 年裁员 800 多人，同时也采取缩小节目制作规模，增加重播手段缓解压力。

目前 CBC 正在执行 2014 年发布的到 2020 年为止的长期规划。由于其经费来源中大约三分之二都是来自政府，之前在保守党要求下经历了大幅的预算削减。2015 年 11 月更换为自由党人特鲁多领导的新政权后，预算得到了大幅的提升。2016 年度预算大约为 7500 万加元，2017-2020 年度每年又增加了 1 亿 5000 万加元的预算。

加拿大电视网 CTV

加拿大最大的英语商业电视网，1961 年播出。节目以新闻、体育、信息、娱乐等为主用英语向全国播出。从 2002 年起其在加拿大电视台中收视率始终名列前茅。它除具有综合频道外，还有新闻（CTV News net)、体育（TSN、RDS) 和音乐（Much Music) 等专门频道，并在卫星电视、有线电视系统播出。

CTV 还从美国引进 “Americanldol” 和加拿大本土制作的 “Canadian ldol” 等综艺节目，深受大众喜爱。2012 年获奥运会转播权。CTV 总社是加拿大的代表性媒体企业，隶属最大电信公司 BCE 旗下。CTV 还拥有主流报纸 Globe and Mail、有线电视频道、广播电台等。2006 年收买了商业电视网 CHUM。

2. 数字地面电视

加拿大的数字地面电视与美国相同，采用 ATSC 制式。2003 年英语商业电视台 City TV 开始面对多伦多及其周边地区播出，同年 11 月 CTV 也开始了面向全国的电视服务。公营电视网 CBC 从 2005 年 3 月面向多伦多、蒙特利尔，2006 年 1 月面向都灵和魁北克开始数字地面电视的播出服务。这些节目由有线电视台重播，经卫星电视全国都可以收看。

全面推行数字电视在电视台及视众方都存在难度，CRTC 本想不设具体日期由市场为导向逐步完成。然而，由于美国数字化推进迅速，为不使国内与邻国时间上拉得太远，决定于 2007 年 5 月强行终止模拟播出，并将全面数字化的日期定为 2011 年 8 月 31 日。

对此加拿大公营电视台要拿出总额 5000 万加元的资金，这对年预算额只有 18 亿加元的较小规模的电视台来讲，负担很重。后经向 CRTC 申请并获同意，将上述日期又向后推迟了一年。商业电视台则按期完成了全面数字化进程。

3. 卫星电视

卫星电视目前主要由 Bell TV(2008 年 8 月改称 Bell Express Vu) 运营。Bell TV 由加拿大最大电信企业 BCE 运营，2010 年底用户超过 202 万户，频道数超过 500 个，每周播出 300 部电影。高清频道在加拿大也是最多的达 100 个。Bell TV 还于 2011 年 4 月在加拿大首次用 3D 技术转播了高尔夫实况。

4. 有线电视

MSO(有线电视企业)

加拿大是世界上有线电视最普及的国家之一，经过企业兼并组合形成了目前几家大企业，如加中部、东部有 Rogers Cable 西部中心有 Shaw Ga-blesystem，紧随其后的还有 Group Videotron, Cogeco Cable 等等。签约用户 2010 年底有约 826 万户，很多用户已转为数字电视，有 557 万户之多。数字化比率按企业分：Rogers 为 75%，Shaw 为 77%。

加拿大与美国一样，有线电视企业追求的目标是不断扩展电视、高速网络、电话业务。

5. 有线网络（节目供应商）

基本服务

CBC News Network(CBC 独立结算事业（新闻、英语），CBC RDI(新闻、法语）

CTV Newsnet(新闻、英语）

Le Noueelles(新闻、法语）

OLN（料理、健康、英语）

TSN（体育、英语）

Bravo（艺术、娱乐、英语）

YTV(儿童、英语）

Comedy Network(喜剧、英语）

Much Music(音乐、英语）

收费频道

Family Channel(家庭、英语）

TMN(电影、英语）

CTV(体育、英语）

6.HDTV

早在 2000 年，卫星电视公司 Star Choice 以高清模式转播美国超级足球联赛。随后商业电视台 CTV 于 2003 年 11 月，CBC 于 2005 年 3 月也分别开始了高清电视播出。

据加拿大非营利业界调查团体 CEMC 至 2009 年年末的统计，约 8000 万户普及了高清电视。与此同时，各大电视台的高清节目制作也紧随其后，黄金时段超过 8 成。

卫星电视运营商 Bell TV 有 100 个高清频道，Shaw Cable78 个高清频道，有线电视 Rogers Cabrs 有 40 个高清频道。

7. 网络服务（IPTV）

到 2011 年 3 月，加拿大的通讯互联网用户已达 910 万。

近年，有线电视企业进军电话产业，为与之抗衡，2008 年底以前，5 家电话公司也开始了 IPTV 业务。最大的电话公司 MTS 用多达 250 个频道向索尼、MGM 等企业提供软件服务。业内排行第二的 Telus、Aliant 等公司也展开 IPTV 服务业务，2010 年底已有 48 万家企业参与竞争。

8. 移动终端服务

加拿大手机普及率 2011 年 3 月为 73%，这一数字虽然低于美国及欧洲国家，但主要通讯公司都参与了手机终端映像服务。

主要企业有 Rogers Wireless, Bell, Telus 3 家，市场占有 94%。其中 Rogers 于 2005 年 4 月就与美国公司联营开始了收费手机终端映像服务，同时可链接到 BBC WORLD 和 MSNBC，CNBC 等。另外 Bell 以每月 10 加元的低价向用户提供 30 个频道服务，追加 7 加元可收看所有服务。Telus 以每月 15 加元，无追加付费的条件提供所有优质服务。

五、广播电视发展简史

1932 年　加拿大通过《无线电广播法》，成立加拿大无线电广播委员会（CRBC）

1936 年　加拿大广播公司（CBC）成立，接替加拿大无线电广播委员会（CRBC）（1 月）
1952 年　CBC 正式开始定期播出电视节目
　　　　加拿大蒙特利尔等地最先开启有线电视服务
1953 年　废除收视收听费
1958 年　《广播法》（1958 年）通过，广播理事会（BBG）作为监管机构依法成立（11 月）
1961 年　商业电视 CTV 电视网络开播（10 月）
1966 年　开始播放彩色电视（9 月）
1968 年　随着《广播法》（1968 年）的实施，新的监管机构加拿大广播电视委员会（CRTC）依法产生，并取代了以前的 BBG（4 月）
1971 年　法语商业电视网络 TVA 开播（9 月）
1976 年　广播电视委员会（CRTC）改名为广播电视电信委员会（英文缩写依旧为 CRTC）（4 月）
1983 年　卫星转播技术和有线电视的进步，促进了付费电视服务开始（2 月）
1991 年　修订《广播法》（2 月）
1994 年　CBC 向议会提交"新公约"，内容包括 4 年内裁员 1000 人等未来计划（11 月）
1995 年　政府宣布将削减 4400 万加元 1995/1996 年度对 CBC 的拨款（2 月）
1996 年　CBC 宣布，到 1998 年将削减 4 亿 1400 万加元的开支（9 月）
1997 年　Star Choice 开启 DTH 服务（4 月）
　　　　Express Vu 启动 DTH 服务（9 月）
　　　　在地面电视和有线电视的节目开始前，开始显示是否适合儿童观看的标志（9 月）
1999 年　CBC 公布《CBC 对加拿大公民的承诺》（3 月）
　　　　CRTC 发布新的广播政策（6 月）
2000 年　国内首个高清节目通过卫星数字电视播出（1 月）
　　　　有线电视龙头企业 Rogers 宣布收购 Videotron（2 月）
　　　　电信运营商 BCE 宣布收购加拿大电视广播公司（CTV）（3 月）
2001 年　适用于 V 芯片（反暴力色情芯片）的信号被添加到电视节目中（1 月）
　　　　数字电视专业频道服务开始（9 月）
2003 年　英语商业电视 Citytv 推出加拿大首个数字地面电视广播（3 月）
　　　　CTV 面向全国推出数字地面电视广播（11 月）
2005 年　CBC 开始播放高清电视节目（3 月）
　　　　在 CBC 发生劳资纠纷（8 ~ 10 月）
2007 年　CRTC 定于 2011 年 8 月 31 日全面转入数字电视时代（5 月）
　　　　Lacroix 被提名为 CBC 新任董事长（11 月）
2008 年　CRTC 开始加强媒体所有权监管（1 月）

2009年 CBC 宣布裁员 800 人，计划缩减，CTV 也将裁员 120 人（3 月）
2010年 CBC 宣布将地面电视进入数字化转型推迟 1 年（8 月）
2011年 商业广播电台全面转入地面数字广播，CBC 将转型再次推迟 1 年（8 月）
2012年 加拿大国际广播电台 RCI 关闭了短波广播，仅提供在线收听。并将播送语言从 7 种缩减为 5 种（6 月）
CBC 转入数字地面电视广播（7 月）
2013年 CRTC 批准 CBC 在电台广播中播出广告（5 月）
2014年 CBC 宣布将在 2 年内裁员 650 余人（4月）
CBC 公布到 2020 年的五年计划“A place for us all”（6 月）
2015年 CRTC 规定付费电视必须引入观众可自由挑选的“点菜制”（3 月）
2016年 特鲁多为首的自由党新政权决定今后 5 年给 CBC 增加 6.75 亿加元的预算（3 月）
2017年 由 CBC 主导，澳大利亚 ABC、葡萄牙 RTP、瑞士 RTS 等参加的数字媒体平台“Panora.tv”成立（4 月）

墨西哥广播电视发展概况与管理体制

一、国家概况

墨西哥合众国位于北美洲南部，东西分别是加勒比海和墨西哥湾。北邻美国，南与危地马拉和伯利兹接壤，海岸线长 11122 公里。国土面积为 1964375 平方公里。墨西哥总人口数为 124574795（2017 年 7 月），人口年龄中位数为 28.3 岁，通用语言为西班牙语，近 90% 的人信奉天主教，少数信奉基督教新教。墨西哥宪法规定立法、行政、司法三权分立；总统通过直接普选产生；土地、水域及其他一切自然资源归国家所有。实行总统制。总统是国家元首和政府首脑联邦议会分为参众两院，行使立法权。政府主要由内政部、外交部、国防部、海军部、财政和公共信贷部、社会发展部、环境和自然资源部、能源部、经济部、农业、畜牧业、农村发展、渔业及食品部、通信与交通部、公共教育部、卫生部、劳动和社会保障部、农业改革部、旅游部等组成。墨西哥司法机构分为最高法院、大区法院（巡回法院）和地区法院三级。墨西哥是拉美经济大国，也是北美自由贸易区成员，已经与 44 个国家签署了自贸协定。石化、电力、矿业、冶金和制造业较发达。2017 年，国内生产总值（GDP）为 1.151 万亿美元。

二、广播电视监管体制与法律法规

（一）监管体制

墨西哥政府内政部负责对广播电视机构进行监管，交通电信部负责执照发放、频率分配，教育部负责发展教育广播电视。

（二）法律法规

墨西哥从 1960 年起要求全国的商业电视台每天提供 32.5% 的时间（1969 年后改为 12.5%）用来播出政府文告、公关报道和教育文化节目以缔交部分税款。这些节目由内政部广播电视节目制作中心提供。这是墨西哥应对美国节目泛滥的重要举措，也是该国推动国民教育而采取的积极措施。

三、广播电视发展概况

（一）广播电视发展概况

墨西哥的广播电视发展比较发达，在拉丁美洲首屈一指。1921 年墨西哥开办了第一家私营广播电台，具有显著的商业特性，主要播送商业信息，同时编排一些社会新闻、文化节目等。1923 年政府正式批准开办商业广播电台，1924 年第一座国营广播电台开播。到 20 世纪 30 年代墨西哥的广播事业已经初具规模。1953 年开办调频广播。20 世纪 90 年代全国已有 1023 家广播电台，而且绝大部分是商业性质的，少部分为政府或社会机构办的教育、文化台，最有代表性的是墨西哥自治大学办的“大学广播电台”，主要播送文化、教育、音乐、艺术及儿童节目，不播广告。

国营的“墨西哥广播电台”（Radio Mexico-RMX）用“XERMX”的呼号对中南美、北美南部、加勒比海各国播出西班牙语、英语、法语、德语、日语等广播节目。在商业电台中，全国收听效果最好、收视率最高的是“拉丁美洲之声”（XEW），该台历史悠久，总部在首都，有直属台和附属台共 30 座，形成全国性广播网。该台使用短波、中波、调频每天 24 小时连续广播，中波最大的发射功率为 250 千瓦。

墨西哥电视业始于 1950 年，第四频道是最早的电视台。1951 年第二频道开播，1952 年第五频道开播。1955 年三家最早的电视台合并，成立“墨西哥电视台”（TSM）。1967 年开播彩色电视节目，建立卫星地面站，1968 年“独立电视台”在首都开播，1970 年开办有线电视。

1973 年“墨西哥电视台”和“独立电视台”合并，成立全国最大的商业电视网“特莱维萨电视公司”（TELEVISA）。它不仅是墨西哥而且是西班牙语系影响最大的广播电视机构，还是世界上最大的西班牙语节目制作公司。它有四个电视频道，并拥有全国 90% 的观众，新闻节目“回声”全天候地播送新闻，并通过卫星传送到美、欧、北非等四十多个国家。它是重要的节目制作和销售商，每年拍摄电视剧、电视节目的拍摄，并远销到世界上很多国家。大部分股份归属私人。

墨西哥非商业性的公共电视台数量很少，只有教育部、文化部、墨西哥工科大学等机构的某频道，主要播送教育节目。

墨西哥电视台超过 750 家，电视机约 2600 多万台，每千人拥有电视机 283 台。全国有 109 家有线电视台，其中“有线电视公司”（Cablevision）共传送 22 个节目频道，包括 15 个基本节目频道、6 个高清节目频道和 1 个计次收费节目频道。“多视像电视公司”（Multivision）通过“莫雷洛斯”卫星以及多信息道多路分配系统（MMDS）向国内外用户提供 14 个基本节目频道、3 个高清频道和 3 个计次收费节目频道的服务。

墨西哥《广播法》规定，政府内政部负责对广播电视机构的监督指导，

交通电信部负责执照发放、频率分配，教育部负责发展教育广播电视。政府只掌握少量的公共广播电视台。自 1960 年起，全国商业广播电视台每天提供 32.5% 的时间代替上缴部分税款。1969 年 7 月，墨西哥政府颁布和实施“12.5% 法案”，法案规定全国广播电视台每天提供 12.5% 的播出时间代替部分税收，用来广播政府批准的教育、文化、娱乐节目和宣传报道，以改变商业电视台“美国文化殖民地”的形象。“12.5% 法案”通过广播实行国民教育，大部分节目由内政部广播电视节目制作中心提供。

（二）经济改革加剧墨西哥广播电视私有化

20 世纪 80 年代中后期，墨西哥政府推行新自由主义经济政策，贸易自由化与私有化同时推进。这一时期的经济改革大大加快了墨西哥广播电视私有化的进程。

二次世界大战后，为实现工业化和减少对国外特别是对美国的依赖，墨西哥曾长期实行贸易保护主义和“进口替代”政策。这种高度保护的政策导致企业效率低下，缺乏竞争力。为了摆脱困境，墨西哥政府决心打开国门，1986 年墨西哥正式加入关贸总协定，这是墨西哥进行贸易自由化改革的重要标志。自此，贸易自由化进程没有中断。贸易自由化主要是将经济结构从“进口替代”转为出口导向，最终目标是提高企业的经济效率，增强经济竞争力。贸易自由化在推动墨西哥经济发展模式的转换、加快同世界经济的接轨、增强国际市场竞争力的进程中起了重要作用。在一定时期内，墨西哥经济已成为拉美的一个亮点。

广播电视业的发展，同国家政治、经济状况密切相关。搅动了墨西哥经济领域的新自由主义经济政策对墨西哥广播电视业的影响巨大。贸易自由化后，美国对墨西哥广播电视领域的影响日渐加深，通过美国影视节目、广播电视广告，美国公司对墨西哥底层百姓思想的影响，毫无疑问比墨西哥政府和墨西哥教育制度的影响更为持久。

私有化是拉美很多国家经济改革的重要内容。新自由主义经济政策施行后，墨西哥私有化程度加剧，广播电视业越来越为大财团所掌握，广播电视的私有化、垄断程度在向一个新的高度推进。

（三）政治改革对墨西哥广播电视行业的影响

墨西哥是个总统民主制国家，这种政体虽然仿自美国总统制模式，但这种“温和的独裁主义”的总统民主制，其民主政治的“自由主义成分历来就极为单薄”，国家权力高度集中于总统手中，议会和联邦体制不能起到制衡作用。因此，长久以来墨西哥的广播电视行业牢牢操控在以总统为代表的利益集团的手中。

在革命制度党执政的很长时期里，墨西哥有着“强大的”总统。总统不仅自己拥有立法权，而且还需对联邦议会通过的所有法案把关，只有总统同意，法案方可生效；总统是国家内外政策的制定者，墨西哥一切重大决策均需总统拍板定案。总统虽不能连任，但总统有权亲自挑选其接班人，而且经总统选定的接班人就一定会在竞选中成为下届总统。与“强势”总统相比，联邦议会却处于“弱势”地位，即例行公事般地批准总统的计划。墨西哥政治有三权分立之形式，无三权分立之内容，有联邦制之名，无联邦制之实。

在这种“威权”统治下，墨西哥的广播电视业自然成为总统及其代表利益集团的喉舌。不过，墨西哥革命制度党之后也意识到必须进行政治改革。因此自 20 世纪 60 年代以来，墨西哥进行了一系列旨在推动国家政治生活多元化和民主化的改革。

80 年代末萨利纳斯执政后，其改革的步伐明显加大，他明确表示，墨西哥必须使国内各种思想和意见能够在有秩序、和平和自由的政治环境中充分表达。虽然萨利纳斯同时也曾表示，政府不可能以经济改革的速度来进行政治改革，但经济自由化一定程度上还是有利于政治民主化进程的启动和发展。以后的历任总统继续推进政治改革。经过十多年的政治改革，墨西哥的民主化、多元化进程大大推进，反对党力量日渐增强，议会由“弱势”逐渐向“强势”转化，曾多次否决总统提案。

在这样一种政治生态中，墨西哥的广播电视行业与政府的关系出现了变数，媒介不再一味地明哲保身。墨西哥的广播电台和电视台开始发出不同的声音。

2000 年 12 月 1 日福克斯总统执政后，其所代表的国家行动党在众议院的 500 个席位中仅占 208 席，在参议院 128 个席位中更是只占 46 席，这样，福克斯就不可能拥有过去革命制度党总统经常拥有的议会支持，总统的行为受到了议会更大的限制。[①] 墨西哥人民希望新政府能够提供有利于广播电视业发展的生态环境，这种诉求或将在不久的将来得以实现。

四、广播电视主要机构

墨西哥最主要的两家电视播出机构是特莱维萨电视集团和阿兹特卡电视公司。[②]

特莱维萨电视集团

特莱维萨电视集团是世界最大的西班牙语传媒公司，在墨西哥更是居于垄断地位。2013 年，该集团在墨西哥电视市场中的整体份额高达 73%。特莱维萨电视集团运营 4 个频道（2.4.5 和 Galavision），在全国拥有 258 个附属电视台。第 2 频道是世界上收视率最高的西语频道之一。该频道除了在墨西哥播出之外，还覆盖中南美洲、欧洲和亚洲部分地区。节目以电视小说为主，在 2011 年收视份额达到 30.4%；第 4 频道以当地观众为目标收视群；第 5 频道以年轻观众为目标受众，播出大量的引进剧。

该集团是世界上最早利用卫星进行节目播出和发行的电视网。1996 年，与默多克新闻集团开展合作，默多克的星空电视网为特莱维萨提供了覆盖拉丁美洲和欧洲等地区的节目传输和网络覆盖服务，而特莱维萨为星空电视网提供 20% 的电视节目内容。

阿兹特卡电视公司

该公司隶属于塞利纳斯集团，该集团拥有阿兹特卡电视台 58% 的股份。阿兹卡特电视台运营着两个全国性电视网：第 7 频道和第 13 频道，前者以年轻人为目标受众，而后者的定位是家庭频道。该电视台还通过阿兹特卡美国频道，进军美国市场。另外，阿兹特卡还与美国蒙多电信公司开展合作。2012 年 2 月，墨西哥最主要的四家有线电视运营商联合抵制阿兹特卡电视公司的节目，因为该台计划向有线电视运营商收取节目转播费。墨西哥传媒法规中还没有规定有线电视运营商必须播出地面电视台的节目。

古巴广播电视发展概况与管理体制

一、国家概况

古巴共和国位于加勒比海西北部，由古巴岛和青年岛（原松树岛）等 1600 多个大小岛屿组成。是西印度群岛中最大的岛国。国土面积为 109884 平方公里。古巴共和国总人口数为 11147407（2017 年 7 月），人口年龄中位数为 41.5 岁，通用语言为西班牙语，主要信奉天主教、非洲教、新教和古巴教、犹太教等。现行宪法于 1976 年 2 月通过，宪法规定：古巴是主权独立的社会主义国家，是一个民主、统一的共和国，由全体劳动者组成，谋求政治自由、社会公正、个人和集体利益及人民团结。古巴政体由全国人民

---

① 董锦瑞：《墨西哥政治经济改革对传媒业影响探微》，2004 年第 5 期。

② 李宇：《国际传播视角下各国电视研究：现状与展望》，北京：中国广播电视出版社 2013 年版，第 301 页。

政权代表大会（即议会）、国务委员会和部长会议（即政府）三个重要部分组成。全国人民政权代表大会是国家最高权力机关，享有修宪和立法权。每届任期 5 年，每年举行两次例会。部长会议是古巴最高行政机关，主席由国务委员会主席兼任。下设外交部、革命武装力量部、通讯部、公共卫生部、外贸外资部等。古巴长期实行计划经济体制。制糖业、旅游和镍出口是重要经济支柱。2017 年国内生产总值（GDP）为 968.51 亿美元。

二、广播电视监管体制与法律法规

1959 年 1 月，由菲德尔·卡斯特罗、切·格瓦拉等领导的起义军推翻了巴蒂斯塔独裁统治，建立新政府。1961 年，卡斯特罗宣布古巴实行社会主义。革命胜利后，古巴政府接管了原政府控制的大众传媒，并于 60 年代末将广播电台和电视台置于政府的直接控制下，建立起了具有古巴特色的社会主义广播电视体系。卡斯特罗提出："我党把提高大众传播工具的宣传质量和政治思想水平放在首位。为了更好地执行古巴一大关于广播、电视和电影的决议，我们通过了一系列有关文件，其中有政治局关于重视广播电视节目的编排政策以及反宣传工作的原则和准则等。大众传播工具在我国经济社会发展中和在同帝国主义进行意识形态的斗争中，出色地完成了自己的任务。"①

目前，古巴媒体由古巴广播电视局主管，该局隶属于新闻部。

古巴没有关于传播和新闻的法律或法令。在古巴，虽然不存在特定的有关广播电视的法律和法规，但是有很多关于外国记者在古巴从事对外广播报道的规定。古巴政府曾在 2007 年把英国广播公司、《芝加哥论坛报》的记者驱逐出境，因为他们对于政府的报道过于负面。

三、广播电视发展概况

（一）广播电视发展概况

1922 年古巴开办无线广播，1943 年古巴人民社会党广播电台开播，1950 年电视实验广播开始，1951 年正式播出电视节目。为了反抗巴蒂斯塔的独裁统治，1956 年 12 月，菲德尔·卡斯特罗的起义军在古巴东部的马埃斯特腊山区展开游击战争，直至 1959 年取得政权。起义者创办的反抗之声电台发挥了重要的宣传作用，当时的古巴人几乎都能接收到反抗之声电台的短波信号，其他加勒比地区听众也能通过反抗之声电台了解古巴革命事态的发展。反抗之声电台提供了准确的战况信息，报道山区与城市的战争过程，揭露了巴蒂斯塔政权控制下的传媒向人民传播的种种谎言。反抗之声电台夜间节目主持人的报道尤为著名，成为古巴革命中新闻人的典范。该台为后来古巴社会主义的广播电台奠定了基础。1958 年 2 月"自由广播电台"在解放区播出。1959 年古巴革命胜利后，政府对广播电视机构进行了国有化改造。1962 年 5 月古巴广播电视台成立，隶属于政府新闻部。古巴的广播电视机构是"国际广播电视组织"（OIRT）的成员，并加入了"国际卫星组织"。1973 年在哈瓦那郊区建立了卫星地面站，接收"国际电视节目交换网"的节目。1979 年在圣地亚哥、奥尔金、哈瓦那三个城市的演播中心合并为古巴全国电视台。

---

① 古卡斯特罗：《菲德尔·卡斯特罗在古巴共产党第一、二、三次全国代表大会上的中心报告》，人民出版社 1990 年版，第 315 页。

古巴现有三个全国性广播网和两个地区性广播网。“解放广播电台”覆盖全国，“起义广播电台”连接哈瓦那总台和横贯全岛的 11 个省台，“时钟广播电台”连接哈瓦那总台和另外几座城市的广播电台，“革命广播电台”对西部的 5 个城市广播，“进步广播电台”向东部的六个城市广播。

古巴全国性的电视台有两家，分别从首都哈瓦那和圣地亚哥播出：古巴国家电视台，从首都播出；“起义电视台”从圣地亚哥播出，使用第二频道。其中，古巴国家电视台有 5 个国家频道、1 个国际频道、16 个电信中心。5 个国家频道分别是 Cuba Visión、Tele-Rebelde、教育频道、教育二套和 Multivision 频道。1 个国际频道是古巴视野国际频道 Cuba Visión International（CVI）。“起义电视台”着重播出体育节目，并重播古巴国家电视台的许多内容。节目除新闻、综艺、体育、连续剧、科技以外，还大量播放电影。

（二）广电政策

古巴对广播电视采取政府经营的体制，以实现广播电视社会公共服务的目的。古巴的电视机和收音机的人均占有率在拉丁美洲居前几位。1959 年卡斯特罗执政之后，为配合国内外的斗争形势，古巴的全国性电视台从原有的 4 家减少到 2 家。①

古巴的电视机普及率很高，几乎每个家庭都有电视机。国家充分发挥电视的教育功能，有 2 个频道常年开展电视授课。劳尔•卡斯特罗和前国务委员会主席菲德尔•卡斯特罗经常通过电视来传播国家政策。古巴政府的许多重要政策首先由卡斯特罗在电视中宣布。

广播在古巴也很普及，菲德尔•卡斯特罗在世时经常在广播中演讲。古巴每年都要遭受到台风的袭击，此时缺水断电，收音机就成了抢手货。群众通过收音机能够随时了解台风的动向，其他各种传播方式此时都相形见绌。

古巴的广播电视在国家事务中意义重大。在特殊时期，它们对于抵制敌对势力、稳定本国民众、传播对内对外政策都有着不可替代的作用。2005 年 11 月，针对美国中情局发布的古巴领导人卡斯特罗“已患帕金森症”的消息，卡斯特罗于当地时间 17 日晚在哈瓦那大学演讲，对造谣者予以反击，他长达 5 个半小时的演讲通过古巴全国电视台转播，稳定了民众的情绪。

对那些无法接收到广播电视节目的偏远山区，古巴政府采取了独特的乡村电视模式。古巴东部的梅斯特拉山区，是 20 世纪 50 年代卡斯特罗、格瓦拉等战斗过的地方。这里远离首都，信息闭塞，交通不便。1993 年，古巴政府与联合国教科文组织合作，共同创建了一个享有盛誉的乡土电视台“赛瑞那电视台”（Television Serrana），覆盖人口 3 万多，而电视台仅有十多名工作人员。赛瑞那电视台通过纪录片和新闻报道关注周围乡村的文化、教育、公共卫生、环境、儿童权利等问题。他们主要的传播方式就是在贫困山区进行巡回放映。他们用骡子运送影像器材、发电机到边远的山地乡村社区放映。在所放映的节目中，最有特色的是“录像信函”，即事先录制村民对本村发生的某个事件的看法并放映。当放映结束后，随之而来的就是一场讨论，有感而发的观众也在摄像机前发表看法，并在下一个村子放映，从而促进乡村信息的横向流动和草根声音的畅达。

① 陈力丹、谷田：《古巴新闻传播业的历史与现状》，载于《当代传媒》2010 年第 4 期。

四、广播电视主要机构

起义广播电台（RevoltRadio）、时钟广播电台、进步广播电台、解放广播电台（Liberation Radio）和音乐电台等是国家广播电台。起义广播电台以播送新闻为主，时钟广播电台全天播新闻节目，其余 3 家以播放文艺节目为主。古巴哈瓦那电台是国际电台，创建于 1961 年，用 9 种语言对外广播，分别是西班牙语、英语、法语、葡萄牙语、阿拉伯语、世界语、克丘亚语、瓜拉尼语和克里奥尔语。

古巴国家电视台（Cuban State Television）是全国性电视台，从首都哈瓦那播出，主要播放电影、电视剧、纪录片等。

起义电视台（Revolt Television of Cuba）从圣地亚哥播出，使用第二频道。其中，起义电视台着重播出体育节目，并重播古巴国家电视台的许多内容。节目除新闻、综艺、体育、连续剧、科技以外，还播放大量电影。

巴哈马广播电视发展概况与管理体制

一、国家概况

巴哈马位于美国佛罗里达州东南、古巴东北海域，由 700 多个岛屿及 2400 多个珊瑚礁组成，国土面积为 25.9 万平方公里。巴哈马总人口数为 329988（2017 年 7 月），人口年龄中位数为 32 岁。通用语言为英语。多数居民信奉基督教。巴哈马实行君主立宪制。1973 年独立后，进步自由党和自由民族运动交替执政，政局长期保持稳定。2012 年 5 月 7 日，进步自由党赢得大选。总理为政府首脑。参议院由总督任命的议员组成。众议院由普选产生的议员组成。巴哈马设有最高法院、上诉法院和地方法院，司法机构均受理刑事和民事案件。巴哈马现行宪法于 1973 年 7 月 10 日生效。宪法规定，巴哈马为主权民主国家，必须保证公民的基本人权和自由。巴哈马是加勒比地区最富裕的国家，人均国内生产总值在西半球国家中仅次于美国和加拿大。旅游业和金融业是国民经济支柱产业，船舶服务业是国民经济重要部门。2017 年，国内生产总值（GDP）为 121.62 亿美元。

二、广播电视监管体制与法律法规

巴哈马负责广播电视传播的监管机构是公用事业监管和竞争局（Utilities Regulation and Competition Authority, 简称 URCA）。

巴哈马电子传播业的主要法律是 2009 年的《传播法》。这部法律赋予公用事业监管与竞争局独立监管者的权力，并有相应的监管工具和权力确保有效性。此外，2009 年，政府在《电子传播行业政策》规定 2009 年 9 月 1 日开放广播电视传播行业。

目前，公用事业监管和竞争局仅仅负责电子传播行业，但会逐渐拓展到监管别的行业（比如能源和水）。公用事业监管和竞争局替代了公用事业委员会和电视监管局。

2009 年，随着三部核心法律的通过，有关电子传播的新法规制度成立。这三部法分别是《传播法 2009》《公用事业监管和竞争局法 2009》《公用事业申诉特别法庭法 2009》。

三、广播电视主要机构

巴哈马广播电台（ZNS）

巴哈马广播电台（ZNS-1）从1955年以来一直在位于拿骚市森特维尔（Centreville）第三街（Third Terrace）。1962年，增加了第二个广播电台（ZNS-2）。1973年，在大巴哈马岛（Grand Bahama）上又建立了第三个广播电台（ZNS-3）。1977年，在森特维尔又新建了一个电视台，占地面积27918平方英尺的电视台，造价600万美元。1988年，ZNS为新普罗维登斯岛（New Providence）启动一个调频（FM）无线电广播电台（104.5FM）。

目前，ZNS-1使用一台50KW调幅（AM）发射机，在1540AM频率上，向巴哈马西北部、中部和东南部诸岛传送广播节目。同时，ZNS-1还用一台5KW发射机，在104.5 FM频率上，向新普罗维登斯岛发送广播节目。

ZNS-2，“灵感电台”（Inspiration Station），通过一台10KW发射机，在107.9FM频率上从事广播。

ZNS-3使用一台10KWAM发射机，在810AM频率上，向北部巴哈马诸岛进行广播，同时也用一台10KW发射机，在104.5FM频率上发射广播节目。

ZNSTV-13使用一台5KW发射机，在新普罗维登斯岛发送免费节目；也通过“有线巴哈马”（Cable Bahamas）向全国范围内的16个岛子发射节目。

从1994年以来，ZNS一直在有线频道40运营着“国会频道”（Parliamentary Channel），代表巴哈马政府报道众议院和参议院的会议情况。2009年，政府对整个通信传媒业进行改革，出台了综合性新法规，成立了一个融合多部门的监管机构公用事业监管与竞争局。2010年10月，ZNS实施了一项重大转型，以承担期待已久的新角色：官方公共服务广播商。现在，巴哈马广播公司雇用146名员工来提供无线电和电视广播服务，其中36名雇员在弗里波特（Freeport）工作，其余110人在拿骚上班。

该公司致力于推行下列价值观：

●国家发展、民族特色与文化；

●良好的治理、职业道德与诚实；

●管理、新闻和创作自由；

●宽容并尊重多样性；

●公共责任与透明；

●效率与有效性；

公司愿景是“为巴哈马人民提供有价值的服务，提供一片言论自由、文化探索和公开辩论的关键空间，满足多样化的公众利益，广播业务精益求精，促进民族特色与社区感”。

公司使命是“提供优质节目，达成我们的公共服务愿景”。

巴哈马广播公司（BCB）

BCB最初是1937年作为国有广播服务项目而建立。那个时候，无线电广播在北美和不列颠已经有15年左右的历史了。当时，广播在巴哈马群岛散落的岛屿提供飓风预警方面发挥重要作用。

1937 年 5 月 12 日，殖民政府设立了 ZNS 电台（三个字母代表 Zephyr、Nassau 、Sunshine，即西风、拿骚、阳光），作为电报部（Telegraph Department）的一部分，正好赶上不列颠国王乔治五世的加冕典礼。当年 5 月底，ZNS 已经每天播出 2 个小时节目，使用的是一台 500 瓦的发射机。当时的节目组成有 BBC 新闻、从拿骚各报挑选出来的当地新闻以及 BBC 提供的音乐录音。

从 1937 年到 1950 年，ZNS 完全由政府出资，属于非商业化服务。从那时起，BCB 的资金有一部分是广告收入，还有一部分来自政府的年度拨款补贴。1955 年，一个新的政府委员会负责广播服务。1972 年，BCB 代替了广播委员会（Broadcasting Commission），五年以后开始了电视服务。

从 1977 年电视广播开始到 1993 年，巴哈马的广播行业变化甚微。加拿大投资者于 1994 年获得开发有线电视的许可。

BCB 为非常分散的国民提供信息，让他们持续了解国家的发展。现在，ZNS 仍然是唯一一个广播服务覆盖全国的无线电台。

BCB 由议会成立，在全巴哈马范围内运营广播和电视服务。BCB 由一个 5 人董事会掌管，这 5 个董事由首相推荐、总督任命。目前，这个董事会向 1 名负责广播事务的内阁部长请示汇报。

巴拿马广播电视发展概况与管理体制

一、国家概况

巴拿马位于中美洲地峡，东部、西部分别与哥伦比亚、哥斯达黎加相连，南濒太平洋，北临加勒比海。国土面积为 7.55 万平方公里。总人口数为 3753142（2017 年 7 月），人口年龄中位数为 29.2 岁。通用语言为西班牙语。85% 的居民信奉天主教，4.7% 信奉基督教新教，4.5% 信奉伊斯兰教。巴拿马现行宪法于 1972 年 10 月 11 日生效，规定国家三权分治，总统为国家元首，通过直接选举产生，任期 5 年，不得连任，但可隔届竞选。国民大会为一院制，行使立法权。本届政府于 2014 年 7 月 1 日组成，主要由副总统兼外交部部长、总统府部长、内政部长、公共安全部长等组成。全国划为 9 个省和 5 个原著居民区，省下设县（市），县（市）下设区。司法权由高等法院和国家总检察院行使。巴拿马奉行中立、不结盟的外交政策。在国际事务中，巴主张和平共处，尊重人权和可持续发展，通过多边主义化解国际冲突，主张依靠联合国的作用化解地区冲突。巴拿马经济的四大支柱是运河航运、地区金融中心、科隆免税贸易区和旅游业。服务业在国民经济中占有重要地位。2017 年，国内生产总值（GDP）为 622.84 亿美元。

二、广播电视发展概况

巴拿马共有 11 家免费电视频道，其中有三个频道隶属于迈德康姆电视公司（Medcom）。这三个频道分别是巴拿马 13 频道（Canal13）、巴拿马第 4 频道（Canal4）和巴拿马第 7 频道（Tele7）。这 3 个频道都以播出进口电视节目为主。

巴拿马付费电视运营商共有 19 家，规模较大的是昂达有线电视公司、有线和无线电视公司（CWP）以及墨西哥天空公司（Sky Mexico）。

三、广播电视主要机构

巴拿马第13频道主要播放美国福克斯电视台的节目。第7频道又称为摩尔频道（TV Mall），是一个儿童频道。该频道在白天主要播出儿童节目，在晚上以电视购物节目为主。迈德康姆电视公司同时还拥有昂达有线电视公司（Cable Onda）。巴拿马第5频道隶属于FETV公司，是一个教育和文化频道，主要播出美国国家地理频道、美国探索发现频道和英国广播公司世界频道的节目。巴拿马第11频道隶属于SERTV公司，主要播放新闻、时事和教育类节目。巴拿马第35频道是一个音乐频道，主要面向18~29岁的青年观众群体播出。该频道属于普拉斯集团（Plus）。巴拿马政府在2009年5月确定采用DVB-T作为数字地面电视标准。

巴拿马昂达有线电视公司隶属于迈德康姆电视公司，截至2012年10月共有13.5万用户。昂达有线电视公司的数字有线电视平台播出26个高清频道，并提供视频点播业务和三网合一业务。长期以来，昂达有线电视公司在巴拿马付费电视运营市场上处于绝对优势地位。随着巴拿马有线和无线电视公司进入交互式网络电视运营领域，昂达有线电视公司的优势地位面临较大的挑战。

第二节　南美洲国家广播电视发展概况与管理体制

阿根廷广播电视发展概况与管理体制

一、国家概况

阿根廷位于南美洲南部，与智利成为世界上最南的国家。东面是大西洋，西面与智利接壤，北面与玻利维亚及巴拉圭（Paraguay）相邻，东北是巴西及乌拉圭（Uruguay）。国土面积为2780400平方公里。总人口数为44293293（2017年7月），人口年龄中位数为31.7岁。通用语言为西班牙语。主要宗教为天主教。阿根廷为联邦制国家，实行代议制民主。总统为国家元首和政府首脑，兼任武装部队统帅。总统通过直选产生，任期4年，可连选连任一次。议会为国家最高权力机构，由参、众两院组成，拥有联邦立法权。阿根廷政党实行多党制，现有全国性政党57个，主要有：正义党、激进公民联盟、广泛进步阵线、共和国方案联盟等。阿根廷是拉美地区综合国力较强的国家。工业门类较齐全，农牧业发达。矿产资源丰富，是拉美主要矿业国之一。同时，阿根廷还是世界粮食和肉类重要生产和出口国，素有“世界粮仓和肉库”之称，主要种植大豆、玉米、小麦、高粱、葵花籽等。2017年，国内生产总值（GDP）为6374.3亿美元。教育水平居拉美国家前列。1884年通过的《普通教育法》是阿全国教育体系的基石。2006年颁布的《国家教育法》规定，全国实行13年制义务教育，中央及各省市教育专项经费占国内生产总值比重不得低于6%。其他主要教育法规还有《高等教育法》（1995年）、《职业技术教育法》（2005年）、《教育融资法》（2006年）等。

二、广播电视监管体制与法律法规

（一）监管体制

根据《视听传播服务法》（2009年），联邦视听通信服务局（AFSCA）成立。该机构取代原联邦播出委员会，负责广播电视经营许可的审批以及节目内容的管理和监督。另外，国家通信委员会（CNC）负责通信、邮政、电信相关的管理和监督事宜。

（二）法律法规

《广播电视法》于1980年公布。2009年10月《视听传播服务法》获国会批准并实施。

根据《视听传播服务法》（2009年），原国家公共媒体体系（SNMP）改为阿根廷广播电视国营公司（RTA），国营广播电视（电视、广播及国际广播）由RTA统一运营。该法律规定，RTA的财政来源为税收、国家补贴、广告收入、节目制作收入、捐款等。《视听传播服务法》中有关排除媒体企业独占市场的内容，导致了大型媒体企业事业机构规模缩小等问题，引来反对之声。2010年9月同法相关政令开始实施。《视听传播服务法》还规定了国内制作节目的比率。地面模拟电视等免费节目，播出时间的60%以上需是阿根廷国内制作的节目，30%以上是本台制作的节目。有线电视台至少有1个频道播出当地节目，商业电视台50%播出本台制作的节目，播出使用的音乐30%用阿根廷音乐。

三、广播电视发展概况

（一）广播发展概况

阿根廷第一家广播电台成立于1920年，全国有调幅电台260个，调频电台1150余个（大部分无许可证），短波电台6个。国营广播电台RYA在阿根廷全国拥有40个广播网，此外，还有为数众多的商业广播电台。阿根廷民间广播协会（ARPA）有加盟广播电台190个。主要商业广播电台有Radio10、Mitre、LaRed（电视台America TV旗下）、Conrinental（西班牙媒体集团系列）。阿根廷国营广播电台自1958年起就通过阿根廷海外广播（RTARAE）对外广播，使用的语言有英语、法语、德语、意大利语、日语、葡萄牙语、西班牙语等7种。

（二）电视发展概况

2011年阿根廷全国有线电视公司共8家，有线电视用户580万人，有线电视覆盖率75%，卫星电视覆盖率4%。阿根廷有线电视集团（Cable Visión）成立于1981年，拥有用户152万人，是最大的有线电视公司。

2012年收视率最高的电视台依次为TELEFE电视台（收视率11.2%）、电视13台（Canal13，收视率9.5%）、电视9台（Canal9，收视率4.7%）、美洲电视台（América，收视率4.3%）和电视7台（Canal7，国有电视台，收视率2.7%）。

阿根廷于2009年8月决定数字地面电视制式采取日本ISDB-T标准并于2010年4月开始播出。阿根廷有线电视多于地面电视，有线电视普及率在中南美洲最高。2010年至今，签约用户超600万户，占电视总户数的54%。

卫星电视Direc TV Aegentina为唯一家庭收费多频道卫星运营平台。数字地面电视由国营广播电视公司于2010年4月以两个频道在布宜诺斯艾利斯开播。2010年4月又有4个频道参与服务，2011年4月大型商业电视台Telefe也在首都布宜诺斯艾利斯播出。

商业电视台Telefe从1998年起用西班牙语向海外的西班牙语视众播出，播出地区有南北美洲、欧洲、大洋洲、以色列和日本。

四、广播电视主要机构

（一）开路电视

阿全国共有五大电视网，即国际电视台（Telefe International，Canal11）、艺术频电视台（Artear SA，Canal13）、阿根廷第7频道（Canal7）、美洲电视台（American TV）、自由电视台（Libertad，Canal9）。其中国际电视台（Telefe International，Canal11）和艺术电视台（Artear，Canal13）是最具影响力的两个电视网。

国际电视台（Telefe International，Canal 11）

国际电视台（Telefe International）也称为第11频道，创办于1990年，隶属于城市国际控股集团（Citicorp Holdings International，CHI）。集团在鼎盛期时拥有第11频道和50%的蓝色电视台，即第9频道（Azul Television，Canal9），9个电视销售公司和有线电视以及多系统运营平台（MSO）线视36%的股份。1998年，城市国际控股集团31%的股份被美国的投资集团购买，后来西班牙电信公司买下了整个11频道。[①]

① 明安香：《全球传播格局》，北京：社会科学文献出版社，2006年版，第664页。

艺术电视台（Artear SA，Canal 13）

艺术电视台（Artear SA，Canal13）也称为第13频道，创建于1960年，隶属于号角集团（Grupo Clarin），号角集团是阿根廷最大的私人电视运营公司之一。节目内容以电视剧和电影为主，也播出新闻时事节目。其中，进口节目占了40%，主要来自于美国、英国、澳大利亚和西班牙。艺术电视台是阿最具影响力的频道之一，2011年黄金时段收视份额达42.2%。[①]

第7频道（Canal 7）

国营广播电视公司，由RTA（阿根廷广播电视国营公司）运营，是以新闻、教育节目为主体的综合频道。

1951年开始播出，1999年由国营电视台ATC、国营广播公司RNA、国营通讯社Telen组成SNMP，后又依据2009年视听觉服务法由RTA取代前者，Canal7成为RTA的电视部门。2010年4月地面数字电视开始播出。

Telefe（Canal 11）

由阿根廷最受欢迎的频道之一Cana11经营的商业电视台。其节目涵盖新闻、娱乐等。开播时间早在1961年6月，1989年归属为Telefe公司，2000年又成为西班牙通讯事业集团的一员。2011年4月开始在布宜诺斯艾利斯实施数字播出业务。

（二）数字地面电视

1998年，阿根廷在中南美洲国家中率先发布数字地面电视制式采用美国标准ATSC，随后不久又宣布其无效，2005年末，南美共同市场加盟国巴西和阿根廷共同决定地面电视播出也采用相同方式。2006年6月巴西决定采用日本制式，受其影响阿也于2009年8月决定采用日本制式（ISDB-T）。国际上采用日本制式的国家除巴西、智利外，阿根廷是第三个国家。

2010年4月，布宜诺斯艾利斯有2个数字频道开播，2010年下半年又加入2个频道，2011年4月大型商业电视台Telefe也开始在布宜诺斯艾利斯播出。为了普及数字电视的发展，阿根廷政府2010年决定为收入较低的120万用户无偿发放、安装数字地面接收机顶盒。为此，从2010年开始的3年时间，阿政府要拨付18亿美元，2011年年初已有48万用户安装完毕。2010年年底可收视人口只有不足200万人，2011年年底全国70%的人口可接收到数字电视信号。数字地面电视将覆盖全国人口的95%，剩下的5%将由免费卫星电视完成。从模拟向数字的转换过程预计10年，具体时期尚未确定。

（三）直播到户卫星电视

目前，拉丁美洲直播电视公司是阿根廷唯一一家直播到户卫星电视运营商。2011年11月，该公司推出了预付费业务，以提高市场竞争力。该服务播出56个电视频道和36个广播频道，价格是每天0.5美元。2012年3月，拉丁美洲直播电视公司播出30个电视频道，主要是重大体育赛事。截至2013年年初，该公司在阿根廷拥有200万用户。

（四）有线电视

阿根廷全国有超过700家有线电视公司，大型企业有4家，即线视公司（Cable

① 李宇：《国际传播视角下各国电视研究：现状与展望》，北京：中国广播电视出版社，2013年版，第319页。

Vision）、多频道公司（Multicanal）、超级频道公司（Supercanal）、中央电视公司。在阿根廷600多万有线电视家庭中，三分之二是这四大多系统运营商的订户。

线视公司（Cablevision）

阿根廷最大的有线电视企业，1981年开始播出。该企业归阿最大的媒体集团Clarin与美国金融公司FintechAdvisory所有。用户数为316万户，数字业务签约数为62万。2008年开始播出高清电视节目。

超级频道公司（Supercanal）

超级频道公司立足于门多萨市开展业务，其目标市场主要是阿根廷西部地区。2007年，该公司推出了三网融合业务。2012年4月，超级频道公司又推出高清电视业务。截至2013年年初，该公司拥有45万用户。

（五）IPTV

西班牙电信集团阿根廷公司约占整个宽带市场份额的34%，位居全国电信公司首位。位居第二的宽带运营商是阿根廷电信公司，用户数为150万。根据阿根廷《视听传播服务法案》，非国有的电信运营商禁止进入IPTV领域，因此西班牙电信集团阿根廷公司不能运营IPTV业务。2010年年底，西班牙电信集团阿根廷公司进一步提升了视频点播业务的质量。

五、广播电视发展简史

1935年　开始提供广播播出服务
1951年　播出电视节目服务，ATC成立
1976年　军事政府开始对广播电视实行统治
1980年　1980年《广播电视法》颁布，彩色电视播出
1994年　广播电视事业外资限制缓和
1996年　制定《1996年广播电视法》
1998年　Direc TV播出服务启动，HD电视播出
2000年　Sky Argentina服务开始
2002年　Sky Argentina服务结束
2009年　数字地面电视决定采用日本制式，新广播电视法《视听传播服务法》获得批准并实施
2010年　数字地面电视播出开始

巴西广播电视发展概况与管理体制

一、国家概况

巴西，位于南美洲东部，分别北邻圭亚那、苏里南等，西界秘鲁、玻利维亚，南接巴拉圭、阿根廷和乌拉圭，东濒大西洋，是拉丁美洲陆地面积最大的国家。国土面积为851.49万平方公里。总人口数为207353391（2017年7月），人口年龄中位数为32岁。通用语言为葡萄牙语。64.6%的居民信奉天主教，22.2%的居民信奉基督教福音教派。国会是国家最高权力机构，由参、众两院组成。目前，巴西登记有32个政党。劳工党

是巴西的主要执政党。巴西经济实力居拉美首位，世界第七位。工业基础雄厚，农牧业发达，是多种农产品主要生产国和出口国。服务业产值占国内生产总值近七成，金融业较发达。2017 年，国内生产总值（GDP）为 2.056 万亿美元。巴西有高等教育机构 2199 所，其中公立大学 252 所，私立大学 1947 所，在校生共计 640.8 万。巴西实行九年义务教育制（6 — 14 岁），对贫困生入学实行国家助学金制度。

二、广播电视监管体制与法律法规

（一）监管体制

巴西实行公共广播电视和私营广播电视并存的体制，商业媒体占很大比重，非商业台主要由联邦政府、州政府、大学等机构经营。巴西对广播电视与电信实施统一监管政策，现行的监管体制是 20 世纪 90 年代参照美国的管理体制建立的，管理主体包括政府组成部门和独立监管机构。政府主管部门为巴西通信部（Brazil’s Ministryof Communication），独立监管机构为国家电信管制局（Brazilian National Telecommunications Agency，简称 ANATEL），它根据 1997 年 7 月通过的《电信基本法》（the General Telecommunications Law）成立。

在电信监管体制方面，国家电信管制局贯彻和执行通信部制订的电信政策，但作为独立行使电信监管权的机构，在组织体制上并不隶属通信部，它依法设立，依法行使职权。国家电信管制局目前有 1300 名成员。它的经费来源于电信企业经营许可费和频率使用费，但上述费用须经国会批准预算后方可作为监管经费使用，当前的年经费约在 8000 万至 1 亿美元之间。

在电信监管方面，国家电信管制局拥有非常大的自主权，不仅可以根据监管工作的需要制订具体的监管办法和制度，确定有关标准和规则，还有权对电信运营企业直接行使法律赋予的处罚权。

在组织体系方面，国家电信管制局根据电信监管工作的需要，在每个州都设置了办事机构，履行相关监管职责。在内部设立董事会和六个专门从事监管工作的执行部。国家电信管制局的决策机构是管制局董事会。董事会由五名成员组成。成员由总统提名，参议院批准。董事会设主席一名，任期六年，董事会主席同时担任国家电信管制局的局长。公众通信服务部作为执行部之一，负责广播电视的规则制定和有线电视的授权许可等。

（二）法律法规

目前，《巴西联邦宪法》中有关于新闻言论和大众传播等内容的信息，而巴西在广播影视方面的立法包括《全国广播电视准则》《有线电视法》《巴西视听法》《电信基本法》等。

《巴西联邦宪法》规定公民有权力在保证言论和新闻自由的民主环境下从不同来源和途径获取广泛的信息。然而，现实表明在信息来源多样化方面，比如政府和社区渠道，巴西还任重道远。1988 年《巴西联邦宪法》提出需要建立另外两个体系，即国家和公众系统（the Stateand the Public），其使命是宣传政府及公共机构的活动。《巴西联邦宪法》中规定禁止垄断和寡头，并规定节目内容必须遵守区域要求并确定广告规则。在巴西，电台和电视台是通过公共特许权经营的，即政府“借给”这些公司一些空间进行传播活动。因此，整个产业受到法规的约束。报纸、杂志和网站没有受到这次讨论的影响。

《巴西电信业法典》（CBT）是约束巴西全国广播和电视台运营的主要法律，创建于巴西军事独裁统治时期。该法典在1962年8月27日被批准，是该国首次为传播业建立的法律监管框架。一个主要目标是创建Embratel框架，以启动巴西电信服务业（公共传播）的国有化。另一个目标是在巴西确定清晰的广播和电视运营法则。然而，持批评意见的人认为，这为巴西今天的传媒状况埋下伏笔，因为这是为那些认为传播是一种生意而不是一种权利的人而写的。和英国、法国或者阿根廷这些国家的选择不同，巴西的法律没有对媒体的集中化进行约束，甚至没有去加强广播电视公共服务。目前，巴西95%的媒体是私有或商业化运营，只有5%是国营或者公共。1967年军事独裁时期，出台了为数很少的关于巴西媒体集中化的约束。自此以后，这个法典在辩论中经历了超过二十次的修正提议，直到70年代末期，历经各届政府的更迭，其中包括费尔南多恩里克·卡多佐（Fernando Henrique Cardoso）政府。该法典最终在1988年《联邦宪法》之后被废弃，此宪法有五个具体项目针对传播业，并要求讨论制定该领域通用的新法律。但是这个讨论永远也不能向前推进，因为广播电台和电视台的所有者力量太大，而且拥有许多本国政客的支持。在1995年，当电话服务业私有化的辩论开始时，巴西政府认识到需要修改CBT法典。但是政府决定将广播和电信分离开来。在技术融合的时代，巴西却采取了相反的行动。1997年，《巴西电信法典》被彻底改变，只有关于广播和电视的条款还依然保留。在辩论中被遗忘的因特网为人们提供了便宜但是质量不好的宽带，但并不是为所有人设计的。

巴西曾长期对外资进入无线与有线电视领域持有限开放态度，对外国节目也有一定限制。外资最多只能取得有限公司49%的股份，并且该外资所有人必须在巴西设有总部，并在此之前已在巴西存在10年以上时间。外国有线和卫星电视节目提供商要被征收11%的汇款税，但如果其将3%的汇款投资于同巴西视听服务公司的合作上，则可免征税收。国有的有线与卫星电视运营商在其频道上播出外国电视节目和广告时应交纳固定的税。巴西法律要求外资在无线电视公司中最多只能占有30%的股份。本国节目内容在无线电视频道中的比例须至少是80%。巴西立法者一直在考虑将上述无线股权的限制性规定延伸至互联网服务提供商、付费电视频道及运营商、广播影视节目内容商和发行商。2011年，巴西通过新的广播法规——《116号法案》，该法案规定自2011年8月起外国资本可以在巴西直接拥有有线电视运营机构，而之前的法案将外资持股比例限定在49%以内。另外，该法令首次允许电信企业提供IPTV，而之前电信企业只能够提供视频点播等服务。《116号法案》是巴西传媒业发展历程中的重要里程碑。

巴西在广播电视立法时旨在通过设立“国家电影委员会”以及采取各种监管措施的方式来推动巴西民族电影业发展。法律对外国电影在影院的放映、外国家庭娱乐影片及在电视台播出外国节目的收益征收一定比例的税。

巴西对汇给外国视听制作商的汇款征收25%的所得税。外国电影的巴西发行商也被征收11%的所得税，该税被称为国家电影产业发展赞助金。当外国视听作品制作商同意将相当于对其汇款所征所得税数额的70%的收入用于同巴西电影公司合作生产影片时，对巴西发行商的征税可以免除。该税也同样对外国电影或录像广告收益征收。该税可根据广告内容和播放地点灵活调整。

巴西要求所有的电影和电视节目必须在本土洗印，拟制定的法律还将要求节目须带有本土配音和字幕。禁止将彩色拷贝进口到影院和电视市场。根据2004年的规定，影院银幕每年至少上映63天国产电影。对家庭录像发行商也有国产节目的配额要求，但目前已不再执行。

三、广播电视发展概况

巴西的传媒业整体实力较强，在拉丁美洲处于较为领先的地位。巴西被称为世界第六大电视市场，也是拉丁美洲第一个开播卫星电视的国家。巴西2011年的付费电视营业收入约为55亿美元，2012年为72亿美元，2017年达到134亿美元。

（一）广播发展概况

巴西广播业起步于1922年，当时政府建立了第一家广播电台，由公共交通设施部下属的邮电局主管。1930年瓦加斯任总统后，下令在各大城市建立广播电台。目前，巴西全国有6000余家调频电台，主要电台有Radio Globo（AM，短波）、Radio Cultura、Radio MEC（AM，短波）和Radio Clube（AM，短波）。除此之外，巴西国有广播电台Radio Nacionaldo Brasil对外用英语、德语、西班牙语和葡萄牙语广播。

（二）电视发展概况

巴西最早正式播出节目的电视台是1950年在圣保罗开办的“国家电视台第三频道”，属于私人企业。巴西于1972年开始播放彩色电视节目，是南美洲国家中最早开办彩色电视节目的国家。巴西电视机的普及率相当高，目前97%的家庭拥有电视机，电视播出覆盖率达到99.69%。巴西也被称为“电视国家”，巴西电视节目在世界市场上也非常具有竞争力。

巴西目前实行国营和私营并存的体制，但后者占绝大多数。目前巴西约有240多家电视台，其中大型电视台有7家，私营的为5家，政府管理的为2家。“环球电视网”（TV Globo）是其中最大的一家私营商业电视台，也是世界第4大商业电视台，在全国拥有9座直属台和68座附属台，其覆盖面达到整个巴西的99%，其他较大的私营电视台包括巴西电视网（SBD）、标题电视网（TV Manchete）、旗帜电视网（Bandeirantes）和记录电视网（TV Record）。圣保罗的国家文化电视台（TV Culture）和里约热内卢的教育电视台（TV Education）由政府管理，除此之外，政府也运作一些地方电视台，其中大部分由Funteve公司负责管理。

所有私营电视网和电视台的经营许可证都是在政府特许授权的情况下发放的，政府对节目的内容也有相应的管理规定，因此私营商业电视网在播出涉及政治和道德等内容的节目时非常谨慎。

2006年巴西数字地面电视播出制式采用了日本制式（ISDB-T），这是日本以外使用相同制式的首个国家。2007年11月，巴西采纳了基于ISDB-T的SBTVD数字电视标准，当年大圣保罗都市区开始播送数字信号，2008年年初里约热内卢和贝洛奥里藏特两个大都市区也将播送数字信号。2007年12月，五家主要的私营电视网以及公共电视开始播出高清电视。

2014年7月，巴西政府通信部正式决定停播地面电视模拟信号。2016年3月，戈伊斯州里约维尔德市成立该国首个数字信号转换的城市。在此之后，首都巴西利亚（2016年11月）和最大城市圣保罗（2017年3月）也都相继完成了数字化，并订立了在2018年内完成全国主要城市数字化过渡的计划。2018年11月，全国范围内最终完成了向数字信号的过渡。

2017年底收费电视用户数超过1861万户。卫星电视服务以Sky Brasil规模最大，近年新企业不断参与竞争，2011年3月已有11家公司实施卫星电视服务，用户达502万户。有线电视签约用户有510万户，企业有95家。

根据巴西联邦法律，巴西于1995年开始允许私人经营有线电视。目前巴西绝大部分有线电视公司属于私营，但也有一些被非政府组织和公共机构所控制。

在数字化方面，巴西的信息与通信技术（ICT）市场正以每年10%的速度增长，甚至能达到15%。

在互联网方面，巴西人15%以上的时间是在网上冲浪，这和他们用于即时通讯软件上的时间相当。目前，巴西16-45岁的人口当中，有2190万人是因特网用户，处于全球第四位，落后于德国的2300万、美国9600万、中国1.596亿用户。

无线电仍然是排在第二位最受欢迎的传播方式，与2014年相比，2015年无线电的使用有所下降，从61%降至55%。另一方面，问卷调查显示，每天听广播的人数增加了，从2014年的21%增长到2015年的30%。

几乎半数巴西人（48%）使用互联网。使用移动设备上网的人，已经与使用计算机或笔记本电脑上网的人开始竞争，分别占66%和71%。因特网用户当中，有92%是通过社交网络联系的，最多的是脸书（Facebook）83%，其次是Whatapp 58%，第三名是YouTube 17%。在巴西联邦政府的官方传播方式当中，“巴西之音”更为巴西人熟知。

四、广播电视主要机构

（一）开路电视

巴西国家广播电视公司

巴西唯一的官方新闻机构，公司总部设在首都巴西利亚。成立于1988年，是根据总统法令由巴西广播公司和巴西新闻公司合并而成的，行政上隶属司法部，业务上受总统府新闻局指导，董事长由总统任命，经费由政府拨款，属非营利性机构。2007年实行改革，国家广播公司、国家电视台隶属新成立的巴西通讯联合体。该机构由1名主席和一个20人的董事会领导，董事中包括4位政府部长和16名社会知名人士。巴西通讯联合体还包括通讯社业务。

公司内设新闻局、广播电视局和行政管理局。该公司下属的在各州市的国家电视台转播台成为“教育电视台”，由57家地方电视台组成的全国性电视网络覆盖全国，每天播放两次全国新闻联播，白天主要播放幼儿和青少年教育节目，晚上以播放娱乐性节目为主。

巴西广播公司（EBC）自2010年5月开始面向非洲大陆播出葡萄牙语的国际电视广播。包括莫桑比克、安哥拉等葡语国家在内的非洲地区49个国家可以通过卫星电视等方式收看。

环球电视网

1965年，巴西环球电视台成立。它是由马里尼奥家族创办的，总台设在里约热内卢。环球电视网隶属于环球集团，该集团是全世界最大的多媒体联合集团产业中的一员。在20世纪80年代，该集团的总经理为中国荣氏家族成员。巴西环球电视网是巴西最大的电视播出机构，该公司同时还控制着巴西主要的有线电视运营商——网络服务公司，并拥有巴西天空公司的部分股份。

目前在巴西国内，环球电视网旗下电视频道的整体收视份额超过了50%。环球电视网拥有全面节目覆盖系统，在全国拥有150家加盟台，其节目信号覆盖了巴西全国。环球电视网拥有强大的节目制作和播出能力以及庞大的演员、编导和技术人员队伍。环球电视网每年生产4000小时的节目，在巴西的节目出口中占据重要位置，其自制节目出口量占巴西全国节目出口总量的80%。环球电视网制作的电视连续剧享誉国内外，并出口到130个国家和地区，其中电视连续剧《女奴》曾在20世纪80年代引进到中国，并深受中国广大观众的欢迎。环球集团是拉美最有实力的媒介集团之一，1995年，环球与新闻公司、塔维萨及电信有限公司共同建立了直播到户服务传播共同体，联手为拉美大陆提供系列节目。

巴西系统电视台

在巴西，收视份额位居第二的电视台是巴西系统电视台。该台建立于1982年，其年收视份额为20%。该台为节目主持人西尔维奥•桑托斯所有，在巴西全国拥有110家全资台和加盟台。以娱乐节目为主，其大部分节目来自美国，节目编排风格深受美国的影响。近年来，该台加大了播放本土节目的比重。

巴西电视记录台

巴西电视记录台是第三大电视播出机构。该台也大量从美国引进节目，与环球电视和米高梅建立了合作关系。

另外，在巴西比较有影响力的电视台还有班迪兰提斯电视台、文化电视台和巴西教育电视。其中，班迪兰提斯电视台创办于1967年，为萨德家族所有。文化电视台创办于1967年，是由巴西政府及公益性基金会资助设立的公共电视网，主要播出儿童、科技与自然、新闻、教育和娱乐节目，其中巴西本国制作节目占播出时间的66.28%。

巴西教育电视创建于1975年，是由巴西政府及公益性基金会资助设立的公共电视网。70%的节目内容为文化，其他为教育、新闻与公共服务信息。该台以播出本土化节目为主要特色，本土制作的节目占总播出量的98%。

目前，儿童频道是巴西付费电视频道中收视表现最好的频道类型。在巴西的收视电视排名中，探索发现儿童频道连续四年位居榜首。位居第二的是卡通电视网，随后是迪斯尼频道。位于收视排名第四的频道是体育电视，位居第五位的是福克斯电视台。

（二）有线电视

1989年，巴西第一座有线电视网四月电视网开始运营，是目前巴西第二大多系统运营商。2007年7月，西班牙电视集团收购了四月电视网的部分股权，随后又在2011年全资拥有该公司。2012年3月，更名为维沃电视。网络服务公司是巴西最大的付费有线电视运营商。其主要股东是墨西哥电信公司，截止到2012年8月，该公司拥有全国近

800 万用户，占全国付费电视用户总数的 53.59%。就有线和多系统运营商而言，该公司的市场份额高达 82%。该公司通过收购其他竞争对手来提升自己的市场份额。例如，它在 2007 年收购了巴西第二大运营商维瓦科司公司以及巨大电视公司等运营商。该公司 2008 年推出巴西首个高清电视业务，并在 2010 年试播 3D 电视。

（三）直播到户卫星电视

巴西天空公司是巴西最大的直播到户卫星电视运营商，它成立于 2006 年 8 月，由总部设在美国的直播电视公司和巴西环球公司合资成立，当时两者分别拥有 74% 和 26% 的股份。2010 年，直播电视公司支付了 6.05 亿美元，从环球公司购买了 19% 的股份，两者分别持股 93% 和 7%。目前，它是巴西第二大付费电视运营公司。巴西获得直播到户卫星电视运营执照的运营商还有西班牙电信集团、墨西哥电信公司。

Via Embral

ViaEmbral 是当地 Rede Globo 与美国 DirecTV 的合资公司。美国公司的股份占比 93%，播出时间是 1996 年 10 月，2009 年开始在高清频道播出。除与巴西国内其他电视台一样有免费频道外，还在电影、儿童节目、体育节目、音乐、广播、新闻等节目上提供最多 170 个频道的综合服务，2010 年底签约用户约 250 万户。

（四）IPTV

2011 年前，巴西禁止电信公司提供 IPTV 服务。2011 年第 116 号法案允许电信公司进入 IPTV 服务领域，这将改写巴西 IPTV 市场的格局。此前，电信公司仅能提供视频点播等服务。截止到 2011 年年底，巴西共有 1816 万 IPTV 用户。此外，巴西电信也推出视频点播服务，也是巴西最早进入视频服务领域的运营商。

（五）网络电视

巴西有 800 万宽带家庭，最大的运营商是特勒斯帕公司，它是西班牙电信集团在当地的固定电话子公司。西班牙电信集团将在电话服务、宽带和付费电视运营等固定电话网。其在巴西交互式网络领域取得了较大的成功，品牌为 Imagenio。2012 年 3 月，推出了网络电视服务，内容来自迪斯尼、时代华纳、福克斯等。业务覆盖包括巴西在内的 6 个国家，截止到 2012 年 4 月共拥有 50 万注册用户此外，在巴西运营网络电视业务的还有巴西天空公司、美国内特弗里克斯公司和网络电影公司。其中，网络电影公司是巴西最大的网络电视运营商。

（六）手机电视

2011 年底，巴西的手机用户数是 2.46 亿，其中 3G 用户 350 万。巴西手机电视运营商是维沃公司、TIM 公司和克莱欧公司，市场份额分别为 29%、26% 和 24.5%。维沃公司于 2005 年 7 月推出手机电视服务，其归西班牙电信集团和葡萄牙电信拥有。

（七）地面数字电视

巴西数字电视 2006 年决定采用日本制式，2007 年 12 月 2 日正式播出。巴西制式是将 ISDB-T 在动画压缩技术上改良 H.264，称之为 SBTVD，SBTVD-T 和 ISDB-Tb。

2011 年 4 月，全国 102 个电视台实施数字化，覆盖国内 480 个市的 8720 万人口。2007 年播出不久，机顶盒平均价格上涨为 600 美元，一度影响了数字化普及速度。2010 年世界杯使数字化普及重新燃起，机顶盒价格也降至 120 美元。巴西国内的电视机制造商也要应对数字化组织生产，32 型以上的电视要求从 2010 年开始，26 型以上的要求 2011 年，2012 年以后所有的电视都必须配备可接收数字信号的部件。

巴西政府为了国内数字地面电视的发展和降低机顶盒价格，将采用日本制式向南美各国做宣传，这一举动也成为南美各国普及日本制式的原动力。

五、广播电视发展简史

1922 年　广播开播

1932 年　《联邦无线通信法》制定

1950 年　巴西首个电视广播在圣保罗开播（由 TUPI 在下午 6 点至 10 点播出）

1960 年　国营电视台在新首都巴西利亚开播

1962 年　《巴西电信业法典》制定

1965 年　TV.Globo 在里约热内卢开播

1967 年　《大众传媒法》制定

1970 年　网络卫星电视传输开始

1972 年　开始播送彩色电视节目

1980 年　联邦政府以无序经营为由吊销了 TUPI 电视经营许可

1985 年　国内通信卫星 Brasilat A1 发射

1986 年　Brasilat A2 发射

1989 年　巴西首家收费电视台 TV Abril 开播

1994 年　Brasilat B1 发射

2002 年　广播电视媒体所有权限缓和（5 月）

2006 年　地面数字电视制式决定采用日本制式（ISDB-T）（6 月）

2007 年　公共广播机关 EBC 成立（10 月）
圣保罗城市地面数字电视正式播出（12 月）

2008 年　《公共广播电视法》通过（4 月）

2009 年　《大众传媒法》被判违宪，宣布无效（4 月）

2010 年　国际电视台 TV Brasil Internacional 开播（5 月）

2011 年　《收费电视法》获国会通过（9 月）
《信息公开法》通过（11 月）

2012 年　《收费电视法》开始实施（5 月）

2014 年　确定并公布停止播出地面模拟信号的计划（7 月）
决定将 700MHz 的数字频段用于通信业务（7 月）

2016 年　戈伊斯州里约维尔德市完成国内首个向地面数字信号的过渡（3 月）
通信部改组为科学技术革新通信部（5 月）

2017 年　《公共广播电视法》修改（3 月）

2018 年　全国范围内完成了电视信号的数字化过渡（11 月）

玻利维亚广播电视发展概况与管理体制

一、国家概况

玻利维亚位于南美洲中部，内陆国。东北与巴西交界，东南毗邻巴拉圭，南邻阿根廷，西南邻智利，西接秘鲁。国土面积为109.8万平方公里。玻利维亚总人口数为11138234（2017年7月），人口年龄中位数为24.3岁，通用语言为西班牙语，多数居民信奉天主教。玻利维亚宪法于1826年颁布。宪法规定，国体为共和制，总统和副总统均由直接选举产生，总统任期为5年，不得连任，但可隔届当选一次；副总统不得在下届当选总统或副总统。议会由多民族立法大会由参众两院组成。国会拥有通过和修改法律、审查议员资格、处理违法议员、弹劾政府部长等职权。总统为国家元首、政府首脑和武装部队统帅。行政区划全国共分为九省。玻利维亚工业基础薄弱，农业落后，粮食长年依赖进口，经济结构单一，吸引外资比较困难。经济总量居世界第91位、拉美第14位。2017年国内生产总值（GDP）为375.09亿美元。

二、广播电视监管体制与法律法规

玻利维亚新宪法规定，传播媒体不能有垄断和寡头，到目前为止没有关于垄断以及媒体监管的法律。

三、广播电视发展概况

玻利维亚有135个电视台，其中首都拉巴斯有22个。国家电视台创建于1964年，在拉巴斯等7个省有转播台。另有9家私营电视台及3家有线电视和卫星电视台。

公共电视网属于“Redde Mediosdel Estado Plurinacional”，它把公共媒体集合在一起，包括无线电广播（Red Patria Nueva）、报纸（Cambio）及电视台。该电视网属于政府。

厄瓜多尔广播电视发展概况与管理体制

一、国家概况

厄瓜多尔位于南美洲西北部。东北与哥伦比亚毗连，东南与秘鲁接壤，西临太平洋。国土面积为256370平方公里。总人口数为16290913（2017年7月），人口年龄中位数为27.7岁。通用语言为西班牙语。94%的居民信奉天主教。现行宪法于2008年9月28日通过并正式生效。新宪法建立了五权分立的政治体制，在加强行政权、改革立法权和司法权的基础上，增设公民参与与社会管理权和选举权。加强政府对国民经济的宏观规划和计划性指导，严格控制涉及国计民生的战略性部门，加强金融监管，取消中央银行自主权。成立债务委员会，严格审查和批准举借外债手续。厄瓜多尔国民代表大会实行一院制。厄瓜多尔总统为国家最高行政首脑。现政府于2017年5月组成。国家司法法院（Corte Nacional de Justicia）为国家最高司法机关。厄瓜多尔是拉美中等经济体。近年来，厄瓜多尔致力于推进经济结构转型，提出发展五大基础工业，积极应对国际油价下跌，大力扶持科技创新，通过大规模公共投资和出口拉动经济增长，推动油气产业上中下游一体化，全力推进水电、风能等新能源开发利用。2017年，国内生产总值（GDP）

为 1642.96 亿美元。

二、广播电视监管体制与法律法规

2009 年，根据厄瓜多尔总统签署的法令，厄瓜多尔电信和信息部（Ministry of Telecommunication and Information）成立，它整合了厄瓜多尔国家广播电视委员会（Conatel）和厄瓜多尔电信监管局（Supertel），主要负责监管广播电视业和电信业。根据厄瓜多尔法律，外国公司在传媒公司中的持股比例最高可以达到 25%。

2013 年厄瓜多尔《传播法》（Law of Communications）催生了厄瓜多尔大众媒体的新增长，并考虑到教育是为国民公共服务。根据本法第 106 条，所有广播和电视的频率，必须有 33% 被分配给公共媒体，33% 给私营媒体，34% 给当地自主媒体、非政府组织和小省份。现在，厄瓜多尔媒体正试图根据法律平衡它们的内容和频率。

《传播法》是全国所有媒体和记者从事电视和广播节目、出版作品和网络内容的指南。

三、广播电视发展概况

厄瓜多尔全国共有 460 多家电台，首都有 54 家，主要有厄瓜多尔电台、天主教电台、基多电台、成就电台和安第斯之声电台，电台绝大多数为私人所有。全国共有 19 家电视台，均为私营，主要电视台有 2 台、4 台、8 台、10 台和 13 台。2012 年互联网用户总数达 800 万人。厄瓜多尔电视节目制作领域相对于以往有了很大的进步，特别是在制作新闻、肥皂剧、视频和体育节目、实景真人秀、喜剧系列和脱口秀节目等方面。厄瓜多尔拥有专业人才，比如 3D 或 4D 等技术短缺，所以无法制作另类内容或者不同的媒体空间，也无法吸引其他受众的注意力。

实际上，厄瓜多尔的媒体多数使用模拟信号系统，尽管目前模拟和数字电视都有。之所以存在这个现实，是因为 90% 的人还用模拟系统，而且电子产品市场上大部分都是进口。无线电广播有调幅（AM）和调频（FM）频率。厄瓜多尔正努力保持公营和私营之间的平衡，每一个机构都制作多种类型的节目，比如新闻、娱乐、音乐等。每个台都有空间或者节目秀，展示教育、文化、艺术或音乐方面人才。

四、广播电视主要机构

厄瓜多尔主要有 8 个电视播出机构，其中五家电视台面向全国播出。厄瓜多尔的电视节目主要依靠进口，自制电视节目比例很小。该国主要从美国和拉丁美洲进口电视剧和肥皂剧等。

厄瓜多尔中心电视台（Telecentro）也被称为 TC 电视台，创办于 1969 年。它的节目覆盖厄瓜多尔 95% 的地区。厄瓜多尔中心电视台的节目以新闻和专题节目为主，它们在节目播出总量中所占的比例分别为 17%~19% 和 14%~16%。此前，它隶属于伊赛艾斯集团（IsaiasGroup），2008 年被厄瓜多尔政府国有化。

伽马维森电视台（Gamavision）是厄瓜多尔五家全国性电视台之一，在节目来源上是墨西哥特拉维萨电视台的附属台。目前，该台在播出特莱维萨电视台节目的同时，也自制大量节目。它的自制节目约占节目播出总量的 50%，这比其他四家全国性电视台的自制比例都高。伽马维森电视台原来隶属于伊赛艾斯集团，2008 年被厄瓜多尔国有化。

瑞德特莱西斯特玛电视台（RedTelesistema，简称 RTS）开播于 1960 年，目前每天播出 18 个小时。它的主打节目是从美国和委内瑞拉进口的。

厄瓜多尔另外两家全国性电视台是厄瓜维萨电视台（Ecuavisa）和特莱亚马逊电视台（Teleamazonas）。厄瓜维萨电视台主要播出电视小说、电影和新闻，这三种节目类型所占比例分别是 35%、30% 和 10%。特莱亚马逊电视台的主要节目类型是电视小说，约占节目总量的 20%~22%，其次是电影和新闻，它们所占比例分别是 17%~19% 和 12%~14%。它的节目大部分是从国外进口的，在五家全国性电视台中，它播出进口节目的比例是最高的。

厄瓜多尔比较重要的大众媒体是：

公共媒体	
厄瓜多尔电视台	www.ecuadortv.ec
厄瓜多尔公共广播电台	www.radiopublica.ec

广播电台	
Ecuador inmediato	www.ecuadorinmediato.com
Confirmado	www.confirmado.net
Radio Sucesos	www.radiosucesos.net
Majestad radio	www.majetadfm.com
Fm mundo radio	www.fmmundo.com
Democracia radio	www.democracia.ec / www.exafm.ec
Pichincha Universal radio	www.pichinchauniversal.com.ec
Sonorama radio	www.sonorama.com.ec
Tarqui Radio	www.radiotarqui.com.ec
Vision Radio	www.radiovision.com.ec
Centro Radio	www.los40.com.ec
América Radio	www.cadena-america.com.ec
Sucre Radio	www.radiosucre.com.ec
CRE Satelital	www.cre.com.ec
La Voz de Tomebamba（Cuenca）	www.tomebamba.com.ec
I99（Guayaquil）	www.i99.com.ec
Atalaya radio	www.atalaya.com.ec
Huancavilca radio	www.huancavilca.com.ec

电视台	
Gama tv	www.gamatv.com.ec http://www.gamatv.com.ec/index.php/tv-en- vivo/502-tv-en-vivo.html#comments
RTS	www.rts.com.ec/ http://www.rts.com.ec/index.php/mira-la-tv-aqui/desde-el-estudio-de-guayaquil http://www.rts.com.ec/index.php/mira-la-tv-aqui/desde-el-estudio-de-quito
Teleamazonas	http://www.teleamazonas.com/
Ecuavisa	http://www.ecuavisa.com/
Tc Television	www.tctelevision.com
Canal Uno	www.noticierouno.com/index5.html#
CN Plus	www.cnplus.com.ec
Telerama	www.telerama.ec
Oromar Televisión	http://www.oromarhd.com/
Telesucesos.	www.telesucesos.com/

地方媒体	
天主教广播电台	www.radiocatolica.org.ec
基多公共广播电台	www.distrito.gob.ec / www.radiomunicipal.gob.ec
HCJB 广播电台	www.hcjb.org.ec
RTU 电视和广播电台	www.rtunoticias.com/ www.rtunoticias.com/radios/
UCSG 广播和电视台	www.ucsg.edu.ec
Unsión 电视台（昆卡）	www.unsion.tv
TVS（钦博拉索省）	www.tvschimborazo.com/
北方电视台（因巴布拉省）	www.tvncanal.com/

几乎所有这些媒体都有自己的网站，但是仅用于监视新闻或直播节目。这些大众媒体没有开展受众收视情况调查，因为厄瓜多尔人很多没有因特网。

乌拉圭广播电视发展概况与管理体制

一、国家概况

乌拉圭东岸共和国，位于南美洲东南部，乌拉圭河与拉普拉塔河的东岸。北邻巴西，西界阿根廷，东南濒大西洋。国土面积为 17.62 万平方公里。总人口数为 3360148（2017 年 7 月），人口年龄中位数为 35 岁。通用语言为西班牙语。66% 的居民信奉天主教。乌拉圭实行民主共和制，三权分立。总统是国家元首和政府首脑，兼武装力量最高统帅。乌拉圭议会采用两院制。乌拉圭的最高法院由 5 名大法官组成，需经国会批准。乌拉圭的主要政党有广泛阵线、白党、红党等。农牧业在乌国民经济中占重要地位，是世界第六大稻米出口国。乌政府重视发展旅游业，旅游业发达。2017 年，国内生产总值（GDP）为 561.57 亿美元。

二、广播电视监管体制与法律法规

根据乌拉圭的相关法规，境外公司必须通过当地的公司才能在乌拉圭运营直播到户卫星电视业务。境外公司可以通过收购已有的有线电视公司，或向政府申请成立新的公司，以获得在乌拉圭运营直播到户卫星电视业务的许可。

三、广播电视发展概况

（一）广播发展概况

1921 年，通用电器公司在蒙得维的亚的乌尔基萨剧院建立了发射台。第二年，本国零售商人帕拉迪萨瓦尔将它买下，聘用流行歌星路易斯・比亚皮亚娜作播音员，主要播出商业和娱乐节目。1922 年 11 月 1 日，前总统何塞・巴特列在他主持的节目里，做了半小时的演讲，这是第一位重要的政治家通过电台向全国广播。1924 年 5 月 25 日，派桑杜电台第一个获得商业广播的许可证。第二个获得商业广播许可证的电台是蒙特卡罗电台（Radio Montecarlo），它是建立最早而现在仍在运作的少数电台之一。1929 年 12 月，乌拉圭成立了官方电台广播服务局，负责管理国营广播网。它利用自身拥有的发射台，每天向学校和广大公众播讲历史、地理、科学和文学等课程。另外，它还拥有自己的剧院、芭蕾舞团和电视台。1933 年，乌拉圭广播协会成立。

1998 年，乌拉圭首都蒙得维的亚地区共有 23 个中波和短波电台，14 个调频台。首都之外还有大约 70 个中、短波电台，90 多个调频电台。主要的电台有：14 台（CX14 El Espectador，1923 年）、16 台（CX16 Carve，1928 年）、蒙特卡罗电台（Radio Montecarlo，1928 年）、8 台（CX8 Sarandi，1931 年）、环球广播电台（Radio Universal，1929 年）、全国广播电台（Radio National，1929 年）等。2011 年全国电台数量达到 100 多家。

（二）电视发展概况

1956 年 12 月 7 日，卡韦电台（Radio Carve）所属的电视 10 台播出，这是乌拉圭第一家电视台。自 1960 年起，4 家电视台（其中 3 家为私人电视台，1 家国营电视台）在蒙得维亚同时开播，并通过外省转播站向全国各地播映一小部分本国制作的节目。这些电视台大多与广播电台有一定的关联。1981 年，彩色电视出现后逐步取代了黑白电视。2011 年全国有电视台 20 家。乌拉圭共有 4 个全国性电视播出机构，其中 3 家是私营电视台，1 家是公共电视台。乌拉圭电视频道之间的竞争并不激烈，为了降低成本，主要的私营电视台之间经常合作进口电视节目。乌拉圭电视台的自制节目比例不高，大部分节目从国外引进。

近年来，乌拉圭有线电视用户数增长缓慢，目前还没有明显受到直播电视公司的直播到户卫星电视平台的冲击。目前，乌拉圭主要有五家付费电视运营公司，其中三家是有线电视运营公司。

四、广播电视主要机构

（一）开路电视

电视五台（Sodre）

该台是国家电视台，1963 年创建。新闻节目具有较大影响力。资金来源主要是广告和政府拨款。

电视十二台

该台又称为特莱杜斯电视台，1962 年由谢克家族创建，是乌拉圭最受欢迎的电视播出机构，自制节目较多。内容包括政治、经济、社会、教育、文艺和娱乐等。

电视十台（SaetaTV）

该台又称为萨埃塔电视台，由丰泰纳家族于 1956 年创建，是乌拉圭建立最早的电视台之一，收视率仅次于电视十二台，是全国第二受欢迎的电视播出机构。节目信号覆盖全国 95% 的地区。大部分节目从美国、西班牙、阿根廷和巴西引进。

电视四台

该台又称为蒙特卡罗电视台（Monte Carlo TV Color-Canal 4），1961 年由农牧业企业家罗迈·萨尔沃创办，隶属于蒙特卡罗广播电台。

乌拉圭电视频道之间的竞争并不激烈，为了降低成本，主要的私营电视台合作进口节目。乌电视台的自制节目比例不高，大部分节目都是从国外引进的。在乌拉圭电视台播出的境外节目中，40% 来自美国节目，20% 是从阿根廷和其他拉美国家进口的节目，通常是肥皂剧和脱口秀。

（二）有线电视

有线电视是乌拉圭最主要的电视运营方式，近 30% 的家庭通过有线电视收看电视节目。三家主要的有线电视运营公司是蒙特有线、诺沃赛格勒和 TCC，分别隶属于三家主要的私营电视台。乌三家有线电视运营商共享一个有线电视网络，主要通过不同的电视节目套餐展开差异化竞争。2005 年，乌开始在首都地区建设数字有线电视网络系统，该系统的机顶盒由中国同洲电子公司提供。截至 2012 年 10 月，蒙特有线公司的用户总数为 5.1 万。诺沃赛格勒公司的有线电视平台播出 66 个数字电视频道，用户也可以逐个订阅电视频道。TCC 公司从 1995 年开始开展有线电视业务，目前播出 60 个数字电视频道。2008 年，该公司推出了三网合一业务。截至 2012 年 10 月，这两家公司的用户数都是 5 万左右。

（三）直播到户卫星电视

乌拉圭第一个直播到户卫星电视于 2002 年投入运营，隶属于拉美直播到户卫星电视公司。截止到目前，拉美直播到户卫星电视公司仍是乌拉圭唯一的一家直播到户卫星电视运营公司。尽管它比有线电视运营公司播出更多的电视频道，但用户规模增速缓慢。到 2012 年 10 月，该公司在乌拉圭的用户总数为 6.3 万。

（四）数字地面电视

乌拉圭多频道公司 2007 年推出地面数字电视业务，它采用 DVB-T 标准搭建了一个数字特高频系统。到 2012 年 10 月，该公司共有 11.6 万用户。南美洲大部分国家都采用 ISDB-T 标准，乌拉圭是南美洲第一个采用 DVB-T 和 DVB-H 的国家。

智利广播电视发展概况与管理体制

一、国家概况

智利位于南美洲西南部，安第斯山脉西麓。东邻玻利维亚和阿根廷，北界秘鲁，西濒太平洋，南与南极洲隔海相望，是世界上最狭长的国家。国土面积为 756715 平方公里。总人口数为 17789267（2017 年 7 月），人口年龄中位数为 34.4 岁。通用语言为西班牙语。15 岁以上人口中信仰天主教的占 66.60%，信仰福音教的占 16.47%。现行宪法于 1981 年 3 月 11 日生效，后经过 1989 年、1991 年、1993 年、2005 年四次修改。宪法规定，总统是国家元首和政府首脑。2005 年修宪将总统任期改为 4 年，并取消了终身参议员和指定参议员。智利为拉美经济较发达的国家之一。矿业、林业、渔业和农业是国民经济四大支柱。2017 年，国内生产总值（GDP）为 2770.76 亿美元。

二、广播电视监管机制与法律法规

智利国家电视委员会是智利电视行业的管理部门，其职责是负责智利电视行业的健康发展。作为一家根据宪法设立的自治机构，该委员会独立于智利政府运作，主席由总统直接任命，其他 10 位委员则由总统与参议员协商后共同任命。

三、广播电视主要机构

（一）广播

全国共有 2068 家电台，主要有国家电台、合作电台、波塔莱斯电台、农业电台和矿业电台等。

（二）电视

1. 开路电视

智利有 7 家全国开路电视台。智利国家电视台和天主教大学电视台占主导地位，收视份额在 25%~30%。此外，智利还有 50 多家地方性电视台。

智利国家电视台成立于 1969 年，总部位于智利圣地亚哥，在智利本土控股并经营 23 个地方电视台，其电视节目通过卫星及 200 多个转播站覆盖智利约 98% 的人口。拥有智利国际频道（TV Chile）、TVN 频道、TVN 高清频道、Canal 24 Horas 等。智利国家电视台归智利政府所有，台长由总统直接任命，负责领导智利国家电视台通过电视频道业务与新媒体业务实现自主经营。

天主教大学电视台成立于 1958 年，是智利最早的电视台，属大学所有，间接受军政府控制。一半以上内容为娱乐节目，其余为新闻、教育、文化、儿童、体育，45% 的节目是本地制作，进口节目主要来自美国。

智利大视界电视台成立于 1990 年，是智利第一家私营电视台，主要收视群体为低收入家庭，主要播出本土制作的电视节目。

2. 有线电视

智利 VTR 公司是智利最大的有线电视提供商，也是第二大宽带和固话业务提供商，占据智利 43% 的市场份额，拥有 104 万有线电视用户（2016 年）。2007 年 VTR 推出智利首个高清电视服务。2012 年高清频道已经达到 19 个。2012 年推出移动通信服务。除 VTR 公司外，其他主要有线电视运营商还包括墨西哥电话公司和中央有线电视公司。

3. 直播到户卫星电视

截至 2014 年，智利拥有 142 万直播到户卫星电视用户，占据付费电视市场的 45%。主要有三家运营商：西班牙电信集团公司、墨西哥电话公司、智利直播电视公司。

4. 数字地面电视

2009 年，智利政府决定采用日本的 ISDB-T 作为数字地面电视标准。

5.IPTV

西班牙电信集团处于领先地位，拥有 87.8 万互联网用户。

第四章

大洋洲广播电视发展概况与管理体制

General Situation and Management System of Radio and Television of the Countries in Oceania

澳大利亚广播电视发展概况与管理体制

一、国家概况

澳大利亚，位于南太平洋和印度洋之间，由澳大利亚大陆、塔斯马尼亚岛等岛屿和海外领土组成。国土面积为769.2万平方公里。澳大利亚有人口23232413(2017年7月)。人口年龄中位数为38.7岁。通用语言为英语。主要宗教为基督教、佛教、伊斯兰教和印度教。澳联邦议会成立于1901年，由女王（澳总督为其代表）、众议院和参议院组成。议会实行普选。联邦政府由众议院多数党或政党联盟组成。联邦高等法院是澳最高司法机构，对其他各级法院具有上诉管辖权，并对涉及宪法解释的案件做出决定，各州设最高法院、区法院和地方法院。澳大利亚农牧业发达，农牧业产品的生产和出口在国民经济中占有重要地位，是世界上最大的羊毛和牛肉出口国，同时也是世界重要的矿产品生产和出口国。2017年，国内生产总值为1.323万亿美元。澳大利亚教育主要由州政府负责。各州设教育部，主管大、中、小学和技术教育学院。联邦政府只负责给全澳大学和高等教育学院提供经费、制定和协调教育政策。学校分公立、私立两种，还重视并广泛推行职业教育。

二、广播电视监管体制与法律法规

（一）监管体制

澳大利亚宽带、通信和数字经济部（Department of Broadband，Communicationandthe Digital Economy，简称DBCDE）是澳大利亚主管通信广播电视业务的机构。澳大利亚通信和媒体局（Australian Communicationsand Media Authority，简称ACMA）是1992年依照广播电视法设立的有关广播电视播出和通信的独立的规制监督机构。委员会由正副委员长4名委员构成，主要负责管理电信、互联网、商业电台和社区广播，并发放许可。

（二）法律法规

就法律法规而言，澳大利亚与电视媒体相关的主要法律是《广播电视法》《澳大利亚广播公司法》和《1992年广播法》。《广播电视法》对广播电视进行统一规范。为防止私人广播电视的扩张和垄断，法案规定一家公司所控制的电视台不得超过2个、电台不得超过8个。《澳大利亚广播公司法》主要规范澳大利亚广播公司的业务和管理。正是根据该法，澳大利亚广播委员会改组为澳大利亚广播公司（Australian Broadcasting Corporation，简称ABC），作为国有传媒机构在全国进行广播和电视传播。《1992年广播法》则是目前澳大利亚电视媒体领域最主要的法律。

就外资引入而言，外国公民或法人如果要在澳大利亚投资现有广播服务企业或建立新的广播服务企业，相关申请必须在个案的基础上进行审查，同时还须满足相关文件的规定。根据《1992年广播法》设立的广播规范体制规定：（1）外国投资者在商业电视广播领域内的投资份额会被继续限制在个人股不能超过公司股份的15%，外国股份在总数上不能超过公司股份的20%。外国自然人或法人不具备获得进行商业电视广播许可的资格。外国人数量不能超过董事会成员数量的20%。（2）对于所有注册登记的电视广播服务许可证，外资股份中个人所占股份不得超过公司股份的20%，所有外资个人股份之和不得超过公司股份的 35%。[①]

就节目引进而言，相关部门从培育本国节目的角度制定了相应的规定：澳大利亚或新西兰制作的电视节目要占全部播出节目的 50% 以上，付费电视频道必须拿出全部外购节目经费的 10% 用于国内节目的制作。[②]

三、广播电视发展概况

（一）广播发展概况

澳大利亚实行公共服务和商业运作并存的二元广播电视体制。澳大利亚广播公司（Australian Broadcasting Corporation，简称 ABC）、澳大利亚特别广播机构（Special Broadcasting Service，简称 SBS）是全国性的公营广播电视机构。广播方面，ABC 提供包括国际频道和数字专门频道在内的 9 个频道，SBS 也拥有一个向全国主要城市以多语种形式播送节目的广播频道。除此以外，全国其他的商业电视台，广播台也都拥有自己的广播频道。

政府决定从 2009 年 1 月开始数字广播服务，但是由于准备的迟缓，到 7 月，悉尼、墨尔本、珀斯等主要城市才接收到数字广播信号。在模拟信号的节目的基础之上，新增加了 ABC dig music、ABC jazz、ABC country3 个音乐频道。

（二）电视发展概况

除 ABC、SBS 外，澳大利亚还有一些商业广播电视媒体，如第 7 频道电视网（Seven Network）、第 9 频道电视网（Nine Network）和第 10 频道电视网（Ten Network），经费基本上依靠广告收入。其中，第 7 频道电视网以娱乐节目为特色，是收视率最高的电视网，黄金时段收视份额为 28.7%。第 9 频道电视网是面向全国播出的电视网，以新闻播报、体育和旅游为特色，收视份额达 27.7%。第 10 频道电视网是商业电视网中最成功、也是最有影响力一家，收视份额达 22.1%。

卫星电视方面，Foxtel Austar、Singteloptus 公司提供收费的直播到户广播电视和有线电视服务。卫星电视巨头 Foxtel 自 2008 年 5 月开始播出高清电视节目，到 2017 年 8 月份已经拥有了 45 个高清电视频道。

自 2001 年 1 月开始数字地面电视播出以来，各电视台的播出设备都在向数字化和高清化转型。并且到 2010 年 10 月为止，所有的地面电视台的节目都可以通过网络收看。2007 年 10 月商业电视台 Channel 7 改为 Seven HD 频道；同年 12 月 Channel 10 改为 Ten HD 频道，2008 年 3 月 Channel 9 改为 Nine HD 频道。2009 年 8 月 Channel 10 增加新频道 One HD（现名 ONE），2010 年 7 月公共电视台 ABC 旗下的 ABC News 24 开始播送高清节目。

2009 年 1 月，Foxtel Austar、Australian News Channel（属于 Skynews Australia）共同开辟了一个公共频道 A-PAC，进行会议转播之类的节目内容，通过卫星和有线形式播出。

政府规定各商业频道播出节目的 55% 必须是国内制作的节目。但随着频道数的增

---

① 黎斌主编：《国际电视前沿聚焦》，北京：中国传媒大学出版社 2007 年版，第 140 页。
② 张志：《数字时代的广播电视规制与媒介政策》，北京：中央民族大学出版社 2011 年版，第 79 页。

加，从新西兰，美国等地购买的节目也在增加。受此影响，政府为了刺激本国自制节目的创作热情，在2010年2月决定将商业电视台每年上缴的广播电视许可费的一部分返还，用于自制节目的研发。2010年返还率达到33%，2011年达到50%，返还资金的总额在两年间达到了2.5亿澳元。

2010年12月，通信部开始以Convergence Review为题，积极致力于在数字时代促进媒体行业和通信行业融合的行动，不断修正有关于广播电视及通信的旧法律制度。

2011年2月，卫星有线广播电视巨头Foxtel宣布了与Austar合并的计划，2013年完成合并。合并后，用户总数为241万，位居市场第一。1993年，ABC开始了名为Australian Television International的国际电视服务。在这之后，由于财政困难，一度被商业电视台Seven Network收购，但是业绩并没有恢复，Seven Network在2001年3月终止了其电视播出服务。随后同年10月，政府承诺5年内向其提供9000万澳元的资助供其发展，于是ABC以ABC Asia pacific的新名称再次开始了国际电视服务。2006年，政府的援助政策停止，英国的BSkyB、Telstra、Foxtel三家公司参与竞争，但是最终仍由ABC拿到了运营权利。2006年7月，该国际电视台再次更名为Australia network，面向东南亚、中国、印度、太平洋各国提供24小时的英语节目。

四、广播电视主要机构

（一）广播

澳大利亚广播公司（Australian Broadcasting Corporation，简称ABC）

ABC设有Radionational（全国广播）、News Radio（新闻）、Local Radio（ABC地方台）、Triple J（青年频道）、ABC Classic FM（古典音乐）、Radio Australia（国际广播台）。通过旗下的Radio Australia广播频道以印度尼西亚语、中文、英语、马来西亚语、越南语、柬埔寨语、法语等语言向全世界播送广播节目。

澳大利亚特别广播机构（Special Broadcasting Service，简称SBS）

澳大利亚特别广播机构拥有包括SBS Radio 1、2、3三个主要频道在内的多家模拟信号频道，与此同时，还拥有五个独立运营的数字信号广播频道，分别是SBS Radio4、SBS Chill、SBSpoparaby、SBSpopdesi、SBSpopasia。

（二）电视

1、开路电视

澳大利亚广播公司（ABC）

澳大利亚广播公司通过州和地区首府的制作传送设备向全国播出非商业性广播和电视节目，并为边远地区提供卫星服务；ABC是在1932年，基于12个广播台的基础上设立的公营广播电视机构。ABC于1956年开始播出电视节目。依据1983年《澳大利亚广播公司法》,ABC进行了组织运营上的调整和重组。2009年6月到2010年6月的一年间，ABC总收入的83.6%，约9.15亿万澳元来自于政府的补贴。

ABC的最高决策机关是经营委员会（ABC Board）由委员长和7名委员组成，通过职工投票选举出职工代表一名，并从政府推荐的名单当中选出总督一名。通过经营委员会选出ABC的会长，该会长也是委员会的一员。2010年，ABC电视台的国内自制电视节目的比率占到了全部节目时间的51%。

ABC 1 是以模拟信号和数字信号两种方式播送节目的综合频道，从英国、美国、加拿大等国购入节目。只以数字信号播送的频道有 ABC2、ABC3、ABC News 24 三个频道。ABC 2 于 2005 年 3 月成立，主要以儿童节目、教育节目为主。ABC 3 于 2009 年 12 月成立，是面向儿童播出的专门频道。ABC News 24 是 2010 年 7 月开始的国内首家免费 24 小时播出的新闻频道，以高清形式播出。

澳大利亚特别广播机构

澳大利亚特别广播机构主管 SBS 电视台和 SBS 广播电台，由联邦政府资助。SBS 电视台是一个多元文化电视台，1980 年 10 月 24 日联合国日开始工作，除新闻、体育和部分纪录片用英语播送外，其余节目均用澳大利亚各个移民族裔的语言配英文字幕播出，为非英语背景人士提供了解世界的媒体渠道。电视节目方面使用了 100 多种语言，广播则使用了 60 多种语言。到 2010 年 6 月，SBS 的总收入的 69.4%，大约 2.9 亿澳元来自于政府拨款。

SBS 最高决议机关是经营委员会，由 3-7 名委员构成，经营委员会会长任命总督。2010 年国内自制节目的节目时间占到了全部节目时间的 19%，并不使用 ACMA 设定的国内自制节目基准。

SBS 电视台于 2002 年 1 月设立，以原语言形式播出世界各国的新闻节目的数字地面电视频道 World News，在 2009 年 1 月开设了播出高清节目的 SBSHD 频道，同年 6 月又开设了新的数字频道 SBS 2。SBS 2 频道也是综合频道，但是与 SBS 1 不同的是，节目内容由许多非英语类节目组成，以附上英语字幕的形式进行播出。

第 7 频道电视网（Seven Network）

2006 年末，由 Kerry Stokes 拥有的 Television Holdings ltd. 公司和美国投资公司扶植的 Seven Media Group 共同经营的 Seven Network，取得了广告市场占有率第一名的好成绩。2011 年 12 月，被国内的报纸龙头企业 West Australia Newspaper Holdings 收购，2010 年国内自制节目比例占到了 69.1%。

Seven Network 借 1992 年巴塞罗那奥运会契机，获得夏冬季奥运会全部转播权，但是 2010 年温哥华冬季奥运会和 2012 年伦敦奥运会的转播权却被 Nine Network 和卫星电视 Foxtel 联手夺走。作为对转播权争夺事件的回应，与 Ten Network 联手，以 7.8 亿澳元的价格，买断了澳大利亚国内最有人气的运动品牌 Australian Rule Football 截止到 2011 年为止的地面电视转播权。

2007 年 10 月，国内首家 HDTV 专门频道 Seven HD 以数字地面电视的形式开始播出节目。其他数字频道还有 2009 年 11 月设立的 7 two（以电视剧和娱乐节目为中心）和 2010 年 9 月设立的 7 mate（以体育和喜剧等节目为中心，主要人群定 位为男性群体）。

第 9 频道电视网（Nine Network）

2006 年 10 月到 2007 年 8 月间，母公司 PBL 将 Nine Network 的所有资产卖给香港的投资公司 Cvcasia — Pacific，这是自 1956 年创立以来经营权首次移交给外国资本。Nine Network 拥有除奥林匹克以外所有国内外人气体育运动的转播权，常年在商业电视台中保持收视率第一名，但是 2007 年以后，收视率和广告收入比例被 Seven Network 超越。2010 年国内自制节目占所有播出节目时间的 64.8%。

Nine Network 很早就积极致力于 HD 技术的导入，从 2003 年就开始着手 HD 节目的制作。在数字频道方面，有 2009 年 8 月开始的 GO!（面向年轻女性），2010 年 9 月开始的 GEM（面向 30 岁以上女性）等频道。GEM 是在 Nine HD 播送完之后，使用同样的周波数进行放送的频道。之后，与 Foxtel 共同取得了 2010 年温哥华冬季奥运会和 2012 年伦敦奥运会的转播权。

第 10 频道电视网（Ten Network）

最开始由加拿大的 Canwest Global Communications 完全控股，2009 年 10 月因债务压缩的原因，该公司卖掉了 Ten Network 的 50.6% 的股权。2010 年国内自制节目比占到了 61%。Ten Network 与 Seven Network 共同取得了 Australian Rule Football 的转播权，目标受众定位在 16-39 岁人群，节目内容的编辑选取十分年轻化。但是，在收视率方面较落后于 Seven Network 和 Nine Network。在数字频道方面，拥有 2007 年 12 月设立的 Ten HD（综合编成），2009 年 8 月设立的 ONE HD（以体育节目为中心），2011 年设立的 eleven（面向年轻人）的 3 个频道。2015 年 11 月，付费电视 Foxtel 收购其 13.8% 的股份。2017 年 6 月，Ten Network 宣布他们被迫进入自愿托管（Voluntary Administration）状态。在那之后的 11 月，美国 CBC 决定对其进行收购。

2、数字地面电视

从 2001 年 1 月开始，ABC 和 SBS，Seven Network、Nine Network、Ten Network 三个电视台开始了数字地面电视服务。但是由于基础设施的不完善，原定于 2008 年结束模拟信号电视的目标定在 2013 年年末。政府为了促进数字信号的普及，实施了向用户免费发放可以接收 HD 信号的机顶盒的家庭援助政策（Household Assistance Scheme）。2010 年 6 月，跨越维多利亚州和新南威尔士州的东南部内陆地区完成了国内首个数字信号的完全转换，随后首都圈附近也完成了数字信号的转换，墨尔本，阿德莱德地区则将目标定位了 2013 年。政府在 2006 年 11 月设立了数字广播电视普及促进团体 DA（Digital Australia），DA 的主要工作是调整各职能机构的关系，确立各地区结束模拟信号服务的时间等职能，但是 2007 年 11 月上台的新政权解散了 DA，并且将其职能移交给数字化小组（Digital Switch Over Task Force）。数据显示，数字电视收视家庭比例，在 2011 年 3 月末达到了 79%。

2008 年 7 月，ABC、SBS、Seven Network、Nine Network、Ten Network 等电视台为了共享数字电视平台，共同设立了国际财团 Freeview。同年 11 月，以 Freeview Australia 为名开始提供服务。从 2009 年年初，开始提供包含高清电视 5 个频道，最多可以收看到 17 个数字频道的电视服务。

3、有线电视

Foxtel

1995 年由 News Corp. 公司创设，由通信公司 Telstra 出资 50%，剩下的由 News Corp. 和 PBL 各自出资 25% 共同运营。最开始只有有线电视形式，从 1999 年开始卫星电视节目也成为可能。2004 年 3 月设立了数字电视 Foxtel Digital，自此频道数从 40 增至 130。2007 年，所有频道实现数字化，模拟信号时代终结。2008 年以后，包括高清电视在内，共提供大约 180 个频道。2010 年末所签署的合约数量达到了 163 万。Foxtel

取得了 Australian Rule Football 赛事 2008-2012 年的电视转播权，并且与 Channel 9 共同取得了 2010 年温哥华冬季奥运会和 2012 年夏季奥运会的国内转播权。

Austar

UAP（United Austar Partners）和 AUN（Austar United Communications）两家公司占所有股份的 54%，UAP 是国际媒体企业 Liberty Global 的子公司，服务开始于 1995 年，主要形式是卫星直接到户，但也提供一部分有线电视服务。

2004 年 3 月，Austar 与 Foxtel 开始了数字电视播出服务，每个月只要交少量收视费，就可以收看到 Austar 和 Foxtel 丰富的电视节目。为了使以东部和塔斯马尼亚岛为根基的 Austar 和以西部和主要城市为根基的 Foxtel 不发生利益上的冲突，两家公司达成了合作关系。全面数字化在 2007 年 3 月实现，截止到 2011 年 9 月所签署的合约数量达到了 76.6 万件。

Selec TV

Selec TV 于 2006 年 1 月开始通过直接到户播出收费电视。主要受众定位在老年人群和少数民族人群，提供多语言的节目，但是合约数量一直没有得到增长，于是 2009 年越南语和德语节目被迫取消。2010 年 8 月，与 Foxtel 和 Austar 达成协约，表示其旗下英语节目签约的观众可以免费转换到 Foxtel 和 Austar 旗下收看。到 2010 年 11 月，英语和西班牙语节目陆续停播。2011 年 11 月，希腊语节目也停止服务，该电视台宣布破产。

Singteloptus

由新加坡的 Singtel 公司完全控股，到 2010 年年末的签约数达到 10.4 万件，主要播出由 Foxtel 提供的电视节目，但是最近几年与之签约的观众数量越来越少，2009 年以来，没有增长新用户。2010 年 12 月，开始了以有线电视和卫星电视同时播出节目的方式，2011 年 2 月，以 Optus TV featuring Foxtel 的名称重新开始服务，依托卫星平台 Optus aurora，向全国乃至信号送达困难的地区提供地面电视服务。

4、卫星电视

VAST（View Access Satellite Television）

VAST 信号覆盖人口较少的东部及中部地区，还有覆盖接收不到数字信号的部分城市地区的新卫星平台，2010 年 12 月开始提供服务。2010 年新修订的广播电视法表明，政府需要在今后的 12 年间，向该电视平台投资 3.75 亿澳元。由 Southern Cross Media Group 和 Imparja Television 联合成立的财团机构组织运营，使用 Optus 的卫星。Vast 免费提供所有数字地面电视的放送服务，以及 4 个高清 频道（sbs HD，one HD，7 mate，gem）和各地区地方新闻频道的播送服务。

五、广播电视发展简史

1923 年　第一家广播台 702 ABC Sydney 开始提供服务

1932 年　《澳大利亚广播电视委员会法》颁布

　　澳大利亚广播电视委员会成立

1942 年　《澳大利亚广播法》颁布

1953 年　《电视法》颁布

1956 年　以上两部法律合并，改名为《广播电视法》开始提供了电视服务（9 月商

业电视台 TCN，11 月 ABC 电视台 ABN）
1974 年　废止收视费制度（9 月）
开始 FM 正式播送服务（12 月）
1975 年　开始彩色电视服务（3 月）
1980 年　SBS 开始多语种电视节目的播出
1983 年　《澳大利亚广播电视协会法》颁布（6 月）
澳大利亚广播电视委员会改组为澳大利亚广播电视协会（7 月）
1985 年　发射多目的通信卫星 Aussat1,2
1987 年　发射多目的通信卫星 Aussat 3
1991 年　《1991 年特别放送法》施行，SBS 电视台广告的播出被许可（12 月）
1992 年　发射第二代国内卫星 Optus B1
《1992 年广播电视法》施行（10 月）
1993 年　ABC 设立国际台 ATI（2 月）
1994 年　决定开展卫星电视传输业务
1995 年　作为第一家收费电视服务，MMDS 的 Galaxy 开始试验播送（1 月）
有线电视 Optus Vision（9 月）和 Foxtel（10 月）开始电视服务
1997 年　ABC 开始缩小短波国际广播 Radio Australia 的服务地域和时间
国际电视 ATI 被商业电视台 channel 7 收购
1998 年　《数字电视转换法》颁布
2001 年　5 家地面电视台开始数字地面电视服务（1 月）
新加坡通信公司 SingTel 收购 Optus（8 月）
ABC 将国际电视台更名为 ABCAsia Pacific（10 月）
2002 年　竞争消费者委员会承认 Foxtel 和 singtel Optus 的互相协助关系
2003 年　ABC 终止了数字专门频道 Fly 和 ABC Kids 的播出
2004 年　Foxtel Austar 开始数字电视播出服务（3 月）
收费电视 TARBS 破产（7 月）
News Corp. 公司迁移到美国
2005 年　放送厅改组为通信媒体厅（7 月）
2006 年　Selec TV 开始了收费卫星电视服务（1 月）
数字地面的新许可计划发布（9 月）
《媒体改革法》通过议会审议（10 月）
2007 年　PBL 将 Nine Network 的全部资产卖给了香港投资公司（8 月）
Seven Network 设立 Seven HD 频道（10 月）
Ten Network 设立 TEN HD 频道（12 月）
2008 年　Nine Network 设立 Nine HD 频道（3 月）
ABC 开始 ABC iView 服务（7 月）
2009 年　ABC 开始数字广播服务（7 月）
2010 年　《2010 年广播电视法修正案》通过议会审议（6 月）

2013 年　DBCDE 解体，将业务转交给 DC 负责（9 月）
　　　　地面电视停止播出模拟信号节目（12 月）
2014 年　政府宣布废止与 ABC 签订的国际广播委托协议（5 月）
　　　　ABC 结束 Australia Network 电视播出服务（9 月）
2016 年　ABC 迎来历史上首位女性董事总经理（5 月）
2017 年　ABC 停止向太平洋地区等地播送短波电视节目（1 月）
　　　　Network Ten（通称 Channel 10）被迫进入自愿托管状态（6 月）
　　　　法院认可美国 CBS 对 Network Ten 的收购案（11 月）

新西兰广播电视发展概况与管理体制

一、国家概况

新西兰位于太平洋南部，介于南极洲和赤道之间。西隔塔斯曼海与澳大利亚相望，北邻汤加、斐济。新西兰由北岛、南岛、斯图尔特岛及其附近一些小岛组成，面积 27 万多平方公里。人口数为 4510327（2017 年 7 月），人口年龄中位数为 37.9 岁。官方语言为英语、毛利语，主要宗教有基督教新教和天主教。新西兰无成文宪法。其宪法是由英国议会和新西兰议会先后通过的一系列法律和修正案等所构成。议会实行一院制，仅设众议院，成立于 1854 年。总督和部长组成的行政会议是法定最高行政机构。行政会议由总督主持，总督缺席时由总理或高级部长主持。司法机构设有最高法院、上诉法院、高等法院、若干地方法院和受理就业、家庭、青年事务、毛利人事务、环境等相关法律问题的专门法院。新西兰以农牧业为主，农牧产品出口约占出口总量的 50%。羊肉和奶制品出口量居世界第一位，羊毛出口量居世界第三位。工业以农林牧产品加工主，产品主要供出口。2017 年，国内生产总值为 2058.53 亿美元。新西兰国立中小学实行免费教育。主要大学有奥克兰大学、奥克兰理工大学、维多利亚大学、坎特伯雷大学、梅西大学、林肯大学等。

二、广播电视监管体制与法律法规

（一）监管体制

文化遗产部是新西兰广播电视行政管理机构，下设三个部门，分别管理广播电视、艺术文化遗产和体育文化创意。

广播电视委员会由广播电视部长推荐、总督任命的 6 名委员构成，任期 3 年。除监督管理广播电视的全部内容，还负责分配国内制作节目的补助金。

广播电视基准委员会由广播电视部长任命的 4 名委员构成，主要负责节目伦理基准的制定、广播电视研究的实施以及广播电视受众的意见处理等。

毛利广播电视基金是以普及和发展毛利语、促进毛利文化而成立的基金，用于资助相关节目的制作。该基金与上述两个组织不同，属于毛利部的管辖。

（二）法律法规

作为缓解广播电视业法规限制的手段，现行的《1989 年广播电视法》引入了竞争机制，承认卫星广播电视，有线电视等新型媒介的合法性，旨在促进广告自由化，提高节目质量。新西兰电视公司（Television New Zealand，简称 TVNZ）的广告播出也得到了认可。

新西兰电视公司（Television New Zealand, 简称 TVNZ）

1989 年实施以后，进行过以下修正：

1991 年 5 月，撤销对外资的全部限制。在此之前，外国人在电视台所占股份不得超过 15%（广播不得超过 25%）。

1993 年 7 月，为保留原住民族毛利族的语言和文化，设立专门组织支援相关节目制作。

2000 年 7 月，停止收取收视费。

2002 年 7 月强调 TVNZ 公营性质的《TVNZ 宪章》正式生效。

《TVNZ 宪章》的概要如下：旨在协调信息、娱乐、教育等节目，提高国内制作节目比率，减少对国外节目的依赖，增加毛利语广播电视和传播本土文化的节目。作为广播电视界的领导者，致力于提高节目质量，通过广播电视促进国家认同。

2011 年 7 月，TVNZ 宪章废除。TVNZ 的职责在于提供更多内容丰富的节目和服务，以商业方式维持实际业绩。

根据 1989 年广播电视法，免费地面电视、付费电视、广播等都有相应的广播电视实施规范，明确说明各广播电视事业者需遵守规范和义务。虽然鼓励国内制作节目，但比率相对较低。

2007 年 1 月废除收取电视收视费的制度。TVNZ 主要收入来源为广告收入和商业收入，而新西兰广播公司（RNZ）和毛利电视机构（MTS）等还要依靠政府的节目制作补助金。另外，MTS 除了依靠政府的广播电视委员会、毛利广播电视基金的支持外，还接受毛利选举人团体的资金支持。

三、广播电视发展概况

（一）广播发展概况

广播电台遍及全国，共 190 多家，多数为商业电台。除新西兰广播公司为国有外，其余电台分属广播网（The Radio Network）和媒业公司（Media Works）两大广播网络。前者主要股东为澳大利亚地方报业集团（APN）公司，后者原为澳大利亚铁桥资本公司（Ironbridge Capital）控股，2013 年 6 月因负债严重进入破产接管程序，由澳大利亚柯达曼萨（Korda Mentha）公司接管，公司业务目前保持正常。近年来，政府资助成立了一些反映多元文化的公益性电台。

新西兰电台前身为 1925 年成立的公共广播电台，1955 年改建为国有公司。下辖国家广播电台调频电台以及中波、短波电台。国家台 24 小时播音，重点播发时事和国内政治新闻，覆盖 96% 国土。国际短波电台对太平洋岛国播出。首席执行官是彼得·卡瓦纳（Peter Cavanagh）。

（二）电视发展概况

地面电视方面，公营广播电视主要有新西兰电视公司（Television New Zealand, 简称 TVNZ）和毛利电视机构（M ā ori Television Service，简称 MTS），该公司归属政府所有；商业广播电视主要有媒业公司（Media Works）。

数字地面电视方面，2008 年 Free NZ 开始数字地面电视播出服务。

卫星广播电视方面，除免费的 Free NZ 外，还有天空电视网 Sky Network TV。Sky Network TV 的用户数量约占国内拥有电视机家庭总量的 50%。资金雄厚的付费卫星广播电视 Sky TV 独占体育广播电视报道权，2006 年，执政的劳动党开始采取措施，欲改变其独占地位。但是 2008 年总选举中在野党国民党胜出，2009 年新当权的 Coleman 提出“自由放任”的广播电视基本方针，延续了之前的状况。

根据 2011 年 7 月 12 日成立的《2011 年 TVNZ 改正法》，废除了阐明公营广播电视使命和责任的原 TVNZ 宪章。原宪章于 2002 年制定，规定政府所有的 TVNZ 独立制作反映新西兰社会与文化的高品质节目。修改后的宪章使 TVNZ 从烦琐的责任义务中解放出来，全力发展数字媒体。但是新宪章遭到劳动党、绿党等在野党的强烈批判，他们认为这将模糊 TVNZ 和商业广播电视的界限，使公营广播电视服务逐步退化，最终威胁民主主义的健全。

四、广播电视主要机构

（一）开路电视

新西兰广播公司（RNZ）

前身为 1925 年成立的公共广播电台，1955 年改建为国有公司。下辖国家广播电台调频电台以及中波、短波电台。24 小时播出，重点播发时事和国内政治新闻，覆盖 96% 国土。

新西兰电视公司（TVNZ）

新西兰电视公司的前身是 1943 年成立的国营 NZBS，1960 年在奥克兰开始定时播出服务。1962 年改组为新西兰广播电视协会（NZBC），1977 年改名为新西兰广播电视公司（BCNZ）。1988 年 BCNZ 将电视和广播部门分割，电视部门成为 100% 政府出资的股份公司 TVNZ。

截至 2011 年 6 月，政府拨款达 3602 万新西兰币，占总收入的 9.5%。其公平性遭到其他广播电视事业者的质疑。2008 年政府要求 TVNZ 将每个节目预算上报广播电视委员会，然后才能申请政府补贴。

TVNZ 旗下设电视一台（TV 1）、电视二台（TV 2）等 6 个频道。主要播放新闻、体育、科教、影视等节目。TV 1 是面向成人的综合频道，主要播出重大体育事件。TV 2 主要面向年轻人和家庭，以资讯类节目和娱乐节目为中心。

根据 TVNZ 宪章的要求，数字地面电视应作为公共性节目的播出平台，主要有 TVNZ 6 和 TVNZ 7 两个频道，主要财源均为政府拨款。TVNZ 6 于 2007 年开播，16 点以前面向儿童播出节目，16 点以后面向成人播出。TVNZ 7 于 2008 年开播，以新闻节目和纪录片节目为主。2011 年 7 月，TVNZ 宪章废止，2011 年以后政府停止拨款，TVNZ 6 频道于 2011 年 2 月停播，TVNZ 7 于 2012 年 6 月停播。

TVNZ Heartland 频道（2010 年 6 月开播）专门播出国内制作节目，TVNZ Kidzone24（2011 年 5 月开播）专门面向儿童观众播出，以上频道均为付费卫星电视，通过 Sky TV 播送。

毛利电视机构（MTS）

根据《2003 年毛利电视服务法》，2004 年 6 月开始播出公共电视。基本使用毛利语和英语播送，90% 的节目为国内制作。2008 年开播毛利语新频道 Te Reo，最早只在每天 19 点 ~ 22 点之间的黄金时段播出节目。2011 年 9 月以后，每天 19 点 ~ 24 点之间播出。

毛利电视台（Maori TV）

2004 年 3 月 28 日正式开播。

电视三台（TV 3）

TV3 是 1989 年开播的国内最早的商业电视频道，以新闻、电视剧为主，覆盖面为全国人口的 98%。主要受众年龄段在 25 ~ 54 岁。2011 年 2 月开播的 FOUR 代替了以前的音乐频道 C4，整合为面向 18 ~ 49 岁，以娱乐节目为中心的新频道。数字频道有 TV3+1（2009 年开播，比 TV3 早一小时播出）和 C4（2010 年开播的音乐频道，2011 年改名为 C42）。

Media Works

澳大利亚的 Ironbridge Capital 于 2007 年 5 月得到加拿大 Canwest Global Communication 股份的 70%，取得了经营权，Media Works 成为澳大利亚公司下属媒体。

Prime TV

该公司为 1998 年开播免费地面电视频道。2006 年 2 月该公司收购了默多克的 Sky Network Television。该频道主要是转播澳大利亚的 Channel 9 频道的节目内容，并将卫星频道 Sky TV 的节目进行整合，成为 Sky TV 的免费地面电视版。

Sky Network TV

1998 年 12 月开播，隶属于默多克旗下的国际媒体集团 News Corp，通过其子公司 National News Pty. Limited 持有 43.65% 的股份。

Sky TV 以体育节目独家播放为战略优势，对市场有较大影响力。2000 年以后，无论是收视率还是收入都成为 TVNZ 等地面电视的强劲对手。

2006 年 2 月，该公司收购了地面电视 Prime TV，同时获得了奥林匹克运动会的实况转播权（2010 年温哥华冬季奥运，2012 年伦敦奥运），在此以前是 TVNZ 一家独占。2009 年 8 月，又取得了奥林匹克橄榄球赛事（2011 年在新西兰开幕）的转播权。

2010 年 6 月，TVNZ 制作的新频道 TVNZ Heartland 通过 Sky TV 开放。

（二）数字地面电视

最早开播的免费数字卫星电视是 Freeview NZ，于 2008 年 4 月开始运营，以 DVB-T 标准转播免费数字地面电视 Freeview HD。同时，TV3 频道的部分节目也编入 HD 频道。2008 年 7 月，SkyTV 的 HD 经由 STB 的 MySky HDi 开始播放。

2009 年 8 月，政府计划与业界共同合作，推进电视的数字化进程，将 Going Digital 组织纳入文化遗产部，负责监督全国数字电视的普及以及技术层面的调整。2011 年 8 月，地面电视和卫星电视的数字化普及率达 79%。

（三）卫星电视

Freeview，新西兰最大的数字地面电视运营商，隶属于 TVNZ、Media Works、Maori TV 和 RNZ 四大公司的国际财团，其运营免费卫星数字电视，于 2007 年 5 月开始播出。2011 年 10 月为止共有包括电视、广播在内的 25 个频道。

（四）有线电视

Telstra Clear，澳大利亚最大的电信通信公司 Telstra 的子公司。2000 年开始运营有线电视，2005 年 8 月开始播出数字电视。节目内容主要由 Sky TV 提供。不仅提供有线电视服务，还提供电话、网络、数字 STB（Settopbox）租借等配套服务。

（五）网络视频业务

TVNZ 于 2007 年 3 月开始视频点播（On Demand）服务。TV One 和 TV2 的节目播放 7 天后可以免费在线播放和下载。2008 年 9 月和 Disney ABC International Television 签订合约，开始转播 Disney ABC 的热播电视剧。

TV3 和 C4 在各自的网站提供视频点播服务。

Sky TV 于 2008 年 5 月开始提供视频点播服务，命名为 Sky Online，因变更服务内容，2009 年 8 月一度终止，2011 年 1 月重新开始，改名为 iSky。可以在线播放或者下载体育赛事转播、动画片以及电视节目等。

Telstra Clear 在网络事业方面也不甘落后。2009 年 8 月和提供在线播放技术的 Ecast 公司以及 Netside TV 公司合作，开始运营网络电视 Zilin TV。免费提供 CCTV、Euronews 等机构海外新闻、体育、动画片等节目的在线播放。

（六）移动电视服务

Sky TV 于 2007 年 2 月开始面向 Vodafone 的 3G 手机提供 Sky Mobile 服务。除了可以收看 Sky TV 的 14 个节目外，还提供体育赛事转播等服务。

TVNZ 于 2007 年 12 月开始面向掌上电脑（PDA）、手机终端的网站 TVNZ Portable 提供服务。2008 年 6 月开始提供 TV One 等节目的在线播放。2009 年 9 月开始，TCNZ 的 3G 电话服务 XT Mobile 开始提供 TVNZ 和 Media Works（TV3）的节目播出。

五、广播电视发展简史

1925 年　新西兰广播协会在奥克兰开始播出服务
1943 年　新西兰国营广播（NZBS）设立
1960 年　NZBS 在奥克兰开始电视播出服务
1961 年　《广播电视协会法》成立
1962 年　根据《广播电视协会法》成立了公共企业新西兰广播电视协会（NZBC）
1968 年　《广播电视管理机构法》成立，广播电视管理机构（NZBA）设立
1973 年　NZBC 开始彩色电视播出服务，《1973 年广播电视法》成立
1975 年　根据《1973 年广播电视法》废除了 NZBA 和 NZBC，广播电视审议会、新西兰广播协会、第 1 电视放送协会、第 2 电视放送协会 4 个机关设立
1976 年　《1976 年广播电视法》成立
1977 年　根据《1976 年广播电视法》设立广播电视行政委员会 BCNZ
1988 年　BCNZ 分为 TVNZ 和 RNZ
1989 年　《1989 年广播电视法》成立，设立广播电视委员会和广播电视基准委员会，商业电视 TV3 开播
1990 年　UHF 地面付费电视 SkyTV 开播
1995 年　RNZ 分为商业广播和公营广播

1997 年　新频道 TV4 开播
1998 年　SkyTV 开始卫星电视服务
2000 年　废止收视费制度
2002 年　《TVNZ 宪章》制定
2003 年　《TVNZ 法》成立，TVNZ 分成 Transmission Holding Ltd. 和 TVNZ 两个部门
2006 年　SkyTV 收购 Prime TV
2007 年　TVNZ 开始 On Demand 服务，免费卫星数字电视 Freeview 开播
2008 年　数字地面电视 Freeview HD 开播，SkyTV 开始 On Demand 服务，TVNZ 面向手机端的节目开始配音
2009 年　国民党政权的广播电视部长发表自由放任政策，数字化推进运营组织成立
2010 年　决定 2013 年终止模拟电视广播。
2011 年　《2011 年 TVNZ 改正法》成立，TVNZ 宪章废止

南太平洋地区发展中国家广播电视发展概况与管理体制

一、国家概况

与世界其他地方不同，南太平洋地区经济不景气，文盲率偏高，小岛屿分布广泛，岛屿之间距离较远。南太平洋地区地域辽阔，除澳大利亚和新西兰外，共有 27 个国家和地区，其中包括巴布亚新几内亚、斐济、萨摩亚、汤加、瓦努阿图等。这些国家和地区由 1 万多个岛屿组成。南太平洋岛国是名副其实的袖珍国，它们国小人少，其陆地总面积仅 55 万平方公里，总人口为 750 多万。其中，巴布亚新几内亚面积最大，陆地面积为 45.28 万平方公里，人口 730 万；最小的国家瑙鲁，陆地面积仅 21 平方公里，人口约 1.08 万。这里环境优美，拥有得天独厚的旅游资源。海天一色的自然风光、独具特色的热带风情吸引着世界各地的游客，使旅游业呈现蓬勃发展势头。此外，南太平洋岛国拥有丰富的水产资源和矿产资源。这里的金枪鱼产量占世界总产量的一半以上，世界大约有 55% 的金枪鱼罐头产自南太平洋地区。

二、广播电视发展概况

（一）总体概况

南太平洋国家的大众传媒，由于各国国土面积的不同和社会形态的不同，以及各国殖民背景和进入现代化阶段的时间不同，导致各国大众传媒发展的差异。广播是该地区最主要的传播媒介。

大洋洲国家广播电视发展并不平衡，南太平洋的发展中国家更与澳大利亚、新西兰相比差距甚远。其中，巴布亚新几内亚、斐济等国较为发达，汤加、萨摩亚次之，密克罗尼西亚地区则最不发达。

南太平洋国家无线电广播的发展始于斐济的 ZJV 广播电台。ZJV 电台创办于 1935 年，是一家私营电台。20 世纪 60 年代，新喀里多尼亚、塔希提岛和美属萨摩亚就已拥有了电视，密克罗尼西亚 70 年代初拥有电视，巴布亚新几内亚 80 年代初开始着力发展电视

产业。太平洋地区人口聚集度高的地区大都已同国际卫星系统连接，并可以接受国际电视信号。

太平洋岛国并无通讯社，路透社和澳大利亚联合新闻社为太平洋英联邦地区提供新闻，美联社和合众国际社为美属地区提供新闻。

南太平洋地区广播电视的发展受历史和地理因素的影响，呈现出以下特点：

1. 受澳大利亚、新西兰和欧洲国家影响严重

由于南太平洋地区大部分殖民国家的媒介都是由移民创建，并仍处于其控制下。该地区广播电视受欧洲国家以及邻近的较发达的澳大利亚、新西兰影响严重。新西兰国际电台和澳大利亚电台提供了许多关于太平洋地区新闻事件的及时报道。澳大利亚在一些太平洋岛国派驻了记者，新西兰电台则主要靠自由撰稿人和电话采访进行报道。传播媒介的本土化成为当前南太平洋国家广播电视所面临的重要议题。目前，大部分政府已意识到了这一问题，巴布亚新几内亚、斐济等国则已出台规定对外国传媒进行限制。

2. 岛屿分散，广播成为主要传播渠道

南太平洋地区遍布面积不大的小岛屿，陆地总面积仅为55万平方公里，面积最大的巴布亚新几内亚也仅为46.28万平方公里。受地理条件所限，无线电广播是太平洋地区最为普及的媒介，因为它可以跨越大洋，达到数百公里之外的远离中心的偏远岛屿。

3. 资金短缺

大部分太平洋小国的电台、电视台面临严重的资金短缺问题，仅靠市场力量甚至无法维持运营。不少电台依靠政府拨款，还有部分电台另辟蹊径。如汤加电台和所罗门群岛广播公司通过兜售家电等一些商业活动筹集资金，还有一些电台会采取播送生日点歌、活动预告、讣告等方式，以填补运营资金的不足。

4. 语言繁杂，对新闻传播造成一定难度

语言多样化的问题也困扰着太平洋国家。比如斐济广播公司得同时用英语、斐济语和印地语3种语言进行广播。巴布亚新几内亚广播电台则得用约30种语言进行播音，一些电台还不得不把播音时间分成几部分，用不同语言进行播出。

（二）部分发展中国家广播电视发展概况

1. 巴布亚新几内亚

广播是巴布亚新几内亚分布最广泛、最受欢迎的媒体。国家广播电台由政府运营，并有覆盖各省的广播网。但一些地区性的广播电台则面临资金短缺的问题。巴布亚新几内亚是太平洋岛国中无线电广播覆盖面最大的国家，有12个全国性的广播电台，20个地区广播电台和4个转播台，用英语、亨利莫图语和另外20种本国语言进行广播。1982年，巴布亚新几内亚还成立了一家商业广播电台。莫尔兹比港可接收到国外的广播节目，如英国广播公司（BBC）和澳大利亚广播公司（ABC）的广播节目。

目前，电视信号仅覆盖首都莫尔兹比港和各省省会。巴布亚新几内亚主要电视台包括商业电视台EMTV和巴布亚新几内亚国家电视台（National Television Service）。主要广播电台包括巴布亚新几内亚国家广播公司（National Broadcasting Corporation）和私营商业电台（NAUFM）。

2. 斐济

对斐济人，尤其是外岛人来说，广播是主要新闻来源。斐济现有 13 家调幅电台和 40 家调频电台。

斐济广播公司（Fiji Broadcasting Corporation）成立于 1935 年，目前共用斐济语、印地语和英语三种语言进行广播。该公司旗下有斐济语广播斐济 1 台、印地语广播斐济 2 台、音乐台 Bula 100 FM、印地语娱乐台 Bula 98 FM 和音乐台 Bula 102 FM。

斐济广播公司旗下最主要的电台是斐济 1 台（斐济语）和 2 台（印地语）。这两个广播电台均为公共广播，其中波节目覆盖斐济全国，FM 调频节目则与之搭配覆盖部分区域。斐济广播公司旗下还有 4 个商业电台，包括 Bula FM、Radio Fiji Gold、Radio Mirchi 和 2 day FM。经过详细的听众调查和研究，6 个广播电台各有其独特定位。Radio Fiji Gold 电台采取半公共广播的形式，以时事新闻和体育节目为主，新闻节目时间较长，内容纵深。Bula FM 电台和 Radio Mirchi 电台用斐济语进行广播，定位较大众，与斐济 1 台和 2 台相似。节目内容以音乐为主，此外还有每小时新闻播报、娱乐节目和比赛转播。节目通过 FM 调频播出，覆盖全国 82% 的地区。2 day FM 电台是定位于 10~24 岁的年轻人的英语广播电台，与 Radio Fiji Gold 相似。音乐节奏欢快、时尚，节目内容比较关注现实生活点滴。

近年来，斐济广播公司在采用新技术方面取得了巨大发展，提高了效率和收益。该公司建立了官方网站，并可在线收听斐济广播公司旗下六个电台的节目。但是，没有公共资本的投入，传统广播媒体很难在如此激烈的竞争中胜出。自 1998 年起，斐济广播公司就开始面临这一问题的挑战。目前，公共资金占总收入的 27%，与此前的 80% 相去甚远。

几十年来，斐济广播公司一直面临巨额亏损，近年来逐渐开始盈利。该公司已投入数百万美元用于购买和提升设备。斐济广播公司与政府签有合约，政府出资购买广播时段，并资助其运营。此外，广告收入也是运营经费的重要来源。

自 2009 年 4 月起，斐济政府收紧了对媒体的监管，停止接收 BBC 和澳大利亚广播电台的节目，并于 2010 年颁布相关法令，提高媒体准入门槛。目前，斐济广播公司正处于不断私有化和数字化的进程中。

斐济主要电视台有斐济电视台 Fiji TV，旗下有国有免费频道斐济 1 台和付费频道 Sky Fiji。

3. 汤加

汤加共有 6 家广播电台和 3 家电视台。汤加主要电视台包括汤加广播委员会（Tonga Broadcasting Commission），旗下有汤加电视台和汤加电视 2 台，付费有线电视台（Tonfon）以及友谊之岛电视网（Friendly Island Broadcasting Network）。汤加主要电台包括汤加广播委员会旗下的中波电台汤加 1 台和短波电台 Koo l90 FM 一体，私营电台 Radio 2000，基督教电台 93FM 以及努库阿洛法电台（Radio Nuku'alofa）。在汤加，国营和私营广播电台、电视台报道新闻角度不同，私营广播电视机构侧重于提供观点较独立的地方新闻。截至 2008 年 3 月，汤加共有互联网用户 8400 人。

4. 萨摩亚

萨摩亚共有 5 家广播电台和两家电视台。主要电视台包括萨摩亚广播公司（Samoa

Broadcasting Corporation）旗下的国营电视台、私营电视台 TV3 和 VBTV。广播电台主要包括流行音乐台 Magik FM、轻音乐台 K-Lite FM、用萨摩亚语进行广播的 Talofa FM 以及萨摩亚广播公司旗下的广播电台，有中波和短波两个波段的节目。

5. 瓦努阿图

在法国国际广播电台（RFO）的帮助下，瓦努阿图建立了其唯一的电视台，用英、法两种语言进行广播。瓦努阿图广播电台有中、短波两个波段的节目，此外还有一家商业短波电台。BBC、澳大利亚广播电台、法国国际广播电台以及中国国际广播电台的 FM 波段的节目在瓦努阿图都可收听。瓦努阿图主要的电台包括瓦努阿图广播电台（Radio Vanuatu）、位于首都维拉港的私营电台 Capital FM，以及基督教电台（Laef FM）。主要的电视台是瓦努阿图广播电视公司（VBTC）旗下的 TelevisionBlongVanuatu。

6. 瑙鲁

瑙鲁广播电台英文（Radio Nauru）也是瑙鲁最大的电台，其是非盈利电台，由瑙鲁广播公司运营，是国有广播电台，由英国广播公司（BBC）和澳大利亚广播公司（ABC）提供新闻内容。瑙鲁电视台播出的节目由新西兰通过卫星和录像带提供。瑙鲁最大的电视台是瑙鲁电视台（NTV）。

7. 马绍尔群岛

马绍尔群岛的广播体制集公共服务广播、商业广播以及面向美国军方人士及家属的自动卫星广播于一体。马绍尔群岛的主要电视台有国营电视台 MBC TV 和美国军方在当地所设的电视台 AFN Kwajalein。广播电台方面，马绍尔群岛广播公司旗下的 V7AB 是唯一的全国性电台，此外还有商业电台 Micronesia Heatwave、宗教电台 V7AA 以及美国军方的 AFN Kwajalein。

8. 密克罗尼西亚联邦

在密克罗尼西亚，政府和宗教组织都有各自的广播电台。在波恩佩和特鲁克群岛都能收看到有线电视。当地主要电视台有总部分别位于波恩佩和特鲁克的商业电视台 KPON TV 和 TTTK TV。此外还有国有电视台 WAAB TV。当地主要电台包括 V6AH、V6AI、V6AJ、V6BC、BWXX FM 89.5.V6AK 以及浸礼教会电台 V6A。

9. 基里巴斯

基里巴斯的媒体相对自由。国营电台和报纸观点较有多样性。报纸是当地居民的主要消息来源。基里巴斯没有本土的电视台。前总统耶利米亚·塔巴伊 2000 年时曾想建立基里巴斯第一家私营电台，却未能如愿。电台台长还因电台无证运营遭罚款。随后，他们成立了基里巴斯第一家私营周报《基里巴斯新星》。基里巴斯主要电台为国营电台基里巴斯电台（Radio Kiribati）。

10. 所罗门群岛

所罗门群岛广播公司（SIBC）旗下有一个公共广播电台。所罗门群岛居民文盲率很高，因此广播电视媒体比平面媒体更受欢迎。2004 年，澳大利亚政府给所罗门群岛广播公司提供器材，并出资制作了一些电视节目。所罗门群岛主要电视台是 OneTelevision，主要电台是所罗门群岛广播公司（Solomon Islands Broadcasting Corporation，简称 SIBC）旗下的快乐群岛广播电台、Wantok FM、摩度电台和省级电台快乐淡水湖。此外还有商业电台 Paoa FM 和 ZFM 100。所罗门群岛本土最大的网站是新闻网站 Solomon Times Online。

11. 图瓦卢

图瓦卢国营电台有图瓦卢电台。大部分居民都使用卫星天线收看国外电视台。截至 2008 年 3 月，图瓦卢共有约 4000 名互联网用户。图瓦卢主要电台为图瓦卢广播电台（RadioTuvalu）。图瓦卢广播电台是图瓦卢传媒公司旗下的 FM 电台，转播部分 BBC 节目。

第五章

非洲广播电视发展概况与管理体制

General Situation and Management System of Radio and Television in Africa

阿尔及利亚广播电视发展概况与管理体制

一、国家概况

阿尔及利亚民主人民共和国是非洲面积最大的国家，总面积为 238 万平方公里，位于非洲西北部，北临地中海，东临突尼斯、利比亚，南与尼日尔、马里和毛里塔尼亚接壤，西与摩洛哥、西撒哈拉交界。总人口数为 40969443（2017 年 7 月），大多数是阿拉伯人，其次是柏柏尔人。少数民族有姆扎布族和图阿雷格族。人口年龄中位数为 28.1 岁。官方语言为阿拉伯语，通用语言为法语。伊斯兰教为国教。阿尔及利亚宪法规定，总统在议会产生前及其休会期间可以法令形式颁布法律，总统只能连任一次。议会由国民议会（众议院）与民族院（参议院）组成，两院共同行使立法权。国民议会通过的法案须经民族院四分之三多数通过后方能生效。阿尔及利亚的主要政党有：民族解放阵线、民族民主联盟、争取和平社会运动等。阿尔及利亚的经济规模在非洲位居前列，石油与天然气产业是阿国民经济的支柱。2017 年，国内生产总值（GDP）为 1675.55 万亿美元。

二、广播电视监管体制与法律法规

（一）监管体制

阿尔及利亚广播电视台隶属阿尔及利亚新闻部，受国家新闻委员会监管。新闻部下辖机构除广播局、电视局以外，还包括广播电视播出局、阿尔及利亚通讯社、国际新闻中心、国家新闻与报业中心、国家出版局等机构。

阿尔及利亚广播电台的主要任务是以新闻手段服务公共事业，兼备教育与娱乐功能，致力于传播真实信息，继承民族语言，同时可开展广告等经营活动。自 1998 年各频率实现独立制作播出后，广播事业机构在组织管理方面进行了改革。此前，每个频率都有台长，改革后形成如下管理网络：广播机构下辖三个广播节目制作播出管理部门——节目制作部、新闻部和播出部，总体负责各广播频率的节目制作和播出。各频率设总编辑、节目总监，拥有自己的新闻团队和节目制作团队。除上述三个节目管理部门外，广播机构还包括技术维修部、人事财经部、研发部、国际合作部。

阿尔及利亚广播机构管理架构图

<table>
<tr><td rowspan="11">机构主席
主席助理</td><td rowspan="4">办公厅</td><td>节目管理部</td></tr>
<tr><td>广告部</td></tr>
<tr><td>监察部</td></tr>
<tr><td>安保部</td></tr>
<tr><td colspan="2">新闻部</td></tr>
<tr><td colspan="2">制作部</td></tr>
<tr><td colspan="2">播出部</td></tr>
<tr><td colspan="2">技术维修部</td></tr>
<tr><td colspan="2">人事财经部</td></tr>
<tr><td colspan="2">研发部</td></tr>
<tr><td colspan="2">国际合作部</td></tr>
</table>

阿尔及利亚电视机构的管理架构与广播机构管理架构相似，电视机构主席下设主席助理和5名顾问，协助机构主席管理机构运行。机构下设部门包括办公厅、新闻部、制作部、技术部、外事部、推广部、档案室等。

（二）法律法规

在法律方面，1982年2月6日，阿尔及利亚颁布《新闻法》，这是阿尔及利亚第一部关于广播、电视、出版的法律。该法律包括总则和五个章节。五章的内容分别是：第一章——出版；第二章——新闻从业者规范；第三章——发行与营销；第四章——归档、责任、修正与回应；第五章——罚则。其中，第二章规定了本国新闻从业者的行为准则和国外驻阿尔及利亚的媒体人所应遵循的原则。第四章规定所有发行和播出的内容均应在主管领导签字后在新闻部和国家图书馆备案，撰稿人对出版或播出的内容负责。如有内容差错，应及时纠正并给予回应。第五章罚则中对于私售或私自发行禁止在阿尔及利亚发行或播出的内容、故意发表或播出虚假新闻、诽谤总统、政府等行为明确了惩罚措施，其中包括罚款和拘役。在此章节中，还特别规定了新闻从业人员的保密责任。1990年《信息法》规定了媒体的多元化，给予阿尔及利亚记者更多的自由，并对新闻从业人员的行为进行了规范，对一切形式的媒体空间进行了架构。该法律在政治领域开放的环境下颁布，因此回应了新的多元化政治秩序的要求。并且该法律无可争议地导致了多元化媒体空间的出现，也不可避免地表现出了局限性和在新闻实践中的机能紊乱。

2012年阿尔及利亚颁布了一项新的信息法。尽管视听空间开放的方法没有被具体化，也没有详细规定视听监管机构的职责和组成，却实现了几年来被多次报道的视听领域的自由化。2012年组织法还设立了一个纸质媒体的监管机关，这个机关的设立在阿尔及利亚媒体环境中是一个重大举措。阿尔及利亚纸质媒体拥有公有和私有的近百份报刊，是阿拉伯国家中最多产的国家之一。言论自由是其主要特征之一，新的监管部门以组织这个领域的相关活动及取消对纸质媒体的限制为职责。这是一个双方代表人数相等的形式的委员会，一半委员由政府任命，另一半由新闻行业选举产生，主席由共和国总统任命。另外，与1990年颁布的法律不同，2012年组织法规定了新闻轻微犯罪的惩罚豁免，结束了记者被安全部门或司法部门传唤，对发表的作品进行询问的时代。

三、广播电视发展概况

阿尔及利亚最早的广播电视机构都是法国殖民者建立的。1962年10月28日，阿尔及利亚政府将广播、电视收归国有。1963年成立阿尔及利亚广播电视局（Radio and Television Authority，简称RTA）。在这一年，阿尔及利亚制定了广播电视三个阶段的发展计划。第一阶段为1967年至1969年，第二阶段为1970年至1973年，第三阶段为1974年至1977年。在国家的大力投入与扶持下，到1976年，广电领域总资产达到3.89亿第纳尔，到1982年，资产总量进一步提升到5.6亿第纳尔。1986年，广播电视分别设立机构，将原有的广播电视局拆分为国家广播机构、国家电视机构、国家播出机构和国家音像产品机构。近年来，阿尔及利亚大力推进各省广播电视台的建设，很多省份拥有地方广播电台和电视台。阿尔及利亚不允许设立私营电台、电视台。早在1929年，法国殖民者就在阿尔及利亚建立了第一家广播电台，当时只是为了满足在阿尔及利亚沿海地区居住的少数欧洲人的需要。1956年，第一家阿尔及利亚人自己的广播电台“阿尔及利亚之声”台成立。1962 年 10 月 28 日，政府将广播收归国有。

（一）广播发展概况

1986 年成立广播事业局，广播局性质为具有事业和经营双重属性、财务上独立核算的新闻机构。1991 年，广播事业局更名为阿尔及利亚广播事业机构。设机构主席和主席助理。财务管理方面分为事业性财务和经营性财务两条线。阿尔及利亚国家广播电台包括以阿拉伯语播出的广播一台、以柏柏尔语播出的广播二台、以法语播出的广播三台和以阿拉伯语、法语、英语播出的国际广播台。此外还有 19 个地方台和 3 个专业台。节目内容包括早间新闻档、社会看点和文化、体育、经济、娱乐等各类节目。广播一台实现每天 24 小时播出，覆盖全国各地、非洲北部的马格里布国家和欧洲南部。广播二台播出时段为 6:00 至次日凌晨 1:00，节目覆盖阿尔及利亚北部。广播三台每天播出时间为早 6:00 至次日凌晨 2:00，其中每天 17:00~18:00 播出英语节目，18:00~19:00 播出西班牙语节目。频率覆盖阿尔及利亚北部、地中海沿岸和阿尔及利亚南部的重点地区。国际广播台于 2007 年 3 月 19 日开播，每天中午至夜间播出，节目通过短波覆盖本土，通过卫星覆盖非洲、欧洲和北美。阿尔及利亚专业广播台包括文化台、欢乐台和古兰经台。文化台每天调频播出 2.5 小时文化类节目，覆盖距首都阿尔及尔 200 公里以内区域。欢乐台通过卫星广播每天播出 20 小时的音乐节目，覆盖阿尔及利亚北部和地中海沿岸。阿尔及利亚省级电台通过调频频率播出国家广播电台或本省电台节目。阿尔及利亚广播机构拥有独立网站，以图、文、音频方式发布和播出国家广播电台节目。

（二）电视发展概况

阿尔及利亚电视目前有三个综合频道和古兰经频道，综合频道分别以阿拉伯语、柏柏尔语和法语播出。部分省份有地方电视台。近年来，阿尔及利亚致力于引进先进的广播电视技术，普及数字化，电视事业取得了较大发展。主要体现在扩大电视演播室和建设数字编辑系统、数字合成系统、数字档案系统和数字新闻中心、数字机房等。目前所有节目的制作播出已全面实现数字化。此外，阿尔及利亚还开设了网络电视台，作为电视的第四个频道，精选三个电视频道的节目在网上播出，同时加强与受众的互动。阿尔及利亚从 2009 年开始提供数字地面电视业务，采用 DVB-T 标准和 MPEG-2 格式，播出一路多路传输信号。阿尔及利亚广播公司（TDA）负责该国的地面数字电视业务。阿在 2014 年完成模拟转数字的进程。卫星电视是阿尔及利亚最主要的电视收看方式。

四、广播电视主要机构

（一）广播

阿尔及利亚广播公司（ENRS）

阿尔及利亚唯一的国家公共广播传播机构。下设 3 家国家级电台，4 家专业电台及 48 家地区电台（1 个省级电台）。主要用阿拉伯语、柏柏尔语和法语广播，包括阿尔及尔 1 台（阿拉伯语广播为国家频道）、阿尔及尔 2 台（柏柏尔语广播为国家频道）、阿尔及尔 3 台（法语广播为国家频道）、阿尔及利亚国际广播电台、文化电台、古兰经电台、Jil FM 以及 48 个地区电台。

（二）电视

阿尔及利亚国家电视台（ENTV）

在 1989 年新宪法的规定下成立。国家电视台是阿尔及利亚国有机构，以阿拉伯语、巴巴里语、法语和英语播出。主要包括：阿尔及利亚频道（Canal Algerie），用法语、阿拉伯语播出的综合频道，上传到多颗卫星，同时通过互联网进行无间断播出；第三频道（Canal 3），阿拉伯语综合频道，上传到多颗卫星；Tamazight TV 4，使用卡比尔方言播出的综合频道，上传到多颗卫星。Coran TV 5，阿拉伯语播出的宗教频道，上传到多颗卫星。自 2012 年初，阿尔及利亚私有频道开办过程中，很多以阿尔及利亚民众为受众的卫星频道在国外创办，包括：

- 柏尔人电视频道，60% 的节目使用卡比尔方言播出，40% 使用法语播出，从法国播出节目
- Ennahar TV，阿拉伯语国家日报 Ennahar 的信息频道
- Echourouk TV，阿拉伯语国家日报 Echourouk 的综合频道
- Al Magharibia，总部设在伦敦的马格里布信息台
- Dzair Shop，广告频道
- Numidia News TV，信息频道
- L'index TV，综合频道
- Al Atlas TV，综合频道
- Hogar TV，综合频道
- Dzair TV，主要播放体育节目
- Djurdjura，儿童频道
- Al Asr，信息宗教频道
- Samira TV，阿尔及利亚妇女频道
- Jil TV，青年频道

2013 年 4 月传媒部批准 Echourouk TV、Ennahar TV 及 El Djazairia TV 电视频道设立办事处，但这项行政许可是临时的。

埃及广播电视发展概况与管理体制

一、国家概况

埃及，全称为阿拉伯埃及共和国。地跨亚、非两大洲，大部分位于非洲东北部，只有苏伊士运河以东的西奈半岛位于亚洲西南部，国土面积为 100.1 万平方公里。埃及人口数为 97041072（2017 年 7 月），人口年龄中位数为 23.9 岁。官方语言为阿拉伯语，主要宗教为伊斯兰教。埃及议会实行一院制，设有 596 个席位，任期五年。法院包括最高法院、上诉法院、中央法院和初级法院以及行政法院，开罗还设有最高宪法法院。检察机构包括总检察院和地方检察分院。埃及属开放型市场经济，拥有相对完整的工业、农业和服务业体系。石油天然气、旅游、侨汇和苏伊士运河是四大外汇收入来源。财政来源除税收外，主要依靠旅游、石油、侨汇和苏伊士运河四项收入。2017 年，国内生产总值为 2353.69 亿美元。埃及有着世界上最古老的法老文化和七千年的悠久历史，被称作

"世界之母"。埃及政府长期实行家庭补贴，并对大米、面包、面粉、食油、糖和能源等基本生活物资实行物价补贴。全国实行普及基础义务教育制度。著名大学有开罗大学、艾因·夏姆斯大学、爱资哈尔大学、亚历山大大学、苏伊士运河大学等。

二、广播电视监管体制与法律法规

2014 年以前，埃及新闻部为埃及广播电视及其他新闻媒体的监管机构，埃及国家广电联盟是广播电视制作播出的执行机构（Egypt Radio and Television Union，简称 ERTU）。2014 年新政府成立后，新闻部被解散，埃及国家广电联盟主席临时兼任新闻部长职责。

ERTU 主要职责是：协调所辖国家广播电台、电视台的工作，为国家和公众利益服务。其经费来源主要有国家拨款、广告费、销售广播电视节目的收入。该联盟旗下的广播电视制作播出机构主要包括埃及国家广播电台、国家电视台、新闻中心、尼罗河专业电视台及地方台。其管理架构如下：

管理局：联盟主席直接领导的管理机构。

安全保障局：负责受众调研、后勤管理，下设广播电视培训学院。

广播工程及传送局：负责广播电视技术保障及播出传送。

经济司：负责联盟财务。

安播局：负责广电大楼安全保卫及地方电台、电视台的安全播出。

新闻局：负责广播电视新闻类节目的统一制作，并通过国家广播电台综合频道、青年与体育频道、阿拉伯之声频道、国家电视一台、二台、尼罗河电视台、尼罗河新闻台等播出。其中尼罗河电视台和尼罗河新闻台隶属该局。

广播局：负责广播节目的制作播出。下设国家广播电台综合频道、青年与体育频道、阿拉伯之声频道、古兰经频道等。

电视局：即国家电视台。

专业电视局：即尼罗河专业电视台，包括文化频道、资讯频道、教育频道、喜剧频道、电影频道、电视剧频道、家庭频道、体育频道、直播频道等专 业电视频道。

地方局：管理埃及六个大区的地方电台、电视台。

2017 年，最高新闻委员会成立，下设"国家新闻委员会"和"国家报业委员会"，分别监管广电媒体和平面媒体。

埃及 1979 年颁布了第一部《广播法》，并于 1989 年修订。该法对广播电视内容有严格的规定，一切违背阿拉伯社会的基本原则，违反国家的政策，使用低俗语言和影像、亵渎宗教、煽动犯罪、诋毁民族英雄、破坏阿拉伯民族观念和遗产、诽谤埃及传统价值观念、干预私人或家庭事务，都是违法行为。进入 21 世纪，随着互联网的普及和卫星电视的广泛应用，埃及私营电视台方兴未艾，网络媒体成为年轻人的首选。塞西政府拟颁布新的涵盖新闻各个领域的《新闻管理法》。

2016 年 4 月，埃及和沙特阿拉伯达成协议，将蒂朗岛和塞纳菲尔岛这两个岛屿归还给沙特。围绕着两个岛屿的问题，媒体对埃及政府批判批判的声音一浪高过一浪。埃及政府对批判政府的记者进行了控制或逮捕，不断加强对媒体施加压力。

三、广播电视发展概况

埃及是阿拉伯世界广播电视发展的先驱，拥有北非地区规模最大、影响最广的广播电视系统。开罗也被视为阿拉伯世界的电影电视中心，素有“中东好莱坞”之称。特别是上个世纪八九十年代至本世纪最初几年，埃及广播、影视作品在阿拉伯世界得到广泛传播，这使与标准阿拉伯语相去甚远的埃及方言逐渐被阿拉伯各国所接受。2011年埃及 1.25“革命”后，埃及本土影视生产能力有所下降，同时受到半岛电视台、中东广播中心等新兴阿拉伯语媒体的冲击及叙利亚、约旦等国电视剧译制能力的不断提升，埃及方言影视作品占比有所下降，但其原创电影、电视剧仍位居各阿拉伯国家之首。埃及广播电视播出体制是官方机构和私营公司并存，其中官方广播电视节目制作播出机构均隶属于埃及国家广播电视联盟。埃及绝大部分广播电视节目使用阿拉伯语和埃及方言播出。埃及对私营广播电台管控严格，至今只有“明星调频”FM100.6 一家，是穆巴拉克执政后期批准开办的，播出内容不涉及新闻类节目。埃及对私营电视台实行相对宽松政策，目前有几百个私人卫星电视频道，其中影响较大的卫视频道包括 ALHAYAT, CBC, ALNAHAR, DREAM, ELMEHAWAR, ONTV, TEN,DMC, PANORAMA, ALKAHERAWALNAS，Sada El-Bald 等。此外，在埃及还有为数不少的伊斯兰教和基督教宗教频道。

（一）广播发展概况

20 世纪 20 年代埃及出现民间广播，主要集中在开罗一带。1928 年埃及政府建立了第一座广播电台。1933 年政府与英国马可尼公司签订了为期 10 年的协议，委托马可尼公司为埃及建立非商业性的广播体系，设备均由英国提供。1934 年 5 月 31 日由马可尼公司建立的广播电台开播，到 1939 年埃及全国已有收音机 86477 台。1947 年政府将广播收归国有。

1959 年，埃及总统纳塞尔发布总统令，提出了埃及广播的服务目的。他深入了解了普通听众对口语文化的需求，将广播送到了乡村。此外，他还有效地将广播用于国家发展，借助广播传播了他的泛阿拉伯主义和不结盟思想。

埃及电视事业是在 1952 年埃及人民推翻英帝国支持的法鲁克王朝、建立了埃及共和国之后逐渐发展起来的。1956 年，纳赛尔政府决定开展电视项目的研究工作，并面向国际公司进行设备招标。但埃及与法国、英国和以色列的苏伊士运河战争很快爆发，计划搁浅，直到 1959 年，埃及才与美国无线电广播公司（RCA）签订协议，由对方提供完整的电视设备。第一个电视演播室临时坐落于开罗城区的一所旧建筑中，第一个电视图像出现在 1960 年 7 月 21 日，即埃及解放纪念日的前两天，用的是 625 线的欧洲标准。

（二）电视发展概况

1960 年至 1967 年是埃及电视行业发展的初期。这期间埃及主要创建了三个频道：主频道（5 频道）使用一台 10 千瓦的电视发射机，提供新闻、大众娱乐节目和教育节目。二套（9 频道）和三套（7 频道）的发射机功率都是 2 千瓦，二套（9 频道）主要面向城市居民，三套（7 频道）主要面向外国居民，以埃及制作的英语和法语节目、引进的电视节目为特色。主频道（5 频道）节目通过中继站传输到位于其他城市的发射机，覆盖全国。鉴于埃及人口的分布特征，这些中继站和发射机大部分呈链状分布于尼罗河两岸。

由于无线电广播和电影业的良性发展，埃及电视事业从一开始就有技术和人才上的优势，能生产相当高比例的自办节目。初期计划建 11 个大型的电视工作室，这样的工作室可以容纳几百名现场观众。大部分的早期自办电视节目是实况播出，也有一部分被拍成录像。从今天的制作标准来看，这些节目比较粗糙，演员的动作往往是即兴式的，摄像机镜头中始终有悬挂的话筒和场外的演员，其总体效果相当于剧院演出的电视纪录。除工作室之外，还有几套机动设备用来转播体育比赛、总统纳赛尔和其他领导人的重要讲话以及机场举行的欢迎仪式等。新闻作为电视节目的组成部分倍受重视，先是用阿拉伯语，后来又增加了用英语和法语播出。新闻的惯常编排是本国政府领导人的报道在先，随后是关于阿拉伯世界中的友好邻邦的报道，再次是其他阿拉伯国家和非阿拉伯国家的新闻。早期电视时代，外国节目已被采用，如电视台购买本用于电影院播放、配上说明字幕的老电影，由于成本很高，新的外国节目并不多见。

1967 年至 1974 年，是埃及电视业的第一个转型期。1967 年第三次中东战争中的失败对埃及的军事、经济和民族心理是一次巨大的打击。战争结束后，埃及电视中播放的外国电视节目数量呈下降趋势，从美国、英国进口的电视节目被削减，7 频道也被关闭。电视节目大多突出民族主义和宗教信仰，随着埃及与苏联的关系日渐密切，电视开始播放反映前苏联和前独联体地区国家人民生活的电影。由于 1960 年埃及购买的电视设备逐渐老化，已经影响了电视节目的播出质量，ERTU 开始对设备进行局部的更新升级。与此同时，收看电视开始在埃及人中普及，据 1968 至 1969 年的一项调查表明，被调查者中有 73% 收看电视，其中 1% 每天看 7 至 8 小时的电视。

埃及电视事业发展的高潮期是 1974 年至 1981 年。第四次中东战争结束前后，埃及与西方世界的关系逐渐改善。1974 年后，美国、英国的节目在埃及电视中出现的频率有所上升。这一时期埃及电视事业最重要的事件，是发展彩色电视技术。政府有关部门认识到：发展彩色电视技术不仅是更新原有陈旧的黑白电视设备的需要，也是保证埃及在电视节目出口上保持优势的需要。1974 年 8 月，第一个彩色电视演播室在开罗剪彩，采用的是法国的 SECAM 系统。1974 年后，埃及电视广告和电视节目销售收入增长迅猛。埃及虽然早已允许在电视中做广告，但政府并不鼓励，一段时间内，电视屏幕上只有石油、肥皂、烟草、杀虫剂和电子产品等国家企业的数量有限的广告。70 年代萨达特总统实行开放政策，吸引了外国公司的产品和投资，到 1976 年，美国与欧洲的烟草（后来被禁止在电视中作广告），美国与日本的汽车，美国的空调、食品，以及进口的香水、化妆品和软饮料都纷纷在电视中登台亮相。据埃及电视部门的报告，自 1978 至 1988 年间，电视广告收入增加了 799%。与此同时，向其他阿拉伯国家出口电视节目对埃及来说也越来越成为一项有利可图的事情。其他阿拉伯国家的电视媒体长期习惯于依赖埃及获取阿拉伯语的节目来源，埃及的电影、录像、电视、无线广播和录音磁带在阿拉伯世界中广为流传。随着电视制作产业的兴起，埃及涌现出了大量的独立制片人，他们租用埃及的彩色电视工作室生产用于出口的电视剧，电视行业的竞争也随之日趋激烈。由于电视节目的出口给埃及带来了可观的利益，政府开始努力创造良好的环境以留住人才，如允许埃及公民拥有外国银行帐号等。此外，ERTU 成立了自己的制作公司——“开罗之声”，这个公司利用开罗的电视设备，在项目组织上采取灵活的方针，尽力吸纳制作人才，参与竞争。广告和节目销售所带来的收入，使埃及电视于1977年开始全面转向SECAM彩色制式传送。

80年代以后，埃及电视业进一步成熟和壮大。穆巴拉克总统上任后，实行对文化事业的宽松政策，有效地促进了电视事业的发展。1985年10月，第三次中东战争后关闭的第三频道重新开播，尝试生产具有地方特色的电视节目，主要面向大开罗地区和苏伊士运河区的观众。随着先进电视设备的运用，埃及的艺术家们在80和90年代生产了更多技巧精湛、内涵丰富的电视产品。埃及凭借本地电视制作业的成功发展，有力地阻止了西方尤其是美国的传媒商品向第三世界国家的倾销。90年代是埃及卫星电视发展的黄金时代。1990年，埃及广播电视联盟开办了第一个卫星频道，是阿拉伯国家中第一个拥有自己卫星（尼罗河101卫星）的国家。近年来，整个阿拉伯地区免费卫星频道的数量急剧增加，2016年仅尼罗河卫星频道就达1122个。

2000年2月24日，埃及总理签署在十月六号城建立新闻自由区的决定，即埃及媒体城，专门从事新闻、文化产品生产及其相关服务。埃及媒体城占地300万平方米，参照“保税区”或“自由贸易港”模式，对进驻其中的传媒公司实施特殊的进出口关税和营业税政策。经过十多年的发展，埃及媒体城已经成为埃及甚至整个阿拉伯世界重要的节目制作基地。目前，埃及电视剧年产量的48%源自该地。

根据2016年最新统计，埃及官方电视台当年播出节目总时数达166,400小时，其中社会类节目占比最高，为24.6%，其次是政治类节目，占比14.5%，占据第三位的是文化类节目，为13%。

四、广播电视主要机构

（一）广播

1981年4月，埃及广播电台以广播网的形式重新组合，按照节目播出内容将所有广播电台分为七大广播网：总广播网、地区广播网、《古兰经》广播网、文化广播网、阿拉伯之声广播网、传播广播网、对外广播网。总广播网（The Main Network）。类似埃及广播综合频道，全天24小时播出，节目内容以政府观点为主。地区广播网（The local Network）由九个地区性广播电台组成：亚历山大电台、人民电台、青年体育台、大开罗电台、中部三角洲电台、上埃及北部电台、西奈北部电台、西奈南部电台和运河电台。该广播网中心设在开罗，每个地区性广播台都有自己的节目。《古兰经》广播网（The Quran Network）。该网是为普及伊斯兰教育和价值观开设的宗教性广播网。文化广播网（The Cultural Network）。该网为埃及中上层人士开办、针对性地满足高品位的文化和音乐需求。阿拉伯之声广播网（The Voice of the Arabs，简称VOA），该网面向本国及对周边国家广播。传播广播网（The Communication Network）。该网主要为播放外国广告设立的商业电台。对外广播网（The Overseas Network）。该网用32种语言对世界各地进行广播。

（二）电视

表埃及官方电视频道名称、定位及功能

所属司局	频道名称	定位及功能
电视局	一台	1960 年开播，为国家电视台综合频道。
	二台	文化类频道。
	埃及卫视台	埃及国际频道，1990 年开播，是埃及和阿拉伯国家开办的第一个卫星频道。因播出埃及电视剧、电影和娱乐节目，曾是 最受阿拉伯观众喜爱的频道。
	埃及卫视美洲台	埃及面向美洲的国际频道。主要采用埃及卫视的节目，小部分节目为单独制作的与美洲埃及侨民相关的内容。
专业局	电影频道	阿拉伯电影频道。
	电视剧频道	电视剧频道，同时播出影评、明星访谈类节目。
	直播频道	青年与社会类频道，同时播出外国电影、电视剧。
	资讯频道	资讯类频道，包括文化、经济、体育、社会等内容。
	教育频道	远程普及教育频道，包括空中课堂、科技资讯、外语教学等。
	喜剧频道	播出喜剧类节目，包括喜剧节目、戏剧、电影、电视剧等。
	文化频道	文化资讯、文化类节目频道。
	家庭频道	家庭服务频道，包括医疗、厨艺等。
	体育频道	体育赛事、明星访谈等。奥运会等重大赛事由该台播出。
新闻局	尼罗河电视台（NILE TV）	综合性频道
	尼罗河新闻台（NILE NEWS）	官方新闻频道
地方电视台	三台	1985 年开播，面向开罗大区，包括开罗省、吉萨省、盖勒尤比省。
	四台	1988 年开播，面向苏伊士运河区，包括伊斯梅里亚省、苏伊士省、东部省。
	五台	1990 年开播，面向亚历山大区，包括亚历山大省、布哈拉省、马特鲁省。
	六台	1994 年开播，面向三角洲区，包括西部省、曼努菲亚省、达卡利亚省、卡夫拉.谢赫省、杜姆亚特省。
	七台	1994 年开播，面向上埃及北部区，包括贝尼.苏夫省、法尤姆省、米尼亚省、艾斯尤特省。
	八台	1996 年开播，面向上埃及南部区，包括阿斯旺省、基纳省、苏哈杰省、卢克索省。

此外，埃及还有多家私营电视台。

CBC 电视台

在阿拉伯世界知名度和收视率相对较高，于 2011 年开播，总部设在开罗，通过尼罗河卫星播出，主要频道包括 CBC 综合频道、CBC+2、CBC Extra、CBC Drama 、CBC Sofra。CBC 综合频道是涉及政治、经济、文化、社会等内容的综合频道，以埃及国内事务为主，包括新闻节目，同时播出多个影响力较广的脱口秀节目，如拉米斯 . 阿勒 - 哈迪迪主持的“这里是首都”、黑利 . 拉马丹主持的“可以”、穆娜 . 莎泽利主持的“与你同行”等。CBC+2 是 CBC 综合频道的重播频道，综合频道各节目播出两小时后在该频道重播。CBC Extra 频道以阿拉伯事务为主，播出整点新闻、对话类、文化类、体育类节目等。CBC Drama 为电视剧频道。CBC Sofra 为厨艺频道。

ALHAYAT 电视台

于 2008 年开播，总部设在开罗，通过尼罗河卫星播出。ALHAYAT 在阿拉伯语中是生活的意思，主要频道包括 ALHAYAT 一频道、二频道和电视剧频道。ALHAYAT 一频道为综合娱乐类频道，主要播出对话类节目、娱乐节目和电视剧。ALHAYAT 二频道为社会及体育类频道，同时重播一频道部分节目和电影、电视剧。ALHAYAT 三频道为电影、电视剧专业频道，每天 24 小时不间断播出埃及和阿拉伯电影、电视剧及少量土耳其和韩国电视剧。

五、广播电视发展简史

1934 年　开始广播播出服务

1960 年　开始电视播出服务

1997 年　埃及媒体制作城 (EMPC) 宣布落成

2000 年　民营企业被允许进入广播电视市场

2010 年　新一代尼罗河卫星 Nilesat-201 发射成功

2013 年　开罗和亚历山大开始试播数字地面电视信号

2016 年　有关广播电视与通信的新法案生效

埃塞俄比亚广播电视发展概况与管理体制

一、国家概况

埃塞俄比亚联邦民主共和国，非洲东北部内陆国，东与吉布提、索马里毗邻，西同苏丹、南苏丹交界，南与肯尼亚接壤，北接厄立特里亚，国土面积为 110.36 万平方公里。埃塞俄比亚总人口数为 105350020（2017 年 7 月），人口年龄中位数为 17.9 岁。阿姆哈拉语为联邦工作语言，通用英语。主要民族语言有奥罗莫语、提格雷语等。居民中 45% 信奉埃塞正教，40-45% 信奉伊斯兰教，5% 信奉新教，其余信奉原始宗教。埃塞宪法规定埃塞为联邦制国家，实行三权分立和议会制。总统为国家元首。总理和内阁拥有最高执行权，由多数党或政治联盟联合组阁，集体向人民代表院负责。联邦议会由人民代表院和联邦院组成，系国家最高立法机构。联邦最高法院为联邦最高司法机构。埃塞为世界最不发达国家之一，2010 年埃革阵在多党议会选举中获胜后，着手制订并实施首个 5 年“经济增长与转型计划”并在 2015 年圆满收官。2017 年，国内生产总值（GDP）约为 805.61 亿美元。

二、广播电视监管体制与法律法规

埃塞俄比亚广电局（Ethiopian Broadcasting Authority，简称 EBA）是主管媒体领域的政府机构。其主要负责埃塞媒体机构管理、政策法规制定、行业规范监督、产业发展指导、公共服务保障等工作，制定埃塞广电数字化进程、媒体行业准入政策、新媒体规范管理，规划媒体人力资源发展、国际媒体技术与内容交流合作等。

埃塞俄比亚广播公司（Ethiopian Broadcasting Corporation，简称 EBC）是埃塞俄比亚国家广播电视台，其前身是埃塞俄比亚广播电视总台（Ethiopian Radio Television Agency，简称 ERTA）。2014 年，埃塞议会批准 ERTA 重组法案，ERTA 携旗下埃塞电视台（Ethiopian Television，简称 ETV）改组为埃塞俄比亚国家广播公司。埃塞俄比亚广播公司的广播于 1929 年开播，电视于 1957 年正式开播。

为实现媒体和舆论自由，服务埃塞国家民主发展进程，2016 年埃塞俄比亚政府开始放宽媒体准入政策，允许取得广播电视牌照的私营机构开办广播电视服务，私营媒体发展取得初步繁荣，形成与公共媒体自由竞争的媒体市场环境。

三、广播电视发展概况

广播公司播出电视台 2014 年，埃塞俄比亚广播电视总台改组，成立了新的埃塞俄比亚国家广播公司（EBC），该公司收入主要来自政府拨款和广告盈利等。EBC 设有 EBC 1、EBC 2 和 EBC 3 三个电视频道，埃塞俄比亚国家广播台（Ethiopian National Radio），还有一个新闻网站，并在 Facebook、Twitter 上运营有官方账号。埃塞俄比亚广播公司电视台每天用阿姆哈拉语、奥罗莫语和英语 24 小时播出。电台对内用阿姆哈拉语、奥罗莫语等 8 种民族语言播出，对外用英语、法语和阿拉伯语广播。除国家台外，全国各州都有自己的电台电视台。

目前，埃塞进入数字化的关键时期，对于 2020 年的截止日期仅剩两年时间。埃塞全境的 100 座 DVB-T2 发射机的项目规划，一期的 71 座台站自 2010 年已由中国公司承建完成并投入使用，二期剩余的 29 座台站由欧洲国家的公司承建，却至今仍未完成。在推进数字化的同时，埃塞整个媒体行业都面临下一步的升级、改造、发展，如媒资数字化、媒资库建设、全台网建设、融媒体、云平台、大数据等技术的引进。

四、广播电视主要机构

埃塞俄比亚广播公司（Ethiopian Broadcasting Corporation，简称 EBC）

EBC 为国家级媒体机构，提供覆盖埃塞全境的广播电视公共服务。EBC 在埃塞全国范围内建有 100 座 DVB-T2 数字发射基站，在戈壁中建设的中波发射站有占地百余亩的天线矩阵，利用中波频率发射可覆盖整个非洲大陆。目前，EBC 正在进行全台数字化升级、全台网建设、发射台站设备维护、人才队伍建设等核心工作。

奥罗米亚广播公司（Oromia Broadcasting Network, 简称 OBN）

OBN 位于距离首都亚的斯亚贝巴 100 公里外的奥罗米亚州，是由奥罗米亚州政府出资成立公共媒体机构。OBN 的覆盖面和影响力正在快速提升，并且将在首都亚的斯亚贝巴建立新总部（媒体中心）。目前 OBN 正在积极进行新总部的升级设备、系统集成、新媒体平台建设。

Walta 传媒通讯公司（Walta Media and Communication Corporate，简称 Walta）

Walta 位于首都亚的斯亚贝巴，是一家公共媒体机构。多年来专注内容制作和纪录片生产，在优质内容创作方面具备一定的实力和竞争力，内容生产和传媒研究占到该公司业务的 80% 以上。除广播电视内容生产及播出业务外，该公司还拥有两辆户外大屏车，可承接户外广告活动。

Fana 广播中心（Fana Broadcasting Center，简称 FBC）

FBC 位于首都亚的斯亚贝巴，是埃塞第一家商业媒体，最初由埃塞俄比亚革命阵线联合四个州政府成立，目前已完全市场化。Fana 于 2017 年启用的新台址，采用了最新的全台网系统和领先的技术设备。作为公共媒体机构，Fana 凭借自身努力取得商业上的成功，在技术和人力上投入巨大的成本，以更好地服务受众，服务国家。

Sheger 调频电台（Sheger FM）

Sheger FM 为小型私营电台，全台员工不超过一百人，在首都亚的斯亚贝巴及周边地区拥有广大的听众，特色在于音乐节目。

Bisrat 调频电台（Bisrat FM）

Bisrat FM 为小型私营电台，是此次专家组拜访的规模最小、技术水平和传输方式相对传统的广播电台，节目特色为体育新闻和赛事节目。

Ahadu 电台（Ahadu FM）

Ahadu FM 是一家私营电台，成立仅两年，但已申请下电视牌照，即将开播电视业务。目前，该电台正在积极采用新媒体技术实现媒体机构的设备升级，以提升节目质量，扩大节目覆盖率。

贝宁广播电视发展概况与管理体制

一、国家概况

贝宁共和国位于西非中南部，东邻尼日利亚，西北、东北与布基纳法索、尼日尔交界，西与多哥接壤，南濒大西洋，国土面积为 112622 平方公里。总人口数为 11038805（2017 年 7 月），人口年龄中位数为 18.2 岁。官方语言为法语，全国使用较广的语言有丰语、约鲁巴语和巴利巴语。居民中约 60% 信奉传统宗教，20% 信奉基督教，15% 信奉伊斯兰教。贝宁宪法规定贝宁实行行政、立法和司法分离的原则和总统内阁制，总统为国家元首、政府首脑和武装部队统帅。贝宁议会称国民议会，最高立法机构，实行一院制，行使立法权并监督政府工作。设有宪法法院、最高法院、高等法院、上诉法院和初级法院。宪法法院独立于最高法院，是最高司法机关。贝宁是联合国公布的最不发达国家之一和重债穷国，农业和转口贸易是国民经济两大支柱，是西非重要转口贸易国，到港货物多转口销往尼日利亚等周边国家，目前贝宁经济运行总体稳定。2017 年，国内生产总值（GDP）约为 92.47 亿美元。

二、广播电视监管体制与法律法规

（一）监管体制

贝宁负责广播电视管理的政府部门有以下两个机构：

1. 贝宁通信技术信息部（MCTIC）：负责制定、实施国家有关传媒政策。

2. 贝宁最高视听管理委员会（La HAAC）：新闻媒体的监管机构。其职责为：保护新闻自由，在遵守法律的前提下保护新闻媒体及其他大众传媒；监督新闻从业人员职业道德及政党、团体、公民合理获取官方信息的方式。HAAC 有权处罚不遵守新闻法律规范或进行失实报道的机构。

此外，近年来贝宁媒体行业组织也不断发展，相继成立了媒体从业人员联合会（CNPA）、记者协会（UPMA）、女记者之家（CFU）等行业组织。

目前，贝宁政府成立了“国家数字化转换委员会”（CNMAN），它的主要职责是制定广播电视模拟转数字的规划及数字化相关的法律法规。

（二）法律法规

1.1990 年 12 月 11 日宪法：这是有关贝宁新闻业的第一个相关法规。宪法第 15 条及 24 条明确规定了新闻自由。在第 142 及 143 条中进一步阐述了新闻机构的管理、经营及规范。

2.《贝宁共和国媒体信息法》：2015 年颁布。该法律在宪法的基础上规定了贝宁新闻业需要遵守的主要条款，制定了记者的从业守则，并规定了记者的权利和义务，明确了获得信息的公共来源问题，对违反这些法律的新闻机构和记者也做出了相关处罚规定。

3.1992 年 8 月 21 日有关传媒视听高级委员会（HAAC）的 No.92-021 组织法：该法律具体明确了依据宪法中对媒体进行监管的 HAAC 的职责。HAAC 负责“审议所有关于新闻传媒的问题，与新闻相关的法律草案必须提请此机构审议，在行政及立法机关同意的情况下提出建议意见，并对符合其管辖权的问题做出决定”（第七条）。

三、广播电视主要机构

（一）广播

目前，贝宁有 60 多个广播电台，包括商业私营电台 15 个，非商业私营电台 35 个（社会团体及联合会），以及宗教电台 6 个。

●贝宁国家电台前身为革命之声电台，建于 1953 年，每天播出约 18 小时，用法语、英语和民族语言广播。

●国家广播电台（综合频道）：在《提高国家广播、电视覆盖率》的项目（ECRT）的支持下，其收听率超过全国 90% 的人口。自 2009 年以来，此项目在贝宁 77 个县成立了转播中心，使得所有公民都能收听到广播节目。

● L'ORTB 帕拉库（贝宁北部）地区广播电台：把本地节目传播到当地及基层群众中。

●大西洋调频：覆盖范围在科托努地区及周边。

● Alafia：2015 年 3 月开播，用 18 种民族语言播出。

（二）电视

贝宁有 6 个电视台，包括贝宁国家广播电视台（L’ORTB）、LC2 Golf-TV、Canal-、Carrefour、ImalèAfrica。此外还有 3 个新成立的频道：AgricTV、I-Télé 及 E-Télé、CIEVRA。其中，L’ORTB 是公共服务机构，成立于 1972 年，1978 年 12 月 31 日正式开播，日播时间约 6 小时，本土制作节目量约占 45%。在“提高国家广播、电视覆盖率”项目（ECRT）的支持下，成为唯一的覆盖全国 90% 领土面积的电视台。

L’ORTB 旗下包括一个综合频道和两个主题频道。一个综合频道：国家电视频道。

两个主题频道：BB24，是专门讨论发展问题的频道；ADOTV，面向年轻人，由 L' UNFPA 和帕拉库地区电视台支持。

此外，贝宁人还可以借助卫星电视解码器，在国家允许的发行商处获得收视许可，收看外国频道，如 Canal Sat、Canal+、Africa TV。在贝宁还可以接收到 France24 TV5. Africa24 CCTV、i-Télé 及一些非洲频道。

布隆迪广播电视发展概况与管理体制

一、国家概况

布隆迪共和国，位于非洲中东部赤道南侧，内陆国，北与卢旺达接壤，东、南与坦桑尼亚交界，西与刚果（金）为邻，西南濒坦噶尼喀湖。国土面积为 27834 平方公里。总人口数为 11466756（2017 年 7 月），人口年龄中位数为 17 岁。官方语言为基隆迪语和法语，国语为基隆迪语，部分居民讲斯瓦希里语。居民中 61% 信奉天主教，24% 信奉基督教新教，3.2% 信奉原始宗教，其余信奉其他宗教或不信教。布隆迪宪法规定布隆迪实行多党制，总统是国家元首、政府首脑和军队统帅。布隆迪议会实行两院制，由国民议会和参议院组成。司法权独立于立法权和行政权，由各级法院、法庭依法行使。布隆迪为农牧业国家，经济以农业为主，20 世纪 90 年代以来，布隆迪战争频仍，局势动荡。2015 年以来，因国内局势紧张，外援大幅减少，布经济状况急剧恶化。2017 年，国内生产总值（GDP）约为 31.72 亿美元。

二、广播电视监管体制与法律法规

布隆迪国家通讯委员会（CNC）负责广播电视的管理。布隆迪《新闻法》规定所有媒体活动均须遵守该法律。

三、广播电视发展概况

布隆迪有 17 个广播电台，5 个电视台，其中最重要的是布隆迪国家电视台，覆盖全国，其他的只能覆盖首都布琼布拉。

布隆迪国家广播电视台（La Radio Diffusionet Television Nationalede Burundi，简称 RTNB）由布隆迪政府提供资金支持，受政府管辖和协调。此外，所有媒体机构都是私营。

BBC、RFI、CRI、VOA 和法国 24 小时等国外电台电视台都可以在布隆迪免费接收。

布隆迪的媒体发展水平相对较为落后，除了付费的 STARTIMES 和 CANALPLUS 频道，尚无卫星频道和其他数字地面电视。布隆迪广电仍处于模拟到数字的转变过程中，截至目前还没有任何电视台或电台完全实现数字化。

布隆迪国内大部分地区可以收听到电台节目，但是网络普及度不高。大部分网站仍处于萌芽状态。目前，布隆迪国内正在安装光纤网络，以提高网络媒体的普及率。

多哥广播电视发展概况与管理体制

一、国家概况

多哥共和国，位于非洲西部，南濒几内亚湾，东邻贝宁，西界加纳，北与布基纳法索接壤，国土面积为 56785 平方公里。多哥总人口数为 7965055（2017 年 7 月），人口年龄中位数为 19.8 岁。官方语言为法语，民族语言以埃维语和卡布列语较通用。居民中约 70% 信奉拜物教、20% 信奉基督教、10% 信奉伊斯兰教。宪法规定多哥实行半总统制，总统为国家元首和军队最高统帅。多哥议会实行两院制，由国民议会和参议院组成。多哥设最高法院、上诉法院和初级法院，最高法院是最高司法机构。多哥为联合国公布的世界最不发达国家之一，农业、磷酸盐和转口贸易是三大支柱产业。2017 年，国内生产总值（GDP）约为 47.58 亿美元。

二、广播电视监管体制与法律法规

多哥广播电视主管部门是多哥新闻、文化、体育和公民教育部。

三、广播电视主要机构

（一）广播

洛美广播电台：建于 1953 年 8 月，用法、英、德语广播，并用埃维、卡布列等民族语言播送新闻。每天播音 18.5 个小时。

卡拉广播电台：建于 1975 年，负责对北方地区广播，主要用法语播音，也用埃维语和卡布列语播送新闻、广告，每天播音 3 次，每次 3 ~ 7 小时不等。

（二）电视

多哥国家电视台（TVT）：建于 1973 年，受多哥新闻、文化、体育和公民教育部直接管理，主要使用法语播放节目，定时用埃维语和卡布列语播放新闻。另有卡拉电视台等 6 家私营电视台。

刚果（布）广播电视发展概况与管理体制

一、国家概况

刚果共和国，简称刚果（布），位于非洲中西部，赤道横贯中部。东、南两面邻刚果（金）、安哥拉，北接中非、喀麦隆，西连加蓬，西南临大西洋，国土面积为 342000 平方公里。刚果（布）总人口数为 4954674（2017 年 7 月），人口年龄中位数为 119.7 岁。官方语言为法语，民族语言为刚果语、莫努库图巴语、林加拉语。全国居民中一半以上信奉原始宗教，26% 信奉天主教，10% 信奉基督教，3% 信奉伊斯兰教。刚果（布）宪法规定，共和国总统为国家元首和军队最高统帅。议会由国民议会和参议院组成。议会实行两院制，包括国民议会和参议院，均有立法权。刚果（布）司法权独立于立法权，不得侵犯行政或立法权权限。石油和木材出口为刚果（布）经济两大支柱，2017 年，国内生产总值（GDP）约为 87.01 亿美元。

二、广播电视监管体制与法律法规

刚果（布）新闻与议会关系部负责广播电视管理。

言论自由、新闻自由及媒体监管主要由五项法律提供保障，分别为：2002 年 1 月 20 日宪法；1996 年 7 月 2 日关于新闻自由的第 30/96 号法律；11 月 12 日关于信息及传媒自由的第 8-2001 号法律；2001 年 12 月 31 日关于公共视听多元化的第 15-2001 号法律；关于传媒自由高级委员会（Council for the Freedom of Communication，简称 CSLC）的第 4-2003 号组织法。这些法律保证了媒体的多元化，对媒体轻罪免除处罚，保护了获取信息的自由，及 CSLC 作为独立机构对行业的监管权力。

三、广播电视主要机构

（一）广播

刚果（布）国家广播电台：创建于20世纪40年代，独立后改名为“革命之声”，1991年改为现名。用法语、英语、刚果语、林加拉等民族语言广播。

（二）电视

刚果（布）国家电视台：1973年成立。用法语、莫努库图巴语和林加拉语播出，覆盖首都布拉柴维尔市和黑角市。

几内亚广播电视发展概况与管理体制

一、国家概况

几内亚共和国，位于西非西岸，北邻几内亚比绍、塞内加尔和马里，东与科特迪瓦、南与塞拉利昂和利比里亚接壤，西濒大西洋，国土面积为245857平方公里。总人口数为12413867（2017年7月），人口年龄中位数为18.9岁。官方语言为法语，各民族均有自己的语言，主要语种有苏苏语、马林凯语和富拉语（又称颇尔语）。全国约85%的居民信奉伊斯兰教，5%信奉基督教，其余信奉原始宗教。几内亚议会实行一院制。司法机构分普通法院和特别法院两类。几内亚系最不发达国家之一，经济以农业、矿业为主，工业基础薄弱，粮食不能自给，自然资源丰富。2017年，国内生产总值（GDP）约为104.73亿美元。

二、广播电视监管体制与法律法规

几内亚新闻部是几内亚广播电视和媒体机构的管理机关。

三、广播电视主要机构

（一）广播

几内亚广播电台为国家电台，每天用法语、富拉语、马林凯语和苏苏语等对内广播，用英语和法语等对外广播。广播电台由首都、拉贝、康康和恩泽类克雷4个转播中心组成，基本覆盖全国的主干中波广播网，但领土覆盖率不超过60%。其中首都台为短波台。目前，各主要城市均开通了私人电台，以调频方式播放。法国国际广播电台和英国广播公司都已经在首都24小时播放英语和法语节目。

（二）电视

几内亚电视台（RTG）是国家电视台，成立于1989年5月，播放彩色电视节目，有两套频道，可覆盖全国主要城市，但是领土覆盖率超不过40%。此外还有一些私营电视台，如Gangan TV、Evasion TV、DTV、Ta TV、Espace TV。

几内亚广播电视中心由中国出资援建，2006年10月在几内亚首都科纳克里启用。目前，中国四达时代公司已和几内亚政府签署了关于广播电视数字化整转的协议。

加纳广播电视发展概况与管理体制

一、国家概况

加纳共和国，位于非洲西部、几内亚湾北岸，西邻科特迪瓦，北接布基纳法索，东毗多哥，南濒大西洋。国土总面积238537平方公里。加纳总人口数为27499924（2017

年 7 月），人口年龄中位数为 21.1 岁。官方语言为英语，另有埃维语、芳蒂语和豪萨语等民族语言。居民 69% 信奉基督教，15.6% 信奉伊斯兰教，8.5% 信奉传统宗教。加纳宪法规定，总统是国家元首、政府首脑和武装部队总司令。司法独立，有解释、执行和强制执行法律的权力。加纳议会实行一院制，是国家最高权力机构。2008 年以来，受国际金融危机和国际油价上涨等不利因素影响，加纳经济发展陷入困境。米尔斯政府上台后采取一系列稳定经济政策，加之加创汇支柱产品黄金和可可产销两旺，油气资源实现商业开采等利好因素，国际金融机构和投资对加信心回暖，直接投资呈较快增长趋势，2011 年，加纳 GDP 增长率达 15%，成为非洲乃至世界经济增长最快的国家之一。2017 年，国内生产总值（GDP）约为 589.97 亿美元。

二、广播电视监管体制与法律法规

加纳新闻部（Ministry of Information and Media Relations）成立于 1957 年建国伊始，曾更名为“信息和文化部”、“信息和旅游部”、“公共关系部”、“信息部”、“媒体关系部”、“信息和总统事务部”等。加纳新闻部主要负责协调促进信息及时有效传播，政府和公共机构之间的沟通，政策开发和协调，监管并评估下属机构工作情况和活动开展情况。加纳新闻部下属机构包括：综合管理司、信息服务司、加纳新闻社（Ghana News Agency，简称 GNA）、加纳广播公司（Ghana Broadcasting Corporation，简称 GBC）和国家电影电视协会（National Film and Television Institute，简称 NAFTI）。其中信息服务司是最主要的业务部门，也是加纳政府最主要的公共关系机构之一，主要负责政府政策宣传；向其他政府机构和媒体在国内外提供公共关系支持；获得公众对政府政策的反馈以促进政策实施或修正。信息服务司每周定期举办媒体见面会，制作公共教育类纪录片。国家电影电视协会则主要负责电影电视制播技术培训，针对媒体从业人员组织各种培训班和研修项目。

加纳国家媒体委员会（National Media Commission）是独立于政府的机构，受到法律保护不受任何行政干预影响。加纳国家媒体委员会主要负责媒体监管，并处理相关投诉。为促进媒体发展，加纳政府于 2010 年建立了媒体发展基金（Media Development Fund）。

三、广播电视发展概况

1960 年建国初，加纳仅有几家媒体，包括国有的加纳广播公司（GBC）及其所属地区性电台、加纳通讯社（Ghana News Agency）、每日写真报（Daily Graphic）和加纳时报（Ghanian Times）。

加纳电视业务发展始于 1965 年，1986 年开始播放彩色电视节目。广播领域，一直到 1994 年，都是加纳广播公司独占了整个市场。随着 1992 年宪法的颁布和国家媒体委员会的建立，加纳广播电视进入了加速发展的时代，并于 1996 年开始出现私营电视台。1988 年国外广播媒体开始进入加纳 FM 广播业务领域，如美国之声（VOA）等。

目前，加纳共有 247 家广播电台，其中 34 个公共电台、37 个社区电台、166 个商业电台。加纳官方语言为英语，此外还有 42 种方言。社区电台大都使用方言进行广播，其电台均使用英语。

加纳有 28 家电视台，包括 7 家全国性电视台：GBC 和 4 家私营频道 TV3、MetroTV、TV Sky 和 TV Africa。其中 TV3、Metro TV 均建立于 1997 年。在加纳，可以接收 CNN、

BBC 等国外卫星电视频道。

加纳约 30% 的人口生活在贫困线以下，这限制了电视用户的规模。目前，加纳电视用户总数约为 120 万，其中约 84% 主要收看模拟地面电视频道，另外，直播到户卫星电视和有线电视用户所占比例分别是 10% 和 6%。

四、广播电视主要机构

（一）广播

加纳广播公司（Ghana Broadcasting Corporation，简称 GBC）

加纳广播公司创办于 1968 年 3 月，其前身为加纳广播电台和黄金海岸广播电台。1965 年加纳广播公司开始黑白电视广播，1986 年开始播放彩色电视节目。目前，该公司共播出四个频道：加纳电视台（GTV）、加纳电视台体育频道（GTV Sports+）、新闻频道（GBC24）和生活频道（GBC Life）。该公司属国家所有，经费来源主要是收视费和政府补贴。

（二）电视

1. 公共电视台

加纳电视台（GTV）

GTV 是加纳广播公司的旗舰频道，80% 的节目是自制的，另外 20% 的节目播出境外电视剧、电影等。加纳新闻频道于 2011 年初开播，是一个 24 小时播出的频道。

2. 商业电视台

电视三台（TV3）

加纳电视三台于 1997 年开播，是加纳第一个私营开路频道。该台的主要股东是马来西亚首要传媒集团（Media Prima），该集团持有 90% 的股份。电视三台与英国广播公司世界频道和半岛电视台有合作关系，主要是播出这些国家频道的节目。

城市电视台（Metro）

城市电视台主要覆盖首都阿克拉以及周边地区，该台的主要股东是加纳政府和加纳第一传媒公司（Media Number One）。

加蓬广播电视发展概况与管理体制

一、国家概况

加蓬共和国，位于非洲中部，跨越赤道，西濒大西洋，东、南与刚果（布）为邻，北与喀麦隆、赤道几内亚交界，国土面积 26.8 万平方公里。总人口数为 1772255（2017 年 7 月），人口年龄中位数为 18.6 岁。官方语言为法语，民族语言有芳语、米耶内语和巴太凯语。居民 50% 信奉天主教、20% 信奉基督教新教、10% 信奉伊斯兰教，其余信奉原始宗教。宪法规定加蓬实行三权分立和多党制，总统为国家元首。加蓬议会由国民议会和参议院组成，二者共同行使立法权。因盛产石油，加蓬独立后经济一度发展迅速，被列为法语非洲唯一“中等收入”国家。2017 年，国内生产总值（GDP）约为 150.14 亿美元。

二、广播电视监管体制与法律法规

加蓬的广播电视主管部门是数字经济、新闻和邮政部。1991年加蓬成立了国家传媒委员会。国家传媒委员会是一个旨在保护公民和机构言论自由，对媒体行业规范进行监管的独立机构。主要承担两项任务：推动媒体的民主化、监管媒体的运营。在监管媒体运营方面，国家传媒委员会有咨询、监督及处罚的权力。

加蓬第07/2001号法律制定了媒体的行为规范，并细化为视听、电影及纸质媒体应遵守的相关法规。该法律第37条规定，加蓬媒体从业人员享有掌握、收集信息的全部自由。在遵守不泄露国家机密及公民隐私的前提下，媒体从业者拥有对所有关系到国家事务的自由调查的权利，不因为调查、发表或传播确凿的信息而受到威胁、跟踪及报复。

该法第28条规定，所有记者对其报道及信息来源负责。记者需确保其传播的信息的公正性及准确性，避免对未经核实的事件发表评论及主观臆测。禁止恶意登记备案、诽谤污蔑、辱骂、篡改信息、扭曲事实、伪造事件、选择性或不客观报道、谎言。任何关于事件的不准确、失实或疏忽都应在下一期节目或报刊中以足够醒目或明显的方式予以更正和致歉。应赋予与事件相关者相应的辩解权，不能对此权利有任何异议或评论。

三、广播电视发展概况

2011年前，加蓬广播电视公司负责全国的广电传输网络以及加蓬国家电台和电视台。2011年，加蓬国家传输公司成立，主要负责全国电视和广播的信号传输等工作。2014年，加蓬广播电视公司正式分立为加蓬国家电视台和加蓬国家广播电台两个机构。

目前，加蓬共有10个电视频道：其中有两个公共频道——加蓬国家电视一台和电视二台，还有8个私有频道。共有加蓬广播、非洲No.1广播、乡愁广播、Top FM、圣玛丽广播、新兴广播等十多个广播电台。

2007年中国政府援建了加蓬广播电视公司大楼，国家传输公司、电台、电视台均设在这一大楼内。加蓬国家电视台大部分设备也由中国政府2007年援助。在中国四达时代公司的帮助下，加蓬完成了数字地面电视在技术方面的挑战，为民众提供了更好的收视效果及附加服务，如e教育、e健康及视频点播等服务。

加蓬是中非第一个、非洲法语国家中第一批拥有4G技术的国家，并在全国范围内铺设了光纤，加蓬正在成为非洲信息化程度最发达的国家之一。

津巴布韦广播电视发展概况与管理体制

一、国家概况

津巴布韦共和国，非洲东南部内陆国，东邻莫桑比克，南接南非，西和西北与博茨瓦纳、赞比亚毗邻，国土面积39万平方公里。津巴布韦总人口数为13805084（2017年7月），人口年龄中位数为20岁，官方语言为英语、绍纳语和恩德贝莱语。58%的居民信奉基督教、40%信奉原始宗教、1%信奉伊斯兰教。津巴布韦实行总统内阁制，议会实行两院制。津巴布韦自然资源丰富，工农业基础较好，正常年景粮食自给有余，曾为世界第三大烟草出口国，近年来再次面临资金外流、流动性短缺、投资不足等困难，经济增长再度放缓。2017 年，国内生产总值（GDP）约为 342.7 亿美元。①

二、广播电视监管体制与法律法规

作为国会下属主管媒体的部门，津巴布韦媒体新闻宣传部（Ministry of Media Information and Publicity）的主要职责是负责制定津巴布韦媒体管理政策、相关机构管理及新闻和信息的海内外发布。

津巴布韦媒体新闻宣传部按照国会通过的三条媒体法案对媒体行使监督管理职能。这三条法案分别是：津巴布韦广播公共服务法、津巴布韦广播公司商业运营法、津巴布韦信息流通与隐私保护法（Act/AIPPA）。津巴布韦媒体新闻宣传部领导层主要包括三名成员，部长、副部长和常秘。这三名成员直接由总统任命。

津巴布韦媒体新闻宣传部下属 5 个职能部门，分别是人事财务司、城镇传媒服务司、国际交流服务司、乡村传媒服务司、媒体内容及产品发展司。2 个管理机构为津巴布韦广播局（Broadcasting Authority of Zimbabwe）和津巴布韦新闻署（New Zimbabwe）。

津巴布韦广播局旗下的直属单位分别是金士顿有限责任公司（Kingston Limited）负责广播影视内容生产以及节目的市场推广发行，津巴布韦媒体传输公司（Transmedia Corporation）负责津巴布韦节目信号的传输，津巴布韦广播公司（Zimbabwe Broadcasting Corporation）是广播局下属最大的国有广播公司，其拥有 2 套电视和 5 套调频广播。

此外，隶属于津巴布韦媒体新闻宣传部的津巴布韦南部非洲电影电视学院，负责影视节目制作人才的培养。津巴布韦媒体新闻宣传部代表国家控股津巴布韦报业集团 51% 的股份。并且与津巴布韦媒体委员会（Zimbabwe Media Commission）合作紧密。津巴布韦媒体委员会是政府媒体领域最大的事业单位，负责津巴布韦记者的注册、考核与审查。

三、广播电视主要机构

津巴布韦广播公司（Zimbabwe Broadcasting Corporation，简称 ZBC）

成立于 1980 年，前身为成立于 1933 年的罗得西亚广播公司。ZBC 为政府所有，分电台和电视台两部分。

电台有 5 个频率，即新闻频率、英语频率、非洲频率、音乐频率和教育频率，分别以英语、绍纳语和恩德贝莱语播出。教育频率周一到周五每天 10~22 时播出。其余各频率播出时间为每天 5~24 时。

电视台建于 1960 年，有两个频道，均为彩色节目，每天 15~23 时播出。电视一台面向全国，播出新闻、综艺节目；电视二台原为教育台，现已商业化，改名娱乐台（Joy TV）。

此外，共有 6 家海外媒体已经获得许可，能够在津巴布韦播出节目或发行刊物，分别是：半岛电视台、中国中央电视台、中国国际广播电台、彭博通讯社、路透社、法新社。同时，津巴布韦政府还批准了 8 家海外媒体机构的记者可以在津巴布韦进行新闻采访报道，分别是美联社、德国广播协会、英国广播公司、德国之声、南非豪登省贾克兰大电台、泰晤士报、美国之声和中国新华通讯社。

---

① www.cia.gov

喀麦隆广播电视发展概况与管理体制

一、国家概况

喀麦隆共和国，位于非洲中部，西南濒几内亚湾，西接尼日利亚，东北界乍得，东与中非共和国、刚果（布）为邻，南与加蓬、赤道几内亚毗连，国土面积475442平方公里。总人口数为24994885(2017年7月)，人口年龄中位数为18.5岁。法语和英语为官方语言，约有200种民族语言，但均无文字。40%人口信奉天主教和基督教新教，20%信奉伊斯兰教，40%信奉传统宗教。喀麦隆宪法规定，共和国总统是国家元首和武装部队最高统帅，总理是政府首脑。喀麦隆立法权由国民议会和参议院组成的两院制议会行使。喀地理位置和自然条件优越，资源丰富，农业和畜牧业为国民经济主要支柱，工业有一定基础，独立后实行“有计划的自由主义”、“自主自为平衡发展”和“绿色革命”等经济政策，国民经济发展较快。2017年，国内生产总值（GDP）约为349.23亿美元。

二、广播电视监管体制与法律法规

喀麦隆新闻部是广播电视主管部门，负责喀麦隆政府相关政策传播工作，监管公众、企业报纸及广告发行、喀麦隆广播电视台、喀麦隆国家印刷机构等，同时新闻部协助外交部与各国驻喀机构及驻喀国际组织保持良好的沟通。新闻部长负责新闻部的管理工作，包括新闻及媒体广告的规划和制作；喀麦隆国家形象宣传；通过国家媒体聚焦公民文化和意识形态；保护并尊重多元化文化，维护媒体的道德价值观；培训广电领域的相关人才；监督广告。

2000年政府颁布关于私人视听传媒企业建立和运营条件的法令，允许私人进入视听传媒领域。私人电台在首都和杜阿拉等城市有所增加。

三、广播电视主要机构

（一）公共电视台

喀麦隆广播电视台（CRTV）

CRTV直属新闻和文化部，是喀麦隆全国唯一国家级广电机构。喀麦隆广播电视台提供面向全国的广播和电视服务，总部位于雅温得，也是全国唯一的节目制作中心，在全国有40个左右的广播中心。但仅能在全国提供一个频道的电视服务，在各省提供当地的广播服务。CRTV下设规划与战略发展部、电视节目制作中心、广播节目制作中心、传输中心等多个部门。规划与战略发展部负责整个电视台的发展及规划，在国家数字化整转项目中参与制定相关标准及政策。

电视节目中心和传输中心位于CRTV总部，电视节目中心负责演播室节目协调安排、编辑及播控等，传输中心负责节目的卫星传输及分布在全国各个广播站点的管理。音频制作中心主要负责音频广播节目的制作。CRTV现有设备始建于20世纪80年代，均为模拟设备，使用年限已超过25年，面临淘汰或者报废。同时喀麦隆广播电视网络覆盖范围有限，盲区多，传输手段单一，安全性差，节目内容匮乏，无法开展广播电视业务的商业化运营。这样的现状不利于喀麦隆广播电视事业产业的发展，同时也不利于喀麦隆政府政令的有效传达。因此，喀麦隆国家各级部门、总理府、新闻部以及CRTV对于将现有的模拟广播电视升级改造为数字信号广播电视、丰富节目内容、加强信号覆盖质量和扩大覆盖国土面积和人口，有非常迫切的需求。CRTV分别使用法语和英语播出节目，每天播出时长为 15 个小时。现有 6 个演播室，其中只有一个新闻演播室和一个多功能演播室可用，5 台转播车只有一台尚在使用且必须配置电源车进行供电。

在喀麦隆还能收听到英国广播公司 BBC 的英语和法语节目，以及法国国际广播电台（RFI）的法语、英语、西班牙语节目。

喀麦隆政府成立了数字化协调会（Cameroon Broadcasting Switchover），负责协调和推进喀麦隆的数字化进程。该协调会已经开始拟定喀麦隆广播电视数字化工程计划。

（二）商业电视台

主要商业电台包括：Radio Jeunesse、RTS（Radio Tiemeni Siantou）、Magic FM、TBC、FM94 Radio Venus、Radio Environnement、Radio Lumière、Sky One Radio、Radio Bonne Nouvelle、Moov Radio、Radio Equinoxe、Sweet FM、FM、Radio Nostalgie、RTM（Real Time Radio）、Radio Veritas、FM Medumba、Radio Yemba、Radio Star FM、Radio Batcham、Radio Salaaman、FM Mont Cameroun、Radio Fotouni、FM Pouala、Eden Radio FM、Ocean CityRadio、Enternity Gospel Radio、Radio Oku、Radio Lolodorf、Satellite FM、Radio Equatoriale、Radio Casmando、Hit Radio、Stone FM Radio。

主要商业电视台包括：STV1（SpectrumTV1）、STV2（SpectrumTV2）、Canal2 International、ArianeTV、EquinoxeTV、TV Max、DBS（测试阶段）、Vision4（测试阶段）、New TV（测试阶段）、Africa TV（测试阶段）、L.T.MTV、canal2zebra、SAMBATV、T.L（测试阶段）、CAMNEWS24 Liberty TV。

肯尼亚广播电视发展概况与管理体制

一、国家概况

肯尼亚共和国，位于非洲东部，赤道横贯中部，东非大裂谷纵贯南北。东邻索马里，南接坦桑尼亚，西连乌干达，北与埃塞俄比亚、南苏丹交界，东南濒临印度洋，国土面积 582646 平方公里。总人口数为 47615739（2017 年 7 月），人口年龄中位数为 19.7 岁。斯瓦希里语为国语，和英语同为官方语言。全国人口的 45% 信奉基督教新教，33% 信奉天主教，10% 信奉伊斯兰教，其余信奉原始宗教和印度教。肯尼亚宪法规定，肯为多党民主国家，实行总统制，总统为国家元首、政府首脑兼武装部队总司令。肯尼亚是撒哈拉以南非洲经济基础较好的国家之一。实行以私营经济为主、多种经济形式并存的“混合经济”体制，私营经济占整体经济的 70%，农业、服务业和工业是国民经济三大支柱，茶叶、咖啡和花卉是农业三大创汇项目，旅游业较发达，为主要创汇行业之一，工业在东非地区相对发达，日用品基本自给。2017 年，国内生产总值（GDP）约为 792.63 亿美元。

二、广播电视监管体制与法律法规

（一）监管体制

肯尼亚主要的媒体管理机构有：信息与通信部（Ministry of Information Communication）、肯尼亚通信委员会（Communication Commission of Kenya）、肯尼亚媒体委员会（Media Council of Kenya）。

信息与通信部（Ministry of Information Communication）

成立于 1963 年，主要负责新闻、通讯、电影发展、公共外交、国家通讯能力建设的政策制定和执行。下辖肯尼亚新闻通讯社、肯尼亚广播公司、肯尼亚电影分级委员会、肯尼亚电影委员会、肯尼亚通信委员会、肯尼亚邮政公司、国家通信秘书处、肯尼亚电信、肯尼亚通信技术学院、肯尼亚大众传播学研究所等部门。

肯尼亚通信委员会（Communication Commission of Kenya）

主要负责分配广播频率。

肯尼亚媒体委员会（Media Council of Kenya）

这是一个独立的国家机构，负责管理和引导媒介产业。具体职责有：

•促进与保证媒体的自由和独立；

•促进信息的自由获取以及传播；

•促进媒体从业者的高专业标准；

•加强媒体从业者的专业合作；

•促进媒体记者的道德标准；

•确保记者的权利和义务。

（二）法律法规

随着广电业的迅猛发展，肯尼亚政府认识到广播电视立法的重要性。“自由、独立、充满生机的媒体对于国家政策、民主、善治廉政的建立是十分重要的”。目前肯广电立法的指导思想包括：鼓励私营媒体发展，以吸引投资，创造就业；增加文化、体育和影视剧等内容的播出；普及广播；加强新闻和时事节目以教育公众。

肯尼亚与媒体相关的主要法律法规有《肯尼亚 2010 年宪法》、信息与通信技术政策（The ICT Policy 2007）、信息与通讯技术战略（The ICT Strategy 2006）、信息与通信技术法案（ICT Bill 2007）、媒体法（Media Act 2007）、通信委员会法（CCK Act 1998）、信息自由法（Freedomof Information Bill 2008）和《肯尼亚媒体政策准则》（2009）。

1. 信息与通讯技术战略（The ICT Strategy 2006）

2006 年颁布的《信息与通讯技术战略》指出，目前，用于解决新闻与通讯技术问题的相关法律条款还不完善，电子商务、网络政务厅等相关事务并没有被覆盖，需要一个全面的政策、法律监管框架以；促进法律和监管框架的发展；鼓励发展高效和有竞争力的广播电视产业；促进所有权的多样性；促进广播电视业的公平竞争，创新和投资；支持新闻与通讯技术的科研和发展；健全政策的发展和复审体制。

2. 通信委员会法（CCK Act 1998）

1998 年通过的《通信委员会法》，是肯尼亚新闻与通讯技术部为规范广播电视频率的分配和管理而制定的法律，其为广播电视行业提供了一个融合性的监管框架。

3.《肯尼亚媒体政策准则》

2009 年《肯尼亚媒体政策准则》强调需要媒体人员遵守从业准则、道德规范，以确保公共利益。

三、广播电视发展概况

肯尼亚广电业的发展最早可追溯到英国殖民时代。1927 年，英国殖民者首次在肯建立广播设施，以加强与“发达世界”的联系。英殖民者先后在肯尼亚山、大湖和滨海地区设立了一些演播、传输设施，并使用当地语言播出节目。英国殖民者把广播作为进行统治的主要工具之一，对电台进行严格控制，通过当时的肯尼亚广播公司审查节目内容。

1963年肯尼亚独立，肯领导人认识到广播在改造思想、团结民众方面的重要作用，主张将广播置于政府管理之下，成立新闻与通讯部。1964年，肯出台广播公司法案，授权肯政府继承殖民时代肯广播公司资产，将其改名为肯尼亚之声（Voice of Kenya）。同时禁止一切未经授权的广播。1987年，肯尼亚广播公司（Kenya Broadcasting Corporation，简称KBC），并逐步发展成为规模最大、覆盖全国的广播电视公司。

1990年，传媒产业自由化，为其他经营者进入市场创造了竞争性环境。肯相继出现了众多私营电台、电视台。1990年4月开播的肯尼亚电视网（Kenya Television Network，简称KTN）是肯第一家私营公司。迄今，肯政府已为13个电视公司和17个调频广播公司发放了经营许可证，这些私营广播电视公司的覆盖范围主要在内罗毕、蒙巴萨等大城市。主要电视台有肯尼亚广播公司（KBC）、肯尼亚电视网（KTN）、肯尼亚民族电视台（Nation TV，简称NTV），肯尼亚家庭电视台（Family TV）、公民电视台（Citizen TV）和首都调频、Kiss FM、希望调频、Radio316等。

肯尼亚30%的家庭拥有电视，电视用户总数约为260万。90%的电视用户收看免费模拟地面电视频道，8%的电视用户收看直播到户卫星电视频道，1%的电视用户收看有线电视频道，还有1%的电视用户收看地面数字电视频道。

在电视节目中，新闻是收视率最高的节目类型。南美洲的电视和肥皂剧也是很受欢迎的节目类型，另外，宗教节目也有很高的收视市场。

四、广播电视主要机构

（一）广播

肯尼亚广播公司（Kenya Broadcasting Corporation，简称KBC）

肯尼亚广播公司（KBC）的电台广播开始于1927年，目前拥有英语、斯瓦西里语、印地语以及非洲本地语言等17套广播频率，其中非洲当地民族语言广播最受欢迎，听众人数占68%左右，远高于英语和斯瓦西里语的听众人数。KBC广播在全国16个地区的平均到达率为75%，其中，首都内罗毕为92%，西北穷困地区为32%。

（二）电视

1. 公共电视台

肯尼亚广播公司（KBC）电视台

建于1962年，1983年正式开播，用英语和斯瓦西里语播放当地节目。1987年正式成立。长期以来，经费主要来源为政府税收，近年来主要依靠广告收入。共有三个电视频道：第一频道（Channel1）是免费的公共频道，主要履行公共服务职能，每天播出20小时左右，节目包括肯尼亚各地新闻和国际新闻，信息性、教育性和娱乐性节目；第二频道（Channel2）是肯尼亚广播公司与南非多选公司合资创办的付费频道，节目内容主要从BBC环球频道引进；城市电视频道（Metro TV）是以年轻观众为目标的娱乐频道，只覆盖利穆鲁（Limuru）地区。

2. 商业电视台

肯尼亚电视网（Kenya Television Network，简称 KTN）

肯尼亚电视网（KTN）于 1989 年开播，是肯尼亚第一家用英语播放节目的商业电视台，节目内容以从西方引进为主。该台隶属于肯尼亚旗帜集团。2013 年，该集团与德国之声建立战略合作关系。德国之声精选部分英语电视节目通过肯尼亚电视网播出。两家公司签署的战略合作协议中规定，肯尼亚旗帜集团负责德国之声在肯尼亚的宣传推广工作，通过广告牌、广播和报纸向肯尼亚民众推介德国之声的电视和广播节目。

公民电视台（Citizen TV）

公民电视台是以英语和斯瓦系里语播出的电视台，开播于 1999 年 7 月。70% 的节目是本上制作，由皇家传媒公司（RMS）所有。

民族电视台（Nation TV）

民族电视台开播于 1999 年 12 月，主打节目是进口电视剧和本国制作的脱口秀节目。隶属于民族传媒集团（The Nation Media Group，简称 NMG）。

利比里亚广播电视发展概况与管理体制

一、国家概况

利比里亚共和国，位于非洲西部。北接几内亚，西北界塞拉利昂，东邻科特迪瓦，西南濒大西洋，国土面积 111370 平方公里。利比里亚总人口数为 4689021（2017 年 7 月），人口年龄中位数为 17.8 岁。官方语言为英语。较大民族均有自己的语言。居民 85.6%信奉基督教，12.2%信奉伊斯兰教，2.2% 信奉当地传统宗教等其他宗教或无宗教信仰。利比里亚宪法规定，总统是国家元首、政府首脑和武装部队总司令。立法权属议会。实行多党制，国家权力由各党派分享。议会为利比里亚最高立法机构，分参众两院。利比里亚系最不发达国家之一，农业国，但粮食不能自给，工业不发达，矿产资源丰富，天然橡胶、木材等生产和出口为其国民经济的主要支柱。2017 年，国内生产总值（GDP）约为 32.85 亿美元。

二、广播电视监管体制与法律法规

利比里亚的广播电视的主管部门为信息文化旅游部。

三、广播电视发展概况

利比里亚广播电视行业由于长期内战，发展停滞不前，水平落后。该国现今仍在筹划频率分配方案，执照费十分昂贵。

2010 年，全国共有 36 家媒体机构，其中 34 家为私营。利比里亚广播公司是国有官方广播电视机构，建立于 1960 年，内战中遭到严重破坏，目前只有其所属的 ELBC 广播电台和 ELTV 电视台能够运行。该公司 60% 资金由政府资助，40% 资金来源于利比里亚商业公司设有四个部门，分别是媒体服务部门、行政管理部门、农村广播部门和科技服务部门。目前经营的有 1 个广播电台和电视台，约 200 多名员工。

利比里亚有很多的私营电视台和电台。其他较大的广播电台有 Star Radio（瑞士媒体和平与尊严基金会支持的独立电台）、Radio Verities（天主教广播电台）、Truth FM（私营）和联利团广播电台等。除 Star Radio 可覆盖周边各州外，其他电台均只能覆盖首都蒙罗维亚地区。此外，蒙罗维亚地区还有多家电视台，如 Real TV、Love TV 等，均只能覆盖本地区。

马达加斯加广播电视发展概况与管理体制

一、国家概况

马达加斯加共和国，位于非洲大陆以东、印度洋西部，是非洲第一大、世界第四大岛。隔莫桑比克海峡与非洲大陆相望，国土面积 590750 平方公里。总人口数为 25054161（2017 年 7 月），人口年龄中位数为 19.7 岁。民族语言为马达加斯加语，官方通用法语。居民中信奉传统宗教的占 52%，信奉基督教的占 41%，信奉伊斯兰教的占 7%。马达加斯加宪法赋予总统直接任命总理、解散议会的权力。马实行两院制，由国民议会和参议院组成。马设最高法院、最高司法法院、高等宪法法院。马达加斯加属最不发达国家之一。经济以农业为主，严重依赖外援，工业基础薄弱，2014 年埃里上台后，积极争取国际社会恢复对马援助，制定 2 年期国家发展紧急计划和 2015-2019 国家发展规划，致力于改善投资环境，吸引外资，创造就业。2017 年，国内生产总值（GDP）约为 115 亿美元。

二、广播电视主要机构

根据 1990 年 12 月 21 日颁布的 090-031 号法律，媒体业实行许可制度，只有国内媒体能够覆盖全国。

（一）广播

马达加斯加国家广播电台（RNM）

马达加斯加国家广播电台是公共电台，建于 1931 年，有二套节目，第一套节目用马达加斯加语播出，第二套节目用英语和法语播出。电台在 5 个省及 21 个地区设分支机构，覆盖全国 22 个地区的 119 个县，在每个县都有官方代表处。总部设在首都塔那那利佛。有私有广播电台 200 余个，其中有 22 个在首都塔那那利佛播出。一些私有电台在一些县或地区设立调频台。

（二）电视

马达加斯加国家电视台（TVN）

马达加斯加国家电视台是公共电视台，建于 1967 年，覆盖全国，用马达加斯加语和法语每天播出约 9 小时（周末播出 15 小时），在 5 个省及 21 个地区设分支机构。私有电视台 13 个，其中 10 余个在首都塔那那利佛播出。

马拉维广播电视发展概况与管理体制

一、国家概况

马拉维共和国是非洲东南部的内陆国家，与莫桑比克、赞比亚、坦桑尼亚为邻。国土面积为 118484 平方公里。人口总数为 19196246（2017 年 7 月），人口年龄中位数为 16.5 岁。通用语言为英语和奇契瓦语，主要宗教为基督新教、天主教和伊斯兰教。马拉维实行总统内阁制。总统为国家元首、政府首脑和武装部队总司令，由全国普选产生。

议会是马拉维最高立法机构。内阁是马拉维最高行政机构。马拉维议会实行一院制，议会由总统、议长、副议长、民选议员等组成。司法机构分最高上诉法院、高等法院和地方法院。马拉维为农业国，全国 90% 以上人口从事农业，经济十分落后，是联合国确定的最不发达国家。主要种植烟草、棉花、玉米等，是非洲主要烟草生产国之一，烟草出口占国家外汇收入 70%。2017 年，国内生产总值为 63.03 亿美元。

二、广播电视监管体制与法律法规

目前在马拉维运营的媒体主要分为 5 类，分别是广播、电视、出版物（报刊和杂志）、互联网、通讯媒体。马拉维国会媒体委员会（Media Committee of Parliament）作为马拉维国会下属的媒体立法机构，同时负责马拉维境内 5 类媒体的监督管理。

马拉维国会媒体委员会的主要职责包括：

•协调媒体和政府间的关系，增进媒体与政府机构的互信；

•制订法律和政策保护媒体产业健康发展，保证媒体机构权益不受侵犯；

•发挥公共管理职能，保证政府发布的信息能及时传递给媒体；

•促进国际媒体与马拉维国内媒体的交流与合作；

•监督管理在马拉维从事媒体活动的机构，对媒体行为给予指导。

马拉维国家信息部（Ministry of Information）是政府管理媒体的行政单位，通过其下设的组织机构和直属单位，实现国有媒体的管理职能和公益属性。下属的主要机构和直属单位有马拉维媒体管理局（Malawi Communications Regulatory Authority，简称 MACRA）、马拉维政府印制办公室（Government Printing Office，简称 GPO）、马拉维国家广播公司（Malawi Broadcasting Corporation，简称 MBC）、马拉维新闻通讯社（Malawi News Agency，简称 MANA）。

（一）马拉维媒体管理局（Malawi Communications Regulatory Authority，简称 MACRA）

该局是马拉维国家信息部负责媒体（包括除平面媒体以外的广播电视机构、通讯运营机构、互联网运营商和其他新媒体机构）管理的执行单位。主要职责是为马拉维私营媒体发放运营执照，组织马拉维媒体人员的考试认证（如记者证的发放）。境外媒体如果要在马拉维境内落地或从事媒体活动，需要向马拉维媒体管理局 MACRA 提出申请，获批后拿到执照方可从事媒体活动。

（二）马拉维政府印制办公室（Government Printing Office，简称 GPO）

该机构职能类似马拉维媒体管理局 MACRA。不同之处在于，马拉维政府印制办公室 GPO 主要负责平面媒体机构的注册、执照发放和行业管理，规范报社、杂志社的媒体行为。

（三）马拉维新闻通讯社（Malawi News Agency，简称 MANA）

该通讯社是马拉维最大的国有通讯社，负责在马拉维全境范围内收集、制作新闻，并将新闻报道回传总部，为马拉维国有播出机构提供素材。值得一提的是，马拉维通讯社采编的新闻报道也可以由信息交换等方式提供给在马拉维的境外媒体和私营媒体，实现信息互换和信息分享。

三、广播电视主要机构

马拉维国家广播公司（Malawi Broadcasting Corporation，简称 MBC）是马拉维最大的国有媒体，下设 1 个电视台和 2 套广播，他们是马拉维电视台（MBC TV）、马拉维广播公司一套（MBC Radio 1）和马拉维广播公司二套（MBC Radio 2）。作为马拉维国有媒体，马拉维国家广播公司主要承担着发布政府信息、告知公民消息、公共服务等职责。

除少量互联网媒体和移动通讯媒体外，平面媒体、广播和电视成为马拉维私营媒体的主要组成部分。

按照广播覆盖范围分类，马拉维的广播分为全国广播、地区广播和社区广播。其中，社区广播的覆盖半径在 70 公里左右。值得一提的是，自 1998 年以来，马拉维的社区广播发展迅速，目前比较受欢迎的社区广播台为 Dzimwe Cummunity Radio Station in Mangochi、Nkhotakota Community Radio Station、Mzimba Community Radio Station 。

按照广播播出内容分类，马拉维广播分为综合类广播、教育类广播、娱乐类广播和宗教类广播。马拉维媒体管理局（MACRA）根据广播内容分别为广播电台发放上述 4 类执照。原则上 4 类广播台播出的内容不能重叠，业务分工明细。

总体上讲，目前马拉维国内比较知名的私有制广播有 Zodiak Broadcasting Cooperation-ZBS、Joy Radio、Star FM、MIJ FM、Capital FM、101 Power FM、Galaxy FM、Matindi FM、Star Radio、Radio Islam、Radio Mari、Pentecoastal Life University、Livingwaters Radio、SDA Radio、Transworld Radio、Calvarly Family 和 Maziko Radio。

电视对于马拉维民众来说还是新鲜事物，并且多数为合资或外资媒体掌控，节目收看费用昂贵，普及率不高。

目前，能够在马拉维国内播出电视节目的主要私营媒体（包括外资媒体）有 6 家，他们分别是 Zodiak Broadcasting Station TV、African Bible College TV、All For Jesus TV、Christian for All Nation、Luntha TV、Luso TV。

马里广播电视发展概况与管理体制

一、国家概况

马里共和国位于非洲西部撒哈拉沙漠南缘，西邻毛里塔尼亚、塞内加尔，北、东与阿尔及利亚和尼日尔为邻，南接几内亚、科特迪瓦和布基纳法索，为内陆国。国土面积为 124 万平方公里。人口总数为 17885245（2017 年 7 月），人口年龄中位数为 15.8 岁。官方语言为法语。主要宗教为伊斯兰教和传统拜物教。马里实行立法、行政、司法三权分立；总统由直接普选产生，任期 5 年，可连选连任一次；总统是国家元首，拥有任免总理和部长、颁布法令、组织公民投票、解散议会、宣布紧急状态等重要行政权力；国民议会享有立法和监督权；政府是由总统直辖的最高行政机构，向国民议会负责，司法独立。马里议会实行一院制。议员由直接普选产生。主要机构由执行局、专门委员会和议会党团组成。司法机构由最高法院、宪法法院、行政法院、上诉法院、重罪法庭、一审法院等机构组成。马里于 1991 年 3 月开始实行多党制，现有 104 个政党。马里是经济最不发达的国家之一。经济以农牧业为主，近年马里政府重点发展农业，加强水利、道路等基础设施建设，加快石油勘探和矿产开发。2017 年，国内生产总值为 153.34 亿美元。

二、广播电视监管体制与法律法规

1959年4月1日开始实施的第40号法令/PCG是广播电视领域的主要法律法规之一；1960年从殖民统治时期独立后，法语的媒体一直是只有知识分子精英才能看的，并通过这些媒体为知识分子掌权创造条件。直到1959年与媒体相关的第4号法令/PCC的出现，才有了真正的社会媒体机构。

在第一章“印刷和自由”第三条规定，所有的杂志或者是周期性出版的文字材料都可以被发表。

从1960年独立后，第255号法令/PG由国家颁发，成立了马里共和国媒体委员会。这使得第4号/PCC法令不仅仅停留在表面，而开始真正发挥作用。1960年9月22日的宪法修订案第5-61-25号以及1961年1月20日的第61号：马里共和国媒体委员会正式成立。它负责研究媒体相关问题并提出解决方案。

三、广播电视发展概况

马里媒体的历史可以追溯到1940年。马里拥有全国公共广播电台，此公共电台通过FM在巴马科及其周边地区公共广播（第二频道）、8个区域的公共电台和2个公共电视频道（母链和TM2）。所有这些电台都属于马里广播电视局（Office Dela Radiodiffusion Télévisiondu Mali，简称ORTM），它具有公共管理机构（EPA）与财务管理自主权的地位。

马里广播电台始终有政府的支持。1970年，政府兴建四个50千瓦发射机，距巴马科约6公里，均为卡蒂恰恰与中国合作的援助项目。这使得无线电台可以惠及许多西非国家，范围估计在2500公里左右，短波与调频（FM）都可收到。

马里有300余个广播电台（私营、联营或属共同FM广播频道）。这些广播电台大部分都通过当地语言进行广播。因此他们的播放对当地人民的生活质量和管理社会事务的方式都有着深远的影响。

然而，私人电视台的发展相对而言却要慢得多，目前只有一个私人卫星电视台Africable，它面向整个非洲地区播出（其中针对一些非洲国家用法语播出；另一些国家用班巴拉语播出）。但是由于数字地面电视的出现，将使电视台发展进入一个新的纪元，预计马里将从2015年6月底开始相关设施建设。

毛里求斯广播电视发展概况与管理体制

一、国家概况

毛里求斯共和国位于非洲大陆以东、印度洋西南部。包括本岛及罗德里格岛、圣布兰登群岛、阿加莱加群岛、查戈斯群岛（现由英国管辖）和特罗姆兰岛（现由法国管辖）等属岛。国土面积为2040平方公里，人口总人数为1356388（2017年7月），人口年龄中位数为35.3岁。官方语言为英语，法语亦普遍使用。主要宗教为印度教、基督教和伊斯兰教。毛里求斯是议会共和制国家，总统为礼仪性国家元首，由总理提名，经议会批准后产生。总理由议会多数党领袖担任，行使国家行政权，有组成和改组政府以及解散议会、提前举行大选的权力。实行多党制及立法、行政、司法三权分立制度。毛里求斯实行一院制，国民议会为国家最高立法机构。负责制定法律、讨论国家政策，批准政府各项法令和财政预算。最高法院是国家最高司法机构。最高法院由大法官、次席大法官以及陪席推事组成。毛里求斯是非洲经济发展较好的国家之一，对国际市场依赖性较大。2017 年，国内生产总值（GDP）为 132.66 亿美元。

二、广播电视发展概况

毛里求斯没有特设的新闻媒体监管机构。2002 年之前，毛里求斯有一个国家广播电台。但随着毛里求斯开放无线电波频率，该台转变为私营性质。更多私营广播电台的建立，为听众提供了更广泛的选择，也赢得听众的兴趣和认可。毛里求斯的无线电频率由独立的第三方无线电管理机构进行电波的监管和执照发放。涉及互联网出版物，比如传统纸媒的网站，则是由信息通讯部的主管部门监督管理。

毛里求斯有《关于新闻媒体机构所有权的规定》，规定中指出：报纸最多只能占私营新闻媒体机构所有权的 20%，这些机构有言论和出版自由。由于没有新闻监督，媒体从业者依靠严格的自我监督进行工作。

毛里求斯仅有的一家电视台于 1964 年 8 月成立，即毛里求斯广播公司，为国有企业。同时，毛里求斯广播公司播放中央电视台、英国广播公司和法国电视台的节目。

三、广播电视主要机构

毛里求斯广播公司（Mauritius Broadcasting Corporation，简称 MBC） 该机构是毛里求斯国有的公共传播机构，每天用法语、克里奥尔语、英语、印地语、乌尔都语、比哈尔方言、泰米尔语、特拉古语、马拉地语、古吉拉提语、普通话 / 广东话和客家话共 12 种语言播出节目，拥有 17 个电视频道和 7 个广播频道。

毛里求斯广播公司于 1964 年 8 月成立，根据 7 号法案规定为独立法人团体，但其运营受到总理办公室指导。其前身是毛里求斯广播服务局，为政府事业单位。毛里求斯广播公司的主要职责是提供关于资讯、教育、文化和娱乐等方面的公共传播服务，保证独立客观，以满足大众对于资讯、教育、文化和娱乐的基本需求。

1965 年 2 月 8 日，MBC 频道以每日晚间播放三个小时节目的形式正式开播，首次电视直播在 1968 年。

1973 年起，毛里求斯广播公司开始淘汰黑白电视节目，到 1978 年，毛里求斯广播公司已经全面配备彩色电视节目制作设备和手段。2005 年，毛里求斯广播公司成为非洲首个开启地面数字电视频道的机构。

毛里求斯广播公司的广播频道有：

FM 频道：Taal FM,Kool FM,Music FM,Best FM；

AM 频道：Radio Mauritius,Radio Maurice。

毛里求斯广播公司的在数字平台播出的 17 个电视频道是：

MBC1、MBC2、MBC3、Digital4、Zoom TV、BBC World News、Bhojpuri Channel、France24、MBC Knowledge、Sports11、Cine12、DD Sahyadri、DD Podhigai、DD Saptagiri、DD16–Urdu Channel、Senn Kreol、CCTV，此外，MBC1 2 和 3 频道同时在模拟信号平台播出。

莫桑比克广播电视发展概况与管理体制

一、国家概况

莫桑比克共和国位于非洲东南部。南邻南非、斯威士兰，西界津巴布韦、赞比亚、马拉维，北接坦桑尼亚，东濒印度洋，国土面积为799380平方公里。人口总数为26573706（2017年7月），人口年龄中位数为17.2岁。官方语言为葡萄牙语，主要宗教为天主教和伊斯兰教。莫桑比克实行多党制，党政分开和司法独立；总统为国家元首和政府首脑，总统和议员均由全民直接选举产生，实行多种经济成分并存的市场经济。莫桑比克共和国议会是国家最高立法机构，共有250个议席，任期5年。司法机构设有最高法院及省、县、区级法院及共和国检察院。莫桑比克为农业国，是联合国宣布的世界最不发达国家和重债穷国之一。2017年，国内生产总值为126.46亿美元。

二、广播电视发展概况

莫桑比克实行公共广播和商业广播并存的双轨制。国家新闻办公室（Mozambique News Office，简称MNO）和交通通讯部分别负责内容和技术管理。1995年10月16日，莫桑比克根据国家总统令，取消了莫新闻部，成立了莫桑比克国家新闻办公室。新闻办公室直属总理府。其职责包括：协调和支持莫桑比克新闻事业发展，落实政府关于发展新闻事业的各项战略措施；沟通政府与各媒体之间的关系；为政府提供新闻支持；负责新闻管理；负责修订新闻法规；负责两性、预防艾滋病等敏感问题的宣传。新闻办公室直接管理国家电台、电视台、国家通讯社、新闻学校、公共新闻中心等7家媒体机构。交通通讯部负责电台、电视台频率分配和技术方面的管理。

三、广播电视主要机构

莫桑比克国家广播电台（National Radio Station of Mozambique，简称NRSM）

1975年莫桑比克独立后建立了国家广播电台。目前，通过15个频率播出节目，有1套节目覆盖全国，5个频率覆盖马普托省，分别播出新闻、音乐、体育、城市生活和英语节目，其他为地方台。国家广播电台在全国各省都有分台。根据莫交通通讯部的要求，正在从模拟向数字转换。

莫桑比克国家电视台（Television Station of Mozambique，简称TVM）

莫桑比克国家电视台成立于1981年，在莫电视业占主导地位。目前共有两个频道，第1频道每天播出18小时节目，覆盖全国，主要是新闻和娱乐节目，60%~70%是本土节目，其他为外国节目。在全国各省都有分台，分台除转播莫桑比克国家电视台节目外，可以插播当地新闻。第2频道于2012年3月开播，每天播出6小时，暂覆盖首都马普托市、楠普拉省省会楠普拉市和索法拉省省会贝拉市。近年来，由于政府的重视，国家电视台发展较快，正处于从模拟向数字化转换过程中，有40%的设备已更新为数字设备。

纳米比亚广播电视发展概况与管理体制

一、国家概况

纳米比亚共和国北同安哥拉、赞比亚为邻，东、南毗博茨瓦纳和南非，西濒大西洋。国土面积为824269平方公里，人口总数为2484780（2017年7月），人口年龄中位数为21.2岁。官方语言为英语，主要宗教为基督教。纳米比亚实行三权分立、两院议会和总统内阁制，总统为国家元首、政府首脑兼武装部队总司令。纳米比亚议会由国民议会和全国委员会组成。司法机构由最高法院、区法院和地方法院组成。最高法院大法官和总检察长由总统商内阁和司法咨询委员会后任命。区和地方法院法官由司法部长任命。纳米比亚是世界上海洋渔业资源最丰富的国家之一，铀、钻石等矿产资源和产量居非洲前列。矿业、渔业和农牧业为三大传统支柱产业，种植业、制造业较落后。2017 年，国内生产总值为 132.54 亿美元。

二、广播电视监管体制与法律法规

纳米比亚新闻与通信技术部（Ministry of Information Communication and Technology，简称 MICT）是国务院下属的媒体管理机构，主要负责监督管理国内媒体，并给予行业指导。纳米比亚新闻与通信技术部在全国 13 个行政区均设有办事机构（相当于我省级地方广电局），负责各个行政区内的媒体管理。

纳米比亚新闻与通信技术部下设有媒体规范管理局、平面媒体管理局、视听媒体管理局、媒体规划发展管理局和行政办公室。

媒体规范管理局负责颁发广播电台和电视台的运营执照。

平面媒体管理局负责颁发国内平面媒体运营执照以及平面媒体的监督管理、行业指导。

视听媒体管理局负责国内视听媒体的监督管理和行业指导。

媒体规划发展管理局负责制订媒体管理政策法规，制订本国媒体发展规划。

行政办公室负责部委人力资源、财务管理等行政事宜。

三、广播电视主要机构

（一）广播

纳米比亚广播公司（Namibia Broadcasting Corporation，简称 NBC）

NBC 是纳米比亚新闻与通信技术部的直属单位，有 19 套广播节目，覆盖全国 13 个行政区。

除国有 NBC 公司的 19 套广播外，还有约 15 家有影响力的私营广播，包括纳米比亚宇宙广播电台（Kosmos Radio，简称 KR）、纳米比亚大学广播台（University of Namibia Campus Radio，简称 UNCR）、纳米比亚动力一百商业电台（Radio Energy 100FM，简称 RE100FM）、纳米比亚基地调频社区广播电台（Base FM– Community Radio，简称 CR）等。

（二）电视

NBC 包括 3 套电视频道，在全国 13 个行政区播出。

除国有 NBC 公司的 3 套电视节目外，还有 2 家具有影响力并且全国范围播出的电视媒体，分别是非洲统一电视台（One African TV Station，简称 OATV）、TBN 电视台。其中，非洲统一电视台不仅实现纳米比亚全境覆盖，还可以向南非和周边国家播出电视节目；TBN 电视台是全国播出的私营宗教电视台。

除国有的三家垄断企业外，目前尚未有能提供视频产品服务的私营新媒体和移动媒体机构。

南非广播电视发展概况与管理体制

一、国家概况

南非共和国位于非洲大陆的最南端，国土面积为1219090平方公里。南非是世界上独一无二的拥有三个首都的国家。人口总数为54841552（2017年7月），人口年龄中位数为27.1岁。英语和阿非利卡语为通用语言。主要宗教为基督教、原始宗教、伊斯兰教和印度教。南非宪法规定实行行政、立法、司法三权分立制度，中央、省级和地方政府相互依存，各行其权。实行多党制。非洲人国民大会（African National Congress），简称非国大，是主要执政党。南非属于中等收入的发展中国家，也是非洲经济最发达的国家。自然资源十分丰富。金融、法律体系比较完善，通讯、交通、能源等基础设施良好。矿业、制造业、农业和服务业均较发达，是经济四大支柱。2017年，国内生产总值为3488.72亿美元。

二、广播电视监管体制与法律法规

（一）监管体制

1994年4月，南非政府为广播电视民营化而成立了南非独立广播管理局（Independent Broadcasting Authority，简称IBA），主要工作是发放营业执照、制定管理法规、管理和调控整个电视市场。2000年，南非独立广播管理局（IBA）和南非电信管理局（SATRA）合并，成立了南非独立通信管理局（Independent Communications Authority of South Africa，简称ICASA），负责发放广播和电视许可证，同时也处理外国投资问题。该管理局是目前南非电子广播和通信行业最为主要的监管机构。2002年，南非政府又成立了媒介发展和多元化管理局（Media Development and Diversification Authority，简称DMDDA），旨在保障由于历史原因而处于弱势的群体和个人获得接触媒体的机会，它是一个介于南非政府和媒体公司之间的组织。

（二）法律法规

目前，南非与电视传媒相关的法律法规主要有1999年《广播电视法》和2006年《电子传播法案》。其中，2006年法案既强调了内容和所有权的多样性，也强调了必须为公众服务。

根据南非传媒法规定，外资在私营电台和电视台占有股份不超过20%；另外，在某个地区的读者占有率达到20%并控制一份报纸的公司，不能在该地区同时拥有广播和电视。

就电视播出内容而言，南非传媒法做了非常细致的规定，并为不同类型的节目设定了最低限额和整体的内容百分比。例如，在南非公共电视台播出的电视剧中，至少55%是南非本土机构制作，商业电视台播出的电视剧必须有20%是来自南非。就纪录片而言，本国片源的比例在公共电视台和商业电视台中分别是50%和30%。儿童节目的“本土比例”对公共电视台和商业电视台而言分别是50%和25%。另外，根据规定，任何电视机构播出的本土节目中，至少有40%是由独立机构制作的。

三、广播电视发展概况

南非共和国的广播比埃及出现得更早。1923年南非铁路公司在约翰内斯堡创办了第一座广播电台。1924年，开普敦和德班相继开办了广播电台，1927年合并为非洲广播电台。1936 年根据广播法设立了公共事业型的南非广播公司。由于南非有多种民族语言，南非广播公司开办了多语种的全国性和地区性节目。南非 1966 年开办对外广播，用“南非之音”的呼号，使用英语、斯瓦希里语、法语和葡萄牙语等七种语言播出。

南非电视出现较晚，1970 年才开办电视。目前南非广播公司的电视部分有四套节目，分别使用英语、南非荷兰语、祖鲁语、豪萨语和其他当地语言播映。

南非实行单一的公共广播体制，南非广播公司独家垄断广播电视领域数十 年，其经费的四分之一来自视听费，四分之三来自广告收入。1986 年政府迫于国内外舆论压力，才批准设立私营的电视网。1986 年 10 月南非电子媒介电视网（Electronic Media Network，简称 M-NET）应运而生，它是现在南非多选择电视公司（Multi-choice，简称 MC）的前身。南非电子媒介电视网和非洲南部数字电视网能够提供卫星和有线电视服务。

南非通信部部长表示，希望于 2018 年 12 月前完成地面电视向数字化的过渡。但是经费如何保证以及机顶盒如何普及，现在依然是一个难题。

四、广播电视主要机构

南非广播公司（The South African Broadcasting Corporation，简称 SABC）

南非广播公司成立于 1963 年，是南非最大的广播电视机构，也是南非唯一的全国性公共广播电视机构。南非广播公司通过旗下的电视频道、广播频率为非洲地区用户提供新闻、资讯、娱乐、教育等多元化内容，在南非本土及非洲地区具有较大影响力。

南非广播公司共有 19 个广播电台，包括 8 个商业性和社区电台、11 个公共电台，每日平均成年听众总数超过 2000 万人。所有电台节目都有特定的听众对象，通过它们在全国各地的传送控制台和制作中心，以 FM、中波和短波向全国和国外发射，部分听众也可以通过卫星来收听南非广播公司的广播节目。此外，南非广播公司还管理一个名为非洲频道（Channel Africa，简称 CA）的对外广播电台，该电台是南非广播集团最重要的外宣广播频率，以英语、法语、葡萄牙语和斯瓦希里语面向非洲、欧洲及北美地区广播新闻、资讯等内容。

南非广播公司拥有 4 个免费电视频道、两个 24 小时播放的收费频道，共播出 11 种语言的节目，成年观众达 1400 万人。作为一个国有广播电视机构，南非广播公司在过去半个多世纪的时间里，给南非人民提供了多元化的节目。电视节目中大部分是英语节目，南非自己制作的肥皂剧和小型影视剧也非常受欢迎。出于教育和政治需要，全国和国际新闻节目使用 7 种语言在不同频道的不同时段播出。南非广播公司一台（SABC1）是南非最受欢迎的电视频道，收视份额达到 23.6%。其节目定位为年轻受众群体，主要以恩古尼语和英语播出。南非广播公司二台（SABC2）是家庭频道，节目以南非语和梭托语播出。南非广播公司三台（SABC3）是一个以商业模式运营的娱 乐频道，节目以英语播出。

南非广播公司的资金来源主要是商业广告（77%）、执照费（18%）、政府拨款（2%）以及节目销售、设施租赁等（3%）。

目前南非广播公司共有 3500 名全职员工，包括 500 多名新闻工作者。此外南非广播公司还以兼职和承包的形式聘用 1 万多名社会各类人才。

南非广播公司一直以来归国家所有，它从小到大的发展历程，跟南非的民主政治的发展是分不开的。在白人统治时代，南非广播公司虽然有一定的独立性，但政治色彩较浓。同时由于政府对广播电视事业的控制，整个南非的广播电视机构很少，广播电视领域的竞争也不太激烈。随着南非的政治逐步走向民主，对广播电视的管理也走向开放，到 1993 年 10 月，当时的南非白人政府通过了一条新的广播条例，即独立广播权限条例（Independent Broadcasting Authority Act，简称 IBAA）。该条例规定：所有广播节目必须独立于政府，这同时意味着南非广播公司的节目也要独立于政府。与此同时，政府根据这个条例对政府控制的南非广播公司的节目作了总结，发现南非广播公司作为一个新闻媒体并没有充分发挥其应有的功能，比如提供多元化内容、用多种语言广播等。

1999 年，根据南非广播条例，南非广播公司完成了所有必要的立法程序，正式开始公司化运作，为该机构向来为人争议的广播角色做出清晰的定位，为南非广播公司所属的电台、电视台节目制作的独立性，尤其是新闻的自主权在法律方面提供了有力的保障。公司化后的南非广播公司仍由国家控股，但政府并不能干涉其经营和新闻报道的自由。按照新的机制，政府官员不再是南非广播公司的最高领导者，而改由一个经国会选举产生、再由总统任命的董事会负责制订政策，而董事会再委任一个独立的行政总裁负责执行，采用适当的策略，以求达到公司的各项目标。其他的管理层成员也大部分从外面聘请，力求做到把适当的人安排在适当的位置上，像其他商业广播公司一样，控制运营成本、改善节目质量、提高公司竞争力。同时南非广播公司对内部各项工作进行了改革。比如，原有雇员不再是国家公务员，保留他们享有的福利，但公司每年会评估其表现，不合格者将被辞退；新加入者都以合约形式聘用，一般职员以 3 年为合约期，高层职员也只是五年合约，合约完成后，再根据其表现决定是否续约，以调动员工的积极性和培养其责任心。新闻报道是南非广播公司最重要的工作。经过多年的努力，南非广播公司已建立起遍及全国的新闻采编网络。由公司的编委会、新闻主管、编辑共同负责重大新闻和日常新闻报道。每天早晨 8:30 的编前会通过公司自己的互联网把全国各地的记者站联系在一起，汇总当天的情况，由编辑确定采访题目并安排播出时间。目前南非广播公司电视新闻已实现整点播出，内容随时更新，除了南非国内新闻外，还包括大量的国际新闻。

南非广播公司并非像原来一样全部依靠政府资助，现在其 70% 以上的收入来自节目的广告费、赞助费。同时南非政府规定，收看南非广播公司的节目，观众要支付电视牌费。每台电视机每年交 208 兰特（南非货币）。根据南非广播公司的统计，南非历年累计销售电视机约 804 万台，其中 509 万台彩电，295 万台黑白电视机。家庭电视机的拥有率为 60% 左右，不同人种电视机家庭拥有率分别为：黑人约 44%，有色人种 84%，亚洲人 95%，白人 96%。

2016 年开始，南非广播公司的管理层就一直遭受着各种丑闻的困扰。同年 12 月，首席执行官被迫引咎辞职后，南非广播公司陷入了从未有过的管理层和最高决策层空白的事态当中。2017 年 8 月，祖马总统也不得不开始对南非广播公司进行正式调查。

E.TV

E.TV 是除南非广播公司一台、二台和三台之外的第四个全国性开路免费频道。创办于 1998 年，目前覆盖全国 81% 人口，是南非唯一一家全国性私营开路免费电视台。该电视台每天 24 小时播出，节目内容包括新闻、情景剧、教育节目、连续剧和故事片等。45% 的节目是南非国产内容，包括每周在黄金时间播出的 4.5 小时电视剧。该电视台的主要股东是霍斯肯（Hosken）投资公司，它持有 64% 股份。

电子媒介网（Electronic Media Network，简称 M-Net）

M-Net 是南非最具影响力的付费电视频道，也是南非第一家私营电视 台。1993 年 10 月，电子媒介电视网发展成南非最大的民营媒介集团——米拉德媒体集团。该公司开办了数字化卫星电视运营平台多选公司，使南非成为非洲第一个拥有数字电视频道的国家。米拉德媒体集团注重发展国际业务，旗下的频道在 1992 年开始面向非洲播出，并从 1995 年起面向欧洲国家播出节目。

五、广播电视发展简史

1936 年　南非广播公司（SABC）成立，开始播送广播节目

1966 年　SABC 启动对外广播电台 Radio RSA（现名 Channel Africa，简称 CA）

1976 年　SABC 开始播送电视节目

1983 年　黑人居住地的 Bop-TV 开播

1985 年　SABC 转变为 4 个电视频道模式

1986 年　付费电视 M-Net 开播

1992 年　因人种隔离政策被废止（1991 年），SABC 重新编排了电视频道

1993 年　SABC 第一位女性和黑人主席马培赛卡萨布里（Dr. Ivy Matsepe-Casaburri）女士就任

独立广播权限条例（Independent Broadcasting Authority Act，简称 IBA 法）制定

1994 年　监管机构南非独立广播管理局（IBA）成立（3 月）

1995 年　卫星电视信号开播，SABC 的 3 个电视频道以及 11 个广播频率上星（10 月）

1998 年　SABC 兼并 Bop-TV（3 月）

商业电视台 E.TV 开播（10 月）

1999 年　1999 年《广播电视法》通过（4 月）

2000 年　南非独立广播管理局（IBA）和电子通信的监管机构南非电信管理局（SATRA）合并，成立了南非独立通信管理局（ICASA）（7 月）

2002 年　SABC 改组为政府持有 100% 股份的股份制公司 SABC Ltd.

政府向议会提交了广播电视法修正案（8 月）

2003 年　《2002 年广播电视法修正案》通过（3 月）

Bop-TV 等终止原先在黑人居住地的播送（7 月）

SABC 完全转变为股份制公司

2004 年　修正后的收视费制度生效（1 月）

2005 年　ICASA 提出数字地面电视信号的有关方案（1 月）

2006 年　《2005 年电子传播法案》开始施行（4 月）

《2006年南非独立通信监管法修正案》通过（6月）

2007年　政府宣布于2008年11月开始数字地面电视信号播出（2月）

2008年　政府宣布有关向数字地面电视信号转换的政策（8月）
数字地面电视信号开播（11月）

2009年　ICASA公布了数字地面电视实施细则（7月），但又将其撤销并公布了新的实施细则（9月）

2010年 SABC，Multi Choice，Super Sport开始播出高清电视信号
M-Net和E.TV开始采用DVB-T2模式试播数字地面电视信号（9月）

2013年　SABC开始通过卫星数字电视播送24小时新闻频道SAB CNews（8月）
中国系企业四达时代（Startimes）开始播送卫星电视Star Sat（10月）

2014年　数字广播开始试播（10月）

2016年　Multi Choice启动付费数字地面电视平台GOtv（2月）
ICASA公布了对国内制作节目比率的重新评估结果（3月）

尼日尔广播电视发展概况与管理体制

一、国家概况

尼日尔共和国位于撒哈拉沙漠南缘北纬11～23度、东经0～16度之间。系西非内陆国家，东邻乍得，西界马里、布基纳法索，南与贝宁、尼日利亚接壤，北与阿尔及利亚、利比亚毗连。国土面积为1267000平方公里，人口总数为19245344，人口年龄中位数为15.4岁。官方语言为法语。主要宗教为伊斯兰教和原始宗教。尼日尔实行半总统制。总统为国家元首和军队统帅，通过两轮多数选举产生。总理是政府首脑，领导、组织和协调政府工作，对国民议会负责。总统任免总理，并根据总理的提名，任免其他政府成员。尼日尔议会实行一院制。司法权由宪法法院、最高法院、国家行政法院、审计法院等行使。最高法院是最高司法机构。国家行政法院负责对行政权力机构越权进行初审和终审判决，对有关行政行为合法性的上诉进行衡量和解释。尼日尔以农牧业为主，是联合国公布的最不发达国家之一。2017年，国内生产总值为81.2亿美元。

二、广播电视主要机构

国家广播电台，创建于1958年，由法国海外广播公司统一管理。每天播音14小时，除用法语外，还用豪萨、哲尔玛、卡努里、阿拉伯、图布等8种民族语言广播，节目覆盖率为95%。法国国际广播电台在尼亚美建有广播站，每天24小时广播。

尼日尔共和国萨赫勒之声广播电台

1958年10月18日正式开播,1987年每周广播118小时,用10种语言广播（8种民族语言、法语和英语）。尼日尔共和国90%的人是文盲，政府很重视广播。近两年，国家投资105亿西非法郎（其中一部分向联邦德国贷款），请联邦用于转播更新技术设备。现在,《萨赫勒之声》广播通过6个地方转播台，可以覆盖全国有人口的地区。收音机在尼日尔很普遍，广大群众每天都听他们自己的语言广播。萨赫勒之声的节目比例是：新闻节目占27%，教育节目占27%，音乐娱乐节目占27%，文化节目占10%，广告占9%。所有节目都是面向农民的。萨赫勒电视台是1969年4月建立的，最初只办教育节目。

1979年开始举办时事新闻节目和文艺节目。1987年，电视台用9种语言举播出教育节目。每周二、四、六、日有时事新闻节目和文艺节目，每周共播出20小时。

萨赫勒电视台（Sahel Television，简称STV）

国家电视台，建于1975年。自1988年11月起每天播出，用法语和6种民族语言播放，可覆盖国土面积的70%和全国人口的80%。2001年12月开通TAL-TV数字频道。

尼日利亚广播电视发展概况与管理体制

一、国家概况

尼日利亚联邦共和国位于西非东南部，东邻喀麦隆，东北隔乍得湖与乍得 相望，西接贝宁，北界尼日尔，南濒大西洋几内亚湾。国土面积为923768平方公里。人口总数为190632261（2017年7月），人口年龄中位数为18.4岁。官方语言为英语。主要民族语言有豪萨语、约鲁巴语和伊博语。居民中50%信奉伊斯兰教，40%信奉基督教，10%信仰其他宗教。尼日利亚实行联邦制和三权分立的政治体制，总统为最高行政长官，领导内阁；国民议会分参、众两院，是国家最高立法机构；最高法院为最高司法机构。国民议会由参、众两院组成，议员由直接选举产生。尼日利亚原是非洲第一大经济体，石油系支柱产业，其他产业发展滞后，粮食不能自给，基础设施落后。近年来，尼政府加大对基础设施、农业和制造业的投入，推进电力、石油行业改革。2017年，国内生产总值为3757.45亿美元。

二、广播电视监管体制与法律法规

（一）监管体制

为了加强全国电视广播的统一管理和发展，尼日利亚政府于1977年5月成立了尼日利亚国家电视台，把全国划成6个电视区，每区设有电视局管辖3 ~ 4个台。全国各电视台均为联邦政府所有。电视局由总统特别新闻顾问直接负责。

1992年，尼日利亚成立了国家广播委员会（National Broadcasting Commission），具体负责全国广播电视工作，并负责颁发和更新营业执照。该委员会还负责制定广播电视法。尼日利亚大众传播业的政府主管部门是联邦新闻与文化部（the Federal Ministry of Information and Culture）。该部设有9个局。

1990年，尼日利亚政府首次出台了国家大众传媒政策。目的是首先建立一个合理系统的传媒体系，该体系为实现国家目标而服务；其次是建立传媒产业运营界限，巩固和促进国家利益；最后是为更好地管理传媒资源，促进国家的建设和发展。1992年，国家通讯委员会第38条法令建立了国家通讯委员会（NBC），并确定其主要责任是广播电视规制。1999年第38条法令以及1999年修正案成为国会法案，即《国家通讯委员会法》。法律终结了政府在广播电视的垄断，对产业内具有所有权和经营权的私人参与敞开了大门。根据《国家通讯委员会法》第三附件，广播电视播出牌照在初审期的有效期为五年，如希望继续经营其他的的电台，则牌照是需要更新的。当委员会认定该电台过去的表现与国家或公共利益不相符，或者出于对广播行业利益考虑，可拒绝更新该电台执照。广播电视公司必须是由尼日利亚人控股。

2004年4月，国家通讯委员会禁止转播国外电台电视台的实况新闻和新闻类节目，包括：免费地面电台不得完全或延时转播国外实况新闻节目，但是这并不妨碍国际惯例使用新闻节选；在此情况下，当地电台需要承担相应的编辑责任。根据《国家通讯委员会法》第三附件规定，电台和电视台的节目内容至少 60% 为本地内容，国外的内容不超过 40%。然后，尼日利亚广播电视准则对此附件进行了复审并规定本地节目内容至少 70%。对于有线电视或收费电视，本地内容不低于 20%。国家通讯委员会第 10 条取消了宗教组织和政府党派获得播出许可证的资格。[①]

（二）法律法规

1999 年尼日利亚宪法中有两节关于新闻表达自由的条款。《基本权利》第四章清楚的表述了新闻表达自由的权利；第 39 章第一条写到"每个人都被赋予 表达自由的权利，即可以不被妨碍地保持意见，接受观点和信息"。第二条描述的更详细"对本章第一条的概论不持有偏见，每个人都拥有通过各种媒介传播信息，观点和意见的权利"。对于广播，法律却做了不同的规定"除了联邦政府，各部族统治力量，总统授权的个人和机构以外，任何人无论出于何种目的，都不能通过电视台和无线电台表达观点和意见"。

宪法第二章描述了"国家政策的基本目标和指导原则"。第 22 节则是特别描述了媒体的角色。它指出，"出版业，广播电台，电视台和其他大众媒体机构应该任何时候符合本章中涵盖的基本目标，以及支持政府的职责和对人民的责任"。

国家大众传媒政策

1990 年，尼日利亚政府首次出台了国家大众传媒政策。该政策对于平面媒体有详细的规定，指出国家和私营的报纸，杂志和书刊可以共同存在，没有一方享有垄断权。它还指出反对垄断是防止一小部分富人或集团滥用平面媒体来实现自己的目的。

该政策指明，在任何时候，任何情况下新闻都是为尼日利亚国家利益服 务。媒体报道应该聚焦国家的发展，报道的国外事件对实现国家目标起到一定 的作用。政策指出，媒体是动员人民拥护国家政策和开展项目的工具，而这些 政策和项目都是为了提高人民生活水平，提高人们保护国家利益的意识。

国家大众传媒政策对电子媒体的规定：

•在健康、经济、文化和提升国家价值等各个方面发布正面信息。

•以国家的目标和前景为导向，为尼日利亚联邦共和国人民提供有效的广 播节目。

•播出的节目可以动员农村人口为国家发展而努力，并且提高农村人口的 生活水平。

•为国家统一和一体化进程做出积极的贡献；保证对国家各地区和人民持 有公正平衡的观点。

•为公众参与国家重要议题的讨论提供机会。

•为政府和人民提供交流的渠道。

•重视尼日利亚土著语言的新闻和其他节目的播出，加强和土著部落的 联系。

•保证所有传媒从业者对节目内容进行编辑的权利。

•规范和发展对新闻编辑和节目制作的政策，开创尼日利亚民族的精神 风貌。

•儿童和青少年节目要向儿童和青少年灌输本土的价值观，艰苦奋斗的精 神，爱国

---

① 李宇：《尼日利亚电视业发展概况》，载于《现代视听》2016 年 5 月

主义，民族主义，鼓励他们接受和欣赏国家的道德观念。

国家通讯委员会（修正案）法（1999）

1992年国家通讯委员会第38条法令建立的国家通讯委员会（National Broadcasting Committee，简称NBC）的主要责任是广播电视规制。尼日利亚在1999年回到公民，立宪政府时，法令（与1999年修正案）成为国会法案。因此，现被称为国家通讯委员会法。法律终结了政府在广播电视的垄断，对产业内具有所有权和经营权的私人参与敞开了大门。

法案第2条（1）规定委员会需要履行大量职责：建议联邦政府在广播电视领域的政策实施；通过信息部长向总统通报办理和推荐播出许可证申请事宜；进行研究和开发；建立行业准则和设置标准；解决公共投诉问题；促进公平和公正；促进本土文化和社区生活发展；统计收看率和渗透率；协调政府在跨国界传输和接受的相关政策；监测有害传播、干扰和非法传播；确定和采取制裁；批准发射功率，发射站位置，覆盖范围和设备类型；和为便于充分利用其功能而展开必要的其他活动。

其他功能包括：行业冲突的仲裁；确保其遵守国外和本地资本参与广播电 视播出的相关法律、法规和政策；作为关于广播电视播出的国家立法和监督顾 问；在尊重法律的条件下，保证和确保行业的自由和保护。

第2条（1）（b）和（c）规定国家通讯委员会在执照办理方面的职责是“受理，处理和考量许可证申请”，并“通过信息部长向总统通报和推荐申请相关事宜”，许可证的最终颁发权由总统掌握。这符合宪法赋予总统（并非独立的监管机构）权力来授予广播电视公司播出许可证，在广播电视公司实现国民议会法案规定的条件下，根据国家通讯委员会法（修改案）第三附件，广播电视播出牌照在初审期的有效期为五年，如希望继续经营她/他的电台，则牌照是需要更新的。当委员会认定该电台过去的表现与国家或公共利益不相符，或者出于对广播行业利益考虑，可拒绝更新该电台执照。广播电视公司必须是由 尼日利亚人控股。

2004年4月国家通讯委员会禁止转播国外电台电视台的实况新闻和新闻类节目。关于禁止转播国外新闻的法律依据是尼日利亚广播电视准则，它是由国家通讯委员会每三年复审和印刷一次的行业监管文件。准则内容包括：免费地面电台不得完全或延时转播国外实况新闻节目，但是这并不妨碍国际惯例使用新闻节选；在此情况下，当地电台需要承担相应的编辑责任。

国家通讯委员会第三附件规定电台和电视台的节目内容至少60%为本地内容，国外的内容不超过40%。然后，尼日利亚广播电视准则对此附件进行了复审，并规定本地节目内容至少70%。

对于有线电视或收费电视，本地内容不低于20%。国家通讯委员会第10条取消了宗教组织和政府党派获得播出许可证的资格。

广播电视播出执照持有者必须遵守1990年制定的国家大众传播政策的义务。国家通讯委员会用规则和程序的框架来补充这些义务，旨在“发展和加强尼日利亚广播电视业务的专业性”。它要求，例如，广播电视公司需要遵守基本专业原则，如谨慎、执着和在报道突发、灾难、骚乱、悲伤等新闻时的敏感性。

国家通讯委员会还要求广播公司需要遵守一系列法律，如《官方保密法》和相关煽动行为或言论的规定。未能遵守许可证条件的可能会受到 7 个类别的 制裁，如暂停和撤销执照。

立法和监管准则中规定了投诉和冲突管理机制。电台应遵守委员会的六段 式投诉和决议程序。事实上，政党、候选人和州政府已经提出投诉，已由国家 通讯委员会调查和仲裁。

1992 年第 85 条尼日利亚新闻委员会法案和 1999 年第 60 条尼日利亚新闻委员会（修正案）法案

尼日利亚新闻委员会（National Press Committee，简称 NPC）

是一个由 1992 年尼日利亚新闻委员会法案和 1999 年第 60 部修正法案建立的半国营机构，旨在确保保持尼日利亚新闻专业的高新闻标准。与大多数世界其他的新闻委员会一样，尼日利亚新闻委员会的主要功能是以道德标准为中心。

尼日利亚新闻委员会法案是一部来源于与政府和尼日利亚新闻组织（National Press Organization，简称 NPO）

之间的艰难商榷后所达成共识的法案，它是一部对产业主要控股人形成的保护伞作用的法案。这些控股人包括：尼日利亚记者联盟（National Union of Journalist，简称 NUJ），尼日利亚编辑协会（NGE）和尼日利亚报纸业主协会（NPAN）。

委员会的职责是仲裁媒体行为的投诉；进行研究和文献编集；培养高专业 标准；审查可能限制公共利益信息和免费获得新闻的发展需要；建议可预防和 补救的措施；确保保护记者的权力和特权。委员会享有制裁的权利，从谴责到 下令让媒体发表道歉，并建议尼日利亚记者联盟对其进一步的纪律处分。

法律要求所有记者都需要注册登记，尼日利亚记者联盟将会把注册后的记 者名单提交到尼日利亚新闻委员会。没有登记的记者属于违法行为。

其他法律对媒体业务的影响

淫秽出版物法（1961）

法律没有规定淫秽的定义，但是各州广泛认为，考虑到所有相关的情况，就整体而言，任何人阅读、观看或听到包含或具有淫秽内容的文章，而其效果是让人有堕落和腐败的倾向，则该文章被认定是淫秽的。该法案规定淫秽出版 物处罚条例，即监禁三年或处罚款或两者并罚。该法案规定地方法官可授予警 察搜索和没收淫秽出版物的权力。

煽动叛乱 – 刑法（1990）

目前刑法（1990）中第 50-52 条的指出，煽动叛乱的立法起源于 1916 年殖民刑法。根据第 50 条（1）规定，“煽动意图”被定义为一种意图：

对联邦军政府的首脑，政府首脑，或者是尼日利亚政府和宪法或司法部，报以仇恨或蔑视，或激发不满情绪的；

激励尼日利亚人通过非法手段，试图获得已经在尼日利亚被法律指 定后的改变；

唤起尼日利亚民众中的不满情绪；

引发尼日利亚不同阶级的憎恶和敌意。

一旦定罪，对于印刷、出版、销售、提供销售、分发或复制任何有关煽动性出版物的初罪，处以两年监禁或罚款或两者并罚，而惯犯则处以三年监禁。根据刑事法典（尼日利亚北部地区），处以最多 7 年监禁或罚款或两者并罚。

刑法第 58 条赋予司法部长可以禁止任何在他看来是“违背公共利益”的出版物。进口、销售、分销或复制任何禁止出版物将被定罪。

法律在第一款中规定：任何人发布或复制任何可能造成恐慌和惊慌的声 明、谣言或报道扰乱公共治安，且知道或有理由相信这份声明、谣言或报道是 伪造的，那么将犯有轻罪。罪犯应处以三年监禁。

《诽谤法》

1961 年《诽谤法》涵盖民事诽谤，包括：

对图片、画面、姿势及其他表意方法的语言描述；

通过无线电信传播的文字应当视为永久形式的出版物；

理由、公平评论和特权可作为诽谤案的辩护依据；

限制特权，如禁止出版诋毁宗教信仰或不雅物的出版物。

根据刑法第 375 条规定，诽谤行为的处罚是监禁一年，但是任何人因 发布诽谤信息而定罪且知道此信息是伪造的将处于两年监禁。

《信息自由法》

2011 年 5 月，尼日利亚成为第二个仅在西非拥有《信息自由法》的国家，赋予尼日利亚人们权力去揭示事实、打击腐败和确保官员和机构的可靠性。

三、广播电视发展概况

目前尼日利亚有 17 家私人电台、14 家私人电视台和 38 家付费电视台。

尼日利亚的广播开办于殖民地时期的 1936 年，1957 年成立尼日利亚联邦无线电广播公司，1978 年改称尼日利亚广播公司，1990 年改为现名尼日利亚联邦广播电台（简称 FRCN），受联邦政府新闻和通信部领导。主要负责对内广播，使用语言为英语，播出三套全国性节目。该公司在全国 20 州均有自己的电台，使用当地语言或英语。尼日利亚之声（The Voiceof Nigeria，简称 VON）的前身是尼日利亚广播公司对外广播部，1990 年正式脱离尼广播公司改为现名，主要负责用英语、法语、斯瓦希里语、豪萨语、阿拉伯等八种语言每天对外广播。1992 年，政府通过法案，成立媒体监管机构——“国家广播总局”（National Broadcasting Commission，简称 NBC），并且开始允许私营广播电视的出现。

尼日利亚是非洲第一家电视台的诞生地，1959 年 10 月开办于伊巴丹。1962 年尼日利亚国家电视台（NTA）成立。1977 年起，与地方电视台组成电视联播网。每晚从 8 点到 9 点半由拉各斯总台通过卫星向全国播出文艺和新闻节目。

尼日利亚电视网在尼日利亚 36 个州及联邦首都阿布贾都设立了一个台。与其对应的广播部分，即尼日利亚联邦广播公司的总部设在联邦首都，有四家地区总部，在 36 个州都设有附属台。联邦电视和广播覆盖了整个国家。每个州还有自己的电台，不过，不是每个州都有自己的电视台。

尼日利亚国家电视台由联邦政府新闻和通信部领导，总部设在阿布贾。该台有两套节目，日均播放时间 15 小时。各州均有电视台通过卫星转收国家电视台节目。

尼日利亚各大电视台的主要资助均来自宗教节目。南尼日利亚的教派主要 是基督教，布道者和教会每天都会购买时段进行传教、招募会众。北尼日利亚的教派主要是穆斯林，伊斯兰神职人员和清真寺也购买时段。尼日利亚各大电 视台大多数时间都成了这类付费节目的天下，没有准备的游客可能会误以为尼日利亚是个神权国家。

尼日利亚本预定于2012年6月前停播模拟电视信号，延期后，也未能依照国际电信联盟（ITU）的要求在2015年6月17日全面完成地面电视的数字化。直到2017年6月，也无法预计尼日利亚何时可以完成模拟电视向数字电视的转变。

2016年12月，国家通讯委员会（NBC）为了保证推进地面电视数字化所需要的财源，要求各个广播电视台向国家缴纳许可费，如果在2017年3月前不缴纳的话便会剥夺其广播电视许可证。缴纳期限虽然在之后进行了延长，但还是有100多个台未缴，总欠费额达到了50亿奈拉（尼日利亚货币单位）。

四、广播电视主要机构

（一）公共电视台

尼日利亚国家电视台（Nigerian Television Authority，简称 NTA）

NTA 拥有 30 多个直属地面电视台，这些电视台在播出全国性节目的同时，也制作和播出本地节目。NTA 于 1962 年由联邦政府在首都拉各斯建立。尼日利亚国家电视台建成后，它先后在全国 20 个州建立了电视台。从 1977 年 1 月开始，全国电视台组成电视联播网。每晚从 8 时到 9 时半由拉各斯总台通过卫星直接向各台联播文艺和新闻节目。1999 年，NTA 下辖电视台的数量达到了 30 个。2016 年，旗下电视台的数量达到了 101 个，包括城市电视台和社区电视台等。目前，NTA 播出 8 个全国性电视频道，包括新闻频道（NTA News 24）、综艺频道（NTA Entertainment）、教育频道（NTA Knowledge）、议会频道（NTA Parliament）、体育频道（NTA Sports 24），三个主要语种频道（豪萨语频道、约鲁巴语频道、伊博语频道）。另外，NTA 在每个州还开办了一个地方频道，例如在阿布贾就有“NTA 阿布贾频道”（NTA Abuja）。

作为国家电视台，NTA 的主要职责是为尼日利亚观众提供公共服务。总部位于阿布贾，员工总数约为 5000 人。目前，NTA 是非洲最大的电视机构之一。尼日利亚国家电视台由政府全额拨款。该台设立了理事会（Board of Directors）、管理委员会会（Board of Management），下辖区域经理、总经理、部门总监等。理事会包括 8 名理事，理事全由政府指定，台长执掌理事会。除台长之外，七位理事分别负责节目、新闻与时事节目、市场、财务、工程、特别任务、培训与基建。NTA 的业务主要包括五个部分：电视、资产管理与投资、教育电视制作、电视学院、融合电视等业务。该局在中国、英国、德国、美国、加拿大、加纳、埃及等 7 个国家设立了记者站。

此外，尼日利亚各州都拥有自己的电视播出机构，全国地区性频道共有 70 多个。

（二）私营电视台

除了公共电视台之外，尼日利亚目前较有影响的私营电视台还有 13 家。

多频电视台（Channels Television） 创办于 1993 年，随后在 1995 年正式开播。该台是尼日利亚颇具影响力的新闻频道，2016 年触达的观众达到了 2000 万。该台从 2000 年开始曾 10 次被尼日利亚媒体评价信托委员会评为“年度最佳电视台”，也是非洲第一个获得美国艾美奖提名的电视台。该台的旗舰栏目是“新闻晚 10 点”（News at Ten），在尼日利亚享有盛名。该台员工总数为 394 人，许多编辑记者是在欧洲、南非和美国接受的培训。

尼日利亚真实电视台（Reality TV） 该机构拥有较大的观众群体，该台播出了大量具有市场影响力的电视剧和体育节目等。银鸟电视台（Silverbird TV）隶属于当地的一个媒体集团，是一个娱乐综艺频道；该集团旗下控制着该国最主要的电影院。登革广播网（DBN）、非洲独立电视台（AIT）、米娜吉国际广播公司（MBI）等电视台较具影响力。

尼日音乐频道（Nigezie） 该机构是当地知名的音乐频道道。此外，尼日利亚音乐电视台（MTV’s Nigerzie Channel）是美国音乐电视台（MTV）在尼日利亚的本土频道，其节目既有尼日利亚本国的音乐和娱乐新闻，也有美国音乐电视台提供的内容。

当地还有一些宗教类频道，包括 TBN、IQRAA、emmanuel.TV、Dove TV 等，其中 IQRAA 是一个伊斯兰教频道。

尼日利亚是一个多民族国家，拥有 200 多个族群，说着 250 多种语言。英语是官方语言，同时广泛使用的本地语言还有豪萨语、伊格博语、约鲁巴语、富拉尼语、埃多语、伊多马语、福尔福尔德语、伊比比奥语和艾菲克语等。说豪萨语的人约占人口的 21%，说约鲁语的人约占 20%，说伊格博语的人约占 17%，说富拉尼语的人约占 7%；众多的少数族群使用其他语言。本地语言和英语混合而成的皮钦语也广泛流行。尼日利亚还有一些非英语频道，如 Orisu 频道是一个约鲁巴语频道，Farinuata 是一个豪萨语频道。

除了开路频道之外，还有一些在数字地面电视（DTT）平台上播出的频道，例如瓦帕电视台（WAP TV）等。瓦帕电视台（WAP TV）是一个综艺娱乐频道，最初主要是购买其他电视台的播出时段，后来在四达时代集团的播出平台上开播了一个频道，从节目运营商转变为频道运营商。

五、广播电视发展简史

1933 年　开始转播 BBC 面向海外播送的广播节目

1950 年　在主要城市设立广播电台 NBS

1959 年　开始播送电视节目

1960 年　尼日利亚独立

1961 年　面向国际的广播电台“尼日利亚之声（Voice of Nigeria）”开播

1977 年　国营电视联播网络 NTA 成立

1979 年　重编广播电台，设立 FRCN

1992 年　国家广播委员会（National Broadcasting Commission）成立

2007 年　开始播出地面数字电视信号

2016 年　首都阿布贾开始播出数字地面电视信号

塞内加尔广播电视发展概况与管理体制

一、国家概况

塞内加尔共和国位于非洲西部凸出部位的最西端。北接毛里塔尼亚，东邻马里，南接几内亚和几内亚比绍，西濒大西洋。国土面积为 196722 平方公里，人口总数为

14668522，人口年龄中位数为 18.8 岁。官方语言为法语，主要宗教为伊斯兰教。塞内加尔宪法规定，总统是国家元首和武装部队最高统帅，由直接普选产生。总理为政府首脑，由总统任命。塞内加尔国民议会由普选产生。司法权由宪法委员会、最高法院、审计法院、各级地方法院和法庭行使。塞内加尔是最不发达的国家之一，2017 年，国内生产总值为 210.7 亿美元。

二、广播电视监管体制与法律法规

1992 年 1 月 6 日的第 92-02 号法案，直接促成了塞内加尔国家广播电视公司的成立，随后在 2000 年 1 月 10 日该法案被第 2000-07 号法案进行了调整；1992 年 9 月 3 日第 92-57 号法案，与广播电视的多元化有关，该法案在 1998 年 3 月 2 日被第 98-09 号法案调整，促成了视听高级顾问委员会（H.C.A）的成立，随后又被 2006 年 1 月 4 日的第 2006-04 号法案废除，促成了国家视听调节顾问委员会（C.N.R.A）的成立；最后，1996 年 2 月 22 日的第 96-04 号法案，与社会传播机构和记者、技术人员相关。

另外，目前法律的实施主要基于以下几个目标：

•出于公众的利益，形成一个协调而且通用的法律框架，确保媒体的自由和在不同操作者间建立有助于合法竞争的环境，并符合科技、政治和司法发展的需要。

•有助于信息、各种节目的传播，同时有助于促进教育、文化、科学、宗教、社会和经济发展。

•加强媒体公共服务的职能，加强面向大众的工作使命感，提升内容的信息性、教育性和趣味性，以巩固国家的统一，促进区域相互之间的沟通，同样也促进社会 - 经济和文化的发展。

•注意公民、政党、公民社会相关组织、工会、管理者组织和其他组织在媒体上发表思想和意见的平等权利。

•促进私人领域，尤其是可靠和优质企业的发展。

•在法律、法规、公约和备忘录等允许的条件下，组织通用的审查。

•促进媒体自由，确保言论、意见和通讯自由，并且完全尊重自然人的尊严和公民的私人生活以及对思想、意见的多元化表达方式。

•促进艺术、科学和技术的发展，促进信息的自由流通。

•鼓励媒体工业的发展和国家文化的创新。

媒体机构方面的相关规定包括：

•视听传播企业和频道根据既定条件的法律而设立。

•视听传播企业和频道必须获取经营执照。

•所有广播站必须通过他们的名称加以区分，至少每隔 15 分钟播报一次，除非由于节目的性质无法进行播报。

•所有电视台都必须在屏幕上一直显示醒目的台标。

•本国和非洲的节目必须保持在日常广播节目的 60% 以上，这一百分比不包括重播。

•国家节目通过私人的视听传播制作，必须真实反映塞内加尔社会文化、政治和经济的现状。

•所有视听传播公司必须在黄金时间保证播放 60% 的塞内加尔语或非洲语言节目。

•所有视听传播公司必须保证有至少 45 天的该公司制作播出的节目的存储。

•视听传播公司必须注意不得播出带有淫秽或者含有暴力元素的电视节目。

•当视听传播公司播出一些禁止少数人观看的电影时，他们必须事先通过警告的方式警告电视观众。

•禁止播放含有色情片段的电影，除非已经获得了许可并进行了特殊处理，通过加密等手段进行技术处理。

•公共或者私人的视听传播公司必须免费播出消息类节目。

•所有公共和私人的视听传播机构的负责人要在收到观众对他们的服务或者公司有异议的 48 小时之内做出应答。

•回答必须在技术条件允许的情况下，向相关观众进行反应。

•回答的时长限制在节目的总时长之内。

•以上条例适用于对回答不满又产生新的异议的情况。

•给予自我监管行政机构开展自查的权力。

•重要事件不能通过排他性播出，即仅向一部分重要观众播出，而必须通过直播的方式进行追踪报道，并确保电视观众能自由收看节目。

全国信息和传播从业人员公会（SYNPICS）以及全国青年记者公约（CNJS）是保护记者权益的重要组织。这两个组织现在已经开始共同合作，推动新的集体公约的实施，以改善该领域从业人员的生活状况。目前在塞内加尔政府的监督下，与塞内加尔媒体编辑和传播顾问委员会开展了相关谈判。

三、广播电视发展概况

塞内加尔媒体环境的特点是信息和传媒传播媒介的多元性，主要通过以下几种方式实现：纸质传媒的迅速发展（有三十多种日报，十多种月刊和周刊杂志以及其他大量的信息获取渠道）；视听节目的自由传播（12 个电视台，其中 10 个是私人电视台，有四十多个商业广播电台，还有众多的外国广播电台和一百多个公共广播电台）以及互联网。

塞内加尔广播电视公司（Radio and Television Stationof Senegal，简称 RTS）、国家通讯社塞内加尔通讯社均为国有，都是由国家通过每年津贴的方式拨款。私人媒体机构不享受国家津贴，而是每年通过媒体扶持基金得到帮助，以减轻运营的负担。

塞舌尔广播电视发展概况与管理体制

一、国家概况

塞舌尔共和国是西南印度洋群岛国家，由 116 个大小岛屿组成。塞舌尔全国人口约 9.34 万。陆地面积 455.8 平方公里，领海面积约 40 万平方公里，专属海洋经济区面积约 140 万平方公里。人口总数为 93920，人口年龄中位数为 35.4 岁。通用语言为英语和法语，主要宗教为天主教和新教。塞舌尔实行立法、行政、司法三权分立，总统为国家元首兼政府首脑，全国武装部队总司令。塞舌尔议会称国民议会，一院制，为最高立法机构。司法机构由最高法院、上诉法院、治安法院和租赁委员会组成。塞舌尔经济以旅游、渔业和少量手工业为主。旅游业为经济第一支柱，创造七成以上的国内生产总值。2017 年，国内生产总值 14.98 亿美元。

二、广播电视发展概况

塞舌尔公共广播电台开播于 1945 年，每日播送 1 小时，由塞舌尔教育署主办，采用有线和无线传输方式。1965 年 7 月 10 日，塞舌尔电台开播。1983 年，塞舌尔开始公共电视服务，塞舌尔国家广播电视台（Radio and Television Stationof Seychelles，简称 RTS）从周五到周日进行播出。

1989 年，塞舌尔国家广播电视台的电视频道每周仅在晚上播出，随着塞舌尔国内对国际电视频道不断增长的需求，塞舌尔广播电视台采用了卫星传输方式。两年后，塞舌尔观众开始能够收看到由 RTS 转播的 CNN 的节目。

1992 年 5 月 1 日，RTS 更名为塞舌尔广播公司（Seychelles Broadcasting Corporation，简称 SBC），每周七天从早上 6 点至晚上 11 点播出。1997 年 5 月 30 日塞舌尔广播公司在 AM 广播外，还推出了 FM 广播。塞舌尔广播公司的使命是通过所有广播电视节目教育大众，传播讯息。作为一家公共广播电视机构，塞舌尔广播公司不能播出酒类和烟草类广告，所有节目都应以英、法、克里奥语三种语言播出。

近年来，塞舌尔广电取得了一定的技术进步，如塞舌尔广播公司已经采用了新的卫星接入设备，从而可以播出 CNN、BBC、CCTV、今日俄罗斯、法国 24 小时和 CFI 等国际频道。塞舌尔广播公司也与一些国际媒体建立了合作关系，向塞舌尔提供技术援助和人员培训。

塞舌尔广播公司的 AM 和 FM 广播现在在互联网上也可以收听。电视节目中，12:30 的午间新闻和晚间 8:00 的克里奥语新闻在互联网上也可以同步收看。

苏丹广播电视发展概况与管理体制

一、国家概况

苏丹共和国位于非洲东北部，红海西岸。北邻埃及，西接利比亚、乍得、中非，南毗南苏丹，东接埃塞俄比亚、厄立特里亚。东北濒临红海。国土面积为 188 万平方公里。人口总数为 37345935，人口年龄中位数为 19.9 岁。官方语言为阿拉伯语。主要宗教为伊斯兰教。苏丹是多种族、多文化、多宗教国家，国家实行建立在联邦制基础上的非中央集权制；总统是国家主权的最高代表，军队最高统帅，拥有立法、司法、行政最高裁决权，由全民选举产生；议会为立法机构，司法独立。国民议会为苏丹国家立法机构。司法体系全国设高级司法委员会，下设最高法院和总检察院。苏丹是联合国宣布的世界最不发达国家之一。2017 年，国内生产总值为 1174.88 亿美元。

二、广播电视发展概况

（一）广播

苏丹电台是 1940 年 5 月成立。在第二次世界大战期间，在恩图曼市广播每天半小时。该台从 1962 年开始，每天播出 17 小时，早上 6 点开始，晚上 11 点结束。2000 年首次推出数字系统，采用无线计算机网络的形式，数字设备从一家法国公司 NETIA 进口。

（二）电视

1962 年，苏丹电视台在喀土穆地区开播，信号覆盖喀土穆市、恩图曼以及喀土穆 Bahry。一年后，作为国家广播公司，与柏林签署技术合作合同。

20 世纪 70 年代，苏丹电视台扩大了传输范围，建立了卫星站。该台节目内容包括新闻、祈祷、古兰经诵经和各种娱乐节目，如儿童节目、人才竞赛、戏剧和纪录片。今天苏丹电视台在部分城市生活中占有较大的作用。SRTC 是第一个由政府拥有的地面电视台，苏丹电视台为主要负责机构。

坦桑尼亚广播电视发展概况及管理体制

一、国家概况

坦桑尼亚联合共和国位于非洲东部、赤道以南，东濒印度洋。国土面积为 94.5 万平方公里，人口总数为 53950935，人口年龄中位数为 17.7 岁。官方语言为斯瓦希里语和英语。坦桑尼亚设有联合政府和桑给巴尔政府。联合政府实行总统制，内阁由总统、副总统、总理、桑给巴尔总统和各部部长组成。根据现行宪法，坦桑尼亚总统为团结政府首脑，设第一和第二副总统。坦桑尼亚议会实行一院制，称国民议会，是联合共和国最高立法机构。坦桑尼亚是联合国宣布的世界最不发达国家之一。经济以农业为主，平年粮食基本自给。工业生产技术低下，日常消费品需进口。近年来，坦桑尼亚矿业和旅游业发展强劲，投资环境不断改善，外国直接投资持续增长。2017 年，国内生产总值为 520.9 亿美元。坦桑尼亚重视发展民族文化，大力推广斯瓦希里语。设有国家艺术委员会、国家斯语委员会、图书馆服务理事会和民间文化协会等。坦桑尼亚是非洲文盲率最低的国家之一，实行小学免费义务教育。

二、广播电视监管体制与法律法规

1994 年政府首次颁发四个许可证给 ITV ／第一广播电台（RadioOne，简称 RO）、图麦尼广播电台、海岸电视台和达累斯萨拉姆电视台，此后，广播媒体发展迅速。

许可证由坦桑尼亚广播监管部门——坦桑尼亚广播委员会（Tanzania Broadcasting Committee，简称 TBC）根据 1993 年《国家信息和广播政策》颁发。

该政策将私营广播媒体播出范围限制在 25% 的国土面积之内，具体覆盖 5 个地理区域。作为公共服务广播商，坦桑尼亚广播电台是唯一提供全民服务的媒体机构，覆盖全国，在频谱资源和覆盖范围方面没有任何限制。

作为广播监管部门，坦桑尼亚广播委员会在处理广播服务申请书时，大致采用先来先得的方法，进行评估后颁发证书。这符合 1993 年《广播服务法案》和 2000 年《广播监管法案》相关规定的要求。

这些法律法规明确了广播商应该怎样制作和传播新闻、时事、戏曲、直播、电影、儿童节目和外国节目，并为节目覆盖、发射机场地和减轻干扰提供了技术规范。

广播台在某一特定的广播时间段内，60% 内容是当地内容，40% 是外国内容。

广播服务申请成功后，运营频率的分配须与电信监管部门——坦桑尼亚通信委员会（Tanzania Communications Commission, 简称 TCC）协商解决。

政府决定于 2003 年把坦桑尼亚通信委员会和坦桑尼亚广播委员会合二为一，成立坦桑尼亚通信管理局（Communications Regulatory Authority, 简称 TCRA），以提高效率、降低成本。作为一个独立机构，坦桑尼亚通信管理局为广播电视以及电子传播行业提供服务、制定规范和颁发执照。坦桑尼亚通信管理局的理事会由主席、副主席、局长以及四位理事组成，其中主席和副主席由总统任命，局长由部长直接任命，另外四位理事则由部长协商确定。除了局长之外，理事会的其他成员均是非执行董事，不具有行政权力。

坦桑尼亚通信管理局接管了广播和电信监管部门的职能，成为坦桑尼亚广播、电信信息、IT 和邮政服务业的一站式监管中心。坦桑尼亚通信管理局还继承了电信监管业的两个法律，即 1993 年《广播服务法案》和 1993 年《坦桑尼亚电信法案》。

坦桑尼亚通信管理局于 2005 年出台了《统一许可证框架规定》（CLF），为通信行业更快发展创造了一个更加便利的环境。

《统一许可证框架规定》创造了灵活但严格的许可证框架制度，从技术和服务的角度来看，它是中立的。所有通信服务申请人，都要属于任一下列类别：

•网络设施许可（Network Facility License）

•网络服务许可（Network Services License）

•内容服务许可（Content Services License）

•应用服务许可（Application Services License）

《统一许可证框架规定》极大地推动了通信行业的快速发展。目前，通信行业拥有 2800 万移动用户，其中相当一部分使用智能手机收听收看广播电视节目。

广播服务运营商从 1993 年的一个无线电台，增加到今天的 104 个；从 1993 年坦桑尼亚大陆零电视，增长到今天的 28 个电视台。付费广播服务提供商的数量也在不断增长，他们主要提供有线电视和直接入户电视服务，即数字卫星电视（DSTV）、肯尼亚有线电视网祖库（ZUKU）、乌干达阿扎姆电视（AZAM TV）、数码科技（DIGITEK）、大陆电视（CONTINENTAL）、交互式网络电视（IPTV）。

2010 年，政府合并了两个分立的法律，颁布实施《电子和邮政通信法案 2010》（EPOCA）。这一立法赋予坦桑尼亚通信管理局更多的监督权利，以对这个行业进行规范和管理。这两个分立的法律之所以合并，很大程度上是因为技术的进步，尤其是数字化的发展使技术趋于融合，电信与广播的界限已经模糊不清。更重要的是在制度层面加以改善，以避免两个分立的法律互为参照。《电子和邮政通信法案 2010》（EPOCA）加速了通信行业的发展，为国民经济做出了显著的贡献。法案将信号分布引入广播价值链，为广播行业数字化发展铺平了道路。2011 年的《数字和其他广播网络法规》把广播商和运营商的功能区分开来；广播商称为内容服务提供商，运营商称为信号分发商。广播业价值链上的这一变化，给广播业创造了更多空间和价值，开辟了新的投资商机。为创造一个更有活力的广播产业，通信管理局于 2014 年 11 月引入“邀请申请”（ITA）的机制，来处理个别许可证的发放，包括内容服务的提供。依据这一规定，通信管理局可以通过媒体公告那些有广播服务频谱的区域，而不是采用先来先得的方法，因为先来先得不能保证广播服务在国内的平衡和公平分布。

三、广播电视发展概况

坦桑尼亚经济的历史性发展，也显示了媒体从一个时代到另一个时代的不断蜕变。这可以概括为四个时期：独立前、独立后、经济自由化时期和现代数字化时代。

第一个广播电台是由殖民者于 1951 年 7 月 1 日建立的，命名为达累斯萨拉姆之声。电台是试验性的，用的是一个从陆军退役的旧发射机，播送斯瓦希里语节目，每周播出一个小时，只服务于达累斯萨拉姆市的部分地区。后来，在 1955 年，电台服务扩展到整个国家，新建了演播室，有大功率的发射机，之后电台更名为坦噶尼喀广播公司（Tanganyika Boardcasting Corporation，简称 TBC）。

独立后这一时期，广播行业进行了改革，于 1965 年 7 月 1 日成立了坦桑尼亚达累斯萨拉姆广播电台（RTD）。电台使用中波和短波，为民众提供教育类节目，支持解放运动，开展反对帝国主义宣传，推进非洲国家之间的合作，尤其在南部非洲和东部非洲之间的合作。

RTD 电台也向公众提供各方面的教育和信息，比如农业、消除贫困、政治和卫生健康。RTD 由三个不同的电台组成：国家台、商业台和对外服务台。当时 RTD 是坦桑尼亚国内仅有的电台，由政府所有。

1993 年政府允许广播设备（无线电和电视）私有制。这就是经济自由化时期，广播政策发生了变化，允许成立私有媒体。

1994 年晚些时候有 5 家私营广播电视机构开始提供服务，它们是 Raidio One 广播电台、图麦尼广播电台（Radio Tumaini）、海岸电视台（Coast Television，简称 CTN）、达累斯萨拉姆电视台（Dar es Salaam Television，简称 DTV）和独立电视台（Independent Television，简称 ITV）。到 2015 年 6 月，全国有 104 家广播电台和 28 家电视台，其中 90% 为私有。另外还有数量不断增长的有线和付费电视运营商（数字地面电视（DTT）、直播到户卫星电视和 IPTV）。所有当地国营电视台都免费播送节目，包括国家电视台、有线台、区域台、地方台和宗教台。

广播电视产业的大发展，得益于良好的政策支持以及 2003 年以来广播与电信业的融合，这为所有运营商提供了一个相对公平的竞争环境，也为广播电视业增加投资创造了机会。

2013 年 1 月，坦桑尼亚宣布完成了模拟转数字的进程。在非洲国家中，坦桑尼亚是最早完成从模拟到数字转换的国家之一；在东部非洲国家中，坦桑尼亚也是第一个完成数字化转换的国家（国际电信联盟 ITU 建议 2015 年 6 月 17 日前完成转换）。数字化改变了把内容发送到最终用户的方式。

过去无变化不做改动互联网的普及率还很低，而现在大约有 1200 万用户。语音和数据用户的增长绝大部分是在城市地区（60%）。现在大多数人，尤其是年轻人，都有智能电话，可以用 Facebook、Twitter、Instagram、Badoo 等来互动。

四、广播电视主要机构

坦桑尼亚较有影响的全国性电视播出机构主要有四家：即独立电视台（Independent Television，简称 ITV）、国家电视台（Television Station of Tanzania，简称 TVT）、明星电视台（Star TV）和电视十台（Channel10）。

坦桑尼亚独立电视台（ITV） 该机构是坦桑尼亚第一家私营电视台，创办于 1994 年。坦桑尼亚独立电视台是坦桑尼亚规模最大的私营电视台，通过卫星覆盖整个非洲大陆。它以英语和斯瓦希里语播出，早期曾与中国合作播放电视连续剧《西游记》。

坦桑尼亚国家电视台（TVT） 该机构是坦桑尼亚公共电视台，隶属于坦桑尼亚国家广播公司（TBC）。该台在 2012 年曾播出斯瓦希里语版的《媳妇的美好时代》，并获得较好的收视反映。

坦桑尼亚明星电视台（Star TV） 开播于2000年，隶属于撒哈拉传媒集团（Sahara Communications，简称SC）。**坦桑尼亚电视十台（Channel10）** 该机构隶属于南非ETV。

主要广播电台：

台名	授权服务地区	总部所在地
TBC Taifa TBC民族广播电台	National 全国	Daressalaam 达累斯萨拉姆
Radio One 广播电台	National 全国	Daressalaam 达累斯萨拉姆
Radio Free Africa- RFA 自由非洲广播电台—RFA	National 全国	Daressalaam 达累斯萨拉姆
East Africa Radio 东非广播电台	National 全国	Daressalaam 达累斯萨拉姆
Clouds FM 云调频电台	National 全国	Dar es salaam 达累斯萨拉姆
Capital Radio 首都广播电台	National 全国	Dar es salaam 达累斯萨拉姆

主要电视台：

台名	授权的服务地区	总部所在地
Independent Television Ltd（ITV） 独立电视台	National 全国	Daressalaam 达累斯萨拉姆
Star TV 明星电视台	National 全国	
Channel Ten Television 电视十台	National 全国	
TBC 1 坦桑尼亚国家广播公司1频道	National 全国	
East Africa Television（EATV） 东非电视台	National 全国	

突尼斯广播电视发展概况与管理体制

一、国家概况

突尼斯全称突尼斯共和国，位于非洲大陆最北端，北部和东部面临地中海，隔突尼斯海峡与意大利的西西里岛相望，地理位置十分重要。突尼斯国土面积为16.2平方公里，总人口数为11403800（2017年7月），人口年龄中位数为31.6岁。通用语言为阿拉伯语，伊斯兰教为国教，少数人信奉天主教、犹太教。2014年1月，突尼斯制宪议会通过新宪法，确定实行共和制，总统由直选产生，任期五年，不得超过两届，实行一院制，立法机构称人民代表大会。突尼斯经济中工业、农业、服务业并重。2017 年，国内生产总值为 399.52 亿美元。

二、广播电视监管体制与法律法规

在 2007 年之前，突尼斯在广播电视领域并没有成文的法律条文，只有政府发布的一些法律声明，直到 2007 年才制订一部广播电视领域的立法。但是，2010 年突尼斯发生了茉莉花革命，这部立法在 2011 年进行修改，产生了 116 号立法。2010 年突尼斯视听通信独立最高委员会成立，116 号立法就是由该委员会制订。该委员会不能直接监督管理任何公立和私立的广播电台和电视台，只起到协调的作用，监督和管理的职能还是由政府承担。1994 年法令，由突尼斯文化艺术知识产权委员会制订，负责播出版权和知识产权的保护与管理。

2011 年 12 月 22 日，由 10 月 23 日选举所产生的新的民主政府首脑——Hamadi Jebali，在向制宪议会陈述政府规划时指出，信息领域享有所有应得的权利，自由、多样、独立地为实现无限制社会的目标服务。他强调“监管及审查的时代过去了”。Ali Larayedh 领导的新的过渡政府，在 2013 年继承了这一制度，并保证新闻领域的独立和自由。

国家传媒信息改革组织（INRIC）成立于 2011 年 3 月 2 日，是突尼斯媒体监管机构。2011 年 11 月 2 日 No.115 号法令规定了新的新闻、编辑、印刷法规的法令，致力于取代被记者认为过于严厉的 1975 年新闻法。法令禁止了内务部对任何新闻编辑领域的干涉，并把这一权利归集到司法机关。在旧新闻法规定的 12 项剥夺自由的刑责中，只有三项被保留，其中两项是国际公约中规定并被突尼斯所承认的。新的新闻法用简单的申报制度取代了针对书籍、作品、期刊出版的审批制度。新闻法同样规定了记者证由国家记者职业证书颁发独立委员会发放。该委员会任期 4 年，由 7 名委员组成。由一名行政法庭法官担任主席职务。除了纸质媒体和视听媒体，突尼斯新闻法第一次对电子媒体做了相关规定。2011 年 11 月 2 日 No.115 号法令对视听传媒高级独立机构做出了相关规定，填补了突尼斯在本·阿里时代从未有视听媒体监管机构的法律空白。受法国及比利时视听高级委员会法律条款的启发，此法令保证了视听媒体的自由。

三、广播电视发展概况

（一）广播发展概况

1938 年 9 月 15 日，突尼斯首个广播电台选址首都并用法语广播，其中部分阿拉伯语节目由突尼斯作家奥斯曼·卡尔坷运营。电台随后于 1939 年正式更名为突尼斯广播电台。到 1953 年，电台由阿拉伯语播出节目的时长发展到每天 7 小时。在 1955 年国家独立的谈判中，突尼斯也就突尼斯广播电台的问题与法国进行了协商。在这之后的 1956 年 10 月 29 日，两国完成了突尼斯广播电台文件的签署，依照这份文件，突尼斯政府将负责电台的管理和投资，并筹备组建突尼斯广播电视公司。该公司于 1957 年 4 月 25 日创办完成，同时突尼斯广播电台进入了一个新阶段。其间，电台所扮演的文化角色，在通过阿拉伯语建设突尼斯社会以及用以满足这一历史时期不同需求形形色色的节目在网络上传播做出了贡献。而突尼斯国际广播电台的诞生则是为了对其他语言和文化打开大门。

（二）电视发展概况

突尼斯电视电视业始于 20 世纪 60 年代。1966 年 6 月，突尼斯国家电视台（Tunis Television Broadcasting Service，简称 TTBS）正式开始播出。1978 年，突尼斯国家电视台开办了彩色台，采用法国 Secam 系统，用阿拉伯语和法语播出。经过几十年发展，突尼斯逐渐实施了公私并存的管理体制。2011 年 1 月，突尼斯政局发生变化，电视业也经历了一场变革。国有的电视频道改组并更名，到 2012 年 12 月时，电视资料存储量达到了最佳储备状态，包括国内外传统、现代节目在内约 144181 带节目。此外，突尼斯私营电视台发展较为迅速。2004 年，汉尼拔电视台（Hannibal TV）开播，它是一个私营卫星频道，隶属于突尼斯企业家，该频道覆盖了突尼斯 60% 左右的人口。该电视台在 2007 年和 2008 年分别开播了两个新频道，并通过尼罗河卫星播出。突尼斯电视用户主要收看免费卫星电视频道。除了直播到户卫星电视之外，突尼斯没有发展有线电视或交互式网络电视。突尼斯民众主要收看尼罗河卫星和阿拉伯卫星上播出的数百个数字阿拉伯语频道。就电视收看渠道而言，85% 的电视用户通过直播到户卫星电视收看节目，10% 是模拟地面电视用户，另外有 5% 是数字地面电视用户。

四、广播电视主要机构

突尼斯电视一台（Tunisian TV 1）

突尼斯国家电视台原第 7 频道（Channel 7）改组并更名为突尼斯第一电视频道（Tunisian TV 1），是一个综合频道。直播节目占 33%，录播节目占 67%。节目内容方面，文化类节目占 10%，服务类节目占 11%，儿童类节目占 16%，娱乐类节目占 19%，喜剧电视剧类节目占 19%，社会政策类占 25%。

突尼斯电视二台（Tunisian TV 2）

突尼斯国家电视台原 21 频道（Canal 21）被改组并更名为突尼斯第二电视频道（Tunisian TV 2），是一个新闻频道。直播节目占 33%，录播节目占 67%。节目内容方面，国产节目占 65%，进口节目占 35%。

乌干达广播电视发展概况与管理体制

一、国家概况

乌干达共和国，位于非洲东部、地跨赤道的内陆国。东邻肯尼亚，南与坦桑尼亚和卢旺达交界，西与刚果民主共和国接壤，北与南苏丹毗连。国土面积为 241550 平方公里。总人口数为 39570125（2017 年 7 月），人口年龄中位数为 15.8 岁。通用语言为英语和斯瓦希里语。居民主要信奉天主教（占总人口 45%）、基督教新教（40%）、伊斯兰教（11%），其余信奉东正教和原始拜物教。1986 年穆塞韦尼执政后，结束了乌连年内战的混乱状态，建立并逐步完善以乌干达全国抵抗运动（1995 年后更名为乌干达全国运动，2003 年改为全国抵抗运动组织，以下简称“抵运”）为核心的独特的“运动制”政治体制（为乌特有的一种党政合一的政治制度，它包容各政党、民族、教派和各界人士，允许政党存在但限制其活动），力促民族和解，化解宗教矛盾，组成了以“抵运”为主，兼顾各方利益的基础广泛的联合政府，政局日趋稳定。农牧业在乌国民经济中占主导地位，分别占国内生产总值的70%和出口收入的95%，粮食自给有余。工业落后，企业数量少、设备差、开工率低。对外贸易在乌国民经济中占重要地位。乌干达共和国是联合国公布的世界最不发达国家之一。由于连年战乱，经济一度濒临崩溃。2017年，国内生产总值（GDP）为259.95亿美元。

二、广播电视发展概况

乌干达电视业肇始于1963年。目前，乌干达全国共有9家电视台，包括乌干达国家广播公司（UBC）、WBS、NTV、NBS、FACE TV、SALAM、TOP TV、TV WEST、Bukedde TV其中仅有3家电视台能覆盖全国。就电视台属性来说，乌干达国家广播公司（UBC）是国有媒体，其余都是私营媒体。

观众是电视业发展的基础。该国人口主要生活在农村，人口的城市率仅为16.1%。就人口的年龄结构来看，乌干达人口年龄相对较为年轻，该国24岁及以下年龄段的人口比例达到了69.6%。

乌干达对于电视节目播出以及境外电视节目的引进播出都有相应的规定。乌干达通信委员会（UCC）在2013年5月宣布，该国电视台必须要将本土节目内容置于较境外节目更为重要的位置，确保本土节目的播出时间，以促进文化认同和本土传媒业发展。根据该委员会的规定，在晚间6点到11点期间，乌干达境内开路电视台必须将70%的时间用于播出本土节目，其中50%必须是电视剧、喜剧和真人秀节目，10%是纪录片，另外体育和儿童节目各占5%。对于付费电视台而言，全年播出的节目中，20%的内容必须是乌干达制作的。[①]

三、广播电视主要机构

乌干达广播公司（UBC）创办于1965年，是乌干达的国家电视台，由政府所有。2016年该台播出2个电视频道和11套广播频率。乌干达广播公司电视频道包括“UBC”和“Star TV”。UBC频道最早开播于1963年，目前以英语播出，频道定位为综合频道。Star TV频道开播于2010年，以卢干达语播出，频道定位为综合频道，目标观众主要是青年。2016年，乌干达广播公司员工总数约500人。该广播公司的收入主要是广告等经营性收入，政府拨款仅占收入来源的10%。目前，乌干达广播公司正在积极推进数字化，从2010年开始投入500万美元建设一期工程，已经建成了一个高清数字演播室、控制室、新闻编辑室和节目制作室等。该台原有演播室及编辑设备多为日本援助，数字化一期工程的设备主要从日本购买。

除了乌干达国家广播公司之外，另外八个频道都是私营媒体。WBS电视台侧重娱乐节目，NTV是一个以播出本地新闻为主的综合频道，NBS是一个综合频道，FACE TV则侧重于音乐节目。SALAM开播于2015年，是当地唯一一家穆斯林频道。TOP TV开播于2013年，是一个音乐频道。TV WEST主要覆盖乌干达西部，以播出乌干达当地新闻为主，也播出电影，其新闻节目颇有影响力。Bukedde TV播出两个频道，Bukedde TV1是卢干达语频道，以播出国际引进节目为主；Bukedde TV2是英语频道，定位为综合频道。

---

① 李宇：《乌干达电视业发展概况》，载于《现代视听》2016年6月。

赞比亚广播电视发展概况与管理体制

一、国家概况

赞比亚共和国是非洲中南部的一个内陆国家，大部分属于高原地区。北靠刚果民主共和国、东北邻坦桑尼亚、东面和马拉维接壤、东南和莫桑比克相连、南接津巴布韦、博茨瓦纳和纳米比亚，西面与安哥拉相邻。国土面积为 752614 平方公里。人口总数为 15972000，人口年龄中位数为 16.8 岁。官方语言为英语，主要宗教为基督教和天主教。赞比亚实行总统内阁制。总统为国家元首、政府首脑及军队总司令，由普选产生。实行总统内阁制，增设副总统，内阁部长由总统从议员中任命；实行立法、司法和行政三权分立；国民议会是赞比亚国家最高立法机关，实行一院制。司法机构由最高法院、高等法院、劳资关系法院、初级法院和地方法庭组成。赞比亚经济主要包括农业、矿业和服务业，其中矿业占重要地位。2017 年，国内生产总值为 258.68 亿美元。

二、广播电视监管体制与法律法规

独立广播管理机构是赞比亚的媒体规范机构。2002 年颁布的《独立广播管理机构法案》在 2010 年修订，赋予新闻部长任命该管理机构董事会的权利。

2010 年颁布的《赞比亚国家广播公司法案（修订版）》规定新闻部长可以不必接受任命委员会的提名而确定该公司董事会。但是，部长的人选必须经过内阁的审议。由董事会选举国营广播公司的总裁。

2010 年，广电行业内部形成了自我监督的团体，并决议成立赞比亚媒体道德委员会（Zambia Media Ethics Council，简称 ZAMEC）起草和颁布媒体行业职业道德标准。2012 年，赞比亚媒体道德委员会成立，拥有赞比亚三分之二媒体从业者的公共媒体也参与进来。

三、广播电视发展概况

赞比亚国家广播公司是根据 1987 年的赞比亚内阁法案 154 条规定，撤销原新闻和传播服务部下属部门 - 赞比亚广播服务局，转而成立法定机构——赞比亚国家广播公司，目的是为赞比亚全国提供公共播出服务。

赞比亚国家广播公司是赞比亚新闻传播与旅游部下属政府部门，主要提供三项国内广播电视服务，是赞比亚历史最久、范围最广、规模最大的广播电视服务供应商。

赞比亚国家广播公司主要播报国内新闻。越来越多的私营广播电台，包括一些社区广播站，都在自由运营，还有四个私营电视台。国外的广播电视服务在赞比亚也不受管制，许多付费电视频道在赞比亚可以收看。

赞比亚主要的广播台有：ZNBC（Zambia National Broadcasting Corporation，国营），QFM（私营、卢萨卡音乐台），Radio Phoenix（私营），Radio Icengelo（教会广播），Breeze FM（私营、奇帕塔），Yatsani Radio（天主教广播），RadioChoice（私营、卢萨卡）等。

广播以其较低的准入门槛，成为赞比亚人获取信息的主要媒介。但是由于基础设施不完善，私营广播台站运营环境较差；由于经济因素，除了国营的赞比亚国家广播公司主导的广播市场，私营电台仅仅依靠项目赞助和薄弱的广告收入运营，难以维系。广播节目品类较少，难以为听众提供多样化的选择。

国营和私营电视台的信号在赞比亚全国的覆盖能力都很有限。由于新闻用纸和墨水（包括较高的进口关税），印刷、发行的成本较高，纸媒机构吸引更多读者的能力有限。政府有时用登广告作为交换，影响媒体的新闻报道。

赞比亚转播英国广播公司国际频道节目（在首都卢萨卡和基特韦的调频是 FM98.1）。

电视和报纸在赞比亚占据较大市场，但由于赞比亚经济资源匮乏、农村道路不畅、英语语言能力不强，这些成为影响电视和报纸占据市场主导地位的主要因素。

四、广播电视主要机构

赞比亚国家广播公司（Zambia National Broadcasting Corporation，简称 ZNBC）

赞比亚国家广播公司成立于1988 年，该公司董事长由新闻部长任命。赞比亚国家广播公司是赞比亚新闻传播与旅游部下属政府部门，主要提供三项国内广播电视服务。下设电视台和广播电台。电视台主要节目为新闻、教育、娱乐、文化、宗教等。主要用英语广播，每周播两部故事片，大部分是美国片。广播电台共有 3 个。1 台是综合节目，通过 8 个调频机传播信号，用 7 种部族语言广播，即奔巴、况迪、洛兹、隆达、卢瓦利、尼昂加语和通加语，7 种语言轮流播放以保证个收听群体的收听黄金时段。2 台是英语综合节目，通过 8 个调频机传播信号，节目内容与 1 台相同。大部分节目为本国内容，但也采用英国、美国、法国、德国、澳大利亚，非洲等其他国家的节目。4 台通过 5 个调频机，用英文播出节目，节目内容包括新闻、时事、娱乐、体育、宗教和教育。在学校开学阶段还会播出校园节目。农业类节目覆盖全国，鼓励农民免费收听。每年会收缴广播收听费，但是大多数收音机听众并不缴纳。

Muvi TV

成立于 2004 年，是赞比亚第一家私营电视台。作为地方私营媒体机构，MuviTV 保证每天至少有 60% 的节目是本国制作，且质量优异。Muvi 斥巨资购买国际领先的现代化播报设备，同时增强员工培训，提高创意和技术人员的水平，使节目达到国际播放的水平。

乍得广播电视发展概况与管理体制

一、国家概况

乍得共和国位于非洲中部，撒哈拉沙漠南缘，内陆国家。东邻苏丹，南与中非、喀麦隆交界，西与尼日利亚和尼日尔为邻，北接利比亚。国土面积为 128.4 平方公里，人口总数为 12075985，人口年龄中位数为 17.8 岁。官方语言为法语和乍得阿拉伯语。主要宗教为伊斯兰教、基督教和原始宗教。乍得是一个建立在民主、法治原则和公正基础上的独立的、世俗的、社会化的、统一的、不可分割的主权国家，实行政教分离。行政权由总统和政府共同行使。总统是国家元首，负责保证宪法的实施。国民议会是乍得的最高立法机构。司法体系由宪法委员会、最高法院、上诉法院、初审法院和特别最高法庭组成。最高法院是最高司法机构。乍得是农牧业国家，经济落后，系世界最不发达国家之一。2017 年，国内生产总值为 98.71 亿美元。

二、广播电视监管体制与法律法规

乍得媒体管理系统主要由通信部负责，该机构负责设置国家政策、对媒体与通信的准则。在规范媒体的各项法规中，包括：

1996 年 3 月 31 日通过的乍得共和国宪法；

2010 年 8 月 31 日通过的媒体相关的法律；

音像领域的法律；

促进通讯高级理事会（HCC）建立的相关法律 。

乍得所有媒体均由传媒部通信高级理事会管理，无论私有媒体还是公有媒体都在它的管辖范围内。在必要情况下，它规范和制裁所有不尊重道德规范和相关国家法律的机构。通信高级理事会由国家任命的代表和被同行选举出来的记者共同组成。

此外，乍得媒体道德和伦理观察委员会（ODEMET）类似于一种记者自身建立的伦理法院。

三、广播电视发展概况

在媒体领域，从 1960 年到 1990 年，只有公共媒体，即乍得国家广播电台（DAB）和乍得新闻社（ATP），还有就是一般信息日报《信息乍得》。

（一）广播发展概况

乍得广播服务开始于 1953 年，负责转播法属赤道非洲的法国殖民地电台（位于刚果布拉柴维尔），是乍得最早出现的广播媒体。它由法国海外广播电视公司管理（SORAFOM）。

1955 年，乍得广播服务转变成为乍得广播电台。1963 年，乍得从法国殖民统治中获得独立，3 年后，根据乍方与法方签订的协议，乍得广播电台被收归国有并且更名为乍得国家广播电台。它从此拥有了自主管理权。

乍得国家广播电台为公众提供信息、教育及娱乐等服务。20 世纪 80 年代，最早的一批地区电台出现了，它们分别位于阿贝歇、法亚 - 拉若、蒙杜及萨尔。

（二）电视发展概况

乍得国家电视台成立于 1987 年 12 月 10 日，正值中非关税和经济同盟领导人峰会的前夕。它的出现也是为了让普通百姓都能看到这次会议的直播。

由于成立时间比较特殊，国家电视台从乍得国家广播电台及乍得新闻社抽调了一部分记者、技术人员、摄像师以及新闻电影剪辑人员。

1990 年，国家电视台成为信息部（也就是现在的乍得传媒部）的下属机构。

四、广播电视主要机构

2006 年 2 月 7 日，根据当时下达的总统令，原先从属于乍得传媒部的乍得国家广播电台和乍得国家电视台进行了重组合并，成立了乍得国家广播电视局。

乍得国家广播电视局下设 4 个处室及一个财务处，4 个技术处室分别为乍得国家广播管理处、乍得电视管理处、地区新闻处和人力资源处。广播及电视管理处各包括 5 个科室，分管新闻、节目策划、节目制作、地区分站事务以及技术 5 个方面。其中广播管理处还配备有一个调频电台，为首都恩贾梅纳的年轻人及妇女播出特别节目。地区新闻处负责位于全国 23 个地区的 25 个分站的协调工作。这些分站除了转播来自恩贾梅纳母站的节目外，还制作并播出一些地区特别节目。人力资源处负责国家广播电视局 700 名不同处室员工的管理，培训以及个人职业生涯跟进工作。其余所有财务及商贸问题都由财务处负责。

乍得国家广播电视局制作的全部节目都通过调频系统和短波在全国范围内播放。从2008年开始，这些节目也借助 Nilesat，NSS 和 CanalSAT 等卫星公司 的服务向全球播放。国家广播电视局拥有自己的网站，即 www.onrtv.org。

像世界其他媒体一样，国家广播电视局也处在实现数字化的进程中。事实上，它的节目制作系统和地区分站的传播设备已经实现了数字化。

附录

附录一
世界广播电视相关国际组织名录

亚太广播联盟（ABU）

亚洲—太平洋广播联盟（Asia-pacific Broadcasting Union，缩写 ABU，简称亚广联），是亚洲、太平洋地区的国际性广播电视组织。1964 年 7 月 1 日建立。原名亚洲广播联盟，1976 年改用现名，简称亚广联。是一个非盈利的专业广播组织，现有 57 个国家和地区的 200 个以上的团体加盟，覆盖约 30 亿人口。最高机构是会员大会，每年举行一次。执行机构为理事会，由 13 名理事组成。由理事会提名、会员大会通过任命秘书长。秘书处设在吉隆坡，另设东京办事处。

网址：http://www.abu.org.my/

国际广播协会（AIR/IAB）

国际广播协会（L'Association internationale de Radio diflusion/International Association of Broadcasting 缩写 AIR/IAB），各国私营商业广播电视机构的联合组织。原为美洲各国的区域性组织，成立于 1946 年。1990 年成员扩展到欧洲，改现名，总部仍设于乌拉圭首都蒙得维的亚。该协会以加强互助合作，维护私营广播电视的利益为基本目的，各国的商业广播电视机构均可参加。成员广播电台、电视台达 14000 家以上。协会设有分管泛美、欧非分会事务部门，以及法律、技术、版权、新闻自由等委员会。国际广播协会将广播业（无论是电台，还是电视台）作为自由表达思想的一个渠道加以保护，促进全国性和国际性组织中的公共或私营广播机构之间的合作。成员既有团体会员，又有个人会员，既有附属会员，也有名誉会员。它们包括 25 个国家和地区（主要是南美）的全国性组织、私营广播机构、广播电视企业，它们可以是单独运营或是集体运营的。

网址：http://www.airiab.com/

阿拉伯国家广播联盟

阿拉伯国家广播联盟（Arab States Broadcasting Union, 缩写 ASBU 简称阿广联、），是纳入到阿拉伯国家联盟体系内最早的泛阿拉伯机构之一。阿广联于 1969 年 2 月成立于苏丹喀土穆，旨在增进阿拉伯国家广播电视机构之间关系，推动合作，制作更好的节目和内容。

其活跃成员包括所有阿拉伯国家的国有广播电视公司，另外阿拉伯国家对外投资的广播电视机构为参与成员和非正式成员。阿广联为其成员机构及其他团体提供诸如工程和咨询服务，广播电视新闻、采编、体育节目交换和广电培训等。阿广联致力于以更优惠的条件为其成员争取一系列竞技体育赛事的转播权，并保证相应赛事转播的覆盖率。

网址：http://www.asbu.net/

阿拉伯卫星通信组织（ARABSAT）

阿拉伯卫星通信组织（Arabsat）共有22个成员国。它们是：阿尔及利亚、巴林、吉布提、埃及、伊拉克、约旦、科威特、黎巴嫩、利比亚、毛里塔尼亚、摩洛哥、阿曼、巴勒斯坦（解放组织）、卡塔尔、沙特阿拉伯、索马里、苏丹、叙利亚、突尼斯、阿拉伯联合酋长国、也门阿拉伯共和国和也门民主共和国。

网址：http://www.arabsat.com/

加勒比广播联盟（CBU）

加勒比广播联盟（Caribbean Broadcasting Union, 简称CBU）由加勒比海地区国家及部分英联邦国家全国性广播电视机构组成，1970年成立，宗旨为通过广播电视促进相互之间的交流与合作，协调该地区某些成员之间通过卫星进行的电视新闻交换，代表其成员参加重大国际体育比赛报道权的谈判。1996年共有正式会员33个，秘书处设在西印度群岛的巴巴多斯。覆盖加勒比地区超过480万人口和加勒比地区以外的数百万人。

网址：http://caribroadcastunion.org

英联邦广播协会（CBA）

英联邦广播协会（Commonwealth Broadcasting Association，简称CBA）是英联邦国家国营和公共广播机构的合作组织，成立于1945年2月。1963年开始设立常设机构秘书处（在伦敦英国广播公司内）。协会全会每两年举行一次。全会休会期间举行加勒比、西非、太平洋等区域性会议，主要讨论区域内成员间合作节目等合作事宜。1996年，协会成员包括52个国家的58家广播电视机构。会刊为《联邦广播》季刊。

网址：http://www.cba.org.uk/

欧洲广播联盟（EBU）

欧洲广播联盟（European Broadcasting Union，EBU简称欧广联、）以西欧和地中海沿岸国家广播电视机构为主的国际性广播电视组织。1950年2月12日建立，总部设在日内瓦，技术中心设在布鲁塞尔。宗旨是维护成员在各个领域的利益，与其他广播组织建立联系，援助各种广播形式的发展，促进广播电视节目的交换，研究与广播有关的问题，保障对广播组织共同感兴趣的信息交换，努力确保各成员遵守国际协议的条款，协助成员组织参加任何种类的谈判，或应它们的要求代表它们去谈判。欧广联是联合国教科文组织的咨询机构。

网址：http://www3.ebu.ch/

国际电视档案联合会（IFTA）

国际电视档案联合会（International Federationof Television Archives，简称IFTA）成立于1976年，第一次会议召开于1977年。联合会的目标是建立和促进电视档案、多媒体、视听档案和图书馆之间的合作。为了实现这些目标，联合会组织开展论坛为成员之间分享知识和经验提供平台，促进任何有关声像档案的开发和利用，建立与国际接轨的核心视听媒体档案管理的研究。联合会总部设在丹麦哥本哈根，会员已经超过 250 个。

网址：http://www.fiatifta.org/

亚太广播发展机构（AIBD）

亚太广播发展机构（Asia-Pacific Institute for Broadcasting Development, 简称 AIBD）成立于 1977 年，总部设在马来西亚首都吉隆坡，是亚太地区唯一的政府间区域性的广播电视专业国际组织。其宗旨是通过为会员国提供广播电视专业培训、政策咨询和举办国际论坛、媒体峰会等活动，增进相互理解和交流合作，提升亚太地区新闻媒体的国际影响力，推动广播电视业的共同发展。

AIBD 其会员主要来自亚太经社会组织成员国的政府广播电视机构。我国于 1988 年加入该组织。

网址：http://www.aibd.org.my/

非洲广播联盟（AUB）

非洲广播联盟（African Union of Broadcasting, 简称 ABU）成立于 2006 年 11 月，其前身是成立于 1962 年的非洲国家广播电视联盟（Union of National Radio and Television of Africa），总部设在塞内加尔。联盟下设规划发展委员会、培训技术委员会、市场运营委员会、法律和财政委员会等部门，致力于通过人才培养、节目交流、商业运营等手段，构建非洲会员国家间、非洲与世界其他国家间广播电视合作发展的机制，为非洲会员国家广播和电视机构的发展提供咨询和服务。

网址：http://www.aub-uar.org/

国际通信机构（IIC）

国际通信机构（International Institute of Communications, 简称 IIC）成立于 1969 年，是一个独立的、全球性的，不以利润为目标的电信、媒体和科技行业政策论坛，媒体和科技行业。机构着眼业务和政策的交叉点，为成员机构提供了一个中立的交流讨论平台。在论坛中，可以探讨有争议的话题，有利于监管机构和商业运营商之间的平衡对话。

网址：http://www.iicom.org/

国际电信联盟（ITU）

国际电信联盟（International Telecommunication Union，简称 ITU）是联合国的一个重要专门机构，也是联合国机构中历史最长的一个国际组织。简称“国际电联”、“电联”或“ITU”。国际电联是主管信息通信技术事务的联合国机构，负责分配和管理全球无线电频谱与卫星轨道资源，制定全球电信标准，向发展中国家提供电信援助，促进全球电信发展。

作为世界范围内联系各国政府和私营部门的纽带，国际电联通过其麾下的无线电通信、标准化和电信发展开展活动，而且是信息社会世界高峰会议的主办机构。

国际电联总部设于瑞士日内瓦，其成员包括 193 个成员国和 700 多个部门成员及部门准成员和学术成员。每年的 5 月 17 日是世界电信日（World Telecommunication Day）。

2014 年 10 月 23 日，赵厚麟当选国际电信联盟新一任秘书长，成为国际电信联盟 150 年历史上首位中国籍秘书长，已于 2015 年 1 月 1 日正式上任，任期四年。

网址：http://www.itu.int/

北美广播协会（NABA）

北美广播协会（North American Broadcasters Association, 简称 NABA）是美国、加拿大和墨西哥广播组织的一个非盈利组织，致力于推动国内外广播公司的发展和利益。作为世界广播电视联盟成员，协会创造北美广播分享机制，确定共同利益，并在国际问题上达成共识。

网址：http://www.nabanet.com

伊比利亚－美洲国家电视组织（OTI）

伊比利亚-美洲国家组织（OTI）是拉丁美洲、西班牙、葡萄牙国家爱的电视网络组织。其使命是加强西班牙语、葡萄牙语国家电视网络领域的关系与合作，并在新闻、文化、体育、教育等领域广泛分享节目，促进共同发展。

网址：http://www.oti.tv

世界广播组织（WBU）

世界广播组织（World Broadcasting Union, 简称 WBU）是一个全球级广播和传播联盟组织。建立于 1992 年，为成员组织提供全球解决方案和核心问题，秘书处设在北美广播协会。欧洲广播联盟、亚太广播发展联盟、加勒比美洲广播联盟等都是其成员组织。

网址：http://www.worldbroadcastingunions.org/

附录二
主要参考文献

[1] 李宇:《国际传播视角下各国电视研究: 现状与展望》, 中国广播电视出版社, 2013 年

[2] 李娜:《欧美公共广播电视危机与变迁研究》, 中国传媒大学出版社, 2009 年

[3] 唐世鼎、黎斌:《世界电视台与传媒机构》, 中国传媒大学出版社, 2005 年

[4] 郭镇之:《中外广播电视史》, 复旦大学出版社, 2008 年

[5] 陆地:《中国电视产业启示录》, 上海交通大学出版社, 2007 年

[6] 高慧军:《电视服务的供给与政府监管》, 中国经济出版社, 2007 年

[7] 刘琛:《全球化背景下的亚洲电视传媒》, 北京交通大学出版社, 2009 年

[8] 姜加林、于运全:《构建现代国际传播体系》, 外文出版社, 2011 年

[9] 王庚年:《新媒体国际传播研究》, 中国国际广播出版社, 2012 年

[10] 褚建勋:《中外传播政策》, 科学出版社, 2009 年

[11] 胡正荣、李继东、唐晓芬:《全球传媒蓝皮书: 全球传媒发展报告(2014)》, 社会科学文献出版社, 2014 年

[12] 张志:《数字时代的广播电视规制与媒介政策》, 中央民族大学出版社, 2012 年

[13] 胡正荣、关娟娟:《世界主要媒体的国际传播战略》, 中国传媒大学出版社, 2011 年

[14] 李欣:《西方传媒新秩序》, 南方日报出版社, 2008 年

[15] 张咏华等:《西欧主要国家的传媒政策就转型》, 上海人民出版社, 2010 年

[16] 陶涵:《世界十国新闻史刚要》, 文津出版社, 1989 年

[17] 李继东:《英国公共广播政策变迁与问题研究》, 中国传媒大学出版社, 2009 年

[18] 吴非、胡逢瑛:《俄罗斯传媒体制研究》, 南方日报出版社, 2006 年

[19] 郎劲松:《韩国传媒体制创新》, 南方日报出版社, 2006 年

[20] 唐亚明、王凌洁:《英国的传媒体制》, 南方日报出版社, 2007 年

[21] 何勇:《德国公共广播电视研究》, 中国传媒大学出版社, 2010 年

[22] 曹晚红:《德国双轨电视制度研究》, 中国广播电视出版社, 2009 年

[23] 龙一春:《日本传媒体制创新》, 南方日报出版社, 2006 年

[24] 郭镇之:《电视传播史》, 北京师范大学出版社, 2000 年

[25] 张志:《数字时代的广播电视规制与媒介政策》, 中央民族大学出版社, 2011 年

[26] 明安香:《全球传播格局》, 社会科学文献出版社, 2006 年

[27] 国家广播电影电视总局发展研究中心:《发达国家广播影视管理体制和管理手段研究》, 中国传媒大学出版社, 2007 年

[28] 国家新闻出版广电总局研修学院:《发展中国家广播电视概况暨管理体制研究》,

中国广播电视出版社，2014 年

[29] 国家广播电影电视总局培训中心：《东盟广播电视发展概况》，中国广播电视出版社，2008 年

[30] 国家广播电影电视总局培训中心：《南亚国家广播电视发展及管理体 制研究》，中国广播电视出版社，2010 年

[31][日] NHK 放送文化研究所，《世界广播电视蓝皮书 2015》，NHK 出版社，2015 年

[32][美] 大卫 • 克罗图等：《运营媒体—在商业媒体与公共利益之间》，董关鹏等译，清华大学出版社，2007 年

[33][美] 贝克：《媒体、市场与民主》，冯建三译，上海人民出版社，2008 年

[34][美] 布朗 • 奎尔：《广播电视管理》，钟新等译，中国人民大学出版社，2010 年

[35][美] 埃默里等：《美国新闻史》，展江译，中国人民大学出版社，2009 年

[36][英] 詹姆斯 • 卡瑞：《英国新闻史》，栾轶玫译，清华大学出版社，2005 年

[37][美] 罗伯特 •W• 麦克切尼斯：《富媒体，穷民主：不确定时代的传播政治》，谢岳译，新华出版社，2004 年

[38] 国家新闻出版广电总局发展研究中心：《中国广播电影电视发展报告（2015）》，社会科学文献出版社，2015 年

[39]《2017 年国际传媒集团及知名电视频道概况》（内部资料）

[40] 部分资料摘引：www.cia.gov

[41] 部分资料摘引：www.worldbank.org

[42] 部分资料摘引：中国国家外交部网站 www.fmprc.gov.cn

[43] 部分资料摘引：中国国家商务部网站

[44] 部分资料摘引：中国国家新闻出版广电总局网站

[45] 部分资料摘引：全印广播电台网站 www.allindiaradio.org

[46] 部分资料摘引：中非媒体合作论坛 演讲稿汇编 2012 年 8 月

[47] 部分资料摘引：加拿大民族遗产部网站 http://pch.gc.ca/

[48] 部分资料摘引：http://radio-Canada.ca/television/

[49] 部分资料摘引：http://www.ctv.ca

[50] 部分资料摘引：http://www.cbc.ca

[51] 部分资料摘引：http://www.gc.ca/

后 记

编写一本《世界广播电视发展概况与管理体制研究》，是我们开始承接广播电视国际传媒研修项目时便开始萌生的愿望。从 2005 年起，国家广播电视总局研修学院致力于国际传媒研修已历经十四余年。截止到 2018 年 12 月，共有来自五大洲 152 个国家的 4175 名广播电视部长级官员、中高层管理者、编辑记者和技术人员等参加了我们组织的各类国际研修项目。在此过程中，我们充分利用与各国传媒人士深入交流的机会，及时了解和研究各国广播影视发展情况，掌握了大量的第一手资料。与此同时，我们连续承接了以世界广播影视发展情况为主要内容的国家广播电视总局部级研究课题，先后完成了《东盟广播电视发展概况》《南亚国家广播电视发展概况》《发展中国家广播电视发展概况与管理体制研究》等课题和书籍的编写工作，这本《世界广播电视发展概况与管理体制研究》正是这一系列研究的又一成果。

这本书之所以能够如期成型，离不开总局党组的关心和信任，总局党组历任分管领导都曾亲自过问和支持学院国际研修的研究工作，总局国际合作司的各位领导和同志们不仅亲自参与编写，而且还帮助我们及时地核实了其中大量的最新资料。

本书在研究和写作过程中，我们一方面充分利用所开展的援外媒体研修项目积累的学员资源，在“丝绸之路国家广播电视管理培训班”、“阿拉伯国家广播电视中高层管理研修班”、“发展中国家高清数字转播车运用技术培训班”、“拉美国家广播电视资深媒体人士研修班”、“非洲法语国家资深媒体人员高级研修班”、“贝宁记者和新闻媒体研修班”、“乍得新闻媒体人员研修班”、“津巴布韦新闻媒体人员研修班”、“几内亚新闻媒体人员研修班”、“马达加斯加新闻媒体人员研修班”、“尼日尔新闻媒体人员研修班”、“泰国媒体高级人员研修班”、“缅甸新闻媒体人员研修班”等多边和双边项目中积极开展问卷调查和信息收集工作，得到国外媒体人士的积极支持和配合。另一方面，在信息收集、核实、校对、分析过程中，我们得到了中央广播电视总台、中国传媒大学、北京语言大学等机构的大力支持，在此也要表示诚挚谢意。

此外，我们要特别感谢阿根廷广播电视委员会主席 MIGUEL ANGEL PEREIRA，斯里兰卡国家电视公司主席 Hettiarachchige Subash Ravi Jayawardana，贝宁外交部新闻司司长 Agognon Wandji Gerard，布隆迪新闻出版局局长 Chanel Nsabimbona，刚果（金）传媒部新闻司司长 Gabriel Ngimbi Kapita Sembo，乌兹别克斯坦国家电影署国际合作局局长 Asya Batraeva，孟加拉国信息部电影副部长 Shahin Ara Egum，巴拿马国家广播电视局副局长 Rafael Montes Gomez，坦桑尼亚新闻、青年和文体部新闻局副局长 Jamal Mohamed Zuberi，埃塞俄比亚国家广播公司首席执行官 Seyoum Mekonen Hailu，尼日利亚国家电视台执行理事 Muhammad Abdullahi Labbo，伊朗广播公司德黑兰电台台长 Saeed Gholamhossein Madankan，柬埔寨国家广播电台副台长 In Chhay，塔吉克斯坦国家广播电台副台长 Sanavbar Tabarova，印度国家电视台节目部主任 Venkatasubramanyam Vasudevan，刚果（布）通信社社长 Anasth Wilfrid Mbossa，科特迪瓦通讯社社长 Oumou Valentine Claudine Sana Nee Barry，突尼斯总统府新闻处新闻与公关部主任 Samia Bellil Ep Zouari，古巴记者联盟副主席 Belkys Maria Perez Cruz，阿富汗国家广播电视台广播部主任 Abdul Ghani Mudaqiq，孟加拉国公共关系部高级记者 Hasan Mahmudul，埃及尼罗河新闻台内容总监 Amera Mohamed Salem Awadalla，约旦电视台高级记者 Defalla Sleman Defalla Hdethat，印度 Magik Lantern 电影公司知名导演 PINAKI SARKAR、印度尼西亚广播电台环球中心节目与编辑部主任 Putri Nouvarah Ahdiba, 印度尼西亚 TV one 电视台纪录片部经理 Ade Sutrisna Pepe、墨西哥电视 22 台内容总监 Jorge Alberto Pacheco Galvan，毛里求斯广播公司知名主持人 Tarkesswar Gooljar，巴基斯坦公共关系部信息官 Hafsah Javed，苏丹国家电视台纪录片部主任 Mohamed Mohamed Ahmed Elkhawad Ahmed，泰国国家电视台高级制片人 Thanimrat Klaewtanong, 乌克兰广播电视公司内容总监 Oleg Dobrelia，赞比亚每日邮报高级记者 Chibuye Jim Chisenga 等，在此无法一一列举，他们对我们研究世界广播电视发展情况提供了一手资料，给予了极大的支持和配合。同时，我们还借鉴了相关领域的一些专家的研究成果，受篇幅所限未能一一注明，在此一并致谢。

从课题组成员前期搜集资料和与专家沟通的过程中，我们深深体会到，目前国内对于世界广播电视发展情况的了解较少，对于不同国家的系统研究更是不均衡。对于大多数国家、特别是发展中国家的相关研究资料寥寥无几。从这个意义上说，这本书具有较强的资料价值。我们希望本书能够起到抛砖引玉的作用，激发各界对世界各国广播电视发展情况研究的热情，亦或是学术争论。但是，由于客观条件限制，本书仅是对于世界广播电视概况与管理体制研究的起步之作，其中所收录的信息资料仍有诸多疏漏之处，敬请各位读者批评指正。

国家广播电视总局研修学院
《世界广播电视发展概况与管理体制研究》课题组
2019 年 5 月